# 47都道府県・
# 和菓子/郷土菓子百科

亀井　千歩子 著

丸善出版

# まえがき

　和菓子・郷土菓子と聞いて、どのような菓子を思い浮かべるだろうか。「和菓子」といえば、「日本の菓子」ということで、2つは同じようにもとれるが、両者は生まれながらにしておのずと違っていたのである。

　和菓子＝京菓子のイメージが強く、茶の湯文化から発達した京都の「上生菓子」をさす場合が多い。江戸時代には、貴重な白砂糖をふんだんに使った贅沢な菓子をさし、京都の公家や社寺、江戸の将軍家や諸大名など限られた人にしか食べられなかった。余談だが、江戸幕府の代々の将軍や御台所は虫歯が多かったことが、増上寺の墓所調査で分かっている。

　一方「郷土菓子」は、庶民が食べる菓子で、江戸時代には「雑菓子」「駄菓子」とよばれた菓子の分野である。白砂糖は許可されず黒砂糖が使われていた。それとて豊富ではなく、庶民の甘い物といえば、山野に自生する木の実や果物、ハチミツや麦芽の水飴、甘酒、干し柿の甘さは至福の味であった。「うまい」が「甘い」だった時代、これらの甘味は「上菓子」にも劣らない味であった。

　今でも地方を旅すると、例えば鹿児島では「かるかん」を「あれは殿様菓子で、明治になるまで庶民は食べられなかった」と話してくれる。明治維新以降、約150年を経て「上菓子」も「雑菓子」も隔たりはなくなったが、砂糖が貴重品だった時代のことを、頭の片隅に入れておいていただきたいと思う。

　そして日本の菓子の最初、常世の国から渡ってきた「非時香菓(ときじくのかぐのこのみ)」、米を主として五穀豊穣を祈り神仏に供えた「餅菓子」、大陸からもたらされた「唐菓子」「羊羹」「饅頭」、南蛮渡来の「カステラ」「金平糖」等など。日本の菓子の歴史を知り、かつ日本の各地にしっかりと暮らす人々の中に生まれた「郷土菓子」を楽しんでいただきたい。

「郷土菓子」は、実に豊富で多彩である。端午の節供の「柏餅」1つ取り上げても、東西日本で餅を包む葉が違うのである。関東を中心としてカシワの葉が使われるが、西南日本ではサンキライやサルトリイバラの葉で包むものが「柏餅」であった。

　さらにサンキライやサルトリイバラは地方名があり、山口県下だけでもサルトリイバラを「ほてんど」「イギの葉」「ぶとん葉」とさまざまによんで、これで包んだ餅を「柏餅」とよんだ。福岡県でもガメン葉、イトラン葉、カンカラとよばれ、驚くことに『植物方言集』にサンキライやサルトリイバラは256もの地方名があった。これはいったい何を意味していたのであろうか。疑問はわくばかりである。

　また東北地方の菓子は、関東地方より関西地方とよく似たものがあり、日本海を通して航路によって結ばれていたことが考えられる。お菓子には土地土地の歴史や人々の交流によって自然発生したもの、藩主の移動によって伝搬したものなどさまざまである。すでに生活の変化とともに消滅していったものも多い。だが近年の地域振興の流れに乗って「復活」したものも登場している。古来より地元の風土の中で、歴史とともに人々に食べ継がれてきた郷土菓子。よりよい方法で未来へ伝わっていくことを期待したいと思う。

　本書は、通常なら2年、3年と歳月をかけて執筆したかったが、約1年半という短期間で書き上げることとなり、毎日過酷なノルマとの闘いであった。かつて取材し執筆したものもあるが、多くは書き下ろしたものである。郷土菓子に重点を置いてあるが、すべてではなく、巻末の参考文献等を参照していただきたい。

　本書は丸善出版株式会社企画・編集部の松平彩子氏よりお話があり、松平氏のご助言と温かな励ましで上梓することができた。また、友人の溝口政子氏には多大なご協力をいただき、お二人に厚く感謝の意を表したいと思う。

2015年12月

亀井千歩子

# 目　　次

## 第Ⅰ部　和菓子／郷土菓子の基礎知識

### 1．和菓子の起源……………………………………………2

日本の菓子の歴史　2／奈良・平安時代の菓子「唐菓子」　13／鎌倉時代の菓子「点心」「茶の子」　15／安土・桃山・江戸前期の菓子　16／和菓子の完成（江戸中期以降）　18／駄菓子と郷土菓子　19

### 2．行事と和菓子……………………………………………21

暦と年中行事　21／正月行事と菓子　25／雛節供の菓子　29／端午の節供の菓子　34／夏の行事と菓子　38／仏教行事と菓子　39／儀礼行事の菓子　41／行事菓子の特色　42

### 3．和菓子・郷土菓子の原料・素材・製法………………44

美味しさの源　44

# 第Ⅱ部　都道府県別和菓子/郷土菓子とその特色

北海道　50 /【東北地方】青森県　56 / 岩手県　61 / 宮城県　67 / 秋田県　73 / 山形県　78 / 福島県　83 /【関東地方】茨城県　88 / 栃木県　93 / 群馬県　97 / 埼玉県　101 / 千葉県　107 / 東京都　111 / 神奈川県　119 /【北陸地方】新潟県　124 / 富山県　131 / 石川県　137 / 福井県　144 /【甲信地方】山梨県　148 / 長野県　154 /【東海地方】岐阜県　159 / 静岡県　166 / 愛知県　172 /【近畿地方】三重県　180 / 滋賀県　188 / 京都府　194 / 大阪府　202 / 兵庫県　208 / 奈良県　214 / 和歌山県　221 /【中国地方】島根県　228 / 鳥取県　235 / 岡山県　241 / 広島県　248 / 山口県　254 /【四国地方】徳島県　259 / 香川県　265 / 愛媛県　271 / 高知県　277 /【九州/沖縄】福岡県　284 / 佐賀県　288 / 長崎県　295 / 熊本県　302 / 大分県　308 / 宮崎県　313 / 鹿児島県　319 / 沖縄県　325

**付録**　各地の柏餅および夏の行事にみられる違い　332

**参考文献**　335
**索　引**　337

# 第Ⅰ部

# 和菓子/郷土菓子の
# 基礎知識

# 1 和菓子の起源

## 日本の菓子の歴史

### 常世から来た不思議な果子(かし)

①お菓子の神様「田道間守命(たじまもりのみこと)」

　日本にはお菓子の神様を祀る神社がいくつかある。その一つ但馬国、現在の兵庫県豊岡市にある中嶋神社には、「田道間守命(たじまもりのみこと)」という神様が祀られている。この神様は『古事記』『日本書記』によると第11代垂仁天皇の御世の人で、天皇の命を受けて不老不死の理想郷「常世の国(とこよのくに)」へ「登岐士玖能木実(ときじくのかぐのこのみ)」または「非時香菓」を求めに行く。「常世の国」は、海の彼方にある国ということで特定はできないが、10年の歳月を経てようやく求める品を得て帰国する。田道間守が持ち帰った「ときじくのかぐのこのみ」は、今日の橘のことで、小蜜柑ないしは橙(だいだい)のようなものであったと伝えられている。

　「非時香菓——常に青々とした葉を茂らせ、香りのよい実をつけた木の実」ということで、橘は「永遠に栄える」という意味があり、その「木の実」はまさに不老不死の「霊果」であった。

②「古能実(このみ)」と「久多毛能(くだもの)」

　「田道間守命」が、なぜ菓子の神様であるかというと、我が国では、古代から樹木に成る実や果実を「古能実(このみ)」あるいは「久多毛能(くだもの)」とよんでいた。中国の漢字の菓子の「菓」は元「果」で、木の上に実の成っている様を表す象形文字であった。「子」も意味は木の実であり、果実、タネのことである。「菓」の字は後に「果」に艸冠(くさかんむり)を加えてできるわけで、やはりコノミやクダモノを意味し、「菓子」と「果子」は同一の意味をもっていた。

　やがて我が国に中国から漢字が入り、もともと「このみ」「くだもの」

といわれていた言葉に漢字をあてることになり、「菓子」や「果子」の字は、日本では「久多毛能」または「古能美」と訓んだ。

『貞丈雑記』(伊勢貞丈著)は江戸時代の書物だが、それには「いにしへ菓子といふは、今のむし(蒸し)菓子、干菓子の類をいふにあらず、多くはくだ物(果物)を菓子といふ也。柿、栗、梨子、橘、柑子、じゅくし(熟柿)、木練柿などの類」と記している。

こうして果物は菓子であることから、「橘」を持ち帰った「田道間守命」は菓祖神となったのである。

### ③柑橘類のふるさと

さて、「田道間守命」が目指した「常世の国」はどこかというと、まずは柑橘類の原産地だが、現在でもはっきりわかっていないようだ。が、インドからミャンマー、タイ周辺の南アジアから東南アジア方面とされている。レモンの原産地はインド北部やヒマラヤ周辺とされ、ライムの原産地はマレーシアからミャンマー、インドにかけての熱帯地帯である。ポンカンはインドが原産地で、キンカン(ヒメタチバナ)は中国、ザボンはマレーシアと、どれも現在の私たちに馴染み深い柑橘類である。温州蜜柑の原産地はというと、中国の温州ではなく、日本の鹿児島県長島東町とされるのは意外である。

これらの柑橘類は分化を繰り返し分布を広げていった。ヨーロッパでは、航海する人たちはビタミン不足にならないように、ライムなどの柑橘類を持参して移動したといわれる。橘をもたらした田道間守も、そうした意味で海洋民族であったとも考えられる。

### ④その後の田道間守命

苦節10年。田道間守が再び我が国に戻って来ると、垂仁天皇はすでに崩御された後であった。彼は嘆き悲しみ、大切に持ち帰った「非時香菓」を御陵に捧げると、号泣して自らの命を断ったという。

奈良の垂仁天の御陵を訪ねると、お濠の中ほどに小さな浮島があり、田道間守の墓だと伝えられている(明治になって造られたという説もある)。

### ⑤ヒマラヤ山麓のポカラの街で

昭和40年代の後半、筆者はヒマラヤ山麓のポカラを旅したことがあった。ペワタール湖の湖畔で、乙女たちが集まり洗濯物を木槌で"叩き洗い"をしていた。洗い終わると竿もロープも使わず、植え込みの上や広い野原

いっぱいに直に干していた。中でも民族衣装のサリーは細長い帯のように干されていて「これって、衣干すちょう天の香具山……。」と百人一首の持統天皇の歌「春過ぎて　夏来にけらし　白妙の　衣ほすてふ　天の香具山」を思い出して感動したことがある。さらにもう１つ感動したのは、その時同行のＭ氏がバザールで買ったという小さな蜜柑を手渡してくれ、皮を剥くと素晴らしく香りのよかったこと。まさに「非時香菓(ときじくのかぐのこのみ)」とはこういうものではないかと、田道間守の話を思い出し感激した。

　さらに驚いたことに、この小蜜柑についてチベット語で「タ・ジマ・マ」とよんでいたことだった。田道間守とは「タ・ジマ・マ」でさらに「タ・チバ・ナ」に変わっていくと、『上古の倭菓子』の著者山下晃四郎氏は記していた。

　日本の奈良時代を彷彿とさせてくれたポカラ。2015年４月、ネパールは死者数千人という大震災に見舞われ壊滅状態という。ポカラの街はどうなったであろうか……。心痛む日々である。

### ⑥橘と聖武天皇

　垂仁天皇から31代後の第45代聖武天皇は『続日本紀(しょくにほんき)』によると736（天平８）年11月に「橘は果子(このみ)の長上(かみ)にして人の好む所なり……」と勅(みことのり)を発し、葛城王(かつらぎのおうきみ)が「橘宿禰(たちばなのすくね)」を賜り「橘諸兄(たちばなのもろえ)」となった。その時天皇は「橘は　実さへ花さへ　その葉さへ　枝に霜降れど　いや常葉の木」と詠み、弥栄(いやさか)を寿(ことほ)いだ。聖武天皇の后・光明皇后は葛城王の妹で、母は橘三千代（県犬養三千代）であった。

　「源平藤橘(げんぺいとうきつ)」といえば奈良時代以来、繁栄した名高き一門で、源氏・平氏・藤原氏そして橘氏の四姓のことである。

### ⑦正月を祝う「橙(だいだい)」

　田道間守命の持参した柑橘類は、民間にも浸透し、年々歳々今日に至るまで新年を祝うお飾りとして欠かせない。ことに床の間の鏡餅の「橙」は、一家の永遠を約束してくれた。子供の成長を祈る雛祭りにも、内裏雛の雛段には「右近の橘」「左近の桜」（古くは梅）が飾られている。江戸中期には、「橘屋」を名乗る菓子屋が多く登場した。1937（昭和12）年制定の文化勲章のデザインにも、昭和天皇の御要請によって橘が取り入れられたといわれる。

⑧「菓」と「蓏」

　静岡県の登呂遺跡は弥生時代のものだが、ここからは柿、栗、胡桃、桃といったものと一緒に、畑作物の西瓜、真桑瓜の種子も出土している。日本には瓜類の野生種はないためすべて外来種である。

　したがって当時の人たちは、山野に自生していた草木の果実を採取していた時代から、海の彼方から渡って来た種子を育て、栽培していた。こうした瓜類は「菓」に対し「蓏」というもので、「久佐久多毛能」とよばれていた。

⑨山上憶良の歌に見る古代の菓子

　『万葉集』には、

　　瓜食めば　子ども念ほゆ　栗食めば

　　まして偲ばゆ　何処より　来たりものぞ

　　眼交に　もとな懸かりて　安眠し寝さぬ

　有名な山上憶良の歌だが、憶良といえば極貧の生きざまを詠んだ歌人である。この歌も妻子と離れた旅先で、もてなされた瓜や栗の味から子供たちを想うというもので、古代の人たちの「菓子」への心情が最もよく表れている。菓子は今も昔も子供たちとともにあり、当時の瓜や栗などの果実は、今日のさまざまな意匠を凝らした菓子と同様に人々の舌や心を深く癒してくれた。

⑩三内丸山遺跡の栗

　古代の採集生活をしていた人たちにとって、果実や木の実は主食で、穀物を主食とするようになり、それらは空腹を満たす副食品、嗜好品へと移行したと考えられてきた。

　少し昔の大人や子供にとって、山野に実る果実や木の実、草の実は「おやつ」であった。信州の秘境といわれた「秋山郷」の人たちは、木の実といえばブナの実と答える。渋みがなく、香ばしく、そのままで食べられる美味しい「おやつ」だったと語ってくれた。

　だが近年、青森の縄文遺跡・三内丸山遺跡からは、栗の巨大な柱を使った建物や大粒の栗が出土し、縄文前期から中期の1,500年間、大規模な栗栽培が行われていたとされる。この遺跡の発見は、採集生活時代の概念を打ち壊すものであったようだ。

⑪神饌としての菓子

　大阪市の住吉大社の神饌には、古書によると「お菓子」として柿、栗、蜜柑などの他に山芋、干し蕨、海藻の荒布等が記されていた。

　岐阜県郡上市の白山長滝神社の正月行事・「六日祭」には、干し柿、搗栗(かちぐり)、胡桃、榧(かや)の実等を大きな台に並べることを「菓子盛り」といい、その菓子を讃めることを「菓子讃(ほ)め」といった（第Ⅱ部「岐阜県」参照）。

　奈良時代に遣唐使によって伝えられたという「唐菓子」は、「カラクダモノ」とよばれた。米粉や麦粉を捏ねて味を付け、捩じったり餃子の形にしたり蒸したり油で揚げたものである。

　滋賀県東近江市永源寺町黄和田(きわだ)の日枝神社の正月祭りには（第Ⅱ部「滋賀県」参照）、米粉を使い唐菓子のように油で揚げる神饌が作られる。この行事を「敬宮(けみや)のちん作り」といい、敬宮のケは「御食(みけ)」のことで、ちん作りの「ちん」は宮廷の女房詞(ことば)で餅のことである。土地の人たちは、「ちん」を神前に供えると、なぜか「菓子」とよんでいた。黄和田の中年以上の人たちは、「菓子」というのは神様に供えるもの、またそのお下がりを「菓子」と認識していたようである。

⑫日本の菓子には２つの系統あり

　つまり、日本の菓子には田道間守命を菓祖神とする自然菓子の「久多毛能」と「古能美」の系統と、後述する「米餅搗大使主命(たがねつきおおみのみこと)」を菓祖神とする系統で、こちらの神様の「タガネ」は餅の古形のシトギ(粢)のことである。シトギは餅の先祖であることから、穀類の粉から作る「餅菓子」、また中国伝来の「唐菓子」を含んだ広い範囲で、調理菓子（人造菓子）の祖神とされ、「餅及び菓子の匠・司の始祖」として菓子業界の人たちに仰がれていた。

　「米餅搗大使主命(たがねつきおおみのみこと)」は、遣隋使として中国に渡った小野妹子の祖神とされ、滋賀県旧志賀町（現大津市）の小野神社に祀られている。

⑬「カシ」という日本語

　日本語の「カシ」というと、広辞苑をみると「カシギ」「カシグ」という言葉があり、「炊ぎ」「炊ぐ」で、食物を調理する炊事のことである。飯を炊くことや飯を炊く人や所の意にも使われる。「カシギメ」は、「炊ぎ女」だが単なる「飯炊き女」ではない。神に供える神饌を炊く女性のことで、巫女である。「カシギヤ」はその神饌を炊く所で「炊ぎ殿」「大炊殿(おおひどの)」とい

い、神殿造りでは煮炊きする所である。『竹取物語』に「おほひつかさ（大炊寮）の飯かしぐ屋……」とある。我が国初の女帝33代推古天皇（6〜7世紀初め）は、名を「豊御食炊屋姫」と称した。

「カシワ」は堅い葉で、炊ぐ葉。飯食に器として用いる木の葉の称。「葉椀」「葉盤」などともいう。「カシワデ」は「膳夫」。テは人で古代の宮中で天皇の食膳などを調ずることを掌る人。「カシワデノオミ」は「膳臣」で、上古の職名、天皇の供饌の調理を掌る部族の長、「高橋氏」が知られている。「カシワデノツカサ」は「膳司」で、上古饗膳を掌った役所。律令制では大膳職（おおかしわでのつかさ）と内膳司（うちのかしわでのつかさ）があった。

こうして「カシ」の付く言葉をみてくると、どれも食物と関係し、加工したり調理して供するという意味がある。だが、ここでは神に供えたり、天皇に供するもので、「カシ」は「聖なる食事」という意味があったのではないか。そういう意味で、黄和田の人たちが作った「ちん」を神前に供えると「カシ」とよんでいた意味がわかるような気がした。

⑭菓子とおやつの違い

黄和田の中年以上の人たちは、「菓子」というのは神様に供えるもの、またそのお下がりを「菓子」とよんでいた。

一方「おやつ」は「おちん」とよんだ。先に「ちん」は餅のことと記したが、ここではあられ、かきもち、炒り豆などを指し、日常のおやつを「ちん」とよんでいた。かつて餅を「搗飯」といい、訛って「かちん」となり、女房詞で「おかちん」とよんだ。近年まで三重県を含んだ近畿圏で「ちん」は広くおやつのことであった。

今日「菓子」はおやつとして食べられているが、本来は神や天皇に供える「尊い食べ物」という意味が隠されていたのではないか。

## 「餅菓子」について

「和菓子」という言葉は、明治以降西洋菓子の登場により、日本本来の菓子をよぶようになったとされる。本来の菓子とはどういうものかというと、宮中で「福生菓」とよばれたもので、祝賀の儀式や慶弔用、正月や祭の年中行事に欠かせない「餅」のことであった。つまり「餅菓子」のことで、米や麦などの穀類を主原料としたもの。後述するシトギ、餅、団子、焼米、糒、飴、饅頭などがある。なかでもシトギや餅は神祭りの主役で、「餅菓子」は神仏への供

物が変化したもので、日本の菓子の原点であった。
### ①餅菓子の神様「米餅搗大使主命(たがねつきおおみのみこと)」
　先に「菓祖神」として田道間守のことを記したが、さらに我が国には「餅菓子の神様」もおられる。「米餅搗大使主命」という神様で、第Ⅱ部「滋賀県」の項にも記したが、琵琶湖の西を走るJR湖西線和邇(わに)駅近くの小野神社に祀られている。周辺は「小野の里」といわれ、遣隋使で中国に渡った小野妹子や平安時代の書家・小野道風の出身地である。「米餅搗大使主命(たがねつきおおみのみこと)」、応神天皇(第15代)の時に初めて餅を作り「米餅搗」の姓を賜ったとされる。江戸後期の国学者伴信友(ばんのぶとも)は『比古婆衣(ひこばえ)』で米餅搗(舂)をタガネツキと訓んでいるが「米餅搗の名、之度宜都幾(しとぎつき)とよむべし」とある。タガネはシトギの古語で、シトギは粢と書き餅の古形、タガネはさらに古く「飴」のことでもあった。

　シトギは餅菓子の元なので、「米餅搗大使主命(たがねつきおおみのみこと)」の神様は「餅及び菓子の匠・司の始祖」として仰がれ、毎年10月(11月2日とは別の祭り)菓子業界の人たちによって盛大なお祭りが行われている。
### ②シトギについて
　シトギは「粢」と書くが、精白した米を磨(と)いで一晩水に浸し、よく水を切って臼で搗き砕いたもの。水分があるとドロドロになるが水を切って搗くと餅のようになるので丸めていろいろな形にする。臼や杵が未発達な時代にもできた「粉食法」で、餅以前の食べ物とされている。平安時代に書かれた『延喜式』に「志登伎(しとぎ)」とあり、『倭名類聚鈔(わみょうるいじゅしょう)』(和名抄)には「餅」として「之度支祭餅也(しとぎまつりのもちなり)」とある。

　近年の研究『飛鳥の木簡』(市 大樹著、中公新書)によると、「次米」と書かれた三野国(美濃国)からの荷札の木簡が出土していた。次米は「粢」のことで、「丁丑年(667年)十二月」の日付があり、正月儀礼用のモチ米の「粢」で、特別な献納物ではないかとされている。「粢」は飛鳥時代にすでに存在していたことがわかる。
### ③シトギの地方名
　シトギは地域によってシロコモチ、オカラコ、オノリ、オハタキオタガネ、ハヤダンゴ……と地方名が多い。共通は火を使わないことで神祭、そしてハヤダンゴ(早団子)ともよばれているように、死者への「枕団子」として仏事にも作られた。

シトギは北海道や東北地方で多く作られ現在も健在である。秋田県や岩手県下では、「山の神」や「おしら様」（養蚕の神様）の祭りに供え、この地方では「シトネ餅」とよんでいる。シトギは米を水で湿らせて臼で搗き粉にするわけで、これを「しとねる」といい、シトギの語源はこのシトネ餅からきているともされる。シトは湿らすことで、身近な例でいえば「雨がシトシトと降る」のシトと同じである。

## ④東北地方のシトギ

東北には豆や稗を使った豆シトギ、稗シトギ、粟シトギといったものもある。岩手県の豆シトギは、モチ粟のシトギに茹でた青大豆のシトギを搗き混ぜ、塩で味を付け、形は三角や小判形で黄緑色の美しいシトギとなる。これは大黒様、山の神、蒼前様（馬の守り神）に供え、子供のおやつにもなった。山形、宮城、福島地方では、シトギを「ノリ」といい、これに種を取った干し柿を小さくして混ぜ、臼で搗いた物を「柿ノリ」といった。とろりして甘く美味しいものだが、生米だからといって嫌う人もいた。

東北のシトギは神への供え物であり、火を加えたり、味を付けたり、穀類の粉食法として日常生活に浸透していた。

## ⑤シトギの変形品

もち米のシトギは蒸して搗けば餅になる。うるち米のシトギは、蒸したり茹でたりすれば「しん粉餅」になり、丸めれば団子になる。

彩色して動物や魚、野菜などを作れば「シンコ細工」になる。秋田県湯沢の「犬っこ祭」の犬、新潟の「ちんころ」、岡山県の「シシコマ」、香川県丸亀地方の「八朔の馬節供」に作る「団子馬」、長野の涅槃会に作る「やしょうま」、東濃地方の「からすみ」山形新庄地方の「くじら餅」など、ベースは「しん粉餅」である。また、このシトギに砂糖を加え乾燥させれば「干菓子」となった。

## ⑥米の古語は「シネ」

「しん粉」は漢字で書くと「糝粉」「真粉」「新粉」などと書くが、うるち米の粉で作るわけで、うるち米は古代において「うるシネ」とよばれ、米を「シネ」といった。シネは「死ね」に通じるところから、米は「ヨネ」とよばれるようになる。「しん粉」は「シネの粉」が訛って「シンコ」となったとも考えられる。

うるち米から作るシトギの変形した餅に、韓国の「ヒントック（白餅）」

があり、日本のシトギを甑で蒸して餅にしたものである。

「シネ」が米の古語なら、今日にでも「米を磨ぐ」というが、米の糠を取って白くすることで、シトギは「シネ磨ぎ」が訛ったものとも考えられそうである。

### ⑦沖縄の餅

沖縄では餅を「ムーチー」といい、旧暦12月8日は「ウニムーチー（鬼餅）」といって、サンニン「山桃」の葉や「クバ（びろう）」の葉に包んだ餅を食べ、子供の健康や長寿を祈る。

沖縄の餅は、現在はもち米の粉を使うが、一晩水に浸したモチ米を石臼で水挽きする。ドロドロとした「シトギ」が出来るわけで、この水気を取るため布袋に入れて重石をしたり、木の枝に吊り下げる。水分が取れたら袋から出してよく練り、サンニンなどの葉に包んで蒸す。子供は自分の歳の数だけ食べると元気になるとされる。また、悪霊を祓うといって軒下に吊るしたりする。前述の小野神社のシトギは、ワラストに詰めて神供としたが、そのまま蒸すと沖縄の「ムーチー」と同じであった。

### ⑧餅搗きの臼と杵の変化

シトギが餅の古形であることを記してきた。シトギを作るには餅と同様、臼と杵が必要でこの臼と杵、今日では馬の頭のような「横杵と胴臼」のセットであるが、かつては月の兎が餅を搗くような「竪杵とくびれ臼」が使われていた。

前者をAとし後者をBとすると、Bの竪杵セットは古代から使われ、

**竪杵と横杵**

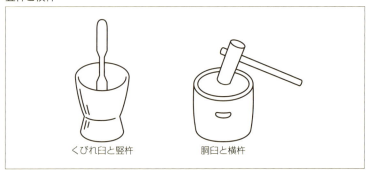

くびれ臼と竪杵　　　　胴臼と横杵

弥生時代の銅鐸にもその臼と杵の姿が描かれている。このBセットは近世初頭まで主流の臼と杵であった。

　1603（慶長8）年の『日葡辞書』には、鏡餅、小豆餅、餡餅、草餅、栗粉餅など餅の名が付いたものは16種であった。だが、1693（元禄6）年の『男重宝記』には「鯨餅、筏餅、朝日餅、立田餅、桜餅、椿餅、手毬餅……」など250余の餅の名がみられるようになる。

　つまり、この90年間にBセットの臼と杵がAセットに転換し、餅菓子の種類が豊富になっていったというわけである。

### ⑨美味しい餅の誕生

　民俗学者の柳田國男は、『木綿以前の事』の「団子と昔話」の中で、「搗き臼の横杵が我が国の餅食文化を画期的なものにした」と述べている。馬の頭のような横杵は、最初米を大量に精白するために出来たのだが、後に餅搗きに転用される。転用されなかったら、「今日のように蒸したもち米を潰し、餅にすることができなかった」とも記している。

　そして「強飯でもなき萩の餅よりも更によく潰された新式の餅が、世に現れて喝采せられ、始めて多くの人を餅好きにしたのではないか」と、柳田は記している。また、東京に「搗き抜き団子」といって粉を練ったものをさらに蒸籠で蒸し、粘りをつけてからもう一度杵で捏ねるものがあり、それは1期前の餅の作り方ではないかと、述べていた。この「搗き抜き団子」の製法を伝えているのが、1819（文政2）年創業の東京・日暮里の「羽二重団子」であった。

### ⑩菅江真澄の『百臼之図』

　江戸時代後期の民俗学者・菅江真澄は東北や蝦夷を旅し『菅江真澄遊覧記』など膨大な著作がある。その中にあるのが『百臼之図』で、彼が旅先で出会った臼と杵を1つ1つ丁寧に写生している。1783（天明3）年から1810（文化7）年頃までの約30年間にわたっており、菅江真澄は「臼狂い」とまでいわれ、臼の魅力にとり憑かれ迫力ある図を残している。それをみると、東海近畿は先ほど分類したAタイプの横杵で、東北蝦夷（北海道）は竪杵のBタイプが多かった。東海近畿はすでに横杵の時代を迎えていたが、東北地方はまだ竪杵だった。というより稗、粟、黍、豆など雑穀を食べる暮らしの中で、シトギを作るにもBタイプの臼と杵が便利であった。前述のとおり今日でも東北のシトギは稗、粟、豆など種類が豊富である。

Bタイプの臼と杵が近年まで生活に溶け込んでいたからであろう。

### ⑪江戸の餅搗き

　江戸後期の俳諧師・小林一茶は、信州の人だが江戸の下町に35年も住んでいた。その一茶には食べ物の句が多い。特に餅の句が多く、餅には思い入れがあったようだ。中でも一茶のいた文化文政の頃（1804〜30）、江戸には暮れになると臼や杵、釜、蒸籠など餅搗きの諸道具を用意し4、5人1組となり市中を廻る人々がいた。頼まれるとその家の前でもち米を蒸し、餅を搗きに来てくれた。

　　餅つきが　隣りに来たと　いふ子かな
　　我が所へ　来るのではなし　餅の音
　　寝て聞くや　貰う餅搗き　二所(ふたところ)
　　あてにした　餅が二所(ふたところ)　はづれけり
　　鳩雀　来よ来よおれも　貰ひ餅

と、詠まれ長屋暮しの「貧乏一茶」の長閑な年の暮れであった。

### ⑫飴

　砂糖以前の最も古い甘味料であったが、古代において飴は「たがね」とよばれ『日本書記』に、「水無くして飴を造らん」とあり、飴の成否で占いをしていて、奇跡が起こったことを記していた。『和名抄』には、「飴　阿女　米蘖煎也」とあり、米蘖は〈こめげつ〉と読む。これは米もやしのことで、古代の飴は米もやしで作られていた。が、後に「麦蘖(むぎげつ)」、麦もやしとなる。つまり麦芽が用いられるようになる。

　飴は、東大寺正税帳や『延喜式』によると仏事の供養に用いられたようで「糖」と書かれアメとも読ませていた。

　水飴は湿飴とも汁飴ともいい、煮詰めると固飴(かたあめ)となる。空気に晒すと白くなり、白飴とも晒し飴ともよんだ。宮城県下では飴がよく作られていて、水飴は甘味料として使われ、正月三が日には「餅飴」といって、焼いた餅を水飴にからませたり、黄な粉をまぶして安倍川餅にしている。

　甘味料だった水飴も、江戸時代に白砂糖の使用が多くなると水飴に加え、加工飴の求肥飴(きゅうひあめ)、翁飴(おきなあめ)、有平糖(あるへいとう)（南蛮菓子）が出来た。黒砂糖を加えた固形飴が黒飴で、飴玉とよばれるものが作られていく。

　正月に飴を食べる習わしが全国的にあり、秋田県大館市の2月の11、12日に立つ「アメッコ」市は、400年の歴史がある。

⑬麦芽水飴の作り方

　麦芽水飴は、まず麦芽を作る。大麦を２、３日浸水し、ムシロなどに包んでおくと５日で芽と根が出る。これが麦もやしで、乾燥させて昔は石臼で粉に挽くが、今はミキサーで粉砕する。もち米は一晩浸水し、３倍の水でお粥にし、60℃に冷まして麦芽を加えてよくかき混ぜる。弱火で５、６時間焚くと澱粉が糖化して甘酒のようになる。これを布袋に入れて煮詰めると水飴になる。

　水飴をよく食べる宮城県下では、水飴は米の収穫後の秋から翌年の４月までに作り、この期間に食べるのが一番美味しいとされていた。飴は溶かし加減や煮詰め加減が気候に左右されるためで、飴もまた季節のある菓子だった。

## 奈良・平安時代の菓子「唐菓子(からかへい)」

　日本古来の食べ物の中から生まれた菓子は、果物や木の実、餅や団子だったが、やがて外国より新しい文化や加工食品がもたらされ、日本の菓子は仏教の導入とともに新時代を迎えることとなる。

　唐菓子は、推古天皇の600年代に遣隋使として中国に渡った小野妹子らや、文武天皇の702〜704年に遣唐使として渡った粟田真人らによって大陸文化が伝えられた。その中に唐菓子(からくだもの)８種と菓餅(かへい)14種があった。当時唐菓子は〈カラクダモノ〉とよばれていた。これらは最初、小麦粉でいろいろな形を作り、油で煎ったり揚げたりしていた。こうした唐菓子は現在も各神社の神饌として伝わっている（第Ⅱ部の大阪・八尾市恩智神社の神饌、滋賀県旧永源寺町日枝神社の「ちん作り」の頁を参照）。754（天平勝宝６）年、唐僧鑑真が来朝する。この時黒砂糖のかたまりを薬として携え、天皇に献上したという。

### 八種(やくさ)の唐菓子

　唐菓子は穀粉製で、もち米、うるち米、麦、大豆、小豆などの粉に甘葛煎(あまくずらせん)（ツタから取った樹液を煮詰めたもの）や塩を加え薬用の丁子(ちょうじ)や肉桂(にっけい)の粉末なども入れて捏ね、魚や小動物などの形に成型して胡麻油で揚げた。その８種の唐菓子を「八種の唐菓子」といった。

● 梅枝(ばいし)　木の枝状につくり、枝の分かれ方で２梅枝、３梅枝とある。

- 桃枝(とうし)　梅枝と同様に木の枝状につくる。
- 餲餬(かっこ)　地虫のすくも虫を模したもの。初期は地虫のフライだった。
- 桂心(けいしん)　花の形をした餅で、中心に肉桂の粉末をかける。
- 黏臍(てんせい)　米粉を捏ね、中央を凹ませへそ形にして油で揚げる。
- 饆饠(ひちら)　花弁に似た薄い煎餅状にして焼いたもの。
- 鎚子(ついし)　米粉や小麦粉を捏ねて蒸し、芋の子に模した餅。
- 団喜(だんき)　「歓喜団」といって団子状の聖天へのお供え。

また菓餅には以下の14種がある。
①餢飳(ぶと)、②糫餅(まがり)、③結果(かくなわ)、④捻頭(むぎかた)、⑤索餅(さくべい)、⑥粉熟(ふずく)、⑦餅餤(へいたん)、⑧餛飩(こんとん)、⑨餺飩(ほうとう)、⑩魚形(ぎょけい)、⑪椿餅(つばいもち)、⑫餅餬(へいこう)、⑬粔籹(おこしこめ)、⑭煎餅(いりもち)、とある。これらの菓子は、宮廷の節会や大きな寺社の神饌として作られ、庶民とは遠い存在の菓子であったが、後世こうした唐菓子から、ダンゴ、オコシ、センベイなど庶民に馴染み深い菓子が生まれていた。

### 藤原貞幹(ていかん)著「集古図」(江戸後期 寛政年間)に掲載されている八種の唐菓子など

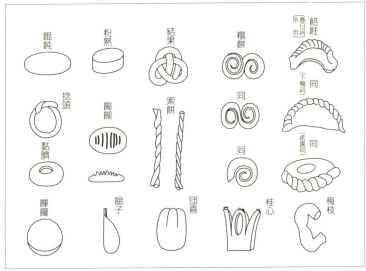

(出典：亀井千歩子『日本の菓子』東京書籍 p.74 1996)

**唐菓子と平安文学**　　宮廷の女房たちに人気のあった唐菓子は、『源氏物語』や『宇津保物語』などに登場する。「粉熟（せんじゅく）」は『源氏物語』の宿木の巻に「浅香の折敷（おしき）、高坏（たかつき）どもにて、粉熟参らせ給へり」とあり、粉熟は米や麦、大豆、小豆などを粉にして甘葛煎（あまづらせん）を加え、母子草やクチナシで色を付けて捏ね、蒸した後竹筒に詰めて突き出したもの。小さく碁石状に切り分ける。唐菓子としては彩色豊かであった。「椿餅」は、『源氏物語』にも『宇津保物語』にもあり、作り方は現在とあまり変わらず干飯（ほしいい）を粉にし、丁子の粉と甘葛煎を加え丸めて蒸し、椿の葉2枚で包んだ。

『枕草子』には甘葛煎をかけた「けずり氷（ひ）」の記述があり、今日のみぞれ氷の味であった。同書には、国産菓子第1号ともいえる「青ざし」がある。煎った青麦を石臼で挽くと、捩れたようになりそれを「青ざし」といった。江戸時代の芭蕉も「青ざしや　草餅の穂に　出つらん」（『虚栗（みなしぐり）』1683〈天和3〉年）の句を詠んでおり、1682（天和2）年の暮れ、芭蕉は深川芭蕉庵が火災に遭い山梨県の都留（つる）地方に居を移していた。この地方は麦作地帯だったので「青ざし」の句はこの地でできたのではないか。隣接する東京の奥多摩地方では、昭和の時代まで「青ざし」が作られ食べられていた。

## 鎌倉・室町時代の菓子「点心（てんじん）」「茶の子」

　武家社会となった鎌倉時代は、政治も文化も一転させた。新しい宗教・禅宗は、幕府や武士たちに支持され当時の思想や文化、そして食生活にも大きな影響を与えた。

　『喫茶養生記（きっさようじょうき）』（1211〜14）の著者栄西禅師は、宋に渡って臨済禅を学び、茶の種を日本にもたらし、茶と菓子をセットにした喫茶の風を禅宗寺院に定着させ、後世の茶の湯のさきがけとなった。

　この時代の食事は朝夕の2食であったが、中国では点心という間食をとっていた。点心は「空心に点ずるを謂ふ、早旦、陰陽未だ分れざる時、少しく喫す、此れ養生の法なり」（『禅林象器箋（ぜんりんしょうきせん）』〈禅宗の用語辞典〉）とあり、空心（すきはら）に小食を点ずるということで間食を意味する禅語であった。その点心がこの時代に広まったのである。

## 『日葡辞書』に見る「茶の子」

点心と同様の言葉に「茶の子」がある。『類聚名物考』(江戸中期の百科事典) に「茶の子、是れ点心の俗語なり」とあり、昭和の世にまで静岡県や岡山県下の農家では、朝食前にとる簡単な食事を「茶の子」といってお茶漬けや漬物を食べた。

『日葡辞書』(1603〈慶長8〉年) に「朝茶の子　朝、茶を飲む前にとる少量の食物」とあり、「茶の子　茶を飲む前に食べる、食欲をそそる塩漬の物」とあった。

長野県下では、そば粉や小麦粉を練って作る「やきもち」を朝食前に食べるので今日でも「茶の子」とよんでいる。「茶の子」は簡単ということで「お茶の子さいさい」となり、「朝飯前」という意味にもなった。

## 「点心」と「茶の子」の種類

南北朝から室町初期に成った『庭訓往来』の点心によると「水繊、温糟、糟鶏、鱉羹、羊羹、猪羹、驢腸羹、笋羊羹、饂飩、饅頭、索麵、棊子麵、巻餅、温餅などがある。不思議な名前のものが多いが、羊羹、饅頭、など現在の和菓子の主流となるものだが、今日の羊羹、饅頭になるまでにはいくどかの変遷がある(羊羹の羹は〈あつもの〉と読み、汁物であった)。

室町後期の『尺素往来』(伝・一条兼良著) には、点心としては前述の羊羹や饅頭があり、次いで茶子(茶の子)と菓子がある。茶子には「胡桃、榧の実、栗子、海苔、結昆布、刺蘚、串柿、菱、挫栗、干椎茸、興米……」があり、菓子には「青梅、黄梅、枇杷、瓜、桃、杏、棗、金柑、蜜柑……」が記され茶の子は乾物類を指し、菓子は果物で「水菓子」である。点心は空腹を満たす意味があったが、茶の子は喫茶の時のつまみ物「茶請け」で、日葡辞書にあるように「茶を飲む前の、食欲をそそる塩漬物」のであった。

# 安土・桃山・江戸前期の菓子

## 利休の菓子

茶道を大成させた千利休(1522〜91)の時代になっても、室町期の茶の子が用いられていた。だが、茶の子は「菓子」の範疇に入るようになる。『利休百会記』は、1590(天正18)年8月から翌年正月にかけて行われた。その茶会の菓子を拾い出してみる。「麩焼き

72　栗55　椎茸15　いりかや15　昆布7　焼餅・豆腐湯葉各5　柿・せんべい各4　おこしこめ・油もの各2」そのほか薄皮（饅頭）、あこや（団子）……あり、これらは数種類組み合わせて出されていた。この時代、砂糖は輸入品だったので饅頭は甘い餡入りではなかった。

　利休は麩焼きを好んだといわれる。麩焼きは小麦粉を水で練り、焼き鍋に延ばし、焼いた片面に味噌を塗って巻いたものとされる。

## 南蛮菓子とは

「南蛮」という文字から差別用語のようだが、我々日本人にとって、南蛮とは「遥か遠い海の彼方の国々」という憧憬に近いものがある。それは古代の人々が抱いていた「常世の国」と近似している。さらに「南蛮菓子」とくると、田道間守がやっと手に入れて持ち帰った「非時香菓(ときじくのかぐのこのみ)」のような、心躍るわくわくするような気持ちがしてくる。しかし「南蛮菓子」は、キリスト教布教のための宣教師たちの下心ある菓子でもあった。

　南蛮菓子は、1549（天文18）年のフランシスコ・ザビエルの来日や翌年のポルトガル貿易船の平戸来航によってもたらされた。南蛮菓子もキリスト教も織田信長によって受け入れられたが、秀吉のバテレン追放（1587年）から禁教令（1596年）、そして江戸幕府の1612（慶長17）年と翌年のキリスト教禁教令によって、キリスト教は弾圧されるが、「南蛮菓子」は21世紀の今日まで、いやこれからも作られ食べられていくことであろう。たっぷり使われた白砂糖の甘さ、卵を使った口溶けの優しい味に人々は魅せられたのであった。

## 金平糖・カステラ・ボーロ

### ①金平糖

　南蛮菓子の代表的な砂糖菓子で、ポルトガル語のConfeitoからきていた。1569（永禄12）年ルイス・フロイスが京都で信長と面会した時、献上したのがフラスコ入りの金平糖であった。

### ②カステラ

　生まれはスペイン、ポルトガル地方だが現地のものとは違っていて、日本の菓子となっている。長崎での言い伝えでは初代長崎代官村山等安（ポルトガル語が巧みだったという）が、1575（天正3）年長崎で南蛮菓子屋をやって、カステラを作っていたという。文禄・慶長の役のころ、肥前名

護屋で秀吉に献上したという逸話もある。卵、白砂糖、小麦粉を使い、オーブンのない時代、平鍋に金属の蓋をして火を置き、上下で焼いていた。
③ボーロ
「ぼうろ」「ぼうる」とも書き、ポルトガル語 Bolo からきている。小麦粉、砂糖、卵、牛乳が原料のこの菓子は、現在でも子供やお年寄りに好まれる南蛮菓子である。材料もそば粉や片栗粉などがあり、各地の産土菓子としても知られ、九州・佐賀市の「丸ぼうろ」は知られている。沖縄の「花ボウル」は複雑な模様をつけたクッキーのような焼き菓子である。南蛮菓子には他に「ビスカウト」「卵素麺」「有平糖」「カラメル」などがあった。

南蛮菓子が江戸時代になっても作り続けられたのは、白砂糖の輸入量が増加したことと、国内産も1610（慶長15）年現在の奄美大島で黒糖製造に成功する。薩摩藩は本格的に製造を開始する。江戸幕府では8代将軍吉宗が製糖を奨励し、阿波・土佐・駿河などで作られた。

## 和菓子の完成（江戸中期以降）

先に餅搗きの杵が、竪杵から横杵になり江戸前期にその技術革新で200余の餅菓子が出来たことを記した。さらに砂糖も国産化され、甘い和菓子が誕生していく。
①羊羹
羊羹は饅頭とともに、鎌倉期に中国へ渡った禅僧たちによって伝えられた点心の一つであった。中国の羊羹は羊の肉の汁物（あつもの・羹）であり、他にも鼈羹（べっかん）、猪羹（ちょかん）などがあったが、禅僧は肉食を禁じられていたところから材料を吟味し、羊羹も最初は羊に見立てた汁物だったのであろう。1603（慶長8）年刊の『日葡辞書』の「羊羹」の項には「豆で粗糖（クロザトウ）をまぜて、こねたもので作った食物」とある。簡単すぎるが、当時の羊羹は現在の蒸し羊羹だったとされる。だが、京都では1599（慶長4）年に天草を使い煉り羊羹が作られた。しかし蒸し羊羹の時代はつづき、江戸中期に寒天の発見により、江戸で煉り羊羹が作られる。それが寛政年間（1789～1801）とされる（第Ⅱ部「栃木県日光」参照）。
②饅頭
饅頭ほど老若男女に愛されている和菓子もないであろう。日本中どこに

行っても○○饅頭と、名物饅頭があり人気をよんでいる。

その饅頭も中世、点心だった頃は羹(あつもの)で、汁をかけて食べるものであった。岩手県や秋田県に今も残る「ケイラン」は、餡入りの白玉団子を茹で汁やお吸い物に入れた食べ物で、中世の僧房を想起させてくれる。さらに饅頭を語るには2人の人物がいて、1人は九州博多の承天寺の開祖・円爾弁円(べんねん)(聖一国師)で、宋から「酒饅頭」の製法を伝えたとされ、羊羹、饅頭、麺を伝えた人とされている。この饅頭は「虎屋饅頭」として広まった。

今一人は「薬饅頭」といって、ふくらし粉を使った饅頭の製法を伝えた林浄因(りんじょういん)。1341(暦応4)年に来朝した。浄因は帰化し子孫は塩瀬姓を名乗り、現在も「塩瀬饅頭」を作り販売している。

饅頭は砂糖入りと、菜饅頭とあって信州の「おやき」は菜饅頭の系統である。甘い餡入り饅頭になるのは江戸前期頃からであった。

### ③落雁(らくがん)

江戸時代に大いに人気を博した干菓子が「落雁」である。米などの澱粉質の粉に水飴や砂糖をまぜて着色し、型に押して乾燥させた菓子である。近江八景の「堅田(かただ)の落雁」にちなんで名がついたというが、中国の「軟落甘(なんらくかん)」の軟が欠落したという説もある。上品な菓子で、茶席の菓子として、また寺院の「紋菓子」とされてきた。

製法には2通りあり、①蒸して乾燥させた糒(ほしい)(干飯)の粉に水飴、砂糖を加え、練って型に入れた後ホイロで乾燥させたもの。②加熱しない米の粉を用い、①と同様に水飴を加えて成形し、蒸籠で蒸し上げ、ホイロで乾燥させたもの。①が落雁で、②は「白雪糕(はくせつこう)」、江戸時代に母乳がわりとなったもので、越後の良寛さんが所望した菓子。同越後長岡の「越の雪」は②であったが、改良の末①となっている

江戸時代の加賀藩や松江藩では茶道とともに製菓業を奨励していた。「日本三大銘菓」は先の「越の雪」と、加賀の「長生殿」、松江の「山川」で、今日まで茶席菓子としてゆるぎない座にあった。

## 駄菓子と郷土菓子

駄菓子は、高価な白砂糖を使った京都の献上菓子に対し、庶民の間食として江戸時代に雑穀や水飴、黒砂糖などを材料にして作られた菓子で正徳

元～5（1711～15）年の頃、そうよばれるようになったとされる。関西では「雑菓子」といった。安価で、銭1文で買えたので「一文菓子」ともよばれた。

郷土菓子は、こうした駄菓子や雑菓子が地域独特の菓子となり、郷土菓子となる場合がある。一方郷土菓子は、地域の特産物や土地の祭や行事と関連しており、中部地方の岐阜県や南信州で食べられる「五兵餅」、尾張地方の雛菓子「おこしもの」、東濃の「からすみ」など地域限定というユニークさがある。

### 東北駄菓子の原点

江戸時代には、地方の各藩が緊急時に備えていた「糒」が払い下げになりそれを材料に駄菓子が作られた。今もよく知られているのが"仙台駄菓子"（第Ⅱ部「宮城県」参照）で、仙台藩の「仙台糒」が原料となり「しおがま」が生まれ、糒を煎って水飴で絡めると「おこし」になった。

他に会津藩、鶴岡藩、南部藩など東北に駄菓子が発達した要因は、緊急用の糒の払い下げにあった。そしてさらに地元産の穀類を主に、大豆や黄な粉、胡麻、胡桃などが使われ保存が効き、形は大きく、腹持ちがよい駄菓子が誕生した。

### 飛騨駄菓子と姫路「かりんとう」

飛騨高山も駄菓子（第Ⅱ部「岐阜県」参照）が知られ、名物の「飛騨穀煎」「甘甘棒」「げんこつ」とこちらは特産の青大豆の黄な粉と水飴が主原料で、どれもみるからに堅い堅い菓子である。

姫路駄菓子（第Ⅱ部「兵庫県」参照）は、播州駄菓子ともよばれ「かりんとう」が有名であった。別名「オランダ菓子」ともいわれ、名家老・河合寸翁が長崎の出島に藩士を派遣し、その製造技術の習得を命じて誕生したものである。「姫路かりんとう」は、藩財政の赤字を救った大きな立役者であった。

## 2 行事と和菓子

### 暦と年中行事

**1年というサイクル**　我が国は「お祭り王国」といってよいほど、1年を通してどこかでお祭りが行われている。その多くが農耕や漁労や山に生きる人たちの自然への祈りや畏れ、収穫への感謝が込められている。

もとより1年というサイクルは、稲種の植え付けから稲の収穫までを指していた。それを「歳（とし）」といった。春には山から田の神様を迎え豊作を祈願し、夏には稲の実りを期し、日照りには雨を乞い、「二百十日」には「風祭」をする。秋、無事に稲刈りを済ませば田の神様にはぼた餅をどっさり供えて盛大に祭りをする。人も神も杯を酌み交わし、感謝を捧げてまた山に送る。

この田の神こそ「稲魂（いなだま）」であり「先祖の霊」であった。正月、この神は「歳神様（としがみ）」となって再び人々に迎えられ、1年の豊漁、豊穣、平穏、無事をもたらす「正月様」となり訪れるのである。

**旧暦・新暦**　暦にはおおよそ3種がある。月の満ち欠けを基準にした「太陰暦（たいいんれき）」。月の満ち欠けと、太陽の周りを回る地球の運行を組み合わせた「太陰太陽暦（たいいんたいようれき）」。地球が太陽の周りを1周する周期に合わせた「太陽暦（たいようれき）」である。明治の改暦の際、この太陽暦が取り入れられ「新暦」とされ、飛鳥時代後半より使われてきた「太陰太陽暦」は終止符が打たれ、「旧暦」とよばれるようになる。

改暦は1872（明治5）年12月3日に行われ、この日を1873（明治6）年1月1日とした。ここで約1カ月季節が早まり、桃の節供やお盆など、季節のずれが生じた。それゆえ現在でも、地域によって月遅れで行う場合がある。年中行事を考えるとき旧暦、新暦2つの暦があることを頭に置いておこう。

二十四節気

|  | 名　称 | 旧暦月名 | 新暦の日付 |  | 名　称 | 旧暦月名 | 新暦の日付 |
|---|---|---|---|---|---|---|---|
| 春 | 立春（りっしゅん） | 一月節 | 2月4日頃 | 秋 | 立秋（りっしゅう） | 七月節 | 8月8日頃 |
|  | 雨水（うすい） | 一月中 | 2月19日頃 |  | 処暑（しょしょ） | 七月中 | 8月23日頃 |
|  | 啓蟄（けいちつ） | 二月節 | 3月6日頃 |  | 白露（はくろ） | 八月節 | 9月8日頃 |
|  | 春分（しゅんぶん） | 二月中 | 3月21日頃 |  | 秋分（しゅうぶん） | 八月中 | 9月23日頃 |
|  | 清明（せいめい） | 三月節 | 4月5日頃 |  | 寒露（かんろ） | 九月節 | 10月8日頃 |
|  | 穀雨（こくう） | 三月中 | 4月20日頃 |  | 霜降（そうこう） | 九月中 | 10月23日頃 |
| 夏 | 立夏（りっか） | 四月節 | 5月6日頃 | 冬 | 立冬（りっとう） | 十月節 | 11月8日頃 |
|  | 小満（しょうまん） | 四月中 | 5月21日頃 |  | 小雪（しょうせつ） | 十月中 | 11月23日頃 |
|  | 芒種（ぼうしゅ） | 五月節 | 6月6日頃 |  | 大雪（たいせつ） | 十一月節 | 12月7日頃 |
|  | 夏至（げし） | 五月中 | 6月21日頃 |  | 冬至（とうじ） | 十一月中 | 12月22日頃 |
|  | 小暑（しょうしょ） | 六月節 | 7月7日頃 |  | 小寒（しょうかん） | 十二月節 | 1月6日頃 |
|  | 大暑（たいしょ） | 六月中 | 7月23日頃 |  | 大寒（だいかん） | 十二月中 | 1月20日頃 |

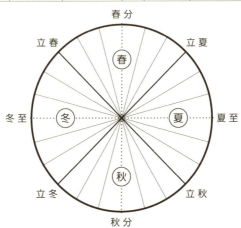

(出典：市田ひろみ著『市田ひろみの日本人でよかった 年中行事としきたり』東京書籍、pp.35-36、2007年より作成)

## 気候の目安・二十四節気と七十二候・雑節

時候の挨拶によく使われる二十四節気は、太陽の周りを地球が一巡する365日をもとに中国で作られた。春分を計算の起点にして、24等分するとほぼ15日が1節気となる。二十四節気は太陽と同調しているので、節気の来る日は毎年変わらず、気候の目安となる。

しかし、これは中国の黄河中・下流域の気候を基準にしていたので、我が国の気候とは若干異なる。七十二候は、二十四節気の1節気（15日）をそれぞれ3つに細分すると、1候は5日となる。

雑節は日本で作られたため、節分、彼岸、社日、八十八夜、半夏生、二百十日など身近なものである。

### 五節供

節とは季節の変わり目のことで、中国の唐の時代には暦法で定められていた。また中国では「重日思想」といって、同数字が重なる月日を忌み嫌い、邪気を祓う行事が行われていた。

3月3日（上巳）、5月5日（端午）、7月7日（七夕）、9月9日（重陽）で、中国では奇数を陽とするが、奇数が2つになると陰になるため不吉な日とされ、3月3日を「重三」、5月5日を「重五」といい、9月9日は「9」が単数で最も大きな数字なので「重陽」としていた。1月1日は元日で別格とし7日の「人日」を加え五節供となった。

これらの日には、神を迎え供物を捧げ禍を祓ったので「節供」といい、我が国でも早くから宮中に取り入れられ、『源氏物語』や『枕草子』などに記されている。

江戸時代に幕府は五節供を重んじ「式日」とした。公武行事としたことから一般にも広まったが、明治の改暦で廃止となるも、3月3日や5月5日の節供は現在も行われている。

### 年中行事とは

さて、我が国の「年中行事」という言葉は、平安時代の宮廷から出た用語とされている。宮廷の役人には、政治上執り行う恒例行事を、月日を追って記した表や冊子があり、それを「年中行事」といった。

年中行事と同様の言葉に、「歳時」「歳事」「時令」「月令」がある。いずれも中国からきたものだが、中国最古の『荊礎歳時記』は6世紀に作られている。日本には奈良時代に伝来しており「歳時記」の呼称は早くから知

られていた。

中世には武家の年中行事も生まれ、江戸期の藩政時代には各藩や地方によってさまざまな年中行事がみられ、年中行事は時代によって変化するもので、長い間には本来の意味がわからないものもあった。

## 「七五三」の例で見る行事の変化

子供の成長を祝う「七五三」は、平安時代の公家の日記などから宮中や公家の儀式である髪置（3歳）、袴着（5歳・着袴とも）、帯解（7歳）などが原型とされるが、年齢や時期などもまちまちであった。江戸時代になって徳川5代将軍綱吉のとき、長男徳松の成長を祈り1681（天和元）年11月15日に3歳の髪置きの儀式を行った。それ以降、この日を髪置、袴着、帯解の子供を祝う日と定められたという。

江戸市中では呉服商の営業政策もあって、江戸中期になると3歳男女児の髪置、5歳男児の袴着、7歳女児の帯解が盛んとなり11月15日に祝われ、千歳飴もこの頃浅草で売り出された。1844（弘化元）年の3世歌川豊国「七五三祝ひ乃図」には、着飾った子供や親たちが神田明神に詣でる姿が描かれ、その中に千歳飴の袋を持った付き添いの子供の姿がみえる。「七五三祝い」は、まだ江戸やその周辺地域のみで行われていて、今日のように全国的になるのは昭和も戦後の高度成長期の頃である。

しかし、他の地方でも子供の祝いはしており、千葉県船橋市地方では、現在でも女児の7歳の祝いを「帯解き」とよび、島根県下では七五三を「紐落し」といってお祝いをしている。

## 「ハレと褻」

日本には昔から「ハレの日」という言葉があり、日常生活は「褻」といった。ハレの日には「晴れ着」を着て、「ハレの場所」に出て、「晴れやかな気持ち」になり、ハレの膳につく。すなわちハレの日は、単調な日常生活に、メリハリをつけるように訪れてくる「非日常」である。

一般庶民にとって「行事」というのは「ハレの日」ということで、「ハレの日」は、人の一生に関わる「冠婚葬祭」の行事の日もあり、葬式といった時を定めず臨時に迎える場合もある。また毎年の恒例として、一定の日に定期的に迎えるハレの日があり、それが年中行事であった。

## 「節」と「節目」

「ハレの日」を別に「節」といい、「節会」「節供」「節日」といった言葉も古くからある。「節」は一本

の竹のフシのようなもので、人の一生の冠婚葬祭の「ハレの日」を、人の「節目」とよんでいるのはそこからきていた。「節」にはハレの食物を作り、神や仏を迎えて供え、人にも分かち与えて食べ合う日であった。

「節供」は、節の日に神仏に食物を供えることで、江戸時代以降「節句」と書くようになったが、本来は「節供」と書いたのである。この節の日のために用意する料理を「お節」といって、今日でも正月三が日に食べる料理を「オセチ」とよんでいるのはそれである。

## 正月行事と菓子

### 「歯固め」の起源

歯は「よわひ」で年齢の意で、正月三が日に堅い物を食べて健康長寿を祝う行事である。この歯固め行事は、平安時代の朝廷で元日から３日間長寿延命を願い餅を食べる儀式で、「鏡餅、大根、漬瓜、串刺、押し鮎、猪肉、鹿肉」などが天皇の御前に据えられた。『源氏物語』にも「歯固めの祝ひして、餅鏡さへ取り寄せて」とある。後の足利将軍家や徳川幕府でも歯固めは行われ、武家らしく縁起のよい「勝ち栗、昆布、榧の実、橙」などが登場していた。

民間でも堅くなった鏡餅を正月20日に砕いてお汁粉にして食べるのを「歯固め」とよぶところがある。これを鏡開きというが、徳川３代将軍家光が逝去したのが1651（慶安４）年４月20日だったことから、月命日の20日を避け１月11日になった。

### もう一つの「歯固め」

東北地方や中部山岳地帯の飛騨地方、信州では、「歯固め」といって、元日の朝に「炒った、榧の実、勝ち栗（搗栗）、干し柿、炒った黒豆（開き豆）、胡桃、あられなどを木のお盆に盛り合わせ、お雑煮の前に家族皆で摘まんで食べた。この品々を語呂合わせに「がやがやと賑やかで、勝ち誇って、まめまめと、繰りまわしよく、かき取るように」といい１年の願いを込めた。

これらの木の実は、一見古代の菓子のようだが中世の禅僧の「茶の子」で、飛騨地方では「仏の菓子」とよび、秋の報恩講の時には「茶の子」として客に振る舞われた。そして食材をみると、江戸の正月に「お手懸け」「喰積」といい、年賀の客に出されたものとよく似ている。関西では「蓬莱」とよんでいた。

## 正月に飴を食べる習わし

『荊楚歳時記』によると歯固めは、元日に煎り胡麻と大豆を加えた「膠牙の餳(とう)」という堅い飴を食べる習わしがあった。我が国では餅が主であったが、足利将軍家の歯固めに「たがね」と称する堅い飴が登場する。民間でも正月に飴を食べる習わしが各地にみられる。

長野県松本市では正月に「飴市（元塩市）」が立ち、秋田・大館市では小正月行事（現2月）として「飴っこ市」が開かれ、山梨県の甲府地方では戦前まで、正月2日の初市に飴が売られていた。関西ではえびす神社の初市に福笹とともに棒飴やねじ飴、お多やん（お多福）の金太郎飴が売られ、九州でも各地で飴が食べられている。韓国では正月15日に飴を食べ健康を祈り、これを「歯較」といった。

## 花びら餅

正しくは「菱葩餅(ひしはなびらもち)」で、別名「お祝いおかちん」といわれた。前述の朝廷で行われた「歯固めの儀式」を簡略化したもので、宮中のお節料理の一つとされてきた。おかちんは女房詞で餅のことである。

歯固めは長寿を願い、白い餅の上に赤い菱餅を敷き、その上に猪肉、鹿肉、大根、鮎の塩漬け、瓜などをのせて食べていたが、だんだん簡略化し、餅で食品を包み（宮中雑煮）公家に配るようになった。さらに簡略化し、厚さ2分（約6mm）、直径5寸（約15cm）の白い丸餅を火で炙り、その上に長さ4寸5分（約14cm）の小豆色の菱餅を炙ったものを二つに折り、半月形にするのだが、中には甘く練った白味噌餡と、砂糖漬けの牛蒡(ごぼう)を挟む。これを白い美濃紙に包み天皇・皇后両陛下にさし上げ、両陛下は雉子酒と一口ずつ交互に召し上がられるのが仕来たりであった。

かつて昭和天皇の侍従長を務めた入江相政氏が、菱葩餅を"乾燥雑煮"と表現していたが、牛蒡と白味噌が薄餅に包まれ、汁のない京風雑煮である。牛蒡は歯固めの押し鮎（鮎の塩漬け）を模していた。

## 「初釜」の花びら餅

近年都会を中心に、正月菓子として人気のある「花びら餅」は、明治中期に京都の菓子司・川端道喜が売り出して一般化したものである。この餅は、茶道裏千家の初釜のお菓子として知られ、11世玄々斎（1810〜77）が幕末に御所より拝領し、以後許可を得て使うようになった。最初は搗き餅だったが求肥(ぎゅうひ)となり、一般庶民が食べられるようになるのは戦後である。

### 庶民の花びら餅

関西では鏡餅を薄く切ると花弁に似ているので「花びら」といい、お餅を「お花」といった。『京都古習志』(井上頼寿著)によると、この地方の正月行事"おこない"(年頭の農祈願の祭り)に「花びら餅」がたびたび登場し、細く切って酒の肴にしている記述がある。京都・上賀茂神社の神饌に白い餅を丸く薄く延ばした物を「花びら餅」という。平安末から鎌倉期の歌僧・西行の『山家集』に「花のくだもの」という歌があり「折びつに　花のくだもの　つみてけり　よしのの人の　みやたてにして」とある。これは「花びら餅」を詠んだもので、吉野の蔵王堂では正月に蔵王権現に供えられた餅を煮て「花びら」として諸人に施した。

朝廷の「歯固め」の餅が、後に「雑煮」となるのだが、それは室町時代とされ、最初は正月ではなく、婚礼の略式の饗膳の献立だった。「歯固め」も正月と限らず吉日に行われていた。

### 切山椒と酉の市

11月の酉の日に立つ浅草・鷲(おおとり)神社の酉の市(まち)には「三縁起」として、熊手、頭の芋(唐(とう)の芋)、切山椒がある。切山椒はこれを食べると風邪を引かないといわれるが、江戸後期の1854(嘉永7)年三世歌川豊国の「酉のまち」の錦絵をみると、3人の女性が手にしている縁起物は熊手、頭の芋と黄色い伸し餅の包みで、当時黄金餅(こがねもち)とよばれたものだった。この餅は「黄金持ち」になると喜ばれ、『東都歳時記』1838(天保9)年に「黍餅(きびもち)」とあり『守貞漫稿』(1853年)には「麦餅」とある。切山椒はどうやら幕末から明治に登場したようだ。なお、頭の芋と一緒に、当時「何首烏芋(しゅういも)」(ハカゴのような小さい芋)を数個ササに通して売られていた。現在は頭の芋がササに通してある。

### 切山椒と正月

さて、切山椒は俳句歳時記では新年の季語で、東京でも浅草の和菓子屋では除夜から三が日だけ売り出すめでたい菓子である。この餅は上新粉に砂糖と山椒の香りを搗き込んで蒸した餅で、薄紅色や白、黒砂糖入りがある。江戸時代には山椒餅とよんだ。

山梨県の甲府地方では、節分に切山椒、ぶっ切り飴、福茶をいただく。これは太陰太陽暦が使われていた時代に「立春正月」といって、立春を新年の始まりとする考えがあり、この地方では節分の夜に、「おもっせ」といって大晦日の年取りの膳と同じ料理を食べる。つまり、節分は「年越し」で立春は正月だった。それで歯固めに切山椒やぶっ切り飴を食べ、炒った

大豆と干した蜜柑の皮入りの福茶を飲んだ。

　江戸時代だが伊勢地方では、年礼の客に「算木茶菓」といって折敷に田作り、柑子、切山椒をのせて年始の饗としていた。

### 新年の「福茶」

　新年に飲む「福茶」は「大福茶」「大服茶」ともいわれ、元日の早朝、雑煮より先に1年の悪気を払うため、かつては若水を汲んでいたが、まず湯を沸し茶を煎じて飲むことである。この福茶の中には梅干し、結び昆布、粒山椒の他、大豆が入る。「大服」ということはたっぷりということで、「大福」に通じていた。

　起源は平安時代中期、村上天皇の御代に疫病が流行し、六波羅蜜寺の空也上人が霊夢により天皇に茶を献じ、万民にも施したところ平癒したのでそのお茶を「皇服」と名付けた。茶には前述の3種が入り、梅干しは長寿、山椒は香気が厄を祓い、結び昆布は睦みを表した。室町時代になると、この3品は茶請けとなり、茶人の家では「菓子」となり、これで抹茶を点てた。

　六波羅蜜寺では、正月三が日に梅干し、結び昆布を入れた茶「皇服」を初詣の人に出してくれる。この「服」というのは、「一服」というように、茶を飲む回数を数える言葉でもある。


## 雛祭りの菓子

### 上巳の節供

　3月3日は五節供の1つの「上巳の節供」で、上巳とは中国の古風俗で旧暦3月上旬の巳の日に、水辺に出て穢れを祓い身を清める日であった。もともと我が国にも季節の変わり目のこの頃、「巳の日の祓い」といって、紙で人形（雛人形の原型）を作り、それに身の穢れを移して川に流す風習があった。それと中国の行事が一緒になったとされる。中国には「重日思想」があって、数字が重なる月日を忌日とし、神を迎え供物をし禍を祓った。そのため上巳の節供は3月3日に定着し"重三"とよばれた。5月5日、7月7日も同様である。

### 雛人形のこと

　雛人形は日本独特で、前述した身の穢れを人形に託した身代わり信仰にあり、『源氏物語』にも光源氏が巳の日に人形を舟に載せて流す場面がある。また、平安時代には宮中や貴族の子女の間に「ひいな」遊びが生まれ、布製のほうこ（這子）人形は子供

たちの身代わりで、身辺に置いて厄災除けとした。これが雛人形の原型とされ、鳥取市用瀬地方に残る「流し雛」は、「巳の日の祓い」の人形を踏襲していた。

　立派な雛人形が登場するは室町期で、中国から胡粉を使った人形制作の技術が伝わってからであるが、貴族や武家などの上流階級のものであった。江戸時代になると民間にも飾られるようになるが、第Ⅱ部の「山形県」の項で記したが、紅花商人などの富裕層で、一般庶民は土人形であった。今日のような段飾りの雛人形が民間に普及するのは明治以降である。

# 雛節供の菓子

## 草餅・蓬餅

### ①母子草のこと

　上巳の節供を別名「草餅の節供」とよばれているが、この草餅には素材が2種類あって今日の「蓬」（別名モグサヨモギ）と、平安時代に使われた「母子草」（鼠麹草とも）がある。母子草の方は、キク科で漢方薬、春の七草の一つ御形（五行）である。『荊礎歳時記』によると5～6世紀頃の中国では、上巳の日に「黍麹菜の汁を取りて羮と作し、蜜を以って和す。之を龍舌桦と謂い、以って時気を厭う」とある。黍麹菜は鼠麹草で母子草のこと、龍舌桦はこの汁を取り、蜜とともに米粉を合わせて作った舌状のだんごである。鼠麹菜は、中国の重要な漢方資料によると、「味は甘く無毒。うまく調合すれば、気を益し、気の洩れるのを止め、痰を除き、時気を厭い、熱を去る効用がある。米粉とまぜて糗（炒り米）を作れば、すこぶる美味……」とある。この「龍舌桦」が日本に伝わったと考えられる。

### ②平安時代の草餅

　平安時代の初期に書かれた『文徳実録（日本文徳天皇実録）』によると、850（嘉祥3）年3月に仁明天皇が崩御し、5月に母君の嵯峨太后が亡くなり、「3月3日に毎年母子草を摘んで餻（うるち米の粉餅）にするのに、今年は母子がいないので餅を作ってはならないという噂がたった」とある。すなわち当時3月3日に、母子草を摘んで餅を作る行事があったというこ

とである。

平安中期の歌人・和泉式部の歌に「石蔵(いわくら)より野老(ところ)おこせたる手箱に、草餅入れてたてまつるとて」と前書きして

　　　花の里　心も知らず　春の野に　いろいろ摘める　母子餅(ははこもちい)ぞ

と詠まれ、平安時代にはもっぱらこの母子草で餅が作られていた。

しかし後に「母と子を餅に搗く」として忌まわれ、母子草の草餅は終息を迎えるのだが、昭和の時代になっても滋賀県、岡山県、広島県では母子草で団子や餅が作られていた。滋賀県下では「ほうこ団子・ほうこ餅」（ハハコが音便になってホウコ）とよんでいた。

### ③『日葡辞書』にある「蓬餅(よもぎもち)」

草餅が母子草からヨモギに変わっていくが、その時代は明らかではない。しかし、室町時代後期の公家・三条西実隆の日記『実隆公記』に、1533（天文2）年3月3日に蓬餅を貰ったことが記され、日本イエズス会編の日本と葡萄牙の辞書『日葡辞書』(1603〈慶長8〉年刊行)に「蓬餅」があり、その説明は「この草（蓬）をまぜて作った餅とよばれる小さなパン」とある。信長や秀吉の頃、蓬餅が食べられていたことがわかる。

### ④東国武士と草餅

東国は、ヨモギが生い茂った素朴な田舎だったため、鎌倉武士たちに母子草の餅は相応しくなく、早い時代からヨモギの草餅が食べられていたと思われる。さらにヨモギより古く、万葉集などにも詠まれた「ウケラ」という植物が「草餅」とよばれていた可能性がある。

そもそも公家文化から武家文化に変わった段階で、従来の文化は打ち消され独自の文化がつくられていく中で、嗜好の変化もあり平安時代に好まれた「唐菓子」は、鎌倉末期には姿かたちもなく消えていった。そういう意味で、東国武士に好まれたヨモギの草餅は、早い時期に全国で作られていたのではないかと考えられる。九州や沖縄ではヨモギを「フツ」といい蓬餅を「フツ餅」とよんでいる。

### ⑤屋代弘賢(やしろひろかた)「諸国風俗問状答(しょこくふうぞくといじょうこたえ)」の母子草

江戸時代後期の1813（文化10）年から2、3年をかけ、国学者の屋代弘賢が諸国の風俗習慣（主に年中行事）を調査した回答が、「諸国風俗問状答」である。3月3日の雛祭のことを質問の中で、すでに草餅はヨモギの時代であったが、あえて母子草の使用の有無をたずねている。それによ

ると、陸奥国白川領（現福島県）では「草の餅は、ヨモギが多い土地なのではははこ草は用いず、白川辺では、ははこ草をちちこ草と称して夏の蚊遣り香にした」と記されている。そうした中で貴重なのは、出羽国秋田領（現秋田県）と丹後国峯山領（現京都府）では当時、母子草を用いていることが記されていて興味深い。

#### ⑥柳田國男の「母子草」

民俗学者の柳田國男（1875〜1962）は兵庫県の出身で子供の頃、ヨモギを摘みに行き、ヨモギと一緒に母子草を摘んで帰って来ると母親が、「この草はもういらないのだよ」と、諭されたことを随筆に書いている。春の野辺で草を摘む幼子の心に、平安人たちの摘んだ草の記憶がよみがえってきたという、心温まる一文であった。

母子草はまだ花をつけない前のものを摘んで茹で、団子に搗き込むが、ヨモギほど香りと色は出ないが、粘りがあり焼くとよくふくらんだ。

こうして関西圏の人たちにとって母子草の餅や団子は馴染み深いものだったと思われる。そして母子草も別名モチヨモギとよばれたので、関東風のモグサヨモギの時代になっても、「草餅」とはよばず「ヨモギモチ」とよんでいるところに母子草の歴史が感じられた。

#### ⑦ヨモギの効用

一般にヨモギはモチ草とよばれるキク科の多年草である。生命力が強く全国いたるところに自生している。灸に使うモグサは乾燥させた葉の、裏側の綿毛を採取したもので、葉は生薬で止血作用がある。葉は煎じて飲むと下痢や腹痛、健胃、貧血などに効用があった。生命力があり、薬用成分を満載したヨモギは、邪気を祓い、厄を除けるという意味で、3月節供のみならず5月節供にも用いられた。

#### ⑧モチ草・ヨモギのアク抜き

ヨモギは薬用だけにアクが強い。そのため茹でるとき灰汁を加えたり、鉄火箸で掻きまわすと青い色が鮮やかになる。江戸近郊の農村では、椿の葉を数枚入れて茹でると色よくなるといった。江戸期の『御前菓子秘伝抄』には、ヨモギの筋を取り、早稲の藁を煮出して取った灰汁でやわらかく茹で、何度も水をとりかえて水洗いをする、とあり、現代では重曹やミョウバンを使う。草餅は味、色、香りをよくするには手間がかかった。

草餅の製法には2通りある。1つは普通の餅のように蒸したもち米と茹

でたヨモギを搗き混ぜたもの。これは切り餅やあん餅になり、雛の節供の菱餅はこのタイプである。もう1つは、うるち米の粉（新粉）を捏ね蒸籠で蒸し、茹でたヨモギを刻んで搗り、蒸した新粉に加えて餅のように臼で搗く。草団子タイプで、餡を包んだり、餡や黄な粉をまぶして食べる。

⑨江戸の草餅

『守貞漫稿』（もりさだまんこう）（1853〈嘉永6〉年の蓬餅の項に「江戸は蓬を加えるのは稀で、多くは青粉で染めている……」とあるが、ヨモギなどがいたる所に生えていた江戸で、そういうことがあったのだろうか。江戸に住んでいた小林一茶でさえ「けふの日や　庵の小草も　餅に搗く」と句に詠んでいる。

昭和30年代の東京の家庭では、子供が近くの土手や河原でモチ草を摘み、家庭で母親が草団子や草餅を作ってくれた。東京の下町に住む筆者の家でも、春先になると草餅好きだった母親が、近くの土手でモチ草を摘みアク抜きをし、馴染みの煎餅店に持って行き、草団子にしてもらっていた。

江戸近郊の社寺の門前には、名物の草団子や草餅を売る茶店が多い。「寅さん」で知られた葛飾・柴又帝釈天名物の草団子、昔は江戸川の土手に生えたモチ草を摘んで作られていた。西新井大師の草団子の「田中屋」は江戸時代の創業である。香りと色合いがいのちの江戸の草餅、草団子が「青粉で染めていた」というのは、よくわからない記述である。

## 雛あられとその先祖

今では雛あられを家庭で作ることはなくなったが、昭和の戦後でも東京の下町では雛あられを作っていた。この雛あられは「エコ菓子の権化」ともいえるものである。毎朝の神仏にお供えしたご飯を乾燥させて保存しておき、寒餅を搗いたときアラレを作っておく。鏡開きの残りの餅も形を揃えて天日干しにしておく。節分の豆も残りは保存しておき、雛祭りが近づくとこれらを焙烙（ほうろく）で気長にゆっくりと煎り、最後に砂糖、醤油、水を煮詰めた甘辛いタレで手早くまぶす。こうした雛あられは、全国各地にあった。

①煎花

東京地方には、前述の手作り雛あられとは別に、ポン菓子（機械を使い、穀物に圧力をかけ破裂させたもので"爆弾あられ"ともよんだ）に砂糖をかけた甘い雛あられが市販されている。このポン菓子の古い形のものが、千葉県の香取神宮・「団碁祭」（だんごまつり）の神饌に「煎花」（いりばな）として供える。煎花の工程は、よく乾燥させた籾つきのもち米を鉄鍋で1時ほどゆっくり煎る。こ

の時蓋をして真空状態にすると、籾が弾けて膨らみ、花が咲いたようになる。この米の爆ぜ具合で吉凶を占い、よく爆ぜて白い花が咲けば吉とした。
②葩煎(はぜ)

　籾なしのもち米で作れば「葩煎」といい、江戸の正月には「葩煎売り」が登場した。葩煎は「米花」ともよばれ、元旦に豊作を予祝して家中に撒いたり、年賀の「喰い積み」に飾られたりする縁起物であった。この葩煎に豆や炒ったあられを加え、砂糖蜜をまぶせば雛あられである。鳥取の雛菓子「おいり」は、これらの材料を温めたぎょうせん（水飴）で混ぜ合わせ、拳大に丸めたもの。高知県下の「花黍(はなきび)」は、トウモロコシを爆ぜさせて5色で彩色し、砂糖でほんのり甘くした雛あられである。今日風には甘いポップコーンであった。

## 中部地方の雛菓子

①おこしもの

　名古屋を中心とした尾張地方の雛菓子で、「おこしもん」「おしもん」「おこしもち」などとよばれる米粉生地の蒸し菓子である。熱湯で米粉を捏ね、鯛や扇などめでたい物を彫った木型に詰めて成形し、型から起こすので「おこしもの」の名がある。これを蒸してから彩色する方法と、色生地を別に作り木型の底に置いて、白生地を詰める方法がある。海から遠い内陸部で、生鯛の代わりに「おこしもの」を用いたのが最初とされる。現在でも内祝いや、引き出物に使われる。お雛様に供えた後は、再度蒸したり焼いたりし、砂糖醤油でいただく。

②いがまんじゅう

　岡崎市を中心とした西三河地方の雛菓子。米粉を蒸して搗いた生地で小豆の漉し餡を包み、上部に薄紅、緑、黄色と着色したもち米をのせて蒸した物。のせたもち米が栗の毬に似ているのでその名があるが、徳川家康の「伊賀越え」に因んだ説、岡崎市伊賀町に起因する説があるが定かでない。「いが餅」ともよばれ、日本列島の各地にあって、地域性のある菓子。

③岐阜のからすみ

　岐阜県の東濃、長野県の南部、愛知県の奥三河地方に伝わる雛菓子。からすみとは中国の「唐墨」に模して作った蒸し菓子で、「ういろう」に似ている。製法は米の粉と同量の砂糖水で溶いて弱火で練り上げ、蒸籠で蒸

す。さらに捏ね鉢で捏ね、形を整えて蒸す。最近は富士山の木型にタネを詰めて蒸し上げ、型抜きする。タネに彩色し、味噌や黒砂糖を加えたものもある。棹物なので食べやすい大きさに切り分ける。

東濃地方ではかつて雛節供に、子供たちが家庭のお雛様を見て歩く風習があり、また「がんど打ち」といって留守の家に勝手に入って、お雛様のお供えを無断で盗んでもよい習わしがあった。「がんど」とは中世の言葉で強盗という意味だが、十五夜のお月見団子を盗んでもよいのと同じで、子供たちの無礼講の日であった。他の地方では「雛荒し」といった。東濃地方の家々では、「がんど打ち」の子供たちのために、「からすみ」をたくさん作って待っていた。

### 京都の「引千切(ひちぎり)」

京都の雛菓子で、上生菓子の代表的な一つである。貝杓子の柄をちぎり取ったような貝の形をした平たい蓬餅に、餡玉や色とりどりのきんとんがのっている。店によって素材はさまざまだが、形は真珠貝の仲間の阿古屋貝を模しているとされ「あこや」の名がある。別名「いただき」の名もある。『守貞漫稿』によると幕末の京坂では、新粉製の餅で、重箱に詰めて祝いの配り餅にした。同書には楕円形の大きな餅の挿絵がある。

京都ではこの「引千切」を「龍舌餅」ともよぶそうである。先に『荊礎歳時記』の「龍舌桦」のことを記したが、それと関係あるのか、かつては「母子草」製だったのか興味深い名である。

## 端午(たんご)の節供の菓子

### 端午の節供

『荊礎歳時記』に「五月は悪月と称し、禁多し……」とあり、古代中国では5月を物忌みの月としていた。「端午(ご)」とは「月の初めの午の日」という意味で、後に5日を指したが、5月5日は3月3日同様"重五(ちょうご)"で、「重日(じゅうにち)思想」によって特別な日で、厄災を祓う行事が行われた。薬草のヨモギやショウブを採ってきて菖蒲酒を飲み、ヨモギを束ねて門に飾り、「薬玉(くすだま)」を作り身の穢れを祓った。この行事は平安時代の『枕草子』にも記されている。

我が国でも古代より民間では、ショウブやヨモギの薬効から霊力を宿す植物とされてきた。5月5日は「女の家」といって、田植え前の早乙女た

ちがショウブやヨモギを屋根に葺いた家に籠り、神を祀る大事な行事が行われていた。こうした風習が中国の行事と結びつき、後に「五節供」の1つとして祝われた。民間では今でも菖蒲湯に入り、所によっては屋根の軒にショウブやヨモギを葺く風習が残っている。

## 「鯉幟」と「武者人形」

　中世以降は男子優位の武家社会で、「端午」は五節供の1つとして重んじられ、「菖蒲の節供」ともよばれてきた。ショウブは「尚武＝武を尊ぶ」とされ、武家では跡継ぎの男児が誕生すると、門前に馬印や幟旗を立て、端午は「男児の節供」として盛大に祝った。

　鯉幟は江戸中期以降、庶民の幟旗が御法度だったため考えられたもので、鯉は「登竜門」の諺から立身出世を意味し、元気よく育ってほしいという親の思いが込められていた。この鯉幟も最初は真鯉だけで、歌川広重の『名所江戸百景』（1856〜58〈安政3〜5〉年刊行）をみると、巨大な真鯉の鯉幟が描かれている。

　武者人形を家の中に飾るのは江戸中期以降である。

## 粽（ちまき）と柏餅

### ①粽の歴史

　粽（ちまき）の起源といえば、中国・楚の詩人屈原が登場する。彼は政治家でもあり国王に仕えていたが、陰謀により国を追われて汨羅（べきら）の淵に身を投じた。里人は彼を不憫に思い5月5日の命日に、竹筒に米を入れて供養として淵に投げ入れたが、龍に食べられそこで楝樹（おうち）の葉に米を包み、5色の糸で括って流すと屈原に届いたという。

　チマキは漢字で「粽」「角黍」「糉」と書くが、屈原の故事を引くまでもなく、本来は「茅巻」であろう。日本の各地に繁茂するイネ科の植物のカヤ、ススキ、マコモ、ヨシ（アシ）、ササの葉で米や米粉、餅などを包みイグサなどで巻いて、蒸したり煮たりすれば粽は出来上がる。我が国の平安中期の『和名類聚抄』には、マコモの葉で米を包み灰汁で煮た後、蒸したとある。藤枝市の朝比奈粽は、マコモにもち米を包み、椿の灰汁で煮て粽を作っている。同市の三輪神社でもマコモを用いて餅を包み、灰汁はやはり椿のものを使った。

第Ⅰ部　和菓子／郷土菓子の基礎知識

②粽の威力と信州の「カヤチマキ」

　我が国の粽は神への「神供」であったと思われる。そしてチマキ（粽）の「チ」は、神霊を意味する古語で、火の神は「カグツチ」、雷は「イカヅチ」、大蛇は「オロチ」といい、「チ」は自然物の脅威や威力、不思議な霊力や畏れを指していた。チガヤの「チ」は、ずば抜けた生命力と繁殖力。それは稲の豊作につながっていた。

　長野県の西山地方（小川村、信州新町方面）では、かつて五月節供がくると「カヤチマキ」を作った。カヤは畑の畔から刈ってきて、米粉を捏ねて細長い団子にし、カヤの葉3枚で巻いて括り蒸籠で蒸したり鍋で茹でる。茹でた汁は戸口に撒くと蛇やムカデが家に入らないといった。カヤはササと同様の防腐効果や抗菌効果があった。できた粽は神仏に供え、新しく嫁を迎えた家では初節句にカヤチマキをたくさん作って実家に持たせた。カヤの葉の長く先の尖った姿は、鬼の角を表し、家を守ってくれるといわれていた。

　『諸国風俗問状答』の備後国福山領（現広島県福山）に、「夢粽」というのがあり、端午の供物の粽を取りおき、居間の柱にかけて夢見の悪い時、これを見ると夢が消えるという。京都の祇園祭の門口に飾る粽同様に、夢粽には魔を除ける威力があった。

③古代の粽

　我が国の粽は、その巻き方が各地千差万別で、地域的特色を出していた。神奈川県大磯町で5月5日に行われる「国府祭」は、古代の国府の祭りで、平安時代に相模の国内主要5神社を国府に近い所に併せ祀り「総社六所神社」とした故事によるとされる。

　この日神事の行われる神揃山には、主要5社の神輿が担ぎ上げられ、各神社のお旅所ではそれぞれカヤで巻いた厄除けの粽を授与してくれた。その粽を見ると、主要5社プラス六所神社の計6神社の形がすべて異なっていた。つまり粽は、地域のシンボルマークで「ステイタスシンボル」だったのである。

　粽は神への供物であると同時に保存食であり、戦場や旅、野外で働く人の携帯食であった。それが餅菓子となるが、日本の風土でごく自然に考えられた食べ物である。

　しかし、その粽も今や「絶滅危惧種」となっている。高浜虚子の句に「故

郷は　昔ながらの　粽かな」の句があるが、市町村合併の進む昨今、故郷の粽は健在だろうか。

④柏餅の葉の違い西と東

　愛媛県出身の友人が、東京で一番カルチャーショックを受けたのは「柏餅」の葉の違いであった、と語ってくれた。

　端午の節供の柏餅といえば、東京を中心に東日本ではブナ科の柏の葉で包んで蒸した餡入りの新粉餅である。一方、中部地方から西南日本では、ユリ科の蔓性の植物・山帰来（別名サルトリイバラ）の葉で包んでいる。友人が愛媛で慣れ親しんだ柏餅は、山帰来の葉で包まれていた。山帰来は、秋に赤い実をつけるハート型の葉である。

　東北日本にはブナ科の柏の木が多く、柏の葉は、越冬して新芽をみるまで葉が落ちない。そのため家系存続を重要視する武家では、縁起のよい木とされ、男児誕生を祝う端午には、柏の葉を使った餅が欠かせなかったのである。

⑤「かしわ」餅考

　山帰来は、『日本植物方言集』によると地方名が256もある。九州でカカラン、山陰でカタラ、岡山県下でガメン葉、和歌山県下でイビツ、千葉県でマンジュッパと日本全国、実にたくさんの名がある。ということは、最も身近な植物だったわけで、餅や饅頭を包むこの葉は、今日のクッキングペーパーであった。昔の人々にとって、煮炊き用の葉という意味で「炊葉」から「かしわ」となったと考えられる。江戸の柏餅の葉も同じことがいえた。

　数年前、島根県下を訪ねた際、スーパーの店頭に「かしわ餅」とあったのは山帰来の葉のほうで、東京風の柏餅には「本柏餅」とあった。

⑥江戸の柏餅の起源

　柏餅が江戸で作られるようになるのは江戸中期以降とされている。しかし、江戸前期の寛文年間（1661〜73）頃に成立した、仮名草子『酒餅論』に「端午の粽と柏餅」が記されている。柏餅はもともと自家製だったので早くから作られていたと思われる。

　その後1718（享保3）年刊の『御前菓子秘伝抄』に、塩小豆餡入りの柏餅の製法が記載され、『続飛鳥川』には宝暦年間（1751〜63）頃、下谷の亀屋などの店で売り始めたことがわかる。

江戸後期になると柏餅は大人気で、当時の流行作家滝沢馬琴の日記によると、1828（文政11）年5月5日の孫の初節供に、約300個の柏餅を菓子屋で買って親類に贈っている。翌年には家人3人で、200～300個の柏餅を作っており、柏餅は江戸の代表的な行事菓子となっていた。

⑦木の葉包みの食べ物

　端午の節供になぜ、こうした葉で包む食べ物が登場してくるかというと、旧暦5月5日のこの時期、我が国では田植えの季節であったからである。山から田の神を迎え、集落挙げて田植えが始まる。終われば「サナブリ」「サノボリ」といってお祝いをする。木の葉包みの餅や団子は田の神への神供で、働く人の最適な食べ物であった。

　愛知県下では、朴の葉で包んだ餅を「柏餅」とよんでいた。『万葉集』では、朴の木を「ほほかしは」とよんでいる。この葉は楕円形で大きく5～6枚が互生している。木曽谷ではこの朴の葉に餅や団子を包み、ミゴや藺草で縛って蒸す。「朴葉餅」といって、田の神様に供えた。朴葉餅は出来上がるとバナナの房のように、枝に下がって粽のようにもみえた。『万葉集』に次のような歌がある。

　　　わがせこが　捧げて持てる　ほほかしは
　　あたかも似るか　青ききぬがさ　　　　　（巻19、4204）

これは田の神へのお供え用に、夫が山から「ほほかしわ」の枝を切り出して来たのであろう、その枝を捧げ持つ姿は、青い衣笠（きぬがさ）（絹張りの長柄の傘。天皇などに背後から差し翳す）を持っているようだと詠んでいた。

　『荊楚歳時記（けいそさいじき）』を待つまでもなく、『万葉集』には粽や柏餅の起源がある。そして梅雨入り前のこの時期、抗菌、防腐効果のある葉包みの餅は、働く人たちの恰好な携帯食であった。


# 夏の行事と菓子

## 小麦の収穫祝い

①「朝まんじゅうに昼うどん」

　二毛作地帯の埼玉県の旧川里町（現鴻巣市）のA氏宅では、毎年6月20日頃麦刈りをした。その後脱穀、乾燥など麦の後片付けが終わるとすぐ、

水を引いて田植えとなる。毎日重労働で田植えが終わるのは7月半ばで、この頃「野上がり」をした。農作業を1日休み、朝からお湯に入り、新麦の粉で饅頭やうどんをたくさん作って食べ、ゆっくりと休養した。お嫁さんは小麦饅頭を土産に実家に帰ることができた。饅頭は親戚中に配った。

少し昔だがある地域では、小麦粉の初物を「粉初」といって、お嫁さんはこれを重箱に詰め、2、3日実家に帰って骨休めができた。そして帰りには饅頭を作り重箱に詰め、婚家への手土産にしたという。

小麦の収穫祝いは、集落挙げての盛大さはないが、親類縁者を繋ぐ大きな要素があった。

A氏宅周辺ではこの後、神社の祭りがあり、月遅れの七夕、そして8月のお盆と行事が続き、「朝饅頭に、昼うどん」と、埼玉県下の合言葉どおり、新麦の粉は大活躍した。

### ②小麦饅頭の種類

A氏宅では重曹やベーキングパウダーが使われていたが、県内でも秩父、飯能、寄居といった地区は麹を発酵させて生地に練り込む酒饅頭が作られ、「甘酒饅頭」「酢饅頭」といった。この饅頭は麹の自然発酵を待つので、夏に作られていた。

関東地方の西縁の山沿い地方は畑作地帯で、この地域では酒饅頭が多く作られ、今や菓子店が自慢饅頭を作り、「酒饅頭街道」なるものが出来上がっていた。

## 仏教行事と菓子

### ①涅槃会の「やしょうま」

2月15日はお釈迦様の入滅した日で、この日には「釈迦のつむり（頭）」、お釈迦様の「鼻くそ」といった面白い名の菓子がある。

長野県には、お釈迦様の「大骨」あるいは「背骨」といわれる米の粉で作る食べ物「やしょうま」がある。雪深い北安曇郡の小谷村ではかつて、涅槃会を月遅れの3月15日に行いその前に「やしょうま」を作った。

### ②小谷村の「やしょうま」

うるち米を洗って陰干しにし、石臼で粉にする。もち米は貴重なので少量粉にして入れ、捏ね鉢に取り熱湯を少しずつ入れ箸でかき回し、両手で

キュッキュと捏ねる。これを蒸籠で蒸し、再び捏ね鉢で捏ね、風に当てると照りが出る。生地に黒胡麻や青海苔を混ぜ、直径3〜4cmの棒状にする。これを大骨、背骨といい、3本の菜箸を添えて洲浜形に成形したり、2本で瓢箪形にする。幅1cmほどに切り揃え仏前に供えたり、近所に配って皆で食べる。堅くなると焼いて砂糖醤油で食べた。

昭和の中頃は、寺のお坊さんが托鉢して米を寄せ、村の人も米を持ち寄り寺で「やしょうま」作りをした。3月15日の当日は「やしょうま」を切り、お参りにきた子供たちに撒いた。これを食べると病気をしないといった。

「やしょうま」は北信濃地方でも作られ、最近は菓子店が、米粉の生地を赤や黄色に彩色し、太巻き寿司のように巻き込み、花や蝶のきれいな模様の「やしょうま」を作って販売している。

涅槃会の行事は、現在でも北陸地方で「団子撒き」、佐渡では「やせごま」、能登や越後では干支の動物を模して団子を作り「犬の子」といって、盛んに行われている。

③諏訪地方の「釈迦つむり」

お釈迦様の頭ということで、もち米の玄米や大豆を炒って米の粉を熱湯で練りつなぎにする。食べやすい大きさに丸め塩や砂糖で味をつける。お釈迦様の頭のようにぶつぶつしているのでその名がある。

④身延地方の「お釈迦こごり」

こちらは 4月8日に作られたもので、青畑豆の大豆と賽の目に切ったあられ餅をよく炒って、水飴などでからめ、つなぎに小麦粉を振り入れ、手早く手で丸めるか茶飲み茶碗の中に入れて丸める。

⑤京都・お釈迦様の「花供僧」

京都の人々は小さなあられを、焙烙で炒って涅槃会の供物にした。真如堂では、正月の鏡開きのお下がりを、あられにしてお釈迦様の「花供僧」として参拝者に配られていた。現在は「おせん処・田丸弥」が作って供し、やわらかなあられに黒砂糖が掛かっている。「花供僧」は、仏様への"花供御"が訛ったものである。

⑥広島の「鼻くそ」

広島県下では、あられや干し飯、大豆などを香ばしく煎り、砂糖蜜でからめたもの。もち米の玄米を爆ぜさせて使う場合もある。

# 儀礼行事の菓子

## 誕生に関する菓子

### ①京都・わら天神の「産餅（うぶもち）」

　京都の北部、衣笠にある敷地神社は「わら天神」「腹帯の天神さん」とよばれ、京都市内の人たちに安産の神さんとして親しまれている。主祭神は「木花咲耶姫（このはなさやひめ）」で、この神様は「火瓊瓊杵尊（ほのににぎのみこと）」に召され一夜にして懐妊し、御子を安産した。そして母乳に事欠かぬようにと「天辞酒」を作り供えた。そのことから安産の神様とされ、「九ケ月九日詣り（ここのつきのここのかまいり）」といって、出産月1カ月前にお参りすると「授乳甘酒」と安産祈願の「産餅」がいただけた。

　この神社が「わら天神」とよばれるのは、神社で売られているおみくじの中に、ワラが入っていて、そのワラに節目がある時は男児、ない時は女児という「わら占い」が伝わっている。

### ②金沢の「ころころ餅」

　出産前の祝い餅で、お産が軽く「ころころと丸く器量のよい子が生まれてくるように」と、9カ月目の戌（いぬ）の日に産婦の実家から届けられる。ごく親しい身内に配られ、「ころころ団子」ともいい、丸い餅で、数も語呂合わせでころ（5、6）で11個、9、6で15個ずつを重箱に詰める。現在は7個、11個、13個と奇数を選ぶ。この餅は焼いて食べてはいけないといわれる。昔から餅の形で生まれてくる子の男女を占い、子供の顔に見立てているので、焼くと器量が悪くなるのでそのようにいわれていた。

## 婚礼の祝い菓子

### ①讃岐の嫁入り「おいり」

　香川県の丸亀を中心とした西讃岐地方では、結婚する娘の婚礼道具の中に、必ず「おいり」を持たせる習わしがある。おいりはあられを煎ったもので、「お煎（炒）り」を「お入り」と書き、直径1cmほどのふわふわした丸い5色のあられである。「お入り」を持って他家にお嫁入りすることは、「その家の家族の一員として入り、心を丸くして、まめまめしく働きます」という意味が込められていた。おいりは、薄く延ばした餅を賽の

目に切り、煎って膨らませたものを、砂糖とニッキで味付けし、深紅、紅、黄、青、白の5色に着色したものである。昔は嫁入りの翌日、近所の子供たちがおいりを貰いにやって来た。この時おいりと一緒にハケビキ(小判形の麩焼き煎餅で、彩色して甘く味付けしてある)、風船、陶器の人形などを袋に入れて花嫁が手渡した。

　もち米のあられは、消化もよく子供のおやつになり、産婦には乳の出がよくなるといった。

②愛媛東予地方も「パン豆」

　「パン豆」は、米を機械で爆ぜさせた甘いポン菓子のことで、新居浜から西条といった地域では「祝いポン菓子」というと婚礼の引き菓子である。讃岐の「おいり」と同様に、花嫁が婚家に持参するもので、嫁ぐ娘が豆で暮らせるようにとの願いが込められ、雛あられのような優しく可愛い菓子である。

# 行事菓子の特色

## ハレの日の菓子は「粉食」

　四季折々に訪れて来る神仏に供える行事菓子。人の一生に関わる冠婚葬祭の行事菓子など、いわばハレの日に食べる菓子に、餅や団子、饅頭などがある。どれも今日とは違い、昔は手のかかる食べ物であった。ことに挽き臼や製粉機の発達していなかった時代に、米や麦を粉にする作業はすべて手作業で、臼で叩いてたくさんの粉をつくるには、何日も前から用意をした。小豆を煮て餡にするにも時間がかかる。「草餅」「柏餅」「ちまき」「ぼた餅」「おはぎ」「小麦饅頭」「餡餅」「黄な粉餅」「しん粉餅」……とハレの日の菓子に費やす時間と手間は並大抵なものではなかった。餅はその最たるもので、「ハレの日」の菓子は常の日の「粒食」に対し、「粉食」であることに意義があった。また、湿気の多い我が国では、穀物の粉を長期間保存しておくことは不可能であり、そのため「餅菓子」が、「ハレの日」の菓子になる要因であった。

## 「祝い菓子」の約束事

　「ハレの日」に神や仏を迎え、人と人を結ぶめでたい菓子を「祝い菓子」とよぶ。その菓子には、平穏無事、無病息災、家内安全、五穀豊穣……といった、私た

ちの感謝と祈りの心が込められていた。

　そして「祝い菓子」には、いくつかの約束事がある。まず色は紅白、五色、七色、金銀、不老長寿の象徴・蓬莱山に因むもの、松と波、鶴亀、松竹梅、奇数（3、5、7）、さらに日本人のウイットに富んだ洒落心で、「目出度いの鯛」「腰が曲がるまで長寿の海老」「末広がりで扇」などがある。これらの祝い菓子には、新潟の「粉菓子」、伊賀の「おしもん」など寒梅粉（餅を乾燥させ炒って粉にしたもの）に砂糖を加え木型で成形したものなど、素朴で温かく、ある時は華やかに、日本人の祝いの心を伝えていた。

## 小豆を食べる日

　この祝い菓子にピッタリと寄り添っているのが「小豆」で、伊賀の「おしもん」の中には、饅頭のように小豆餡が入っている。小豆は赤いがゆえに生命の血の色と結びつき、陽の色として邪悪や魔を防ぎ、食べることで身を守り、弥栄(いやさか)の象徴とされてきた。現在はコンビニで赤飯、あんこ餅が売られ、毎日が「ハレの日」のようである。

　だがかつて、小豆を食べる日は、神や先祖の霊を迎え斎(いつ)き祀る日であった。「アズキ」はすなわち「イツキ」から出た名前ともされる。昔の人たちが、小豆を食べた婚礼や祭などの祝いの日の、厳(おごそ)かでかつ賑やかだったあの日のことを、今一度思い出してみたいものである。

## 「縁起」という言葉

　「縁起が良い・悪い」「縁起をかつぐ」という言葉は、日常誰もが使って、初詣の「おみくじ」を引いた時にはよく使われる。が、今一つわからない言葉である。これは運命の兆しとか、幸先とかということで、室町時代の国語辞書『下学集(かがくしゅう)』1444〈文安元〉年成る）に、「始めの義なり」とあるところからきていた。

　この「縁起」は江戸時代に広く一般に使われ、ことに商家や芸人、花柳界の人たちに使われていた。その意味は、運を好転させると思われるお呪いや、迷信的な約束事も含まれていた。この時代人々の社寺参詣が盛んになり、縁日の賑わいは大変なもので、こうしたところには市が立った。市には人の気を引くように、お呪いのような縁起物が売られた。達磨の七転び八起きから禍に打ち勝つ「福だるま」が売られ、厄や禍を「はじき去る（猿）」といって猿の玩具が売られた。

## 縁起物と縁起菓子

　三重県松阪市の厄除け観音で知られる「岡寺さん」では、3月の初午に厄年の人のために「厄を

捩じ伏せる」といって「大きな捩じりおこし」が参道で売られ、"厄をはじき去る"といって「はじき猿」の玩具が売られている。

東京の11月の酉の日に立つ鷲(おおとり)神社の「酉の市」は、元は農具市で、箒や熊手は「お金や福を掻き込む」といって喜ばれ、そこに千両箱や七福神などを飾り、商売繁盛、開運出世の「縁起物」として江戸の昔から親しまれてきた。酉の市の「縁起菓子」といえば「切山椒」で、山椒の薬効からこれを食べると風邪を引かないといわれていた。

こうして「縁起物」や「縁起菓子」はまさに、「縁を起こす」ということから、神や仏との御縁で結ばれていた。そして人生の節目に、1年の節目に、ささやかながら人々に生きる勇気と潤いを与えてくれた。

# 3
# 和菓子・郷土菓子の原料・素材・製法

## 美味しさの源(みなもと)

日本の風土で生まれ育った和菓子・郷土菓子。知っているようで知らない美味しさの源。原料、素材、製法と知ればその味わいはいっそう深まる。

### 原料

- 米 うるち米(粳米)ともち米(糯米)とがある。うるち米は〈うるごめ、うるち、うる、ただこめ〉などとよばれ、粘り気が少なく通常の米飯用に用いられる。中部山岳地帯で作られる「五平餅」や秋田地方の「切りたんぽ」は、炊いたうるち米を潰して作られる。もち米は〈もちまい、もち米〉とよばれモチ性の澱粉は調理時に粘性を生じるので、餅や強飯に用いられる。餅は蒸してから臼で搗くが、ぼた餅・はぎの餅は、もち米とうるち米を混ぜて炊き、半搗きにして丸め餡をまぶす。半搗きにするところから「半ごろし」という異名がある。
- 小麦 小麦粉は小麦を挽いて作られた穀粉。うどん粉ともメリケン粉ともよばれる。メリケン粉は俗称で、国産の小麦を製粉したものをうどん

粉、アメリカから輸入した小麦を製粉したものはメリケン粉とよばれた。小麦饅頭やどら焼き、ボーロなどに小麦粉が使われる。
- **小豆** 日本全土で栽培されるが、北海道が最大の生産地。赤小豆と白小豆があり、大粒の小豆を大納言といい、丹波地方の大納言小豆や備中の白小豆は風味が豊かである。
- **いんげん豆** 「うずら豆」「金時豆」「手亡」「白いんげん豆」「虎豆」と種類が豊富。白餡は手亡と白いんげん豆が使われ、手亡は白小豆より数倍大きい。白いんげん豆は「大福豆」ともよばれる。
- **山の芋** 「つくね芋」「長芋」「大和芋」など総称して山の芋とよぶ。「つくね芋」は関西で使われ、きめが細かく粘りがある。関東は大和芋が使われる。「薯蕷」と冠する場合は山の芋使用の和菓子。

## 素材

- **浮き粉** 小麦粉を水に浸し蛋白質を取り除き、残りの澱粉を精製して乾燥させた粉。小麦饅頭の取り粉などに使う。
- **はったい粉** 大麦を煎って粉にしたもの。関東では麦こがしといい、麦落雁などに使われる。
- **寒梅粉** 搗いた餅を色が着かないように焼き、高速度の製粉機にかけて粉にしたもの。落雁などに使用。関東でみじん粉とも。
- **上新粉** うるち米を製粉したもの。草餅や団子に使用。
- **上用粉** 上新粉より細かく製粉したもの。
- **白玉粉** もち米を水に浸け、摺りつぶしてから水にさらし、脱水乾燥したもの。
- **道明寺粉** もち米を水に浸けて蒸し、乾燥させて粗びきしたもの。関西の桜餅に使用。
- **もち粉** もち米を生のまま製粉したもの。粘着力があり、風味豊かで求肥や餅菓子に使う。

## 製法

- **餡** 小豆、白小豆、手亡などを煮て煉った物。「漉し餡」は、茹でた豆の中身だけを濾し出し皮を除き、水で晒してから砂糖を加えて煉り上げる。「つぶ餡」は、豆粒の形をくずさないように煉り上げた物。「小倉餡」

は、大納言小豆を使ったつぶ餡を特別により、「小倉羊羹」は、茹で小豆を蜜漬けし、漉し餡に混ぜて寒天で固めたもの。
- 打ち物　みじん粉や砂糖を混ぜ合わせ、木型に詰めて打ち抜き、乾燥させたもの。落雁がある。
- 押し物　打ち物と変わらないが、木枠に入れて抜いたもの。塩釜など。
- 求肥（ぎゅうひ）　白玉粉に砂糖を加え、煮ながら半透明になるまで練ったもの。
- きんとん　小型に丸めた餡の周りに、裏漉ししたそぼろ餡を箸であしらったもの。着色して季節を表す代表的な和菓子。
- 棹物（さおもの）　羊羹など長方形の棒状に作った菓子の総称。
- 洲浜（すはま）　黄な粉に砂糖や水飴を加えてよく捏ねた生地を、棒状にして3本の竹をそえて、切り口が洲浜の形にする。京都に名店がある。
- 煎餅（せんべい）　うるち米、もち米、小麦粉など材料により異なり、「瓦煎餅」は、小麦粉に卵や砂糖を加えて焼いたもの。「カステラ煎餅」「卵煎餅」の名もある。「麩焼き煎餅」は、もち米粉を水で捏ねて蒸し、薄く延ばして焼いたもの。京都が本場である。「塩煎餅」「草加煎餅」はうるち米を蒸し、型抜きして干し、焼いて醤油をつける。関東に多い。
- 生菓子（なまがし）　干菓子に対する呼称で、多くは「煉り切り」である。
- 煉りきり　上生菓子の素材。白漉し餡に薯蕷餡（じょうよ）（長芋の餡）をつなぎに再度火を入れ彩色して成形する。関西では餡に小麦粉をもみこなして蒸す。それで関西では「こなし」とよぶ。
- 村雨（むらさめ）　上用粉と小豆漉し餡を混ぜて蒸した餡。関東で「時雨（しぐれ）」。
- 焼き菓子　「どら焼き」は平鍋で生地を焼き、「栗饅頭」「唐饅頭」「カステラ饅頭」などはオーブンで焼く。使用する器具で分類される。
- 浮島（うきしま）　漉し餡に卵、砂糖、上新粉や小麦粉を加えて型に流して蒸し上げる。蒸しカステラともよばれる。

※羊羹、饅頭、飴等は p.12、p.18 参照。

砂糖のいろいろ

　お菓子づくりに欠かすことのできない砂糖には様々な種類がある。以下に「製法、製品、原料による分類」一覧を示す。

日本における砂糖の種類

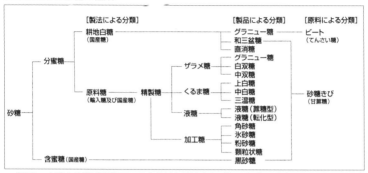

(出典：中島久枝著『和菓子―人と土地と歴史をたずねる』柴田書店、p.104、2001)

# 第Ⅱ部

# 都道府県別
# 和菓子とその特色

# 1 北海道

中花饅頭

### 地域の特性

　日本列島の最北端に位置している。本州に次ぐ広大な面積をもち、四方を太平洋、日本海、オホーツク海に囲まれ、本州とは津軽海峡で隔てられている。かつて「蝦夷地」とよばれ、半年間は雪に埋もれる酷寒の地で、不毛の土地のように思われているが、豊富な海産物や、自然豊かな地で早くから人々の生活が営まれていた。先住民の「アイヌ文化」があり今でも道内市町村名の約8割はアイヌ語に由来している。

　北海道は幕末・明治の新しい開拓地というイメージが強い。だが、江差・松前の「道南文化」はやはり江戸時代に開花していた。この地方は和食の基本・昆布を通し早くから本州との交流があった。江戸中期以降は急速に漁業が発達しニシンの豊漁もあり、海産物を買い付ける北前船で繁栄を極め、一大文化の花が開き、当時の様子は「江差の5月は江戸にもない」と謳われた。

　そして、やっと札幌を中心に明治のハイカラな「開拓文化」が誕生するわけで、このような歴史を踏まえ、北海道のお菓子を楽しんでみよう。

### 地域の歴史・文化とお菓子

## 「正月菓子」と「中華饅頭」

### ①正月の「口取り菓子」

　明治の開拓期に、屯田兵などとして本州各地から多くの人たちが入植して来た。道内の正月料理はお雑煮1つでも、まさに「隣雑煮」で千差万別である。しかし、近年道内一帯で食べられるのが「口取り菓子」で、お節料理の他に縁起物のタイやエビ、サケの切り身、松竹梅、宝船、蒲鉾などすべて生菓子で作られている。

　「口取り」というのは「口取り肴」の略で、饗応膳の最初に吸い物とと

もに出てくる。少量だが山海の珍味、羊羹、寄せ物といった3〜9品の皿盛物である。武家の本膳料理では三方に搗栗(かちぐり)、熨斗鮑(のしあわび)、昆布などをのせて最初に出てくる。今日風にいえばオードブルで、「口取り菓子」はこの「口取り肴」が変化したものであった。

②正月には甘い物を存分に

今と違い新鮮なタイやイセエビなど昔は到底入手困難であった。そこで、日持ちのよいお菓子で代用品を作ったという説がある。しかし、それでは職人技の「口取り菓子」が気の毒に思える。

まずこの菓子の背景を考えてみると、砂糖が貴重だった時代のことがある。現在でも道内では甘納豆を赤飯に入れたり、納豆に砂糖を入れたり甘い物好きである。つまり「甘い物は御馳走」という時代があって、それは本州でも同様であった。一時代前には、婚礼の引き出物に豪華な料理菓子が登場し、そのお土産を子供たちが心待ちにしていた時代(昭和30年代)があった。

明治期に道内に渡った人たちは、東北や北陸地方出身者が多く、そうした先人たちには甘い物への憧憬が強くあった。正月こそ腹いっぱい甘い菓子が食べたい。それが本音ではなかったか。

「甘い物が御馳走」の本家筋、東北の山形県下の雛祭は盛大である。特に鶴岡地方では、本膳料理さながらに、餡の入った練り切りのタイやエビが皿に盛られ祝い膳を飾っている(「山形県」参照)。

③「口取り」菓子文化

「口取り菓子」は、お節料理とは別仕立になっていて、北海道では年越しの膳にお節を食べ、口取り菓子も食べる。これは本来の歳神様を迎える姿である。昨今日本列島が一律に、年越しには「年越し蕎麦」、「お節料理」は元日にという風潮になっているが、年越しの晩に歳神様(正月様＝祖先神)が降臨されるわけで、門松はその目印であった。そしてこの晩は、1年中で1番のご馳走を供え、神と人とが共食をするという本来の正月の姿であった。

北海道には失われた正月文化が残され、「口取り菓子」は商業ベースにのってはいるが、伝えていきたい風習である。

④中華・中花饅頭

「中華饅頭」といえば肉まんか餡まんかとなるが、北海道人なら誰もが「大

きな半月型のどら焼のような饅頭。中にたっぷりと餡が入って仏事用」と答える。不祝儀とも関係が深かった。

ではなぜこの菓子が「中華」なのか。道内には「中花饅頭」と表記する店もある。実は、和菓子業界で「中花種(ちゅうかたね)」といえば小麦粉、砂糖、卵を主材料にした生地を焼いて作る菓子で、総じて「中花(ちゅうか)」とよんでいた。「中華」は「中花」だったのである。

### ⑤江戸期の菓子製法書にある「中華饅頭」

1852（嘉永5）年に出版された『鼎左秘録(ていさひろく)』に「中華饅頭(ちうくは)」があり、さらに江戸期の『名菓秘録(もろこし)』に「中華饅頭」がある。材料や製法が記されているが現在の中華饅頭の製法と同じである。

『鼎左秘録(ていさひろく)』の40年前に書かれた式亭三馬の『浮世床』には、菓子売りの口上があり、「ようかん、最中、かすてら」とともに「ちうか」があり、すでに江戸庶民は「中華饅頭」を食べていたと想像されている。当時「もろこしまんじゅう」とよんでいたとすれば、文字どおり「南蛮渡来の菓子」という気配が濃い。

### ⑥秋田・新潟にあるか「中花饅頭」のルーツ

「中花・中香・中カ・中代華」と名の付いた菓子が多いのは新潟県で、まさに「中花種」の餡の入った半月型の菓子。秋田県には「中皮饅頭」がある。新潟県下でこの菓子はやはり仏事用に使われていた。北海道に渡った人たちが東北・北陸人が多かったことを記したが、道内のお菓子屋さんの初代もこれら地方の出身者が多い。函館千秋庵総本家の初代は秋田県人であり、小樽の菓子屋さんの初代も新潟や北陸出身者が多い。こうしてみると「中華饅頭」は、道内のお菓子屋さんの「母村」と深く関係しているように思われる。

## 行事とお菓子

### ①小正月のしとぎ餅

しとぎは火を使わない餅で、1月15日に羽幌町で女性たちが神社に集まりお籠りをする時食べる。うるち米を3、4時間うるかし（水に浸す）臼で搗(つ)いて粉にし、湯を加えて練り丸餅状にする。これを火で炙(あぶ)って食べ、夜通し話をして過ごした。

②お釈迦様の風呂敷餅

　4月8日の花祭りの餅で、草餅と白餅を搗き、薄く延ばして正方形に切り餡をのせて餅の角を対角線に合わせて包む珍しい餅。

③端午の節供の「べこ餅」

　道内では柏餅よりこの餅が多く食べられている。作り方もさまざまで、名前も「かたこ餅」「くじら餅」「べっ甲餅」とさまざまである。

　羽幌町の木型を使った「べこ餅」の作り方は、しとぎのように米をうるかして臼で粉にし、篩にかけて細かい粉にする。半量を黒糖シロップで練り、残りは湯と白砂糖で捏ねる。2つの生地を木の葉形のべこ餅型に半分ずつ使い、型抜きをして蒸す。この時、型を使うので「かたこ餅」の名があり、黒と白の模様の牛（ホルスタイン）から「べこ餅」になったともいう。本州には「牛の舌餅」がある。

④七夕のローソクもらいと「水白玉」

　七夕の夜に子供たちが囃子唄を歌い家々でローソクを貰う風習がある。各家ではローソクや菓子を用意し、昔は砂糖水に浸した白玉団子（水白玉）を振る舞ったという。

⑤お盆のこうれん

　松前、江差地方でこうれんは、米粉を砂糖シロップで捏ね、蒸して丸く薄い煎餅状に延ばして乾燥させたもの。お盆にはこれを糸で吊るして盆棚に飾る。焼くとぷくっとふくれ、おやつや保存食になった。江戸時代松前にも渡った民俗学者の菅江真澄が、津軽の外が浜でお盆の精霊棚に煎餅を吊るしたことを記している。さらに旧南部藩時代の食べ物「けいらん」がこの地方にも伝えられ、本州との同一文化がみられ興味深い。

### 知っておきたい郷土のお菓子

- **五勝手屋羊羹**（江差町）　パッケージが独特の名物羊羹。地元産の金時豆と信州の寒天で練りあげた艶のある味。発売は1870（明治3）年。
- **パンプキンパイ**（函館市）　フランス料理店五島軒の名物菓子。かぼちゃの甘味を生かし、バター、生クリームを使って包んだパイ。
- **三色だんご**（函館市）　湯の川温泉の名物。黒ゴマ入りの白餡は幸福豆、緑は抹茶餡、黒は十勝の小豆餡で売り切れ御免の人気団子。
- **トラピストクッキー**（北斗市）　1896（明治29）年フランス人修道士ら

が設立した修道院の名物クッキー。原野を開墾しウシを飼い、独自の製法で作ったクッキーやバター飴は飽きのこない美味しさである。
- **大沼だんご**（七飯町）　創業100余年の名物団子。舌触りのよい団子に醤油とこし餡、黒ゴマの3種。それぞれ素朴で懐かしい味。
- **ゆり最中**（乙部町）　乙部町は食用ユリ根の産地。そのユリ根を餡にした最中で、クセがなくまろやかでかつ深い味わいがある。
- **山親爺**（やまおやじ）（札幌市）　北海道の代表土産で、山親爺はヒグマのこと。小麦粉、バター、卵を使い雪の結晶状に焼き上げた千秋庵の銘菓。
- **月寒あんぱん**（札幌市）　水分控えめ卵たっぷり生地に、十勝産小豆の漉し餡を包んだ明治のあんぱん。戦前陸軍兵にも好まれた。
- **バター煎餅**（札幌市）　かつて北海道土産の横綱だった。元祖の店の名は「三八」で、現在は「しろくまバターせんべい」として復活している。
- **ぱんじゅう**（小樽市）　小樽名物でパンと饅頭の中間。饅頭は蒸すがパンのように焼いた餡入り饅頭で、皮がパリパリと香ばしい。
- **澤の露**（小樽市）　明治末からの高級飴。水飴を使わずキビ砂糖を煮詰め、フランス製のレモンオイルで香り付けをする琥珀色の飴。
- **花園だんご**（小樽市）　小樽の名物。黒餡、白餡、抹茶餡、ゴマ、醤油と5種類あり、餡は一刀流という手法で小気味よく付ける。
- **日本一きびだんご**（栗山町）　駄菓子の仲間だが麦芽水飴、砂糖、生餡、もち米が主原料の餅飴。腹持ちがよく戦前は携行食にも。
- **うに煎餅**（室蘭市）　冨瑠屋の名物煎餅。北海道産のウニを主原料に卵黄、バター、濃縮みりんを組み合わせ天火で焼いた贅沢煎餅。
- **わかさいも**（洞爺湖町）　特産の大福豆（白インゲン）を使い焼き芋らしく作った菓子。道南産の金糸昆布が芋の筋を表している。
- **よいとまけ**（苫小牧市）　勇払原野のハスカップジャムを使ったロールケーキ。苫小牧は製紙の町で作業する人の掛け声が菓銘に。
- **旭豆**（あさひまめ）（旭川市）　北海道特産の大振袖大豆とビート糖が主原料の白い可愛い豆。1902（明治35）年発売の北海道の伝統的名菓である。
- **ウロコダンゴ**（深川市）　深川の名物。米粉、小麦粉、砂糖を合わせた蒸し団子で、高橋商事初代が新潟県出身で故郷の椿餅が原型。
- **塊炭飴**（かいたんあめ）（赤平市）　茂尻炭鉱のあった赤平の名物飴。ビート糖と水飴を煮詰めニッキを練り込む。黒いダイヤ（石炭）に模してある。

- **マルセイバターサンド**（帯広市） 六花亭の代表銘菓。クッキーでレーズン入りのクリームをサンドしたものだが、クリームにはホワイトチョコレートと新鮮バターが使われ豊潤な味が人気の秘訣。
- **バナナ饅頭**（池田町） バナナが高価だった1905（明治38）年に誕生。小麦粉の皮に白餡を包み焼き型で焼く。今も根強い人気の菓子。
- **まりも羊羹**（阿寒町） 阿寒湖の土産菓子。藻類の一種マリモを模した緑色の羊羹で、小さな球形のゴム風船の中に入っている。
- **ほっちゃれ**（北見市） 産卵を終えたサケをほっちゃれといい、サケの最後の姿をカステラ饅頭に仕立てた。菓子処大丸の看板菓子。
- **ハッカ羊羹**（北見市） 北見はかつて薄荷の産地でその歴史を伝える清涼感いっぱいの羊羹。ミントの葉の形をした飴もある。

# 2 青森県

くじら餅

### 地域の特性

　本州最北端に位置し、津軽海峡を隔てて北海道があり、東北地方に属している。西は日本海、東は太平洋に面し県の中央部に奥羽山脈がある。日本海側の津軽地方は雪が多く、太平洋側の南部地方は雪こそ少ないが、夏の偏東風(やませ)は「凶作風(きょうさくかぜ)」と恐れられてきた。

　津軽地方は稲作地帯で、江戸期には北前船の寄港地・鰺ヶ沢(あじがさわ)や深浦は、弘前藩の御用港として米や木材が上方に積出され、上方文化が運ばれてきた。南部地方には八戸藩、盛岡藩があり、この地方は畑作地帯で、南部駒の産地であった。

　津軽地方と南部地方は、気候だけでなく歴史や文化も異なりお菓子の面でも津軽地方に伝わる鯨餅は、北前船と深く関係があった。一方「けいらん」という格式高いスイーツは、旧南部藩領に伝わり、行事などの特別なの日の食べ物として現在も作られている。

### 地域の歴史・文化とお菓子

## 北前船が運んだ「上方の菓子」

① 『南蛮料理書』に載るくじら餅

　鰺ヶ沢や浅虫のお土産品として知られる鯨餅だが、菓子の歴史はなかなか奥深い（注：浅虫の鯨餅は鰺ヶ沢から伝わったもの）。

　このくじら餅は江戸時代前期頃より人気高い菓子で、製法書にもよく登場する。最も古いのは『南蛮料理書』の菓子の部にあるくじら餅で、「かすていら」「かるめいら」「金平糖」「有平糖」などとともに記されている。この料理書の出版年代は不明だが室町時代後期とされる。製法をみると「米の粉とモチ米の粉を合わせて捏ね、半分を黄色（梔子(くちなし)で染める）、半分を白の2段に重ね、その上に寄せ小豆に黒砂糖、鍋墨、葛粉の3種を混ぜて

捏ねた物をのせて蒸す」とあり、白、黄、黒のカラフルな餅である。白は鯨の脂肪層で、黒い表皮を鍋墨と小豆で表していた。黄色は不明だが、禁裏御用菓子司「虎屋」の江戸前期1651（慶安4）年の「御菓子覚帳」に「くじら餅」とあり、絵図帳には上層部の黒い表皮に黄色と白の丸い目玉が2つのっている。

## ②京菓子だったくじら餅

1682（天和2）年に、現在の滋賀県内を通過する、朝鮮通信使一行の歓迎料理の献立の中に「くじら餅」がある。次いで江戸中期の1693（元禄6）年の『男重宝記』（若者心得集）には、くじら餅の絵図があり「上ようかん　下こねもの」とあり（当時の羊羹は蒸し羊羹）2層になっていた。さらに1718（享保3）年に京都で出版された『御前菓子秘伝抄』には「うるち米、もち米の粉に氷砂糖の粉を加えて湯で練り、羊羹を蒸すように箱に約4、5cmの厚さに伸し、その上に黒みとして餡と葛粉を混ぜて厚さ1、2cmに伸して重ね、蒸籠で蒸して……」とある。

## ③「くじら餅」の伝播

さらに興味深いのは、先祖が元豊臣家の家臣だった弘前の菓子司大阪屋（創業は1630〈寛永7〉年）は津軽藩御用達で、藩主に納めたお菓子を記した「御菓子御本當帳」（1766〈明和3〉年）に、「鯨餅」「江戸鯨餅」の名がある。どのような菓子かはわからないが、津軽にはすでに「鯨餅」があったようだ。

藩政時代、津軽藩の砂糖を取り仕切っていたのは前述の「大阪屋」で、その砂糖は鰺ヶ沢の港で陸揚げされていた。津軽のくじら餅は北前船で運ばれて来たものか、先祖が豊臣方の落ち武者だった「大阪屋」が、自ら上方より伝えたものか。それは不明だが、現在鰺ヶ沢のくじら餅の製法は、うるち米ともち米の粉、砂糖と小豆を混ぜて蒸した小豆色1色で作られている。筆者の調査によると昭和初期頃まで鰺ヶ沢のくじら餅は「小豆色と白い餅の2層になっていた」といわれ、2層にすると分離しやすかったと、職人さんが語っていた。そうであれば、前述の京菓子のくじら餅の手法が伝わったものと思われる。

## ④「くじら餅」の2タイプ

今日伝わるくじら餅は、山形、金沢、広島、大阪、宮崎等にあり2系統がある。鰺ヶ沢の物をA「蒸し餅タイプ」とすると山形、宮崎が入り、B

は寒天・道明寺・昆布（焼いた粉末）を使った「羊羹タイプ・鯨羹」で金沢、大阪、広島のものがある。寒天使用の羊羹の普及は後世なので、Bタイプのくじら餅はAよりも遅れて作られたことになる。

北前船の寄港地・鰺ヶ沢を訪ねると、江戸中期には12軒もの廻船問屋があって賑わったという。鰺ヶ沢港が見渡せる白八幡宮に行くと、諸国の廻船問屋が奉納した玉垣や御神燈、狛犬などがあり、奉納者や寄進者の名も大坂、加賀、越前、塩飽（瀬戸内の諸島）と広範囲で、人々の交流と当時の繁栄ぶりが偲ばれた。

⑤浪花煎餅と津軽のかりん糖

鰺ヶ沢のもう1つの名物浪花煎餅は、糖蜜を刷毛引きした麩焼き煎餅で、大阪から来た伊東屋が始めたので「イト煎餅」とよばれた。

当時鰺ヶ沢の砂糖は前述の「大阪屋」が仕切っており、伊東屋はその下で積み荷の砂糖の特権が与えられていた。そのため貴重な砂糖をたっぷり使った、浪花煎餅は贅沢な煎餅だったといわれる。

津軽のかりん糖は、関東の黒砂糖で包んだやわらかなものと少し違う。関西風に砂糖を生地に練り込んで油で揚げ、形態も板状や縄状で食感が硬い。関西ではかりん糖を「オランダ」というが、前述した『南蛮料理書』に「こくすらん」とあるのはかりん糖のようで、津軽にはくじら餅といい、南蛮渡来の菓子が今も健在である。

## 行事とお菓子

### ①下北・東通村の彼岸団子

春彼岸には餅を搗いて供えるが、送り彼岸には、赤いえら粉（赤く染めた粗挽きのもち米）を塗った日の丸のような団子を作る。この団子はうるち米ともち米の粉を混ぜて捏ね、餡を包んで茹で、上面にえら粉を丸くたっぷりと塗る。この地方では仏様が、あの世で送り団子の大きさを比べるので、負けないように大きく作るという。同様の餅を秋田県下で雛祭りに作られる。

### ②東通村・雛祭りの「鬼の舌」

「鬼の舌」は、のし餅を菱形に切ると「鬼の舌」にみえるからといい、餡を入れて三角に切った物は「角っこ」。菱餅を「鬼の舌餅」とよぶ地方は、津軽海峡を渡った道南や秋田県の横手盆地、さらには広島県下でもよばれ

ている。
### ③端午の節供のべこ餅
もち粉に白砂糖と黒砂糖を入れ、別々に捏ね、蒲鉾型に成形するとき白と黒で色分けして模様をつくる。切り分けると白と黒の柄の餅が出来る。最近は花柄など模様も多彩で下北地方の人気菓子。べこはウシで、ウシのように元気な子供にとの意もある。
### ④迎え盆のところてん
ところてんは天草を煮詰めて流し固めた物で、「鏡てん」ともよばれ仏様が「鏡てん」で居住まいを正すそうだ。盆の13日に供え、これを食べると暑くてもあまり汗をかかないとされる。
### ⑤送り盆のきんか餅と背中あて
きんか餅は南部地方で「ひゅうず」ともいい、送り盆のお供え。小麦粉で作った半円形の餅の中に黒砂糖、クルミ、ゴマが入る。仏様が帰る時この餅を背負い、背中が痛くないように作るのが「背中あて」で、小麦粉製の帯状の食べ物。
### ⑥秋仕舞いのけいらん
かつての東通村地方では、秋の収穫が終わると若者たちが集まり酒盛りをし、その1番のご馳走が「けいらん」。米粉の餅を鶏卵の形に丸め、中に餡を入れて茹で、それを澄まし汁でいただくというもの。室町時代の精進料理の「鶏卵羹」で、羹はアツモノで、熱い汁ということ。お祝いや法事等で食べる格式高い食べ物である。
### ⑦お祝いの赤飯煎餅
南部地方の赤飯は、砂糖が入って甘く出来ている。この赤飯を南部煎餅で挟み、サンドイッチのようにする。お祝い事には隣近所に配る。最近はおやつとしても食べられている。

## 知っておきたい郷土のお菓子

- **冬夏**（弘前市）　創業江戸前期の大阪屋の銘菓。祖先は豊臣方の武士で大坂夏の陣で敗れ、落ち延びて弘前藩の御用菓子司となる。大坂冬・夏の陣を忘れぬため「冬夏」と名付けられ、和三盆で包んだ軽焼風の菓子で、御留菓子だったが近年市販された。他に「竹流し」がある。
- **干乃梅**（弘前市）　津軽の梅干しは「紫蘇包み」といって種がない。そ

れを菓子にしたもので漉し餡を薄い求肥でくるみ、さらに塩漬けの紫蘇で包んで砂糖を振りかける。弘前の開運堂の銘菓。

- **塔下煎餅**(とうのしたせんべい)(弘前市)　最勝院の五重塔の下にある店の煎餅。店内に今は珍しい地炉があり、炭火を使って昔ながらの手焼きの津軽煎餅（南部煎餅）や生姜煎餅が焼かれている。
- **津軽当物駄菓子**(つがるあてもの)（弘前市）　当物はくじで景品を当てることで、「大王くじ」は練り切りの牡丹の花菓子が貰える。サイズが大中小とあり閻魔大王を引くと大がもらえた。他に「いもくじ」「糸引き」等がある。
- **氷餅**（県下一帯）　干し餅ともよぶ。大豆や胡麻を加え搗いた餅を蒲鉾型に作り、薄く切って藁で括って寒気にさらす。限りなく素朴な東北の餅。
- **あじゃら餅**（大鰐町）　大鰐温泉の土産菓子。餅生地に胡桃、あられ、砂糖を加えたやわらかな餅で、表面に自家調合の砂糖がまぶされている。
- **八戸煎餅**（八戸市）　南部煎餅ともよばれ、小麦粉を水で練り円形の型で焼いたもの。薄くカリっとした「ミミ」に特徴があり胡麻や胡桃を加える。
- **駒饅頭**（七戸町）　馬の産地七戸町の名物饅頭。地元の清酒や長芋を使った酒饅頭で、白駒（漉し餡）黒駒（白餡）とあり駒の焼き印が愛らしい。
- **豆しとぎ**（三八上北と岩手北部の郷土菓子）　しとぎは神様の供え物で、白米を浸水後水切りして臼で搗いた餅。おやつ用には、茹でた青大豆を加えると甘味が付き美味しくなる。

# 3 岩手県

遠野けいらん

### 地域の特性

北海道に次いで最も面積が広い県。宮城、秋田、青森の3県に隣接し内陸部の大部分は山岳丘陵地帯で、西側に奥羽山脈、東部に北上高地がある。その間の平野部に北上川が太平洋に流れている。沿岸部は代表的なリアス式海岸で、沖合は黒潮（暖流）と親潮（寒流）が交錯する世界3大漁場となっている。

しかし、2011（平成23）年3月11日に発生した東日本大震災津波では、沿岸部を中心に甚大な被害を受けた。各地の漁業基地は壊滅状態となり、多くの人命が失われてしまった。最近（2015〈平成27〉年）、復興の兆しもみえ、漁船や漁港、市場の整備も進み魚獲量も増加しつつある。

県内の気候風土は厳しく、食料も豆類や雑穀類に頼ってきた。しかし近年健康志向とともに、岩手スタイルの生活や食生活が広く見直されている。

### 地域の歴史・文化とお菓子

## 方長老と黄精飴
ほうちょうろう　おうせいあめ

### ① 盛岡の文化に貢献

江戸時代の初期、盛岡藩には訳あって御預けの身となった2人の立派な文化人がいた。1人は福岡藩黒田筑前守（黒田官兵衛の子孫）家老栗山大膳で、1633（寛永10）年黒田家の内紛により配流となった。もう1人は対馬藩の朝鮮外交のスペシャリストで臨済宗の僧・方長老（規伯玄方）。彼は幕府と朝鮮政府の板挟みとなり、2年後の寛永12年、やはり盛岡藩に御預けとなった。2人は旧知の間柄で、当時国内に知られた教養人で優れた知識をもっていた。そのため盛岡藩も厚遇し、2人は当地の学問や文化に貢献した。

中でも方長老は赦免までの24年間、盛岡の産業（清酒、味噌、醤油の醸造や、南部鉄瓶の製作等）に寄与し、商人道の教えも説いた。造園技術も巧みで、市内の法泉寺庭園はその1つである。
②岩手の山中で妙薬発見
　方長老の盛岡での大きな仕事は「黄精（おうせい）」の発見であった。「黄精」は漢方薬で中国雲南省に自生するユリ科アマドコロ属カギクルマバナルコユリの根茎のことだが、方長老は岩手の山中で外形も似て薬効も変わらないユリ科アマドコロ属のナルコユリ（鳴子百合）を見つけこれを「黄精」として栽培加工した。
　「黄精」は漢方で補気（ほき）、潤肺（じゅんぱい）、強壮の効能があり、胃腸虚弱や慢性肺疾患、糖尿病、病後の食欲不振、咳嗽、栄養障害に用いられた。
③菅江真澄が見た盛岡の「黄精」売り
　菅江真澄は江戸後期の民俗学者で、1788（天明8）年に盛岡を訪れその著書『岩手の山』に「中津川の畔を歩いていると、この地の産物の黄精（盛岡ではアマドコロ）を蒸して売る店が軒を連ねているが、多くが偏精（和産のアマドコロ）で正精（本物・中国産）はまれであろう。中津川の橋を渡っていくとやはり黄精を売っていて『黄精膏もあるのでみやげにどうぞ』と呼びかけられた」と記している。
　菅江真澄は本草学や漢方にも造詣が深く、一時弘前藩の薬事係をしていたので黄精に詳しかった。
④江戸でも知られた南部の「黄精」
　当時南部の黄精は江戸でも名高く、平賀源内の『物類品隲（ぶつるいひんしつ）』（1763〈宝暦13〉年刊）に「黄精に偏精正精の別あり、本邦に所産の物はみな偏精にして正精はなし、偏精所在に多し、南部産上品茎葉甚大なり……」とある。
　江戸時代の民間では黄精ブームがあり、砂糖漬けの黄精や黄精に砂糖を加え焼酎に漬けた「黄精酒」もあり滋養強壮薬として知られ、俳人小林一茶も愛飲していたそうだ。
　盛岡地方では、昔からアマドコロの根茎をとろ火でゆっくり煮て、その煎汁に黒砂糖を加え、器物に分けて売っていた。菅江真澄が記した「黄精膏」はそれを指し「薬菓子」として売られていた。

## 「黄精飴」の誕生

さて、盛岡銘菓の「黄精飴」だが、これは1853（嘉永6）年創業の長沢屋の初代阿部重吉が、黄精の滋養強壮効果に着目し、アマドコロの根茎の煎汁を求肥飴に加えて製造販売したものである。

「黄精飴」の誕生は、方長老の時代から約200年後だが長沢屋は現在で6代目である。昔どおりアマドコロの煎汁にもち米、水あめ、砂糖を混ぜ求肥飴を作り、仕上げに片栗粉をまぶしている。

優しい薄茶色の黄精飴は、生薬入りで苦そうだが、口に含むとほのかな甘さと微かに薬草の香りがし、求肥のもちもち感が茶菓子の雰囲気を出している。その食感が何代にも渡って愛好者を魅了してきた。アマドコロは年々品薄になり、現在は八幡平に自生する物を採取しているという。

### 行事とお菓子

#### ①小正月のミズキ団子

県内でミズキ団子というと、こめ粉におから（豆腐の殻・きらず）や砂糖、塩を加えお湯で捏ね、団子に丸めて茹でたもの。これを紅や緑に色付けして豊漁、豊作を祈願し水木（火を防ぎ水を守るとされる）の枝に飾る。ミズキ団子は別名「きらず団子」ともよばれ、こめ粉の増量のために豆腐殻を混ぜるわけで、普段のコビル（おやつ）にも食べられてきた。地域によって水木の枝には、団子の他に作り物のタイや七福神なども飾る。

#### ②宮古の小正月行事「コーロコロ」

「烏呼び」という行事で、1月15日夜か16日早朝に子供たちが賽の目に切った餅やきらず団子、ミズキ団子を「コーロコロコロ」とカラスを呼びながら投げ与え、苗代や田畑を荒らすなと願い事を唱えながら集落を歩く。

#### ③釜石の「するめっこ釣り」

豊漁祈願の小正月行事。子供たちが漁師に扮してスルメやイカの模型を釣り竿に下げ、元気よく漁家に大漁を伝え、お目当ての菓子や祝儀を貰い、顔に墨を塗られる。

#### ④雛祭りの花饅頭

北上川に沿った盛岡、花巻、遠野市周辺地域で3月3日に作られる雛菓子。花団子、花餅ともよばれもち米粉、うるち米粉を混ぜて彩色した餅皮に餡を包み、花や兎、桃などを木型で押して蒸し上げたもの。彩りもよく

愛らしい。家々に飾られた素朴な土人形・附馬牛人形(つきもうしにんぎょう)や花巻人形に供える。
⑤二戸・福田の人形祭りと南部煎餅

　「虫送り」行事で、8月16日（元は7月）に大きな男女2体の麦藁人形を作り、稲の害虫や疫病退散を願う。人形が集落を巡回すると、行列の先頭には「煎餅持ち」といって南部煎餅を糸で下げた棹を担いだ人がいて、人々は事前に自分の身体の悪い部分を煎餅に移し、その煎餅を糸で括って煎餅棹に掛けて無病息災を祈る。最後に人形と煎餅は、安比川(あっぴ)に流される。
⑥お盆のひゅうじ

　お盆のお供えに欠かせないもので、捏ねた小麦粉の皮で、胡桃入りの黒糖味噌餡を包み、半月形にして口を閉じて茹でる。かま餅、きんか餅ともよぶ。ひゅうじ（ず）は火打石のこととか。
⑦婚礼や小正月の「けいらん」

　遠野市の名物で、餡入りの鶏卵型の餅を茹で汁ごと椀に盛っていただく。南部領に伝わる古い食法の「鶏卵羹(けいらんかん)」。中国の元宵節(げんしょうせつ)や冬至に食べる「湯圓(たんえん)」とよく似ている。

## 知っておきたい郷土のお菓子

- **南部煎餅**（青森東部・岩手北部）　旧南部の郷土菓子で小麦粉煎餅。昔は各家庭には南部鉄製の手焼型があり、煎餅は家々で作られていた。由来は南北朝時代、この地方を訪れた長慶天皇に、家臣がそば粉を練り胡麻を振りかけ鉄兜で焼いて差し上げたといわれる。南部藩の兵糧だったという説もある。現在は落花生や胡桃入りがあり、水飴を挟んだものがある。赤飯も挟んで食べる。近年有名になった煎餅汁は、白焼きの煎餅を醤油味の汁に入れる。
- **南部駄菓子**（青森東部・岩手北部）　黄な粉、もち米、黒砂糖、水飴を使い冬の保存食として作られてきた。味噌パン、あんこ玉、黄な粉捻じりなどがある。駄菓子は腹持ちもよいことで、かりん糖は種類も多くサイズも大きい。
- **豆銀糖(まめぎんとう)**（盛岡市）　特産の青豆の黄な粉に砂糖、水飴を加え練り固めたもの。南部藩の銀の延べ棒を模し、切れ目を離すと1分銀の形になる。「猿屋(さるや)おこし」の別名がある。1716（享保元）年創業の「ゆうきや」が知られる。

- **からめ餅**（盛岡市）　もち米粉に水飴、胡桃を加え蒸したもの。南部領を視察中の奉行が貰った山芋から砂金層を発見、喜んでザルを持って踊ったのが「からめ節」の最初ともいわれる。からめは金銀を精選する作業の意。
- **うちわ餅**（盛岡市）　もち米粉とそば粉を捏ねて餅にし、串に刺して上から圧し団扇状にする。茹でてエゴマ味噌を付けて焼く。お茶餅ともよぶ。
- **南部餅と味付けおふかし**　盛岡市内の丸竹茶屋は毎日搗き立ての餅が食べられ、胡桃たれの南部餅が人気。もち米を蒸籠で蒸し、さらに何回も醤油をかけて蒸す金時豆入りの「味付けおふかし」は盛岡の郷土食で、お盆やお彼岸に欠かせない。
- **南部双鶴**（なんぶそうかく）（盛岡市）　盛岡銘菓。丸基屋の菓子で、藩主南部家の家紋を型にし、大麦の煎り粉（香煎）、砂糖、水飴で作った打ち物菓子。
- **きりせんしょう・花餅**（盛岡市）　盛岡地方の雛菓子。切り戦勝とも書く。山椒は入らないが基本は米粉、黒砂糖、醤油味のゆべし。この生地を花形にしたのが花餅でかつては家々で作った。市内の和菓子店で販売している。
- **岩谷堂羊羹**（いわやどう）（奥州市）　江戸前期からの歴史があり、高温で長時間煉り上げたコシとコクのある羊羹。岩谷堂は地名で岩城氏の城下町であった。
- **田むらの梅**（一関市）　松栄堂の銘菓。一関藩中興の祖・田村建顕侯（たてあき）を偲び作られた菓子。梅肉を加えた白餡を求肥で包み、蜜煮の青紫蘇の葉でくるんである。甘酸っぱさと紫蘇の風味がマッチしている。
- **郭公団子**（かっこうだんご）（一関市）　厳美渓にある名物団子。ゴマ、餡、たれの３種の串団子で、注文すると渓谷を横断してロープで運ばれて来る。
- **しだみ団子**（野田村）　郷土のおやつ。しだみはドングリで、昔は救荒食であった。殻を取り灰汁（あく）で渋を抜き、１日煮て黒砂糖を加えると黒い餡になる。これを小麦粉の団子生地で包み熱湯で茹でる。
- **松焼き**（遠野市）　茶通に似た遠野のお茶菓子。小麦粉生地を緑に染め三階松の形にし、餡を包み表面に黒ゴマを散らした焼き菓子。「鶴乃屋」製は、冬には砂糖で雪を表す。「鶴乃屋」では雛節供の「花饅頭」も作る。
- **明けがらす**（遠野市）　郷土菓子。米粉に砂糖、クルミやゴマを混ぜかまぼこ型にして蒸し、５mm幅に切る。切り口の胡桃の形が「明け烏」

にみえるところからの菓銘。盛岡市内でも売られている。
- **がんづき**（遠野市・一関市）　郷土菓子。小麦の蒸しパンのような菓子で遠野では冠婚葬祭の引き出物とされた。小麦粉に黒砂糖、重曹、牛乳、卵、米酢、醤油、胡桃、胡麻を混ぜ円形に成形して蒸し器で蒸す。丸い生地の上に散らした胡麻が鴈の群れにみえるという。遠野伝承園では「けいらん」とともにいただける。隣県宮城には、重曹を使わないがんづきがある。

# 4 宮城県

松島こうれん

### 地域の特性

ササニシキ、ひとめぼれの銘柄米で有名な宮城県は、東北地方に位置している。東は太平洋、西は奥羽山脈が連なり、秋田・山形の両県に接し、南に福島県、北に岩手県がある。気候は太平洋気候帯に属し、冬の積雪量は比較的少なく温暖である。

宮城県が米どころとして飛躍したのは伊達政宗の時代である。政宗は先見の明があり、江戸開府とともに一大消費地江戸を見据えて仙台領こそ米の供給地と考え、北上川の大改修工事を行った。流域を穀倉地帯とし、北上川本流を石巻にみちびき、米の積出地に重要な港とした。仙台藩は江戸の米の需要の3分の1を満たしたという。

石巻は気仙沼や塩釜とともに漁港として知られているが、当時は「35反の帆を巻き上げて、行くよ仙台石巻」と歌にまで唄われていた。

2011（平成23）年3月11日の東日本大震災で県下は大きな災害を受け、痛手も大きかったが、3つの漁港も徐々に復興を取り戻しつつある。

### 地域の歴史・文化とお菓子

## 「松島こうれん」と「仙台駄菓子」

### ①優雅な紅蓮せんべい

今朝降り積もった雪のように純白で、泡雪のように口溶けのよい松島名物の紅蓮せんべいは、670余年の歴史をもつ米の粉で作った長方形のやわらかな煎餅である。淡い甘味と塩味で、煎餅というと関東の草加煎餅を想像するが、全く別物。江戸時代にこの地を訪れた菅江真澄は「仙袂」と記しているが、「仙袂」とは中国の美女・楊貴妃の袂を風が吹いてひらひらと翻っているという白居易の「長恨歌」の詩の一節からきていた。「松島こうれん」は、まさに美女の袖袂を思わせる優雅な煎餅である。

②紅蓮尼とせんべいの由来

　さて、この菓子は鎌倉時代後期までさかのぼる。当時西国33観音巡りに出掛けた松島・瑞巌寺近くに住む掃部（かもん）という富豪と、出羽（秋田）象潟（きさかた）に住む豪商の森隼人（もりはやと）が道中で親しくなり、掃部には小太郎、森隼人にはタニという娘がいて、2人は親同士で結婚を約束してしまった。タニが掃部家に嫁いで来ると、小太郎はすでに病で他界していた。しかし、タニは世の無常を悟り実家には戻らず、この地で剃髪して「紅蓮尼」と名を改め庵（心月庵）を結び仏門に帰依した。

　紅蓮尼の名は「日本女性の鑑（かがみ）」として、瑞巌寺を参拝する人たちに知られ、心月庵には参拝者が絶えなかった。紅蓮尼はお供え物の米を粉にし、煎餅に焼いて人々に施した。その煎餅はいつしか「紅蓮せんべい」とよばれ、誰もが松島土産に買い求めたのであった。

　現在の「松島こうれん」は、現代風にササニシキを使用しているが、その製法は紅蓮尼より受け継いだ初代紅蓮屋心月庵が一子相伝で伝えるもので、創業は鎌倉後期の1327（嘉暦2）年である。

③各地に残る「紅蓮せんべい」

　秋田や山形、北海道の檜山南部地方では餅種生地の煎餅を「紅蓮煎餅」あるいは「こうれん」とよんでいる。

　紅蓮尼の出身地秋田の象潟、県南方面ではよくみかける煎餅で、うるち米をふかして塩味を付け、コヌカ玉油（びんつけ油）で延ばしたものを、長方形に切って日光で乾燥させ火床で焼き上げたものである。

　北海道の江差地方の「こうれん」は、5月から6月頃家庭で作る丸い干し餅で、お盆のお供えにした。この地方では今でも電子レンジで温めたり、煎餅汁にして食べる。また、檜山地方の「こうれん」は、「上ノ国こうれん」「追分こうれん」とよばれて町おこしのお菓子である。

④仙台藩がもたらした「こうれん」

　茨城県の霞ヶ浦を中心に利根川沿岸の千葉県地方でも煎餅（草加煎餅を含め）を「こうれん」と称していた。

　その理由としてこの地方は、江戸初期より東廻り海運で津軽藩や仙台藩等が江戸へ米を運ぶ大型船の中継地となり、潮来には河岸があって米蔵が立ち並んでいた。中でも牛堀（現潮来（いたこ）市）は仙台藩の大型船の風待ち港で、また利根川を利用する川船への荷の積み換え港として賑わっていた。その

ため仙台藩との繋がりが濃く、また土地の人たちが水夫やかってぼう（積み荷作業をする人）となり松島の瑞巌寺にお参りし、お土産に紅蓮煎餅を求めて帰国した。その煎餅の美味しさから、米を原料に焼き上げたものを「こうれん」とよぶようになったのではないかと考えられていた。

神﨑町には、名もずばり「香蓮堂本舗」という醬油の香る手焼き煎餅店がある。

なお「こうれん」という名の菓子は、室町後期とされる『南蛮料理書』の菓子の部にもあり謎の多い菓子である。

### ⑤仙台駄菓子の由来

東北地方には駄菓子が多いが、仙台駄菓子が有名なのは、江戸時代の仙台藩の政策と関係していた。それは戦に備えるため作らせた「仙台糒」で、兵糧であり携帯食で、初代伊達政宗が道明寺糒の技術を上方から導入して改良させ東北の寒風吹き荒ぶなか、極めて上質の糒を作った。その製法は伊達家家伝で、門外不出とされていた。

仙台糒にはたくさんの種類がある。基本的に糒はもち米を蒸して乾燥させた物だが、仙台では糯キビ、粳キビ、粟キビなどがあり一定期間が過ぎると家臣や町民に払い下げられた。その糒を原料に菓子が作られ、銘菓「しおがま」は糒を粉にして作ったものである。糒を煎って水飴で絡めれば「おこし」になり、仙台糒は仙台駄菓子のもととなった。

### ⑥駄菓子の条件

駄菓子という言葉は関東以北の東日本で使われ、西日本では雑菓子とよばれていた。これらの菓子は地元の特産物が使われ白砂糖は一切使われず、甘味は黒砂糖や米の飴、つるし柿の甘さが基準となり、大豆や黄な粉、胡麻、胡桃といった豆や木の実が使われていた。

さらに東北駄菓子の特徴は穀類を主材料に、安く、形は大きく、腹持ちのよいことで、この地方に多い「カリント」は、小麦粉を使い丸や長方形でヘラヘラしているが大きく、生地に味が付いていてしっかり油で揚げてあり、歯応え、腹応えのよい菓子である。

### ⑦仙台駄菓子の本分

駄菓子は自然要件とも関係があり、米のとれる所に生まれるといわれる。それは換金できないくず米、粃、落ち穂といったものが多量に出るためで、それらの利用から誕生したともいえるのである。

また駄菓子は秋から冬に美味しいとされる。特に米を糖化させて作る飴類は煮詰め加減が気候に左右されるからで、「太白飴」は稲の取り入れの済んだ10月から翌年の4月までに作られ、その期間に食べるのが一番美味しいとされ、「晒しよし飴」もまた同様であった。

### 行事とお菓子

#### ①正月の餅と「餅ぶる舞い」

かつての仙台地方では、晴れ着を"餅食い衣裳"とよんでいた。ハレの日すなわち餅を食べる日で、正月には雑煮の前にあん餅、黄な粉餅、納豆餅、ごま餅などいろいろ食べ、お腹がいっぱいになったところで雑煮となった。米どころだが、藩政時代から贅沢を厳しく戒められていた。しかし「餅ぶる舞い」だけは自由で、そのために「餅が最高のごちそう」という気風が生まれていた。

#### ②登米の元朝の「飴餅」

登米地方では、元朝には「飴餅」を食べる。「飴餅」は水飴に水を加えて鍋で煮立たせ、焼いた餅を入れて煮詰め、その餅を茶碗に盛り豆粉（黄な粉）をかけて食べる。三が日の朝は必ずこの餅を食べるので、どこの家でも昔は自家製の水飴を作っていた。

#### ③大崎八幡宮どんと祭の鳩パン

「松焚祭」とも称され、1月14日に正月の松飾りや古い神符を焚き上げ正月の神を送り、家内安全や商売繁盛を祈る祭りで300余年の歴史がある。この日、境内の屋台で売られるのが縁起物の「鳩パン」。鳩は八幡様のお使いで、無病息災の願いが込められていた。仙台味噌の入った堅めの味噌パンで、仙台駄菓子の味を伝えている。

#### ④白石の笹巻き

白石は伊達家の重臣・片倉小十郎の城下町で、この地方では旧暦の端午の節供（6月）が近づくと八百屋の店頭には笹巻き用の、若々しいクマザサの葉やイグサが売られる。笹巻は三角粽ともいわれ、クマザサをロート状にして、そこに洗ったもち米を詰めてイグサで結んで熱湯で茹でたもの。武者人形に供えるが、ササの効能で長期保存できるため軍用食だったともいわれる。甘い黄な粉をつけて食べる。

⑤お盆のずんだ餅

　宮城を代表する餅だが、お盆に欠かせない餅で、青畑まめ（青大豆）の枝豆を使う。枝豆を茹でて莢からはじき出して擂り鉢で摺る。摺り上がったら塩で味を調える。これを「ずんだ」といい、家によっては白砂糖を加えて甘くして搗きたての餅にくるむ。翡翠色の美しい餅だが、いたみやすいのでたくさんは作らない。

⑥吉岡八幡神社の島田飴

　毎年12月14日がお祭りで、この日を「おとしとりの日」と称し飴市が立った。もち米を原料とした「島田飴」は島田髷をかたどった細工飴で、昔々神社の神主様が島田髷の花嫁さんにひと目惚れをしてしまった。気の毒に思った村人たちが、飴で島田髷をかたどり神主様を慰めた。神主様は飴のおかげで全快し、喜んだ神主様は神社の祭礼に、縁起物として「縁結びの島田飴」として売るようにしたという。飴は神棚に供え、元朝の餡餅に加える習わしがある。

## 知っておきたい郷土のお菓子

- **支倉焼き**（仙台市）　伊達家家臣で慶長遣欧使節・支倉常長の偉業を偲び、創製された和洋織り込んだ胡桃風味の焼き菓子。ふじや千舟の銘菓。
- **白松が最中**（仙台市）　大納言餡、栗餡、胡麻餡、大福豆餡の4種があって香ばしく焼かれた最中皮に包まれた、仙台の代表的銘菓。
- **萩の月**（仙台市）　仙台平野は宮城野とよばれ萩の名所で、そこに立ち上る月を見立てて命名された菓子。1979（昭和54）年発売ながら仙台土産の定番。
- **みちのく煎餅**（仙台市）　隠れた名店・仙台の「賣茶翁」の銘菓で、波照間島の黒糖蜜をさっと塗った麩焼き煎餅。芭蕉の旅姿の掛け紙も素敵だ。
- **笹ゆべし**（仙台市）　味噌風味の餅生地で黒糖蜜を包み蒸したもの。伊達家の兵糧だったとされ、上部の胡桃は家紋の"竹に雀"を表していた。
- **太白飴**（仙台市）　もち米から作った水飴を煮詰め、細く延ばして切った物。飴の白さから仙台近郊の太白山に因んだ名で、石橋屋のものが有名。
- **九重**（仙台市）　仙台の玉澤本舗の和菓子飲料で、細かなあられ球に柚

子、抹茶、ぶどう味の糖衣を絡め、湯や水に溶かして楽しむ珍しい菓子。
- **晒(さら)しよし飴**（大河原町）　300年以上も一子相伝で伝える大河原町の銘菓。良質な水飴と砂糖で作る絹糸を束ねたような繊細な飴で、冬季限定品。
- **しおがま**（塩釜市）　微塵粉に砂糖、塩、海藻等を混ぜて押し固めた干菓子。「藻塩焼製塩(もしおやきしおかま)」を伝える塩竈神社のある塩竈市が発祥地とされる。
- **足軽まんじゅう**（仙台市）　参勤交代の足軽たちが、やっと着いた小坂峠の茶屋で頬張ったという白石名物。粒餡たっぷりの仙台味噌風味の饅頭。
- **がんづき**（宮城県下）　宮城と岩手の一部で食べられる小麦粉製の菓子。重曹の入った蒸しパン風と、重曹を入れない、ういろう風があり、南部領は前者で仙台領には後者が多い。
- **岩出山の酒まんじゅう**（大崎市）　花山饅頭、太右衛門饅頭と称され300年の歴史がある。岩出山城主・伊達村泰侯が大坂の饅頭職人・太右衛門と出会い、岩出山に伴い花山の姓を与えて饅頭を作らせたという。
- **栗団子**（大崎市）　鳴子温泉の名物。大きな栗を包んだ餅にたっぷりの葛餡をかけて食べるもので、こしのある餅と葛餡のバランスが絶妙である。

# 5　秋田県

雛っこ餅

### 地域の特性

　東北地方の日本海側に面し、隣県には青森、岩手、宮城、山形がある。東の県境を奥羽山脈と那須火山帯が縦走し、温泉地も多く、北の県境には世界自然遺産の白神山地がある。南の県境には名峰鳥海山がそびえている。

　気候は典型的な日本海型気候で、冬は北西の季節風が強く、降水日数も多く日照時間は全国最下位。降雪日数は全国第3位である。

　海岸部には県内3大河川の米代川、雄物川、子吉川がつくり出した穀倉地帯の大きな平野が広がっている。

　県庁の所在地秋田市の人口は、東北では仙台市に次いで2番目である。だが、近年は「限界集落（高齢者が半数を超え、社会的共同生活が維持できない）」の問題を抱え、さらに高齢者の自殺率も高い。朗報は、子供の全国学力テストが例年トップクラスであり、2004（平成16）年開学の「英語で学ぶ大学・国際教養大学」は、大きな注目を集めている。

### 地域の歴史・文化とお菓子

#### 料理と菓子の狭間・鹿角の「けいらん」

　県北鹿角地方に伝わる「けいらん」は、その名のとおり茹で卵のような形をした丸餅入りのお澄ましである。この丸餅は、米粉をやわらかく捏ねて皮を作り、中に黒砂糖、粒胡桃、山椒を潰した物を少し混ぜて丸め、皮で包んだ物だ。これを熱湯で茹でて冷水に取り、お椀に2つ並べて三つ葉や茸を盛りつけ、あらかじめ作って置いた醬油味の澄まし汁（昆布や椎茸の出汁）をかける。昔から精進料理や不祝儀の1番吸い物に出される格式高い料理である。

　この料理は、岩手県を中心とした旧南部藩領内に伝わるものらしく、現在も遠野地方や青森県の下北半島、また南部の人が渡り住んだという北海道の江差地方に残されており、鹿角地方もかつては南部藩領に属していた。

鹿角では丸餅に黒砂糖を包むが、他の地方では砂糖を効かせた餡を入れている。料理なのかスイーツなのか判断しかねる逸品である。

## 「けいらん」は室町時代の「鶏卵羹（汁饅頭）」か

安土桃山時代に出版された『日葡辞書』（日本語と葡萄牙語の辞書・1603〈慶長3〉年刊）に「けいらん」があり、「米の粉で玉子の形に作り、中に砂糖をいれた食べ物の一種」とある。さらに40年後に出版された『料理物語』には（要約すると）「米粉を水で捏ね、中へ黒砂糖を包み、きん柑ほどの丸さにまるめて煮る。汁はうどんと同じ。」とあり、醬油が普及する以前、うどんの汁は「煮ぬき」といって味噌味の麺つゆ、または垂味噌（味噌を水で溶いて煮詰め、布袋に入れ滴りを取った汁）に胡椒などの薬味を添えて食す。

まさに鹿角の「けらん」は『料理物語』の「けいらん」だが、禅僧が中国から伝えた「点心」の1つの「羹」であった。「羹」は熱い汁に入った蒸し物で種類が48羹あり、その中に鶏卵羹があって、どうやらそれのようである。

## 薬味を添えて食べる饅頭

室町期の料理書『大草殿より相傳の聞書き』に「饅頭の食べやう。汁を受けて下に置き、下座を見合せ箸をあげ、左の手で饅頭をとり箸に持ち添へて二つに割り右の方を下に置き、左の方を餡を下にして二口づつ食べる……。右で箸を持ち添へて汁を吸ふ。二度目にはにごし（薬味）を汁に入れて吸ふ……。」とある。

遠野市地方で、お椀の中の餡入りの丸餅は「必ず真ん中を割って食べる」という言い伝えがある。先の食法と一致するところがあり、南部地方に伝わる「けいらん」の奥深い歴史に興味が尽きない。

なお、「けいらん」は他の地方にもあり、九州の長崎県や佐賀県地方の「けいらん・けえらん」は、米粉などを捏ねて方形にして漉し餡を巻いた「餡巻」状のもので、汁はない。

### 行事とお菓子

①大館の「飴っこ」市

かつての小正月（1月15日）行事で、この日に飴を食べると風邪を引かないといわれる。現在は2月第2土用と翌日に行われ、昔から飴っこ市

には雪が降る。それは山から神様（白髭大神）が飴を買いに降りて来て、帰る際にその足跡を隠すために吹雪を起こすと言い伝えられてきた。おおまちハチ公通りには100軒以上の飴屋の屋台が並び、稲穂に見立てた「枝飴」「犬っこ飴」「甘酒飴」など売られ、人々の熱気が寒さを跳ね除けている。豊作祈願の「枝飴」は、ミズキの枝に色とりどりの飴が付けられ花が咲いたようにきれいであるである。

②湯沢の「犬っこ」祭り

　2月の第2土用・日曜に行われるイベントだが、これも小正月行事であった。米粉で作った犬っこや鶴亀を盗難除けに家々の戸口に供える民俗行事で、昔は小正月が終わると子供たちが集めてアラレにして食べたのである。今は飾るだけである。イベント広場には大きな犬の雪像や祠がつくられ、「犬っこ作り」名人がお店を並べている。会場では米粉の犬っこを蒸す白い湯気が、もうもうと上がって何とも暖かである。

　江戸期の民俗学者・菅江真澄翁の『小野のふるさと』には、この行事を「鳥追い」と記され、田畑に害をする、留鳥の鳥を追い払う子供の行事である。また同書には「犬、猫、花、紅葉、などかたどって割り子（木の弁当箱）に入れて子供たちが家ごとに配って歩いた」とあり、これを「鳥追い菓子」と記している。

③田沢湖と角館地方の「雛っこ餅」

　冬の長い東北の人たちにとって、待ち遠しい春を迎える雛祭は子供も大人も楽しみな行事である。現在の仙北市地方にはもち米粉を練って餡を包み、表面に着色した餅生地で梅や向日葵の花、瓢箪や手まりといった図柄を愛らしく模様にした手作り餅がある。ササの葉にのせるので「笹っぱ餅」というが「雛っこ餅」ともいってお雛様に供え、昔は自家製だったので子供たちが家々を回って貰って歩く風習があった。現在でも「雛っこ餅」は、角館の在の農家のおばあさんたちが手作りし、町で売っている光景がみられる。

④亀田地方の雛節供の「椿餅」

　由利本荘市の亀田地方では、女児の初節供に「椿餅」を重箱に詰めて親類縁者に配る習わしがある。春まだ残い山に分け入り、採って来た藪椿の葉に、餡を包んだ真っ白な丸い餅、上部には赤く染めた道明寺粉で彩られている。日の丸のような紅白の餅である。

菅江真澄翁の『粉本稿(ふんぽんこう)』には「出羽では春のはじめに椿の葉うらに餅を盛りて売るあり……」とあり、図絵も記されている。城下町亀田地方には、まだ菅江翁の江戸の風情が残されている。

亀田の観光施設「天鷺村(あまさぎむら)」では、雛祭りが近づくと椿餅作りの体験教室が開かれ、椿餅作りが盛んである。

⑤秋田・馬口労町(ばくろう)の草市と盆菓子のトロンコ

草市は8月12日にお盆のお供えを売る露店市。一際目を引くのが精霊棚のお供えを売る店で、今採って来たばかりの蓮の葉に秋田独特の真っ赤なジョミ（ガマズミの実）、ハマナスの数珠、酸漿(ほおずき)、青林檎、なし、ささげ、昆布などが盛られ、若い娘さんが母親と一緒に売っている姿も実に美しい。トロンコはお菓子の灯籠で、仏壇の前に吊り下げて飾るもの。赤、黄、青に染められた米粉製の蓮華や小さな手桶、梵鐘などで、今は食べられないが大事なお供えである。

## 知っておきたい郷土のお菓子

- **雲平巻(うんぺいまき)**（秋田県下）　雲平粉（餅を白焼きして製粉した物・寒梅粉）に水を加えよく捏ね、摺り胡麻や抹茶で渦巻き状にした巻き物。餡入りの昔ながらの「雲平鯛」は秋田の祝儀菓子。もちもちした食感が独特。

- **山科(やましな)**（湯沢市）（仙北市）　山科粉（精白もち米を水に浸け水切り後、蒸して乾燥したものを粉砕して煎った粉・上南粉）に砂糖水と乾燥紫蘇の粉末を加え、よく混ぜ木型に入れたり巻き物にする。最近は、雛祭りの菱餅にも山科粉が使われている。シャリシャリとした食感の伝統菓子。

- **なると餅**（仙北市）　旧角館地方の郷土菓子。半搗きのもち米で漉し餡を包んだ梅花型の餅で、上部が黄色く色付けされササの葉にのった愛らしい餅。

- **えびす餅**（仙北市）　旧角館地方の郷土菓子。もち米粉に黒砂糖を混ぜてよく練り、握った手指のあとを残した飴色の餅で中に餡が入っている。ササの葉にのっている。

- **明けがらす**（大館市）　寒天と砂糖を混ぜた「寒氷」に胡桃(くるみ)を散らしたもので、暁の空に飛ぶ烏の姿から名付けられた大館地方の名菓。岩手県の遠野地方に同名の菓子がある。

- **秋田諸越(あきたもろこし)**（秋田市）　秋田の代表的銘菓。上質の小豆粉と上白糖、和三

盆糖を水で練り固め型に入れ、乾燥させて焼いたもの。小豆落雁ともいう。老舗の杉山寿山堂には「雲平巻」など秋田の郷土菓子もある。

- **さなづら**（秋田市）　秋田県下では山葡萄を「さなづら」といい、風味豊かな濃縮ジュースを寒天で固め薄く延ばしたもの。菓子舗榮太楼の銘菓。
- **豆腐カステラ**（大仙市）　旧大曲地方の冠婚葬祭料理の口取り。作り方は水切りした木綿に少量の魚のすり身、砂糖、卵白を加えて形を整え蒸した物を、卵をベースにした3種の焼皮で簀巻きにする。切り分けて食す。
- **ふきどり餅**（大仙市）　黄な粉餅のことで、旧横手地方の言い伝えで正月15日（小正月）の夜、これを食べると大吹雪にも凍死しないという。
- **三杯みそ**（大仙市）　「みそ」とは仙北地方で餅のこと。米粉、麦粉、白玉粉を各茶碗一杯ずつに小豆餡を加えて練り上げて蒸した餅。
- **ねばなみそ**（秋田県下）　「ねばな」は蕨の根から取った澱粉で、みそは餅で蕨餅のこと。江戸末期の飢饉の際に作ったのが起源とされる。
- **すまし餅**（秋田県下）　「すまし」は味噌汁の上澄み液だが、現在は醤油のことでザラメと煮溶かし、米粉（すまし餅粉）の餅に加えて蒸したもの。

# 6 山形県

雛菓子

### 地域の特性

　東北地方の日本海側に位置し、隣県には秋田、新潟、福島、宮城がある。県内には蔵王、月山、鳥海等の名山があり、福島県境の西吾妻山を源にした母なる川・最上川が流れ日本海に注いでいる。

　県域のほとんどは元羽前国で、南から置賜（米沢市）、村上（山形市）、最上（新庄市）、庄内（酒田市）の4地域に分かれ、日本海沿岸の庄内は、冬期雪は少ないが海が荒れ吹雪の日が多い。内陸の3地方は積雪地帯で、気候だけでなく方言や文化も異なっている。

　山形の繁栄は最上川舟運と北前船によっていた。特産の米や「最上紅花」等が上方に運ばれ、上方からは砂糖や塩、木綿や木綿の古着を、北海道からは昆布や海産物を仕入れ、廻船問屋で潤った。北前船寄港地の酒田は、「西の堺、東の酒田」とまでいわれた。

　今から300数十年前の1689（元禄2）年旧暦5月15日、松尾芭蕉と弟子の曽良は、『奥の細道』行脚で山形県内に第一歩を踏み入れた。その頃、県内は最上川舟運や北前船で大いに潤い「五月雨を　あつめて早し　最上川」の名句を残し、さらに最上紅花で「まゆはきを　俤にして　紅粉の花」の名句を詠んでいる。奥の細道は全日数約150日。そのうち芭蕉と曽良は、県内に40泊をし、1カ月以上も滞在していた。

### 地域の歴史・文化とお菓子

#### 紅花商人と京文化

　北前船の寄港地酒田が繁栄をみるのは、1672（寛文12）年の河村瑞賢による西回り航路の整備によるものであった。元禄年間（1688～1703）に書かれた、井原西鶴の『日本永代蔵』にある米問屋「鐙屋」、日本一の大地主・本間家などの豪商が軒を連ねていた。

　また最上川流域には、特産の紅花で財を成した紅花商人たちが輩出した。

芭蕉の句に詠まれた紅花は、江戸時代には「紅一匁金一匁(べにいちもんめきんいちもんめ)」といわれる高値で取引され、京口紅や京友禅の染料となった。山形は日本海を通し、京文化と深く関係していた。

　酒田や鶴岡、最上川沿岸地方には、外国の美術商が買い付けに来るという素晴らしい「亨保雛」や「古今(こきん)雛」の京雛が保存されている。享保雛の特色は、女雛の袴がふっくらと膨らんだ紅色で、この紅色こそ紅花で染められていた。最上地方に古い京雛が多いのは、紅花摘みに明け暮れする郷土の女性や子供たちに、汗の結晶の紅花で染めた「京雛」を、豪商たちが一目でも見せてやりたかったからに違いない。

　紅花を運んだ船の帰り荷は、こうした豪華な「京雛」が運ばれ、さらに京都の雅な雛菓子も運ばれて来ていた。

### 酒田の雛菓子

　春になると庄内では、和菓子屋さんの店頭に海や山の幸を模した色鮮やかな雛菓子が並び、家々の雛段に供える風習がある。酒田の老舗和菓子店・小松屋には、京都の職人が彫った雛落雁用の菓子木型が伝えられており、この店の創業は1832（天保3）年であった。

　酒田には「本間様には及びもせぬが、せめてなりたや殿様に」という戯れ歌があり、豪商本間家は藩主・酒井氏を凌ぐ勢いであった。現在も酒田市内には本間美術館、本間家旧本邸、本間家旧本邸別館とゆかりの建物が多く、雛節供の頃には豪華な京雛が飾られる。この本間家の雛段を飾るのが小松屋の雛菓子であった。

　小松屋の雛菓子は、縁起物の鶴や亀、稲穂に雀、鯛や蛤などを木型から抜いた片栗粉の打ち菓子で、1つ1つ丹念に彩色してゆく。品のよいその雛菓子は、京の菓子文化を今に伝えていた。

### 鶴岡の雛菓子

　商都酒田に対し、鶴岡は城下町で雛祭りは主に上級武士や豪商の家で行われていた。雛菓子は、日持ちのする米粉で作るめでたいタイやお多福の面などの干菓子、有平糖などの飴細工が主であった。が、明治になり雛祭りは庶民の間にも一般化し、雛菓子も変化した。

　さらに戦後、昭和27、8年頃から煉り切り（漉し餡に求肥(きゅうひ)や裏漉しした山芋を加え煉り上げた餡のこと）を彩色してタイやエビ、モモや民田茄子(みんでんなす)などを模した生菓子製の雛菓子が作られ、これらをお膳に盛った色鮮やか

な雛菓子が主流となった。

広く普及した煉り切りの雛菓子は、地元の季節の魚・桜マスの切り身やサクランボ、最近はラ・フランスといった果物もつくられている。菓子店には「お膳一盛り」「二盛り」と注文し、庄内の「盛り雛菓子」文化は独自の発展と進化で、地域にしっかりと定着していた。

### 行事とお菓子

#### ①最上地方の雛菓子・くじら餅

新庄地方では、雛祭りが近づくと「お雛見」という行事があった。子供たちが旧家のお雛様を見て回る習わしで、家々では子供たち用に雛あられや自家製のくじら餅を用意して待っていた。くじら餅はもっちりとした甘い餅で、子供たちはお雛様を見るより、家々で振る舞ってくれるくじら餅が目当てであった。

#### ②くじら餅の由来

くじら餅は、もち米とうるち米の粉に砂糖や醤油等を煉り合わせ、くるみなどを加え一晩ねかせて蒸したもので、起源は新庄藩の兵糧食だったといわれる。保存性があることから「久持良餅」（久しくもつよい餅）と書かれたりする。「鯨餅」は、江戸時代の菓子製法書等にみられるが、山形県下のものは全く別物で、地元では餅が今よりずっと大きかったことから鯨に見立てたという説もある。

貴重品だった砂糖や醤油を使って作る餅は、大切な「節日」のお菓子で、互いに家々の味を食べ比べ「新庄のざんぞ（陰口）くじら餅」といわれていた。美味いの不味いのと評し合うのが恒例であった。

#### ③端午の節供の笹巻き

月遅れで行われる。笹巻きは粽のことで、ササの葉数枚でもち米を包みイグサで結ぶ。巻き方はタケノコ巻き（祝い笹巻きとは別）、コブシ巻き、三角巻きの3通りで、もち米を灰汁に浸してから1〜2時間煮てさらに煮汁に浸しておくと半透明のあめ色になる。水煮の場合は白い笹巻きが出来、どちらもササの防腐効果で長時間保存が可能となる。出来上がったものは神仏に供え、黄な粉や黒蜜で食べる。

#### ④祝い笹巻き

庄内地方には「祝い笹巻き」といって、数え年7歳を迎えた子供の正月

に作る笹巻きがある。十二単のお雛様のようにササの葉を重ねて巻いたものにもち米を約1合入れ、灰汁で3時間煮る。孟宗竹の筍のようなので「竹の子巻き」ともいわれ、1つ作るのにササを40～50枚を必要とする。そのため夏に採っておいたものを保存し、重曹を入れた湯で茹でて使う。子供が「竹の子」のようにすくすく育つようにとの願いが込められ、高さも約30cmと超大形。黄な粉で食べる。

## ⑤お盆のじんだん餅とさげもん（精霊菓子）

じんだんは枝豆を茹でて摺り潰した物で、甘い餡にして搗きたての餅にあえる。お盆には県内各地で作られている。

さげもんは盆棚に飾る粉菓子。酸漿(ほおずき)や茄子、瓜等を模した干菓子で糸が付いていて、盆棚の前の横竿に振り分けにして飾る。小さな花形の菓子は糸で繋ぎ数珠にする。甘い物が乏しかった昔の子供たちは、お盆が終わるのを待って兄弟で取り合って食べたといわれる。

## ⑥八日堂観音の切山椒

切山椒といえば東京の酉の市の縁起菓子として知られ、この切山椒が鶴岡に伝えられたのは明治期。12月17日の「お観音ハンのお年夜(としや)」（だるま市）に売られるようになり、師走の鶴岡の名物菓子となった。東京のものとは違っているが、材料はもち米を蒸したものに黒、白の砂糖や味噌、山椒の粉を混ぜて搗いた餅で、細く長くそばのように切るので、延命長寿、無病息災を祝う菓子として定着していた。

## ⑦正月のでんちょ

庄内平野の旧平田町では、月遅れの1月9日に大黒様のお年夜(としや)が行われ、この時作られたのが「でんちょ」。もち米の玄米と黒豆をそれぞれよく炒る。水飴、黒砂糖、水を加えて煮詰める。その中に炒った玄米と黒豆を混ぜ合わせ、黄な粉を振ったまな板にのせてかき餅のように切り分ける。これは「殿中(でんちゅう)おこし」ともいわれ、水戸の「吉原殿中」を想像させるお菓子である。

## ⑧婚礼（むかさり）の菓子振舞い

むかさりは婚礼のことで、甘い物が貴重だった時代、婚礼料理の本膳、二の膳の料理をすべて菓子で作り、親類縁者に出すことを「菓子振舞い」といった。時代の変化で遠方から来る客の「おわけ（家族への土産）」に豪華さがあり便利であった。菓子は和菓子の雲平(うんぺい)、煉り切り、桃山、流しものなどの技法を用いた見事なものであった。

東北地方

## 知っておきたい郷土のお菓子

- **稲花餅**（山形市）　蔵王温泉の名物。もち米とうるち米の餅で漉し餡を包み、上部に黄色いもち米が2、3粒のっている。金山町では「いがら餅」。餅は蒸した黄色のもち米で覆われているが両者ササの葉にのっている。
- **時雨の松**（米沢市）　永井屋の銘菓。特産の青畑豆の粉を砂糖と水飴で練り上げた平たい棹菓子で、松の押し模様がある。藩主・上杉鷹山公に献上した際、庭先の松の緑に因んで命名された。
- **乃し梅**（山形市）　佐藤屋の銘菓。山形城主の御殿医が梅の酸を気付け薬にしたことをヒントにしたとも、紅花から紅を取り出すのに梅の酸を利用したのが菓子の起こりともされる。梅をジャム状にして竹皮に挟んだもの。
- **富貴豆**（山形市）　元祖冨貴豆はまめやの名物。青エンドウの薄皮をむいて砂糖で煮た「煮豆」だが、県内では古くから菓子として親しまれている。栄養価も高い。
- **初なすび**（鶴岡市）　大松屋本家の銘菓。「めずらしや　山を出羽の　初なすび」と芭蕉に詠まれた茄子は、特産の小さな民田茄子でこの茄子を風味よく砂糖で漬けたもの。
- **古鏡**（鶴岡市）　木村屋の銘菓。特製の餡に求肥餅を入れた丸い菓子で、出羽三山の一つ羽黒山の「鏡池」から出土した古鏡をかたどったもの。
- **鶴岡駄菓子**　江戸期の庶民は白砂糖が使えず、水飴や黒砂糖。元禄期より300年続く梅津菓子舗では、小麦粉と黒糖を使ったカラカラ煎餅や小豆粉と黒糖の押し物・伝統の狐面や雛菓子が作られている。
- **呉竹**　酒田小松屋の銘菓。日本海産の青海苔を練り込んだ深い色合の羊羹。1908（明治41）年、時の皇太子行啓の際「呉竹」の名が付けられた。雛菓子も人気高い。
- **穴子煎餅**（大江町・左沢）　菓子舗あづまの郷土菓子。左沢は最上舟運で栄えた町で、船着き場のお地蔵様に安全を祈願して供えた菓子。米粉と胡麻の丸い煎餅で真中に穴が開き、イグサで7枚ずつ括ってある。昔は15歳の「お山参り」（出羽三山）の供物でもあった。

# 7 福島県

会津駄菓子

### 地域の特性

東北地方の玄関口にあり、県域は北海道、岩手に次ぐ広さで第3位。県内は3つに分かれ、太平洋側のいわき市を中心とした「浜通り」。夏は涼しく冬は暖かい。「中通り」は福島市や郡山市地方で、空っ風が強く寒い。福島市の一部は豪雪地帯である。「会津」は山に囲まれ降雪量も多く、寒さは厳しい。気候風土の違う3つの地域は、それぞれ3つの顔を持っている。

江戸期の県内には、5街道の1つ「奥州街道（奥州道中）」が通り、日本橋から蝦夷地の箱（函）館を結んでいた。宿場は二十数宿あり、白河、須賀川、郡山は良く知られ参勤交代の大名行列や旅人で賑わい、旅人相手の茶店や土産菓子が発達した。1852（嘉永5）年創業の柏屋本店の薄皮饅頭は、最初郡山・本陣近くの善導寺参道の門前茶屋で売られていた。皮が薄く漉し餡入りの上品な饅頭は、たちまち評判となり、旅人が遠回りしても食べたいという人気であった。須賀川は古くから駄菓子の本場で、「半兵衛おこし」とよばれた固い菓子「かみしめ」は、旅人の携帯食とされていた。

こうした歴史など一掃した東日本大震災。福島県はさらに「原発」という大きな問題も抱えることになってしまった。かつて3地域バラバラだった県民性も、今や一体となって復興に取り組んでいる。

### 地域の歴史・文化とお菓子

## 会津の南蛮文化とお菓子

### ①「レオ」は蒲生氏郷の洗礼名

白虎隊の会津と南蛮文化。なかなか合致しないが、豊臣秀吉の統治時代42万石で会津藩主となった蒲生氏郷。「レオ氏郷」という洗礼名をもつキ

リシタン大名で、会津に数々の功績を残している。

　会津若松は古く「黒川」と称されていたが、故郷近江国蒲生郡の若松の森に因んで改名し、城も7層の天守閣とし「鶴ヶ城」と改め、町づくり、酒造り、漆器、蝋燭など今日の地場産業を発達させた。戊辰戦争まで城内にあった「泰西王侯騎馬図(たいせいおうこうきばず)」（神戸市立博物館）は、洋画の技法で描かれた世界の将軍たちの屏風図で、布教活動に使われたとされ、城下には教会が建ち宣教師や切支丹たちが住んでいた。

### ②豪商・足立仁十郎の役割

　漢方薬の原料となった会津人参は、長崎から中国への貿易品で、それを仕切っていたのが豪商足立仁十郎であった。彼は2年に一度の割合で会津を訪れ、南蛮文化をもたらしたという。

　会津の旧家に残る料理書には「カステラ卵」が記されている。1838（天保9）年の幕府巡見使供応献立にも「カステラ玉子」が登場する。南蛮菓子か料理か謎めいているが、お節料理の「伊達巻」のようなものであった。

### ③かすてあん「会津葵」

　現在の上菓子司会津葵は、江戸時代藩の茶問屋として創業した。会津の南蛮文化や絶えていた南蛮菓子にスポットを当て"カステラ玉子"を土台に洋風和菓子「会津葵」を誕生させた。餡ときめ細かなカステラ生地が見事にマッチしている。菓銘は9代続いた松平家の葵紋に因み、押し文様は藩公の文庫印「会津秘府」を写していた。

## 行事とお菓子

### ①正月の歯固め

　会津地方では正月三が日に「歯が丈夫になるように」と、干し柿、勝栗、木の実、飴を食べる。県下の他の地方でも正月は若水で湯を沸かし神仏にお供えし、干し柿、甘栗、干し芋を食べて湯を飲む。この時会津はみしらず柿、中通りはあんぽ（蜂屋）柿、相馬地方は信濃柿の干し柿を食べる。歯固めの物は昔のお菓子であり、干し柿生産の盛んな福島県下では、砂糖が貴重だった時代、自然の甘さの干し柿は、おやつとして得難いものであった。

### ②団子挿しの「楢(なら)団子」

　団子挿しは1月14日に山から採って来たミズキの枝に、団子をたわわ

に挿して豊作を予知する行事で、只見町周辺では楢の木を選んで挿す。昔、飢饉のとき楢の木だけがたくさんの実をつけ、これを食べて飢えを凌いだ。それ以後楢の木に感謝して団子を挿したという。団子は、あられにして煎って食べる。

③雛まつりの「いらご餅」

いわきや相馬地方では、「いらご餅」といって餡入りの丸い白餅の上に、赤や青、黄に染めて蒸したもち米をのせて供える。子孫繁栄に根付きの浅葱を供える地域もある。

④春彼岸の天ぷら饅頭

揚げ饅頭は会津の郷土料理としても知られる。喜多方地方では彼岸中の仏様のご馳走に、饅頭に衣をつけて油で揚げる天ぷら饅頭を、煮物やおはぎと一緒に供える。県下では干し柿の天ぷらもあり、秋から冬の物日(祝祭日)に作られる。

⑤五月節供のつの巻、ひし巻

つの巻は餡入りのヨモギの草団子を枕型に包んだ笹団子。ひし巻はもち米を三角にしたササの葉に包んで茹でたもので黄な粉で食べる。山ゴボウの葉を入れた笹団子もある。

⑥お月見の「ぬた団子」

旧暦の8月15日は豆名月。喜多方では青豆を茹でてつぶしてぬた(じんだ)にし、まぶして供える。

⑦九月節供の「柿のり」と「しんごろう」

旧暦9月9日の重陽の節供には、浜通り地方で「柿のり」を作る。米の粉に干し柿を細かくさいて混ぜ、水を加えて練った物で、そのままおやつに食べるが、9月節供には氏神様にお神酒、お煮菓子(煮しめを・煮菓子という)とともにお供えする。会津田島地方では新米で「しんごろう」を作る。半搗きにしたご飯を丸め串に刺し、エゴマの甘味噌を塗って焼く。

### 知っておきたい郷土のお菓子

- **小法師**(会津若松市) 正月の初市に売られる起き上がり小法師に因んだ「会津葵」の縁起菓子。小豆餡、白小豆黄身餡で作られた愛らしい菓子で、この小法師は蒲生氏郷が義父信長のダルマ信仰に倣い広めたという。

- **会津駄菓子**（会津若松市） 幕末創業の本家長門屋。藩主から庶民の菓子を依頼され、身近な材料で握りおこし、あんこ玉、だるま飴などを作っている。
- **五郎兵衛飴**（会津若松市） 創業800年という老舗の飴。もち米と麦芽と寒天で作る飴で、源義経一行が平泉落ちの際所望した代金の借証文が残る。
- **椿餅**（会津若松市） 東北に多い柚子の入らない胡桃ゆべしで、もち粉、小麦粉、砂糖、醬油などを練った蒸し物。伊勢屋は蒲生氏郷と伊勢より移った。
- **べろ煎餅**（喜多方市） 喜多方の名物。搗いた餅に黒糖、水飴を混ぜ込みちぎって牛の舌状に作り自然乾燥する。火に炙って家庭で楽しめる煎餅。
- **御豆糖**（喜多方市） 特産の大豆を一晩かけて戻し、黒蜜と黄な粉を何回もまぶし最後に寒梅粉と砂糖で化粧をする。喜多方・老舗鳴海屋の豆菓子。
- **花かつみ**（郡山市） 万葉の幻の花を想起した羊羹。奥の細道で芭蕉も探し歩いた花。大納言小豆の漉し餡と丹波栗の密煮を使っている。郡山三万石の菓子で、ままどおるは代表菓子。他に虎丸長者煎餅がある。
- **家伝ゆべし**（郡山市） 粳米に砂糖を混ぜて一昼夜ねかせ、搗いたゆべし生地に餡を包んで三方をつまみ蒸した物。郡山「かんのや」の名物菓子。
- **薄皮饅頭**（郡山市） 郡山・柏屋の土産菓子。小麦粉に黒糖を混ぜ込むので皮が茶色で文字どおり薄皮。粒と漉し2種の餡がある。隠れた名物ごんさい豆は、儒学者安積艮斎に因み砂糖と黄な粉をまぶした豆菓子。
- **二本松羊羹**（二本松市） 藩主丹羽氏自慢の羊羹で、楢の薪で餡を煉り上げた絶品羊羹。竹皮を剥ぐと昔風に砂糖で覆われている。玉羊羹もある。
- **南湖のそば団子**（白河市） 日本最初の公園とされる南湖の名物団子。白河藩主松平定信はソバの栽培を勧め、天明飢饉にも領民に死者を出さなかった。「湖畔亭」のそば団子は白河そばの歴史を伝えている。
- **烏羽玉**（白河市） 烏羽玉は黒の枕詞。作り方には2種あり、黒餡を寒天で覆ったもの、黒餡を求肥で包み砂糖をまぶしたものがある。白河・

玉家の物は後者で、越後からの伝播か白河藩主松平氏の移封との関係が考えられている。

- **くまたぱん**（須賀川市）　須賀川地方のおやつ菓子。黒糖入りのパン生地で漉し餡を包み焼き上げ、たっぷりの砂糖をまぶす。素朴さと郷愁の菓子。
- **かみしめ**（須賀川市）　1836（天保7）年創業の「かみしめや」の代表菓子。糯を使った堅い駄菓子を、この地方では総じて「かみしめ」といった。当店の初代の名が"半兵衛"といったところから「半兵衛おこし」ともよばれた。須賀川は奥州街道の宿場町で、かみしめは旅人の携行食であったようだ。作り方は蒸したもち米を煎り黒蜜でからめ、黄な粉と水飴を練った薄い皮で巻く。夏は水飴の味が落ちるといい、夏場は作らない。
- **あわまんじゅう**（柳津町）　柳津の虚空蔵さんで知られる圓蔵寺の名物饅頭。災難に遭わないといって粟を原料に作られたが、現在口当たりのよいもち米を使っている。半円形のこの饅頭は、古風な製法で、杯を使って中に餡を入れて包み、1つずつ丁寧に作られている。雪にすっぽり埋まる正月7日には、圓蔵寺で勇壮な「裸祭り」が行われる。

# 8 茨城県

水戸の梅

### 地域の特性

関東地方の北東部に位置し、県域は元常陸国とよばれた全域と、下総国（千葉県）北部にあたる。地形は東に太平洋、北は福島県、西に栃木県、南は利根川を境に埼玉・千葉の両県に隣接している。

琵琶湖に次ぐ我が国2位の湖・霞ヶ浦があり、坂東太郎とよばれる大河・利根川が流れているが、耕地面積は全国2位という広さ。

気候は太平洋側気候で、冬は少雨乾燥で夏は多雨多湿である。全体的には温暖で、南限と北限の作物が多く栽培され、県内のメロンの生産高は全国1位である。

県東部には鹿島臨海工業地帯、南部には筑波研究学園都市があり、時代を先取りする最高の技術開発の拠点となっている。

### 地域の歴史・文化とお菓子

## 水戸徳川家にまつわる菓子

### ①黄門様と助さん、格さんのモデル

「水戸黄門」といえば、徳川家康の孫・水戸2代藩主徳川光圀公のことで、助さん、格さんと世直しの旅を続ける物語が有名だが、光圀が国内漫遊をしたという記録はない。

光圀は「大日本史」編纂という大事業を進めていた。そのチームに佐々介三郎、安積覚兵門という学者がいて、この2人が助さん、格さんのモデルで、彼らが光圀の命で資料収集のため各地を旅していた姿が、後に「漫遊記物」に発展したのではないかとされている。

### ②助さんの越後土産

光圀は藩主を退いた後、1691（元禄4）年から1700（元禄13）年に没するまで、現在の常陸太田市にある「西山荘」で晩年を過ごした。建物は

茅葺き屋根の質素なものだが、ここで『大日本史』編纂の監修を行い、田畑を耕し、領民と親しく交流して暮らしていた。

1693（元禄6）年、助さんこと佐々介三郎は光圀の命で北越（新潟県）地方に視察に出かけた。その際、光圀への土産として持ち帰ったのが「越後の笹団子」で、光圀はその団子をヒントに、毎年端午の節供に荘内のササを自ら刈って「笹饅頭」を作り領民に振る舞ったという。

### ③太田名物・鍋屋の粽

常陸太田には「光圀ゆかりの粽」がある。助さんの越後土産がいつしか土地に根づき、1875（明治8）年創業の鍋屋に、「助さんが越後より伝えた光圀ゆかりの粽」として伝承されている。

鍋屋の粽は漉し餡入りの真っ白な米粉の団子で、熊笹で巻いて藺草で括られている。まさに越後の笹団子と同形だが、越後の団子は餡入りの草団子で、越後で「粽」といえば、もち米をササで包んで蒸したもの。中に餡は入っていない。しかしなぜかこの地では「笹団子」を「粽」とよんでいた。

いろいろと不思議を秘めた郷土の名物だが、西山荘近くには佐々介三郎の住居跡が残され、市内の正宗寺（しょうしゅうじ）にはお墓もある。

### ④水戸9代藩主・斉昭（なりあき）と「吉原殿中（よしわらでんちゅう）」

光圀と同様名藩主とされる斉昭は、徳川最後の将軍・慶喜（よしのぶ）の父である。藩政改革に手腕を発揮し、質素倹約を奨励し、農民の労に感謝していた。斉昭は「農人形」といって青銅製の農民像をつくらせ、毎食膳この人形が抱え持つ笠の中に一箸のご飯を供えたという。

奥女中の吉原は、斉昭が農人形に供えたご飯を集め、乾燥させて炒り、黄な粉をまぶしてお菓子を作った。それが水戸銘菓「吉原殿中」の始まりとされる。

「吉原殿中」とは物々しい名前だが、菓子は至って素朴である。現在のものは、もち米から作ったあられを水飴で固め、丸い棒状にして外側をさらに水飴で練って黄な粉がまぶしてある。熊谷の五家棒と極似である。

### ⑤東北にもある「農人形」と「吉原」

斉昭が考案した農人形は、戦前の水戸の各家庭に木彫りのものであったそうだ。蓑を着て鎌を肩に掛け、坐した農夫の人形で、笠を前で抱えている。この農人形が、東北の農家の蔵からも発見されたという。それは斉昭

の息女が南部藩へ嫁いだ際、嫁入り道具の1つに農人形があって、これが一般にも広がったとされる。

農人形とともに「吉原殿中」のお菓子も伝えられたのか、仙台駄菓子や南部駄菓子の中に、「吉原」というお菓子があるのも興味深い。山形の菓子にも「でんちゅう」や「でんちょ」という名の、似た菓子がある。

### 行事とお菓子

#### ①水戸・梅まつりと梅の菓子

梅で知られる偕楽園は、「民と偕と楽しむ」という趣旨で、1842（天保13）年に9代藩主斉昭によって作られた日本三名園の1つである。約13haの園内に、100種300本の梅が植えられ毎年2月末から3月末に「梅まつり」が開かれる。梅まつりの最初は1896（明治29）年で、上野・水戸間の鉄道開通がきっかけであった。

梅は花を愛でるだけでなく、非常食用の梅干し製造が目的であったが、梅の殺菌性や防腐効果から梅のお菓子も生まれた。

銘菓「水戸の梅」は、赤紫蘇の葉で餡入りの求肥を包んだものだが、赤紫蘇の葉は梅酢漬けであるのが特徴。この菓子の由来は諸説あるが、原形は藩主斉昭ゆかりの幻の菓子「星の梅」ともされ、その後明治20年代（1887～96）に今日のような「水戸の梅」が開発された。なお、水戸の亀印製菓は1852（嘉永4）年創業の漬物商であった。

#### ②剥け節供の小麦饅頭

6月1日は衣替えだが、昔は「剥け節供」「剥けの朔日」「衣脱ぎ朔日」といい、ヘビや人が皮を脱ぐ日とされた。そして「桑畑に入るな」といわれ休養日で、新小麦の粉で「剥け饅頭」を作ったり、この日「皮が白く長く剥けるように」と、うどんを食べる。江戸時代の水戸城下では、小麦饅頭を売り歩く光景がみられたという。

#### ③結城・健田須賀神社の「茹でまんじゅう」

結城紬の織物の町・結城の夏祭りに欠かせないのが「茹でまんじゅう」である。今は「結城名物茹でまんじゅう」として、いつでも和菓子屋で売られ、食べることができる。だが、かつては旧暦6月11～18日に行われた「祇園さん（牛頭天王）」の祭りで、疫病退散のため、家々で新麦の小麦粉を使い作られた。祭りは新暦になって7月21～28日に行われ、最初

の日を「おいで」、終わりの日を「おかえり」といった。「おいで」には神様の乗られた神輿が各家の前を通る時、作られた饅頭を囲み、家族や親類が集まり神様を迎えるのである。「おかえり」にも饅頭を作った。

茹でまんじゅうは、小麦粉を水で捏ね、発酵させずに捏ねた生地で餡を包み、沸騰した鍋や釜の湯の中で茹でる。ハラギレといって餡が飛び出してなかなか上手にいかないので、家で作る時はソーダ饅頭に替わっている。

祭り当日の菓子店の店頭には、神輿がやって来る時間に合わせて予約をしていた人たちが、注文品を受け取るため長い列を作っている。今も昔も神様には、「出来たてほやほや」をお供えする風習は変わっていない。

#### ④お盆のばらっぱ餅

ばらっぱは、サルトリイバラ、山帰来(さんきらい)ともよばれる蔓性の落葉低木で、地方名がたくさんある。昔のクッキングペーパーで、饅頭や餅を包む。県北では盆の14日に搗きたての餅をこの葉に包んで供える。ばらっぱは魔除けともいい、この木の箸は中気除けともいわれる。

### 知っておきたい郷土のお菓子

- **水戸の梅**(水戸市) 水戸の銘菓。品のよい白餡を薄紅色の求餅で包み、さらに蜜漬けした紫蘇の葉でくるんである。紫蘇の香りが味わうほどにふくよかである。水戸の梅菓子の代表格・亀印本舗は、1852(嘉永5)年創業の梅干しなどの漬物商で、2代目が菓子作りを始めた。
- **のし梅**(水戸市) 水戸銘菓の1つ。梅肉に砂糖、寒天を加えてゼリー状に延ばし、短冊に切った2枚の竹皮に薄く挟んだ爽やかな菓子。
- **みやびの梅**(水戸市) 亀印本舗の水戸の現代の梅菓子。青梅を蜜漬けにして白餡で包み、さらに薄緑の求肥でくるんだ銘菓。
- **梅ふくさ**(水戸市) 特製の白餡を赤紫蘇の葉でくるみ、ピンク色の羽二重餅で包んである。梅の香りが漂う上品な逸品。亀印本舗製。
- **吉原殿中**(水戸市) 本文参照
- **大みか饅頭**(日立市) 漉し餡入りの薯蕷(じょうよ)饅頭で日立市の名物。大みかは地名だが、古代を物語る名で「大甕(おおみか)」と書き、神を祀る場所の意か。
- **常陸風土記**(鹿嶋市) 鹿島神宮の御膝元鹿嶋市の丸三老舗の銘菓。粒餡を寒天でゆるく固め、求肥餅を包んだ上品な物で昭和天皇献上の逸品。
- **がままんじゅう**(つくば市) ガマの油売りといえば筑波山が発祥地。

ガマ(蟇蛙<small>ひきかえる</small>)の表情を人形焼き生地で焼き上げた、つくば市沼田屋の名物饅頭。
- **鍋屋の粽**(常陸太田市) 本文参照
- **御前菓子**(常陸太田市) 水戸徳川家2代藩主・徳川光圀公が晩年の10年間に『大日本史』の編纂を行ったのが西山荘。広大な敷地に光圀公が移植した熊野杉が天を覆うばかり。建物は1819(文政2)年の再建だが、敷地内は光圀公時代を偲ばせ、四季折々の風情がある。その西山荘の四季の姿を徳川家15代当主が和菓子に表現したもので、西山荘で販売されている。
- **お菓子博物館**(水戸市) お菓子の歴史に関する資料やお菓子の種類、製法、エピソードなど情報満載のアミューズメント博物館。2階には四季の行事菓子や水戸三公(光圀、斉昭、慶喜)に因む菓子の展示がある。

# 9 栃木県

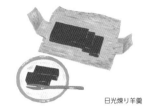
日光煉り羊羹

### 地域の特性

　関東地方の北部に位置し、海のない内陸県である。東部は茨城県、南西部は群馬県と埼玉県、北部は福島県に接している。気候は寒暖の差が大きいが、冷害や雪害等の自然災害は少ない。

　県内の中央を那珂川、鬼怒川、思川が流れ沿岸部はほぼ関東平野の一端で、市街化が進んでいる。

　周囲には八溝山地、那須連山、帝釈山地、足尾山地と険しい山岳地帯があり、日光国立公園や尾瀬国立公園を有し、日光、鬼怒川、塩原、那須など多くの観光地がある。

　何といって日光は、江戸時代より徳川家康を祀った聖地として、近年は「世界遺産日光」として観光客も多く、羊羹をはじめとする日本のお土産菓子のメッカでもある。

### 地域の歴史・文化とお菓子

#### 東照宮がもたらした影響

　1999（平成10）年世界遺産に登録された日光は、東照宮、輪王寺、二荒山神社の2社1寺と周辺の景観地域である。

　昔からの格言に「日光を見ずして結構と言うなかれ」といわれ、「日光」とは江戸幕府を開いた徳川家康の霊廟である東照宮をさしていた。東照宮の創建は1617（元和3）年で、家康自身の遺言により一周忌後、ここに立派な霊廟が作られた。日光は一気に徳川家の聖地となり、江戸幕府の重要拠点となった。

　その後1636（寛永13）年、3代将軍家光により「寛永の大造替」が行われ、現在みるような豪華絢爛な建物となるのである。

　五街道の1つ日光街道も整備され、歴代徳川将軍の「日光社参」や諸大名たちの参詣。朝廷からの「例幣使道」も整備され、一般庶民の参詣も大

盛況となり、日光は一躍観光地となったのである。

### ①日光の煉り羊羹

今も昔も日光名物といえば「湯波（日光は波と書く）」と「煉り羊羹」である。その羊羹を日光で最初に製造販売したのは「綿半」で、創業は1787（天明7）年である。

もともと羊羹は日持ちのしない蒸し羊羹であった。だが、寒天の発見や貴重な砂糖の国産化で、直火で煉り上げる「煉り羊羹」が作られた。その羊羹は、古くは豊臣秀吉の時代に京都で作られた説と、江戸との説がある。江戸では寛政年間（1789〜1801）の初め、日本橋の喜太郎が創案し「喜太郎羊羹」として人気を博した。保存の効く品格のある羊羹は瞬間に全国に伝わったとされる。

### ②江戸で讃えられた「綿半羊羹」

江戸の戯作者・山東京山（京伝の弟）の『蜘蛛の糸巻』（1846〈弘化3〉年）に、羊羹のことが記され「今は諸国にもある中に、日光なるは江戸にまされり」と、「綿半の羊羹」が記されている。

「綿半」の創業は天明で、江戸の「喜太郎羊羹」より数年早いことになる。日光は古代より山岳信仰の霊地として勝道上人に開かれ、修験者や僧侶等によって京文化がもたらされていた。日光湯波が「京湯葉」（京では葉と書く）と関係あるように、煉り羊羹も京都より伝わったのではないかと思われる。

地元の良質の小豆と日光の水のよさが優れた羊羹を作り、江戸から茶人や粋人がわざわざ買いに行くほどであった。

### ③酒まんじゅう

「元祖日光酒饅頭」の湯沢屋も、創業は1804（文化元）年である。自家製の糀からもち米を発酵させその汁で小麦粉を練り、発酵を待って餡を包み蒸し上げる。酒の香りのする老舗まんじゅうは、二百有余年変わらぬ味を伝えている。日光の2社1寺の御用はもとより、大正天皇日光御用邸の御用達としても知られていた。

## 行事とお菓子

### ①正月の水羊羹

水羊羹は、元はお節料理の口取りの料理菓子で、お正月に食べられてい

た。関西では比較的残されている風習だが、関東では日光を中心に食べられ、年末には和菓子屋の店頭に水羊羹がたくさん並ぶ。

　水羊羹は寒い冬こそ上質なものが出来、保存が効かないため冬に作られていた。だが冷蔵庫の普及等で夏の食べ物になったようだ。

　正月に食べる習わしは、上越や会津若松地方にも残されている。

②愛宕さまの夏祭りとバンダイ餅

　平家の落人伝説のある旧栗山村では、木地師といって男たちが山の仮小屋で日光下駄や木杓子、曲げ物などを作っていた。バンダイ餅は、その仕事始めと仕事終いに作って山の神様へお供えした。うるち米のご飯を「板の台」の上で搗いたのでその名があり、串に刺して焼き、くるみ味噌、ジュウネ（エゴマ）味噌、ジンダ（青豆を摺り潰す）などを付ける。他県では五兵餅とよばれる。

　「平家塚」のある川俣の愛宕山神社は、雷神を祀った火伏せの神様で、夏祭り（今は8月）には小豆餡、ジンダ餡、ジュウネ餡をまぶしたバンダイ餅を作り、親類縁者を祭りに招いた。

　このバンダイ餅、郷土菓子として道の駅などでも売られている。

③「ハレの日」の握らないぼた餅

　一般にぼた餅といえば、うるち米ともち米のご飯を半搗きにして俵型に握り、小豆餡やきな粉をまぶしたものである。だが、県内旧西方町や上河内ではご飯を茶碗によそい、その上に甘い粒餡や漉し餡をたっぷりのせる。春秋の彼岸だけでなく、西方町では葬式にもこのぼた餅が作られた。「冠婚葬祭」として葬式は、特別な日「ハレの日」だったのである。この方式のぼた餅は、重箱に詰めるとご飯と餡の2層仕立てになっている。

④羽黒山神社の「梵天祭」と柚子のお菓子

　宇都宮市旧上河内地区の秋祭り（現11月）で、五穀豊穣・無病息災を祈って約15mの大竿の先に赤や黄色の房を付けた梵天を、若者たちが担いで街を練り歩き神社に奉納する。この辺りは柚子の里で、参道の両側には名物の黄色く熟れた柚子を売る露店が数百軒並び、民家の庭先でも売られている。柚子羊羹、柚子まんじゅう、柚子だんごと柚子尽くしの菓子が売られ、柚子は何事にも「融通が効く」といって縁起物とされた。

### 知っておきたい郷土のお菓子

- **友志良賀**(ともしらが)(宇都宮市) 名産の干瓢(かんぴょう)を茹でアク抜きをし、砂糖漬けにした後切って砂糖をまぶす。長寿を讃える「共白髪」に掛けた縁起菓子。光林堂の銘菓。
- **湯波菓子** 日光湯波の製作過程でできる、松の木肌に似た"松皮ゆば"を油で揚げ、砂糖でまぶした現代の菓子。
- **字降松**(かなふりまつ)(足利市) 日本最古の学校・足利学校の庭には読めない字、意味のわからないこと等を、紙に書いて結んでおくと翌日ふり仮名が付いているという松がある。その松に因んだ現代の焼き菓子。
- **釣り天井**(宇都宮市) 宇都宮城の城主を巡る争いで、徳川2代将軍秀忠暗殺計画にまでなった「釣り天井の話」を伝える現代の歴史菓子。
- **宮の餅**(宇都宮市) 宇都宮の愛称"宮"を付けた小口の美しい求肥餅(ぎゅうひもち)で、明治天皇にも献上された銘菓。
- **柿餅**(日光市) 旧今市周辺では干し柿を餅に搗き込むが、旧上河内では皮と種を取った渋柿をドロドロに煮詰め、もち米と大麦の炒った粉(麦こうせん)を加えて臼で搗く。のし餅のようにして食べる。
- **茹でまんじゅう**(足利市一帯) 足利や佐野の菓子店でも売られている。まんじゅう生地に餡を包み蒸さずにたっぷりの湯で茹でたもの。
- **日光煉り羊羹・酒まんじゅう** 本文参照

# 10 群馬県

麦落雁

## 地域の特性

　県の形は「鶴の舞う姿」に譬えられ、関東の北西部に位置し海のない内陸県である。県内には利根川、渡良瀬川の2大河川が流れ、県の南部は関東平野で、気候は夏暑く冬は乾燥して寒い。北部には浅間山や谷川岳の山岳地帯があり、日本海気候で雪や雨が多い。総じて夏は雷が多発し、冬は「空っ風」で有名である。

　山が多く平地が少ないが、江戸期から桑栽培の養蚕が盛んで、製糸業や絹織物が発達した。明治期には海外の紡績技術を導入し「蚕糸王国」となり、1872（明治5）年には官営の富岡製糸場が出来、我が国の近代化に貢献をしたことで2014（平成26）年には世界遺産に登録された。

　農業も盛んで、冬の日照時間の長さ、空っ風と水はけのよさから小麦の生産高は2013（平成25）年で全国4位。関東地方では、埼玉とともに古くから水田裏作として小麦が栽培され、全国有数の「粉食文化圏」である。

　群馬県民のソウルフード「焼きまんじゅう」は、甘辛い味噌ダレを串刺しにした素饅頭に表裏塗り、香ばしくこんがりと焼き上げるもの。県内のお祭りや縁日には、屋台が必ず登場する。

　うどんも好まれ、その消費量は香川県に次いで2位となっている。「水沢うどん」「館林うどん」「桐生うどん」は県内3大うどんの産地で、山梨の「ほうとう」に似た「おっきりこみ」は寒い冬の郷土料理である。

## 地域の歴史・文化とお菓子

### 「毛野国」の麦栽培と菓子

　古代、群馬・栃木の両県は合わせて「毛野国」とよばれていた。後に「上毛野国（上野国）」と「下毛野国（下野国）」に分割され、前者が群馬県で後者が栃木県である。県域は当時とほぼ等しく、今でも群馬県を「上州」「上毛」、栃木県を「野州」と称されている。

この「毛の国」の毛には諸説あるが、二毛作の毛で禾本科植物の稲や麦をさし、古代より穀物の産地であったという説。また、豪族・毛野氏(けぬし)が治めていたという説などがあるが、前者が有力である。

北関東は九州北部とともに二毛作地帯で、不足がちな米の裏作として秋から春にかけて麦が作られてきた。麦は稲より涼しい気候を好む。土地は水はけがよく、冬の日照時間が長いことが適地で、北関東は関東ローム層であることも加え、麦の生育に適していた。

### 城下町と落雁の謎

群馬県は埼玉県同様粉食文化が発達し、館林地方はうどんも有名だが、質のよい大麦が収穫され、それを使ったお菓子「麦落雁」が作られてきた。

落雁は「落雁粉」（もち米を蒸して乾燥させ糒(はい)にし、砕いて炒り粉末にしたもの）これに砂糖を加えて固めたもので、もち米が本筋だが麦や小豆等も使われた。この落雁の原料となる糒は、非常時の食糧となるため戦国時代には城中に大量に備えられていた

つまり糒は兵糧で、これを毎年城中に納めていたのが御用達の菓子屋で、戦がなければ古い糒は払い下げになり、菓子屋はその糒を使って落雁等の菓子を作っていた。城下町に老舗の菓子屋があり、有名な落雁があるのは、茶の湯の菓子として茶人に好まれただけでなく、隠れた歴史があった。

①館林の「麦落雁」

館林は1590（天正18）年、徳川四天王の榊原康正が10万石で館林城主となり、城下町を整備した。麦落雁で知られることとなる三桝屋大越は、この年より以前、現在より430年も前から城中にお菓子を納めていたという。

その後時代は下って、徳川5代将軍綱吉（3代家光の第4子）は将軍になる前、1661（寛文元）年から1680（延宝8）年まで25万石で館林城主を務めていた。館林は格式の高い城下だったのである。

麦落雁が誕生するのは江戸後期の1818（文政元）年頃で、特産の大麦を皮つきのまま焙って粉末にすると、香ばしい麦こがしになる。これに目を付けた与兵衛なる者が、讃岐の「和三盆糖」を併せて固めた打ち菓子「麦落雁」を創製した。

「麦落雁」の独得な形、三つ亀甲紋様は、当時盛んであった歌舞伎と関係があり、初代団十郎は役者でもあり歌舞伎作家でもあってペンネームを

「三桝屋兵庫」といった。兵庫と親交のあった三桝屋大越の先祖が、その三つ亀甲紋をアレンジして六角形の木型に彫り、今日のような打ち菓子が出来たのである。

②伊香保の「湯の花饅頭」（温泉饅頭発祥地）

　全国各地で作られている「温泉まんじゅう」の元祖が、伊香保温泉である。この温泉は鉄分が多く、手拭いが錆色に染まることから茶色の湯の花を黒糖で表した饅頭・湯の花饅頭が、苦心の末に誕生したのは1910（明治43）年のことであった。土地の菓子店・勝月堂の初代・半田勝三が創製者である。

　その後1934（昭和9）年、陸軍特別大演習で群馬に行幸された昭和天皇が、「湯の花饅頭」を大量にお買い上げになられた。それが大評判となり、「湯の花饅頭」は全国的に広まった。そして温泉の色をイメージした茶色の饅頭を「温泉まんじゅう」として、各地で作られ売られるようになったのである。小麦の産地群馬ならではのお土産品となった。

### 行事とお菓子

①伊勢崎の「焼き饅祭」

　群馬県人の郷愁を誘う食べ物「焼きまんじゅう」。県内の上質な小麦を主原料にした餡の入らない素まんじゅうを竹串に刺し、甘味噌を塗ってこんがりと焼いた物。江戸時代から食べられ、今でも祭りや縁日に欠かせない。特に正月の縁起物のダルマ市（初市）に、味噌の焼ける香ばしい匂いが漂う風景は、上州の風物詩である。

　もともと焼きまんじゅうは家庭で作られていたが、前橋の老舗焼き饅頭店の初代・原嶋類蔵が幕末にどぶろく種で饅頭を作り売り出したという。最近、伊勢崎では正月の初市（1月11日）に合わせ、「焼き饅祭」といって伊勢崎神社の神前に直径50cm以上もの大きな饅頭をいくつも供え、神事の後境内で焼いて味噌だれを塗って「福分け」と称して参拝者に振る舞う祭りがある。人気を博し町興しとなっている。

②ごんち（端午の節供）のつとっこ

　多野郡の旧中里村周辺では、端午の節供は1カ月遅れの6月で、この日に「つとっこ」あるいは「かしゃっぱ」というチマキに似たものを作る。一晩水に浸したもち米や小豆などを「かしゃっぱ」とよばれるトチや柏の

葉で包み、シュロの葉を細く裂いた紐で縛り、茹でたり蒸したりする。場所によっては朴の葉で包む。子供たちは、ふくらんだ葉をむいて食べるのが楽しかったという。

面白い名前の「かしゃっぱ」は、クッキングペーパーとなるトチ、朴、柏などを昔は「炊ぐ葉」といっていた名残であろう。「つとっこ」の「つと」は苞で包むという意味。納豆の藁苞はよく知られ、木の葉で包んだ餅ということになる。「つとっこ」の「こ」は接尾語。

## 知っておきたい郷土のお菓子

- **沼田の味噌まんじゅう**（沼田市）　県内焼き饅頭店の草分け的存在・東見屋のもので、饅頭に塗る味噌も甘、辛の2通りがあり饅頭も餡入りがある。
- **鉢の木**（高崎市）　回国巡礼の僧（北条時頼）が、一夜の宿を頼んだところ貧しい家主が鉢の木を焚いてもてなしたという故事による歴史菓子。
- **片原饅頭**（前橋市）　前橋の名物。江戸期からの店は途絶えたが、有志によって復活し「本糀酒饅頭」の味が復元され、ファンを安心させた。
- **旅がらす**（前橋市）　前橋の銘菓。国定忠治を連想させる菓子だが洋風で、クリームをサンドした鉱泉煎餅。老若男女に幅広く愛されている。
- **磯部煎餅**（安中市）　胃腸病に効く磯部温泉の名物。小麦粉を源泉で練り焼き上げたもの。明治初期に作られ、サックリした歯触りは人気高い。
- **まゆごもり**（富岡市）　製糸の町富岡らしい名で、吉野本葛を使った「くず湯」。真っ白な繭の形に作られ、熱湯に溶かしていただく。
- **スバル最中**（太田市）　太田市は富士重工の企業城下町。人気のある車・スバルを最中にしたもので、新車の発売とともに車型が変わる面白い最中。
- **麦落雁**（館林市）　本文参照
- **焼き饅頭**（群馬県下）　本文参照
- **湯の花饅頭**（渋川市）　本文参照

# 11 埼玉県

いがまんじゅう

### 地域の特性

日本列島の海のない内陸県の1つ。関東平野のほぼ中央に位置し、北に利根川、東に江戸川、県の中央部には、秩父山地に源を発した母なる荒川が流れ、南に隣接する東京都から東京湾に注いでいる。

冬は秩父颪が吹き、晴天が続き空気は極端に乾燥する。夏は暑く降水量は少なく、典型的な表日本式内陸型気候である。この風土に適したのが麦栽培で、埼玉の食は麦で支えられ、麦の混ざったご飯は昭和30年代頃まで一般的であった。行事日には、どの家でも小麦粉をふんだんに使った饅頭やうどんが作られ、新麦収穫後のお盆には、「朝饅頭に昼うどん」という言葉が合言葉のように使われ、埼玉県は"粉物県"の横綱級である。

県北地方では今日でも水田の裏作に小麦がつくられ、二毛作が行われている。埼玉県は現在でも麦の主要生産県で、平成26年度の生産量は18,800トンで全国8位（1位は北海道）となっている。

### 地域の歴史・文化とお菓子

## 「小麦饅頭」「草加煎餅」「芋菓子」

### ①二毛作の歴史と麦翁・権田愛三

本庄市の「今井条理遺跡」は、11世紀から13世紀のものでここでは水田と畑地の転換が頻繁に行われていた。つまり二毛作の歴史を伝える遺跡で、埼玉県下ではかなり古くから麦が栽培されていた。

だが、我が国では大麦・小麦を利用し、粉食として食生活に登場するのは、粉挽き臼が開発され、製粉技術が発達する江戸時代中期以降を待たなければならなかった。

その県下の麦の量産に取り組んだのが熊谷の権田愛三（1850～1923）で早春に「麦踏み」をすることと、「二毛作」をすることを農家に伝授し、

良質な麦の収穫量を4～5倍にしたのである。彼は全国各地に技術指導に出向き、人々に"麦翁(ばくおう)"とよばれていた。

②荒川の「船水車(ふなすいしゃ)」

寄居町の「さいたま川の博物館」には、荒川の急流を利用した「船水車」がある。小麦の製粉をするこの船水車は、船上に小屋が設けられ、船の側面では水車が廻り小屋に設置された石臼と連動して製粉や精米ができた。

船水車は川の増水時には移動ができ、流域の人たちに親しまれ、江戸中期頃から、明治、大正、昭和初期まで利用されていた。

③古老の「石焼き餅」の話

旧川本町出身の人によると、子供の頃(戦前)、小麦が収穫されると父親が小麦の俵(たわら)を馬に付け、川本町の荒川の船車(船水車)へ粉挽きに行った。新麦の粉で父親が「石焼き餅」を作って土産に持って来てくれるのが楽しみだったという。その「石焼き餅」というのは、荒川の河原石を焚き火で熱く焼き、その石を捏ねた饅頭の皮で包むと、石がじんわりと、こんがりと素材の小麦粉を焼き上げてくれるのである。

船水車の船頭が、粉挽きの合間に作っていたそうだが、粉挽きに来た人が燃料持参で、子供たちの土産にしていた。新麦の小麦の甘さと、香ばしさが美味しく、子供ながらなんともいえず嬉しかったと語っていた。

石器時代さながらのこの「石焼き餅」は、現在レプリカだが、寄居町の川の博物館に展示されている。

④小麦饅頭のいろいろ

小麦の収穫後には、「炭酸饅頭」「酢饅頭」「茹で饅頭」「いが饅頭」とさまざまな饅頭が作られる。砂糖が貴重だった時代(昭和30年代頃まで)、饅頭の多くは塩餡であった。今でも行田市方面では「塩あんびん」といって、塩餡の大福餅が和菓子店で売られている。

「酢饅頭」は、麹から辛口の甘酒を作りその絞り汁で小麦粉を捏ね、生地の発酵を待って作るもので、夏場に作られる。「炭酸饅頭」は、重層(炭酸水素ナトリウム)で饅頭生地を膨張させるもので、黄色く色づき独得の匂いがする。その他「茹で饅頭」は捏ねた饅頭生地で直接餡を包み、熱湯で茹でる。「いが饅頭」は、餡入りの小麦饅頭を蒸した赤飯の上に並べ、再度蒸して取り出すとき、饅頭をひっくり返して赤飯が全体を包むようになったら出来上がり。もち米の節約が「いが饅頭」であった。

⑤草加煎餅

　東武鉄道の草加駅前には、煎餅を食べる少女の像や煎餅を焼いている「おせんさん」という女性のブロンズ像がある。ここはその名も知られた「草加煎餅」の発祥地で、旧日光街道沿いには草加煎餅店が軒を連ねている。

　草加煎餅の歴史は諸説あるが、江戸の昔旅人相手に団子を売っていた茶店の老婆が、武者修行中のお侍に団子が日持ちしないことを嘆くと、「ならば薄く切って延ばし天日に干し、焼いたらどうか」と教えられた。それが草加煎餅の最初で、この茶店の老婆が駅前の「おせんさん」の像だったのである。最初は塩味で「塩煎餅」とよばれていたが、後に醤油の普及とともに現在の味となった。

　1830（天保元）年刊の『嬉遊笑覧』（百科事典的随筆集）には「塩煎餅」が記されているので、今日のような醤油味の香ばしい煎餅になったのは明治以降のことであろう。草加近辺は良質な米が収穫され、野田醤油の生産地も近くにあり、東京という消費地を控え大いに人気を博した。

⑥五家宝は旅人の携行食

　中山道の熊谷地方には五家宝がある。主原料はもち米、麦芽から作った水飴、大豆で作る黄な粉。熊谷地方も良質の米が収穫され、田の畔には大豆がとれ、水飴の原料となる大麦も生産されていた。

　製法はもち米を餅に搗いてからアラレ状に乾燥させ、蜜でからめ棒状にする。これを芯にして、黄な粉に蜜を加えた生地で巻きあげて切り分ける。腹持ちのよい菓子で、旅人の携行食だったようである。

　由来も多く、①享保年間（1716～36）上野国五箇村（現群馬県千代田町）で作られた、②文化年間（1804～19）武蔵国不動岡（現埼玉県加須市）で作られた、③水戸の人が移住して「吉原殿中」（茨城県参照）を真似た、などがあり、名も「五箇棒」「五嘉宝」とさまざまである。

　江戸後期の狂歌師で御家人の太田南畝が1777（安永6）年、将軍の日光社参に同行した際「「五荷棒」なる菓子はあったが口に合わなかった。しかし、40年後に食べた時は旨くなっていた」と随筆『奴凧』（1821）に記している。

⑦江戸っ子に好まれた川越芋

　川越芋の栽培は1751（寛延4）年に川越藩主・秋元但馬守の奨励で始められた。青木昆陽が、小石川植物園と吹上御所でさつま芋の試植をした

1734（享保19）年から17年後になる。その後江戸で焼き芋が大ヒットするのが寛政の頃（1789～1801）で、この頃焼き芋を通して川越芋の名は有名になった。砂糖が貴重だった時代、さつま芋の甘さは庶民の至福の美味しさで、焼き芋屋のキャッチコピーも「栗（9里）より（4里）うまい13里」（13里〈約52km〉は川越・江戸間の距離でもあった）ということで、「13里」は川越芋の別称であり、大いに江戸で評判をよんだのである。

川越はもとより江戸城の守りとして川越城が築かれ、新河岸川を通じて江戸文化が流入し「小江戸」として発達してきた。

川越藩の御用菓子司で芋菓子の老舗・亀屋の創業は1783（天明3）年と古い。芋菓子になる「紅赤（べにあか）」は、明治の末に改良されたもので芋せんべい「初雁焼き」は、これを薄く切って鉄板で焼き、砂糖蜜を塗って黒ごまを振りかける。川越城は別名「初雁城」といわれ、晩秋には雁が飛んで来て城の上空で3声鳴いて廻ったという。そこから「初雁焼」と名付けられた。落雁には「初雁城」があり、他に芋納豆や芋羊羹など多種ある。

### 行事とお菓子

#### ①初山（はつやま）参りの「小麦饅頭」と「あんころ餅」

「初山」は子供の健康を祈る行事で、利根川流域の富士浅間神社の7月1日のお山開きに行われる。昔は新麦の粉で小麦饅頭を作り、その年生まれた赤子を神社に連れて行き、額に御朱印を貰い足腰達者で富士山に登れるようにと祈った。川越地方は7月13日に神社に参拝の後、あんころ餅と団扇（うちわ）を購入し親戚やご近所に配る。あんころ餅は子供がころころと元気に育ち、団扇は夏の災厄を追い払うという願いが込められていた。

#### ②ケツアブリの小麦饅頭

7月1日（旧6月1日）を嵐山町等では、門口で小麦藁とバカヌカ（脱穀の殻）を燃やし、無病息災を祈って尻を炙り饅頭を食べた。昔、時ならぬ大雪に遭った坂上田村麻呂一行が、龍を退治した帰途、家々の門火で尻を炙り、饅頭を食べて元気になったという。

#### ③天王様の「饅頭講」

小川町地方では「饅頭講」といって、7月14、15日の天王様（八坂神社）に饅頭を作るために、小麦や小豆、砂糖など持ち寄る講があった。同族の5軒ぐらいが集まり、毎年持ち回りで「宿（やど）」をきめて準備をする。饅頭は

1口60個で数口入り、出来上がると嫁いだ娘や親戚に重箱に詰めて配った。20年前より麹を使う酢饅頭になったが、以前は麹の発酵の手間も、重曹を買うお金も要らないですぐできる「茹で饅頭」だったのでたくさん作ったという。材料持ち寄りの「講」は終了したが、饅頭は現在も作られている。

④冠婚葬祭のいがまんじゅう

もち米の節米から作られたというこのまんじゅうは、赤飯で小麦まんじゅうが包まれている。北埼玉の夏祭りや冠婚葬祭のハレの日に作られ、菓子名は全国的で外側の赤飯が栗の「いが」になぞられていた。今では埼玉のB級グルメ。農林水産省の「郷土料理百選」の1つである。

### 知っておきたい郷土のお菓子

- 四里餅(しり)(飯能市)　明治期創業・大里屋の名物餅。名栗川上流の良質な杉・西川材を江戸へ運ぶ筏師たちが、この餅で四里の急流を尻餅もつかずに難所を乗り切ったという逸話がある。漉し餡、粒餡2種の小判型の大福餅。
- 味噌つけまんじゅう　起源は西川材を運んだ筏師の弁当で、餡入り酒まんじゅうを串に刺して両面焼き、甘味噌だれを塗ったもの。
- 一里飴(おごせ)(越生町)　住吉製菓の名物飴。昔は梅の蜜を使っていたが、現在は蜂蜜。大粒の飴で口に入れ1里(約4km)歩いても溶けないという。
- 塩餡びん(北埼玉一帯)　びんは餅のこと。塩餡の大福で北埼玉地方の名物。砂糖が貴重だった時代を偲ばせるもので、現在はこの大福餅に砂糖をつけて食べるのが習わしとなっている。
- えびし(秩父地方)　秩父は柚子の産地。えびしは「柚べし」で柚子の皮、砂糖、醤油、ごま、落花生などを小麦粉で練り込み蒸したもの。昔の婚礼料理の口取り。砂糖を味噌に替えると戦国時代の保存食となる。
- さつま団子　さつま芋の切干しを砕いて粉にし、団子に丸めて蒸し、黄な粉で食べる。狭山茶の摘み取りや人寄せのおやつに作った。
- 十万石まんじゅう　十万石ふくさやの銘菓。忍城(十万石)をイメージにした現代の菓子。漉し餡を包んだ俵型の真っ白な薯蕷(じょうよ)饅頭。
- 白鷺宝(はくろほう)(さいたま市)　菓匠花見の銘菓。野田の鷺山の水辺にたたずむ鷺の姿をイメージに創製された菓子で、黄身餡を包んだミルク仕立ての

白くまろやかな現代の菓子。
- **菓子屋横丁の菓子**　川越の有名なスポット。明治初期より駄菓子を作り関東大震災後は下町の菓子問屋が移住。元は「飴屋横丁」だったが、今は十数軒芋アイス、麩菓子、カルメ焼き、ニッキやハッカの飴などが売られ、環境省の「かおり風景100選」に選定されている。

# 12 千葉県

鯛せんべい

## 地域の特性

千葉県は関東地方の南東部、東京都の東側に位置し、太平洋に突き出した房総半島がほぼ県域である。県北は関東平野の一部で、利根川や江戸川沿いの低地と下総台地からなっている。房総半島も中央部は丘陵地帯だが、県内には海抜500m以上の高地がないという特殊性があり、広大な可住地と長大な海岸線を併せ持っている。

千葉県は古く安房、上総、下総3国からなっていた。古代に阿波国から人が渡り住み、良質な麻がとれたところを総（麻の古語）の国とした。都に近い順に上総、下総とし、安房は阿波の国に由来している。

気候は海洋性で温暖。冬暖かく夏は涼しい。房総沖には黒潮が流れ南房総は冬でもほとんど霜が降りない。

東京湾沿岸には広大な埋め立て地が広がり、東京ディズニーランドや石油化学コンビナート、製鉄所が林立する京葉工業地域がある。農漁業も盛んで、落花生日本一の生産地である。

## 地域の歴史・文化とお菓子

### ①銚子の醤油と「ぬれ煎餅」

銚子は利根川河口の町で、沖合では黒潮と親潮がぶつかる好漁場の漁民の町である。醤油が最初に造られたのは1616（元和2）年、土地の豪農田中玄蕃による。次いで1700（元禄10）年紀州より移住した溝口義兵衛の2軒で、銚子の醤油造りが発展した。

この地が醤油醸造に適していたのは、関東平野の良質な大豆（常陸）、小麦（下総、武蔵）、塩（行徳）が江戸川と利根川の水運によって入手できたこと。さらにこの水運を利用し、醤油を江戸市中に移送できたことであった。江戸後期には醤油業者が20軒もあり、現在も我が国5大メーカー中ヒゲタ醤油・ヤマサ醤油の2社がある。

② 「ぬれ煎餅」誕生秘話

銚子は醤油とともに米の産地で、古くから煎餅が作られていた。市内の米菓店柏屋2代目横山芳巳は1960（昭和35）年頃、醤油だれをつけたままのぬれ煎餅を「おまけ」として配っていたが、評判がよく1963（昭和38）年に商品名を「ぬれせん」として売り出し人気を博した。

平成に入り各企業も製造を開始した。廃線寸前だった銚子電鉄を、大手米菓会社が「銚電のぬれ煎餅」として商品化し、ぬれ煎餅ブームを起こして銚電を救い、ぬれ煎餅を銚子名物として普及させた。

③ 野田の醤油と羊羹

野田地方は、県の北西部にある。利根川（東）と江戸川（西）に挟まれ江戸期には水運に恵まれ、この地で醤油造りが開始されたのは1661（寛文元）年で、高梨兵左衛門家による。その後茂木七左衛門家が加わり19軒が醤油づくりとなった。

野田は銚子同様に原料が入手しやすく、かつ江戸に近いことから幕末には銚子を抜いて関東一の醤油産地となった。「世界の調味料・キッコーマン」は野田醤油で、野田は我が国1位の醤油産地となった。

この野田の醤油を菓子にと、生まれたのが「醤油羊羹　御用蔵」である。喜久屋菓子店2代目石塚次生の考案で、試行錯誤の末、白餡の羊羹に野田の最高級の醤油を香りづけに入れた。現代の菓子ながら郷土の特色を生かした逸品である。

## 行事とお菓子

① 「紐解き」の汁粉振舞い

「紐解き」は11月15日頃に行う九十九里地方の行事で、「七五三」に通じ、7歳になると男女とも「紐解き子の祝い」といって、お汁粉をたくさん作って隣近所の大人も子供もよんで振る舞った。紐解き子が長男長女の場合、昔は婚礼のように招待者にお膳や折詰を用意した。この儀式は幼い子の着物の付け紐を取り、初めて帯を結ぶ儀式で、県内には古くからあり、現在も「七五三行事」として盛大に行われている。

② 田植えの「焼き米」

苗代に播いた種籾の残りを乾燥させ、焙烙等で炒り、冷めてから臼で搗いて籾殻を除くと焼き米ができる。砂糖をまぶしたり、砂糖醤油をからめ

て食べる。田植えのおやつになった。

③祝儀、不祝儀の「重箱ぼた餅」

船橋市飯山満のぼた餅は握らず重箱に詰める。お祝いには重箱の底に餡を敷きつめ、潰したもちご飯、さらに餡の3層で、不祝儀には底に餡のない2層仕立て。食べるときは人数分に取り分ける。握らないぼた餅は、栃木、茨城県内にもある。

## 知っておきたい郷土のお菓子

- **鯛せんべい**（南房総一帯） 日蓮上人誕生3奇瑞の1つ「鯛の浦」伝説に因んだ鯛型の堅めの瓦煎餅。芥子の実は鱗、独得の曲がりは跳ねるタイをイメージしている。日本3大朝市の「勝浦」では、お母さんの手づくりの鯛せんべいが売られている。

- **初夢漬け**（匝瑳市） 鶴泉堂は1781（天明元）年創業の老舗。「初夢漬け」は、正月には欠かせない縁起のよい茄子の砂糖漬けで創業時から作っている。秋茄子をさっと茹でて皮をむき、灰汁抜きをしてシロップで煮込む。これらの工程を何度も繰り返し、茄子の水分が抜け、芯まで糖蜜がしみ込むまで約1カ月くらい漬けこむ。その後たっぷりの上白糖をまぶして出来上がる。菓銘は初夢の1富士2鷹3茄子に因んでいる。

- **落花生煎餅**（匝瑳市） 坂本総本店は江戸末期の創業である。1911（明治44）年、大正天皇が皇太子として旧八日市場の当地方を行啓された際、特産の落花生を使った菓子を献上しようと創製された。落花生を細かく刻んで小麦粉生地に加え、鉄板に流して焼いた煎餅で、すり蜜を両面に塗った風味のよい名品である。

- **びわ羊羹**（南房総市） 南無谷は房州びわの産地で、長崎の茂木びわと並び称される。びわ羊羹は初夏に収穫したびわを、砂糖と一緒に煮詰めジャム状にし、白餡に練り込んだもの。金木清兵衛商店は明治末の創業以来びわ羊羹を作り続け、房州土産として定着させた。

- **後藤のだんご**（成田市） 後藤屋は成田山新勝寺の門前に、1845（弘化2）年に創業した。だんごの材料の米粉は、上質米を仕入れ自家製粉して作る。甘辛い醤油だれにもこだわり、「後藤のだんご」とよばれ親しまれている。

- **米屋の栗羊羹**（成田市） 羊羹で知られる米屋は、最初成田山新勝寺の

門前町で米穀を扱う米屋であった。創業者の諸岡長蔵が新勝寺の精進料理の栗むし羊羹をヒントに、最初の「栗羊羹」を創製した。以来100有余年、成田山土産として知られている。店舗の裏手に「成田羊羹資料館」がある。

# 13 東京都

麦落雁

### 地域の特性

日本列島の太平洋側、東京湾に面した関東平野に位置し、日本国の首都である。古く武蔵国とよばれ、地域としては東京23区部、多摩26市部、島嶼部の伊豆諸島・小笠原諸島の3地域からなっている。区部では旧江戸城（皇居）を基準に「城西」「城北」「城東」「城南」とよび分けられ、国会、中央官庁など国の中枢を占める千代田、中央、港の3区を都心とよぶこともある。

江戸の頃をみると、武家地、寺社地、町人地がある。さらに山の手地区、下町地区とあり、下町には日本橋・神田地区、上野・浅草地区、隅田川の東部本所・深川地区と個性ある町があった。そこには生業に基づく生活文化が生まれ、江戸文化を構成していた。近代都市となった東京だが、菓子文化にはまだ、江戸の庶民文化が息づいている。

### 地域の歴史・文化とお菓子

## 一茶の句に見る江戸の菓子と民俗

### ①一茶の生い立ち

江戸後期の俳人小林一茶（1763～1827）は、信州信濃の人ながら35年間も江戸に暮らしていた。一茶は3歳で実母が早世し、継母との折り合いが悪く15歳で江戸に出る。10年間の消息は不明だが、25歳頃俳人の二六庵竹阿に師事して頭角を現していた。

一茶の句といえば「雀の子　そこのけそこのけ　お馬が通る」と、幼い頃の経験から滲み出た優しさが読者に感動を与えてくれる。その一方、貧乏暮らしを売り物にした俳諧師であった。「家無しも　江戸の元日　したりけり」「煎餅の　ような布団も　我が家哉」の句がある。

②一茶の江戸暮らし

　一茶の生活圏は下町だった。主に隅田川の東部"葛飾"とよばれた地域で、浮世絵師の葛飾北斎はこの地の本所生まれであった。「我が庵　江戸の辰巳ぞ　むら尾花」とあり江戸の辰巳は東南方向で深川をさし、一茶は42、3歳の頃本所五ツ目（現江東区大島や相生町）に住んでいた。この辺りは飲み水の水質が悪く「水屋」から水を買っており「一文の　水も馬にも　呑ませけり」の句がある。一文は今の約20円ぐらいで、馬も人も買った水を飲んでいるといった一茶の句には、江戸庶民の暮らしぶりが生き生きと詠まれている。

③江戸の夏の風物詩「冷水(ひやみず)売り」と年寄りの冷(ひ)や水

　現代のように冷蔵庫や自動販売機がない時代、江戸の町には夏になると「ひゃっこい、ひゃっこい」と売り声を上げ、冷水の入った水桶を担いで売りに来た。「水売りや　声ばかりでも　冷っこい」「水売りの　今来た顔や　愛宕山(あたごやま)」「月影や　夜も水売る　日本橋」と、一茶に詠まれた「冷水売り」は、掘り抜き井戸や瀧水の清水を真鍮(しんちゅう)や錫(すず)の碗に白砂糖と寒晒粉（白玉粉）の小さな団子を入れて客に出した。1碗4文（約80円）で、希望で砂糖をもっと足すと8文や12文になった（式亭三馬の『浮世風呂』に「冷水売り」の面白いやり取りが描かれている）。

　白砂糖も冷水も貴重だった時代に、口触りのよい白玉団子の入った1碗は特別なスイーツだったようだ。

　幕末の百科事典『守貞漫稿』（喜田川守貞著、1853〈嘉永6〉年頃完成）によると京・大坂では「砂糖水売り」とよんでいた。白玉団子なし冷水と白砂糖のみで1碗6文。黒砂糖は安かったが白砂糖は高級品だったので、冷たさプラス上品な甘さの砂糖水は夏のご馳走だった。しかし、江戸ではただの冷や水も売っており、江戸っ子はこれを飲むのが「粋」であった。錫製の碗は余計に冷たく、一気飲みをするが、年寄りが粋がって飲むと腹を壊した。「年寄りの冷や水」とはここから生まれた（因みに江戸では「水売り」と「水屋」は別の商売で、水屋は生活の水を売り歩いた。歌舞伎の団十郎の演じるのは前者で、落語の「水屋の富」は後者である）。

④江戸の飴細工の歴史と「和鋏(わばさみ)」

　「梅咲くや　飴の鶯　口を明(あ)」「春風や　鳴き出しさうに　飴の鳥」と一茶の詠んだ「飴の鶯」「飴の鳥」は、晒し飴（水飴の水分を除いて白くし

た飴）を巧みな技で動物などを形づくる飴細工のことで、江戸時代から昭和初期頃まで主に鳥を細工していたので「飴の鳥」とよばれていた。ストロー状（昔は葦）の棒の先に水飴を丸めて付け、息を吹き入れるとたちまち可愛い鳥が作られ、和鋏でチョキンと嘴を付けると出来上がり。子供にも大人にも喜ばれる大道芸である。この飴細工は、意外にも「たたら製鉄法」による和鋏の普及と関係していた。

飴細工は平安時代の京都で、中国から渡って来た飴職人が東寺建立の際、お供え用として作ったのが最初とされる。その後京都に住んだ彼らが、お多福飴（江戸の金太郎飴）などの細工飴を作り京都の町で売り歩いていた。江戸に伝わったのは江戸時代前期とされる。

「飴の鳥」が定着したのは、1746（延享3）年に飴売りの口上で「さあさあ子供衆、買うたり買うたり、飴の鳥じゃ飴の鳥……」と浄瑠璃で演じられたのがきっかけであった。また飴細工に必要な和鋏が、天秤ふいごの考案で量産されたのも要因で、各地で飴細工が広まり、一茶の活躍する化政期（文化・文政期：1804～30）頃には、全盛期を迎えていた。

### ⑤江戸の草餅と関西の蓬餅（よもぎ）

「けふの日や　庵の小草も　餅につく」「草餅に　いつか来て居る　小蝶哉」「人形の　口へつけるや　草の餅」。一茶には草餅の句が多く、この一連の草餅は雛節供の草餅と思われ、3首目は幼子の様子がよくわかる。関東の草餅はモチグサとよばれ「モグサヨモギ」を使ったもので、春先の若葉を摘んで灰汁抜きをして餅に搗き込む。この草はキク科の多年草で、「燃え草」といって乾燥させるとお灸のモグサになり、香りが強いことから邪気を祓うものとされてきた。

関西では平安時代から草餅には母子草（ほうこぐさ）が使われ「ほうこ餅」とよんでいた。母子草は春の七草のゴギョウで、別名「モチヨモギ」。足利時代以降草餅は、関東の「モグサヨモギ」全盛時代を迎えるが、「草餅」とは決してよばず「蓬餅（よもぎもち）」である。訛っても「ヨゴミ餅」で、これは母子草への愛着なのだろうか（草餅については第Ⅰ部参照）。

### ⑥嘉定（かじょう）喰い和菓子の日

「子のぶんを　母いただくや　嘉定喰ひ」と一茶に詠まれた「嘉定喰ひ」は、江戸時代に宮中から民間まで陰暦6月16日に行われた行事で、この日16個の菓子や餅を神に供えて食べると疫病を祓うとされた。菓子は無

言で食べる習わしだが、家族皆で食べるので、食べる人を笑わせようとおどけた仕草で挑戦する。それを乗り越え笑わず無言で食べ終わると、1年中の厄難が免れるとされた。

　この日、江戸幕府では御目見以上に将軍から菓子を賜う式があり「嘉定頂戴」といわれ、庶民は16文で16種類入った袋菓子を買い「嘉定喰い」を楽しんだ。

　嘉定（祥）喰いの起源は平安前期に遡る。仁明天皇の承和年代（1834～47）に、諸国に旱魃や疫病が蔓延し人々が苦しんだ。天皇は年号を「嘉祥」と改元し、この年の6月16日に16種類の菓子を神前に供え人々の健康を祈願された。そのため「嘉祥」とも書く。また鎌倉中期の後嵯峨天皇（1243～46）が、即位前の6月16日に宋の嘉定銭16文で食物を買い整えたからともされる。「嘉定通宝」に由来し「嘉通」を「勝つ」とし、「かつうの祝い」ともよんだ。

　現代では1979（昭和54）年全国菓子協会が、6月16日を記念し「嘉定の日」「和菓子の日」とし、和菓子を食べて災いを祓い福を招く日とされている。

### 行事とお菓子

#### ①目黒安養寺の涅槃会「やしょうま」

　お釈迦様の入滅した2月15日を「涅槃会」といい、各寺院では本堂に「涅槃図」を飾り法要が行われる。「やしょうま」はこの日に作る供物で、米粉の団子を細長い棒状にし3本の箸で形作り蒸して「お釈迦様のお骨」といってお供えする。東京では珍しく、安養院で米粉だけの白、黒胡麻、青海苔入りの3種が作られる。切り分けて参拝者に授与され、炙っていただくと無病息災とされる。「やしょうま」は主に北信州で作られ、北陸地方では「団子撒き」といい薄く切り、米粉製の小さな動物と一緒に本堂で撒かれる（「長野県」「石川県」の項を参照）。

#### ②品川千躰荒神の「釜おこし」

　荒神様といえば台所や竈の神様として知られ、火と水を守りかつてはどこの家でも祀っていた。品川・海雲寺境内の千躰荒神堂の大祭は、毎年3月と11月の27、8日の両日で、参詣者は家の荒神様の小さなお宮を持参し、新しいお札をいただいて護摩火で清め、また大事に持ち帰る。この時

口をきいたり、寄り道したり後ろを振り返ったりせず帰るのが仕来たりであった。荒神祭の縁起物は「荒神松」と「釜おこし」。おこしは蓋のある羽釜の形をした小さなもので、「身上を起こす」といって縁起がよく、家族の人数分を買い求める。

③江戸の富士信仰と「駒込のお富士さん」

　7月1日は富士山の山開き。昔は旧暦6月1日で「富士詣」といった。富士山を信仰する富士講の先達の指導で登拝する信仰行事で、江戸っ子は富士山が大好きだったので、江戸の町の各所に富士権現（浅間神社）が分祀され、境内に「富士塚」（ミニ富士）が造られた。浅草富士、十条富士、駒込富士などあり、山開きには白装束で参拝する風が盛んであった。駒込富士は「駒込のお富士さん」と親しまれ、元は本郷にあったがこの地に移り、ここは大麦の産地だったので麦藁を利用し「麦藁蛇」が作られた。雨を降らせる竜神伝説に因んだお守りで、台所に飾って水や火の災い除けにした。江戸の郷土玩具としても知られ、縁起菓子の落雁は、大麦の粉と砂糖で雪を冠った富士山を表した素朴な菓子である。浅草富士は植木市が有名で、今でもここで買う植木はよく根付くといわれる。

④芝神明宮のだらだら祭りと千木箱（千木筥）

　江戸・東京を代表する秋祭りで、期間も9月11～21日の11日間と「だらだら長い祭礼期間」でその名がある。別名「生姜祭」ともいわれ、門前に初物の葉付き生姜の市が立った。この祭りの縁起物が「千木箱」で、箱は小判型の簡単な曲げ物容器だが、色鮮やかに藤の花が描かれ『守貞漫稿』によると江戸後期には箱の中に飴が入っていて、参拝客は千木箱の飴と生姜を上産にしたとある。もっと昔は鮨が入っていたようだ。藤の花を鮨にかざすと長持ちするといわれ、藤が描かれているのはそういう謂れだった。

　現在は小さな箱が3段重ねになって藁で括られている。中に2、3粒の煎り豆が入り振ると音がする。明治期には煎り豆や砂糖豆が入り、天井に吊るして雷除けにした。千木箱は芝浦の漁師の弁当箱"チゲ箱"という説もある。この神社では「太々餅」（餡ころ餅）も有名であった。

⑤あきる野市・二宮神社の「牛の舌餅」

　毎年9月9日は二宮神社の秋の例大祭で、この祭りも別名「生姜祭」。本家の芝神明の生姜市は下火となったが、こちらは大変な賑わいで祭礼当日には神社の境内や参道には葉付きの生姜が山ほど積まれて大勢の参拝客

が買い求めている。生姜は厄除けとされこれを食べると無病息災、風邪を引かないとされていた。さらにこの祭りには、古来から「葉根付き生姜」「子持ち里芋」「牛の舌餅」という3種の特殊神饌が奉納される。「葉根付き生姜」と「子持ちの里芋」は生姜も里芋も子供がたくさんできるので子孫繁栄が願われた。「牛の舌餅」は、長さ30cmで1kgもある楕円形の餅で、3枚重ねて神前に供える。こちらも命長かれと延命の意味があった。

「牛の舌餅」は、今は神社近くの和菓子屋さんが作っていて、神饌の牛の舌餅を模して、上新粉に砂糖を加えた「すあま」製で売られている。

⑥東京の七五三祝いの「千歳飴」

3歳の男女児、5歳の男児、7歳の女児の成長を祝う七五三は、今では全国的だが、もともと東京を中心に周辺地域での行事であった。古くは宮中や公家、武士の間で「髪置き、袴着、帯解き」と称されていたが、江戸中期以降庶民の間にも浸透した。今日のような華美を競い合う子供たちのお祝い行事は、昭和も戦後の高度成長期以降である。子供の成長を祝う千歳飴は、浅草の飴屋七兵衛が江戸の中頃売り出したとされ最初は「千年飴」「長寿飴」とよばれていた。

⑦酉の市の「切山椒」

甘いしん粉餅のすあまに山椒をまぜ、着色して長方形に切った「切山椒」は正月の菓子でもある。だが、11月の酉の日に立つ浅草・鷲神社の酉の市には、「三縁起」といってお金や福を掻き込む「熊手」、人の頭になるようにと蒸した「八つ頭の芋」、そして「切山椒」が売られ、山椒の薬効からこれを食べると風邪を引かないとされる。

### 知っておきたい郷土のお菓子

- **虎屋羊羹**　室町後期京都で創業。1869（明治2）年東京遷都で御所御用の菓子司として東京に進出。高級和菓子の老舗で羊羹は代表格。昭和初期に虎屋羊羹1本の値段で一流ホテルに泊まれたという。黒糖を使った羊羹「おもかげ」は関東人好みとして定着した。元は「虎屋饅頭」が有名。赤坂・本店には虎屋ギャラリーがあり、ユニークな企画展を行っている。
- **越後屋若狭**　1765（明和2）年創業。江戸の武家御用菓子屋の伝統を伝え現在も両国で受注後に作る手法を守り、茶席菓子や水羊羹は絶品であ

る。
- **塩瀬饅頭**　饅頭の始祖林浄因は室町時代前期に、奈良で餡入り饅頭を最初に創製。創業660年の老舗。大和芋を使った薯蕷饅頭が特色で、薄皮で大納言の小豆餡を包んだ本饅頭は兜饅頭といわれ、1575（天正３）年長篠の合戦の際、家康出陣の際に献上したという故事が伝わる。
- **羽二重団子**　創業1819（文政２）年。「搗き抜き」という手法で作られたキメ細かな串団子。醤油と漉し餡の２種があり、「芋坂の団子」と漱石にも愛された。
- **言問団子**　明治初年創業の老舗。在原業平の歌に因んだ名物団子で串はなく都鳥の絵皿に漉し餡、白餡、味噌餡（鶯色）の３種が盛られる。
- **長命寺桜餅**　創業1717（享保２）年。向島・長命寺門前の名物餅。初代・山本新六が墨堤の桜葉を塩漬けにして餡餅を包んだのが最初。その後、小麦粉生地を薄く焼いて餡を包み、関東風桜餅の元祖となる。
- **船橋屋葛餅**　亀戸天神の名物餅。近辺は江戸の頃、藤や梅の名所で遊山客で賑わった。小麦粉澱粉を精製したくず餅は、黄な粉と黒蜜でいただく。
- **梅鉢屋**　江戸の砂糖漬・野菜菓子の技法を守る向島の名店。謡曲『隅田川』の梅若伝説や芭蕉の高弟宝井箕角の「夕立」に因んだ菓子がある。
- **高木屋草団子**　寅さんで有名な柴又帝釈天の名物団子。周辺は武州の米所で春には家々で草団子を作りそれを参拝客に商ったのが最初。
- **松屋の飴**　環境庁の「音100選」に選ばれた松屋の飴切音頭は「寄ってけ、買ってけ」とリズミカルに包丁を叩いて心地よい。セキトメ飴、あんこ飴等がある。
- **雷おこし**　浅草常盤堂の製品。江戸中期に雷門建立記念に売り出され人気を博した。大阪の「岩おこし」とは異なり、うるち米と糯で作った唐菓子形のやわらかな「おこし」。
- **うさぎやどら焼**　1913（大正２）年創業の人気商品。茹で小豆のようなやわらかい粒餡とレンゲの蜂蜜入りの焼き皮が自慢。他に喜作最中がある。上野本店の屋根には、兎の置き物があり、お客さまを迎えてくれる。
- **空也最中**　焼き色の最中皮に大納言餡が挟まれた瓢箪形の銀座銘菓。初代が関東空也衆だったことから、瓢箪は空也念仏の際に使う道具で、それをヒントに創製された。季節限定だが黄味餡の「黄味瓢」も味わい深

い。
- **木村屋餡パン**　イースト菌ではなく酒酵母使用の日本初の餡パン。130余年前木村安兵衛、英三郎が開発し、銀座で初めて売り出した。
- **梅花亭**　幕末嘉永年間創業。長崎帰りの蘭学者の話をヒントに釜を使った焼き菓子「亜墨利加饅頭(あめりかまんじゅう)」や1枚皮の「銅鑼焼」など焼き菓子を創製。
- **長門屋**　8代将軍吉宗の頃からの御用商人。ケシの実を振った大きな瓦煎餅風の「松風」は一子相伝で、切羊羹も名高く日本橋の江戸風菓子の名店。

# 14 神奈川県

首つなぎのぼたもち

### 地域の特性

関東平野の南西部に位置する。北は東京都に接し首都圏の一角をなし、東に東京湾南は相模湾に面している。西側に山梨、静岡両県があり、県域は元相模国全域と武蔵国の一部で、気候は温暖である。

人口は約900万人。東京都に次ぐ第2位で、横浜、川崎は大都市の顔をもつ一方、このエリアは京浜工業地帯にあり、県内は地域により多種多様な顔がある。北西部には、「神奈川の屋根」といわれる箱根や丹沢山塊がある。箱根は富士箱根伊豆国立公園に属し、湯河原とともに有名な温泉地。丹沢方面には県立公園も多く、鎌倉は歴史の都、横浜は港町・中華街、小田原は旧東海道の宿場町と観光地も豊富で、平成25年度の県内観光客数は、約1億8,000万人と過去最高であった。

横浜もよいが、やはり鎌倉は歴史に彩られたさまざまな物語がある。日蓮上人1人取り上げてもドラマがあり、そこにお菓子が関係しており、歴史散歩をしながら、当地のお菓子を堪能したいものである。

### 地域の歴史・文化とお菓子

## 日蓮上人とゆかりの菓子

#### ①日蓮上人と胡麻のぼた餅

鎌倉・比企ヶ谷に通称「ぼた餅寺」とよばれる常栄寺がある。日蓮宗の開祖日蓮は、独自の強い主張から何度も迫害され、1271（文永8）年9月12日、斬首の刑で龍ノ口刑場へ引き立てられた。途中、日蓮の身を案じた信者の老尼が、急だったので握り飯に胡麻をまぶしたぼた餅を鍋蓋にのせて差し上げた。日蓮は尼に篤く礼を述べてそれを食べられたそうだ。

#### ②奇跡を招いた「桟敷の尼」のぼた餅

やがて日蓮が刑場に連れ出され、あわや斬首というその時雷鳴が轟き、

処刑は取り止めとなり、日蓮は法難を免れたのである。

奇跡を願った老尼は「桟敷の尼」といい、常栄寺のところに屋敷があったという。常栄寺では、以来「頸つぎのぼた餅」「難除けぼた餅」といわれ、740年後の今でも毎年9月12日に胡麻のぼた餅を作り信者に振る舞い、祖師像のある片瀬の龍口寺にお供えしている。

常栄寺には老尼の墓があり、「桟敷の尼」とは、この地の山に頼朝が桟敷（展望台）を設けたことによっていた。

③龍口寺のぼた餅撒き

龍ノ口の処刑場跡に建つ龍口寺では、日蓮法難の聖跡として毎年9月11～12日に大法要が営まれる。寺では「桟敷の尼」の胡麻のぼた餅の故事に因み、12日早朝から講中の人たちがうちわ太鼓とお題目に合わせて餅を搗き、全国から集まる参詣者のためにたくさんの胡麻のぼた餅を作る。出来上がったぼた餅は本堂の宝前に供えられ、法要の終わった後、本堂に集まった参詣者に盛大に撒かれる。

龍口寺の近くにはもう一つの「ぼた餅寺」がある。法源寺で、この寺は「桟敷の尼」の実家の菩提寺で、尼の木像があり、近年まで尼がぼた餅をのせた鍋蓋があったという。

この日の胡麻のぼた餅は、「延命のぼた餅」「ご難除けのぼた餅」とよばれ、さまざまな災難から逃れる効力があると信じられていた。

④日蓮上人の「角なしさざえ」伝説と最中

1253（建長5）年5月、日蓮は布教のため房州の西海岸から船出し鎌倉へ向かったが、途中時化に遭い、船底の穴から海水が入って来てしまった。だが、お題目を唱えると何と大きなアワビが船底を塞いで守ってくれたという。その後横須賀の海岸に着いたが、遠浅で船が着岸できず困っていると、1人の漁師が日蓮を背負い道案内をしてくれた。ところが、さざえの角で足を傷つけてしまった。日蓮は親切な漁師を憐れみ、人々がさざえの角で怪我をしないように祈禱をすると以後、浜で獲れるさざえには角がなくなったという。

この郷土の伝説をもとに作られたお菓子が、「角なしさざえ最中」。横須賀市のさかくら総本家の商品で、形も愛らしく柚子餡、漉し餡、粒餡等あり心温まる郷土菓子である。

角なしさざえは、本当は波の静かな内湾では、角がないのが普通だそう

である。

### 行事とお菓子

#### ①4月8日の「草の花だんご」

県内で「草の花」とはヨモギのことで、4月8日の花祭り（お釈迦様の誕生日）や、神社の春祭りに米の粉で「草の花団子」を作る。

草の花は、葉先や芯のやわらかい部分を熱湯で茹でる。この時椿の葉を5、6枚入れて茹でると灰汁が取れ色よく茹でられ、これを水に取り細かに刻んで摺り鉢で摺る。蒸しておいた米粉の団子を加えてよく混ぜ、緑色の団子にする。砂糖の入った黄な粉や小豆餡でまぶし、春の香りを楽しむ。

#### ②半夏生の焼きもち

半夏生は、夏至（6月21日頃）から11日目の7月2日頃から、七夕（7月7日）までの5日間をいい、田植えをこの頃までに終わらせるなど農事の目安とする。

県の西北端に位置する旧藤野町（現相模原市）では「半夏生焼きもち」を作る。焼きもちといっても収穫したばかりの小麦を使って饅頭の皮を作り、そら豆や小豆の餡を包んで焙烙で焼いたり、囲炉裏の灰の中で焼いたりする。この日には「半夏生じいさんが好物の焼もちを喰いに来る」といい伝え、神棚に供えて家族みんなで食べる。

またこの日には畑に入らない。「昔、半夏生じいさんが小麦を刈ったまま死んでいた」からだという。この半夏生には全国的に働くことを忌んだり、ハゲンという妖怪が出没する伝説があり、この日は休養せよという昔の人のシグナルだったようだ。

#### ③婚礼の落着

「落着」はぼた餅のことで、県下各地の婚礼の祝い膳には、皿からはみ出るような大きな小豆餡のぼた餅を2つのせた。嫁さんがしっかり根づき、落ち着くようにとの願いが込められていた。

### 知っておきたい郷土のお菓子

- ういろう（小田原市）　ういろうは名古屋が有名だが「外郎」と書き中国の苦い薬。室町初期に陳宗敬が伝え、口直しに出した蒸し菓子がその名となる。子孫が北条早雲に招かれ小田原に移住。今も薬と菓子が売ら

れている。
- 甘露梅（かんろばい）（小田原市）　小田原銘菓。小豆の練り餡を薄紅色の求肥で包み、梅酢漬けの赤紫蘇の葉でくるむ。梅の産地同士「水戸の梅」と似ている。
- 箱根湯もち（箱根町）　白玉粉と砂糖を練り込んだ餅生地に、羊羹を切り入れ、柚子の香りを加え、竹皮で包んである。なめらかな餅は、まさに湯につかったやわ肌を思わせる。箱根の代表銘菓。
- きび餅（湯河原町）　湯河原温泉の名物。白玉粉ときび粉を混ぜて蒸し、餅にして黄な粉をまぶす。夏目漱石や島崎藤村など文化人に愛された。
- 西行饅頭（さいぎょうまんじゅう）（大磯町）　大磯は西行ゆかりの地。漉し餡を包んだ黒糖入りの皮は渋い茶色で西行の焼印に趣がある。吉田茂にも好まれたという。
- 煙草煎餅（秦野市）　葉煙草の形をした瓦煎餅。秦野市は古くより葉煙草の産地だったので、明治期にその歴史を後世にと創製された。
- 羽二重餅（藤沢市）　江の島周辺はかつて桑畑があり、製糸工場があった。繭を象った漉し餡の入った羽二重餅は、往時を偲ばせる「辰巳屋」の銘菓。
- 権五郎力餅（ごんごろう）（鎌倉市）　創業300年の老舗の餅。八幡太郎義家に従った鎌倉権五郎景政の武勇を伝えるために創製された。福面まんじゅうは、景政の命日9月18日の"面掛け行列"に因んだ10種の面のカステラ風饅頭。
- 段葛（だんかずら）（鎌倉市）　豊島屋の銘菓。鶴岡八幡宮の参道に一段高い道があり、そこを段葛といい、黒糖羊羹を入れた玄米粉の打菓子で表している。鶴岡八幡宮の鳩に因んだ鳩サブレー・小鳩豆楽は同店の代表菓子である。
- 季節の和菓子・こまき（鎌倉市）　1日に1種類の上生菓子だけを作る貴重な店。北鎌倉の駅近くにあって店内からは円覚寺の庭が眺められる。冬は「峰の雪」春は「桜餅」と、ファンが待ち兼ねる鎌倉の名店である。
- シュウマイ饅頭（横浜市）　煉り羊羹で知られる「みの屋本店」の"横浜風和菓子"。胡桃を練り込んだ白餡を、薄い饅頭生地で包み、真中のグリーンピースは練り切りで出来ている。シューマイそっくりな和菓子。
- 芭蕉（横浜市）　「はせを」は芭蕉のことで、彼の俳句の境地を菓子に表わした「松むら」の銘菓。黒糖入りの漉し餡を小麦粉等の饅頭生地で包んだ焼き菓子。芭蕉の落款（らっかん）を写した焼印のみが押されたシンプルな意匠である。

- **久寿餅**（川崎市）　川崎大師名物。小麦粉澱粉を水で練り蒸した餅。黒蜜と黄な粉を掛けて食べる。門前には土産物屋とともに十数軒の店がある。
- **角なしさざえ最中**　本文参照
- **懐かし博物館**（横浜市）　横浜の歯科医院の一角にある私設博物館。昭和を思い出させる駄菓子屋グッズ、お菓子のパッケージ、生活グッズ、玩具など数万点が展示されている。見学は要予約。

# 15 新潟県

笹団子

### 地域の特性

本州のやや中央部日本海に面し、長い海岸線が弧を描くようにつづいている。向かいに佐渡があり、粟島がある。県土の7割は特別豪雪地帯で、冬は寒く、夏は蒸し暑い高温多湿型の気候である。

かつての越後国と佐渡国からなり「越佐」とよばれ、地域区分としては上越(上越市地方)、中越(長岡市地方)、下越(新潟市地方・粟島)、佐渡(佐渡市地方)の4地域になる。我が国最大の大河・信濃川が越後平野を潤して日本海へ注ぎ、沿岸の住民は氾濫で苦しめられた川だが、長年の治水工事と米の品種改良によって新潟県は、日本一の銘柄米「コシヒカリ」の産地となった。

米の旨いところには美味しい菓子も誕生。"日本三大銘菓"の1つ「越乃雪」が作られ、越後の生んだ偉大な僧・良寛さんが晩年菓子屋に所望した「白雪糕」そして名物の「笹団子」「柿の種」と、すべて米から出来ている。現代においても「家庭から米菓が消えたことがない」とまでいわれ、新潟県民は大のお菓子好きである。

### 地域の歴史・文化とお菓子

## 良寛さんと越後の菓子

### ①良寛さんは甘党だった

我が国の「国民的アイドル」ともいえる良寛さん(1758〜1831)は、出雲崎生まれの江戸後期の禅僧で歌人、書家と、多才な人であった。諸国行脚の後、国上山の五合庵で子供や里人を友として暮らした。

　　　この里に　手鞠つきつつ　子供らと　遊ぶ春日は　暮れずともよし

の歌はよく知られ、良寛さんの慈愛に満ちた眼差しが感じられる。

良寛さんはお酒も煙草も好まれたが、お菓子は金平糖、粟飴、羊羹、白

雪糕、落雁とかなりの甘党であった。良寛さんは菓子屋とのつき合いも多く、新潟の飴屋万蔵には5枚もの「御水あめ所」の看板を書かされ、今も残る1枚は見事で黒漆に金泥で書かれている。

② 「白雪糕少々御恵みを……」

「清貧の人」良寛さんは、73歳で他界するが体調を崩した晩年、滋養に富むとされた「白雪糕」を「白雪羔（糕）少々御恵たまわりたく候　以上　十一月四日　菓子屋三十郎殿　良寛」という内容の、手紙が3通ほどある。先のものは1830（文政13）年で、この1年後に良寛さんは鬼籍に入るが、他の手紙も同じ頃で、身体も衰弱していたのか、みようによっては筆跡もたどたどしく感じられる。彼が切望した「白雪糕」とはどんなお菓子だったのだろうか。

③ 白雪糕と「ちちの粉」

室町期の『節用集』にも載る古い菓子で、江戸期の『物類称呼』によると仙台名物の塩釜のようで、「さんぎ菓子」とよばれていた。しかし、ある時期より白雪糕は姿も製法も消えてしまうのである。

そもそも「糕」は「粉餅」の意で、中国では「糕乾」というと、米粉と砂糖で作り、乳不足の幼児に与えたという。我が国でも江戸時代に白雪糕は薬屋で売られ、母乳の代用としてお湯で溶いて飲ませた。諺にも「白雪糕泣きやむねね様」とあり、川柳にも「七人目　白雪糕で　育て上げ」とあり、「ちちの粉」とよばれていた。

④ 謎の多い白雪糕

白雪糕は江戸中期の百科辞典『和漢三才図会』に、短冊形に切った菓子の挿絵があり、これが前述の「さんぎ菓子」で、算木は占い用の短い木の角柱のことであった。製法はうるち米ともち米の粉を等分に入れ、炒った山芋の粉、蓮の実、鬼蓮の実などの漢方薬や白砂糖を加えて混ぜ、蒸してから乾燥させるとある。同じ製法が明代の医書にあって、これを食べると元気が出て、疲れがとれ、下痢の人は飯の代わりに食べるとよいとある。白雪糕は薬用として用いられていた。一方、砂糖など材料を吟味した白雪糕は高級な菓子で、「口中に含めば舌上に消えること雪の如し」と絶賛されていた。

⑤ 白雪糕と落雁

白雪糕は生のうるち米の粉に砂糖を混ぜて「枠」などの型に入れ、蒸し

て乾燥させていた。落雁は、最初から熱処理をした落雁粉を使っていた。つまり落雁は澱粉をα化したもので、白雪糕は生のβ澱粉を使うので蒸すことが必須だった。落雁は賞味期限が長くなり、日持ちのしない白雪糕は、いつしか落雁にとって替わられていた。

新潟には粉菓子という分野があり、天神様に供える鯛や雛菓子の類で、味甚粉(みじんこ)(餅を白焼きして粉砕したもの)と砂糖を使った押し物。落雁とは違う半生菓子で、さらに上等な部類には三条の「庭砂糕(ていさこう)」や長岡の「越乃雪」がある。

#### ⑥良寛さんおこのみの白雪糕

先に良寛さんが白雪糕を所望した菓子屋三十郎は、出雲崎の人であった。出雲崎では1930(昭和5)年、良寛さんの100回忌に白雪糕を復元した。その菓子店が創業130年余の大黒屋で、口伝を元に『和漢三才図会』を参考に作られた。短冊形の白い清楚な菓子である。出雲崎は良寛さんのふる里で、生家跡には良寛堂が立ち、佐渡を見守る大きな背中の良寛さんの座像が印象的である。

#### ⑦「鍋蓋落雁」と「月の兎」

ある時良寛さんは、友人宅の庭で一心に仕事をする桶屋の姿に感動し、傍らの杉の鍋蓋に「心月輪」の3文字を書き留めたという。その書は神品(しんぴん)とされ、誇りに思った出雲崎の人たちが記念に「鍋蓋落雁」を作った。大黒屋製である。さらにお薦めは良寛さんの長歌「月の兎」から創製した焼き菓子。これは猿と狐と兎の悲しい物語で、貧しい翁に変身した神様に、猿と狐は気転を働かせ美味しい物を運んで来るのに、兎は何の働きもできず落ちこんでいたある日、猿に薪を拾わせ狐がそれを燃やすと、兎は「我が身を焼いて食らひ給ふべし……」と火の中に身を投じたのであった。翁は嘆き悲しみ、兎の亡きがらを抱いて月の宮に葬ったのである。月に住むという兎は、この時の健気な兎だった。良寛さんは、涙にぬれつつこの長歌を書いたといわれる。

#### ⑧良寛さんゆかりの菓子

「炊くほどは　風が持て来る　落ち葉かな」。これは良寛さんの名句で、この句に因んだ「たくほど」という菓子がある。燕市の米納津屋の焼き菓子で、金時芋の自然な甘さが生きている。県内には良寛さんゆかりの菓子が各地にあり、探してみるのも楽しく、良寛さんの逸話も味わってみよう。

### 行事とお菓子

#### ①小正月の「まい玉」飾りの「田植え」と「稲刈り」

長岡地方では「繭玉」を「まい玉」とよぶ。今日では行う家も少なくなったが、正月15日のこの行事は稲の予祝行事で、鉄製の焼き型で作られた餅種のタイや米俵の縁起物をミズキの枝に下げ、一緒に餅を丸めた餅花なども飾る。この作業を「田植え」といい、しまうのを「稲刈り」といった。餅花は家によってはお汁粉に入れたり、天神様、涅槃会、お雛様の時にアラレにして食べた。

#### ②天神様の祝い菓子

県下では天神信仰が盛んで、菅原道真(菅公)の命日は旧暦2月25日だが、全県的には旧暦の1月25日を中心に各家庭や、地域で天神様の掛け軸や像などを飾り祝う。長岡市北部から新潟市にかけては、「天神様菓子」として金花糖や粉菓子、生菓子の天神像や鯛、松竹梅など縁起物の菓子が売られ、家々では一家の繁栄を祈りお供えする。子供の初節供にも天神様の縁起菓子は祝われる。

柏崎地方の一部では、天神様は「歳神様」で、暮れにお迎えし「鮭の一鰭(ひれいち)」や鏡餅、お節料理などを供え、1月25日に送る。

#### ③十日町の「チンコロ市」と中越地区・柏崎の「インノコ朔日(ついたち)」

チンコロとインノコは、米の粉で作る3cmほどの「犬の子」のこと。チンコロ市は節季市(せっきいち)といわれ、十日町の年始行事で1月の10日、15日、20日、25日の市に、生活雑貨類とともに手作りのチンコロが売られる。

「インノコ朔日」は2月1日の行事で、どちらもうるち米の粉を蒸して練り上げ、犬の他に干支の動物を模して彩色して作る。昔は窓や戸口の桟に置いて盗難除けとした。犬の子は、乾燥してひび割れが多いほど幸運が舞い込むといわれる。柏崎の米山地区では2月9日の山の神の日を「インコロシ」といって、犬の子を小豆粥に入れて供え、焼いて食べたという。かつてこの犬の子は、2月15日の涅槃会(お釈迦様の命日)まで置き、子供たちに撒いて与えたという。現在は、涅槃会の団子撒きは月遅れで行うので、独立した行事となっている(「石川県」の項参照)。

#### ④村上のお雛菓子と佐渡の「やせごま」と「型団子」

サケで有名な村上では雛飾りが盛んで、「町家の人形様巡り」といって

各家の雛人形を見て歩く行事がある。雛段には、金花糖や粉菓子の立派なタイやエビなど豪華に飾る。土地柄「桜鱒」やサケの切り身の粉菓子も供えられる。

前後するが佐渡の涅槃会には「やせごま」を作る。甘い米粉の練り生地を彩色し、花や動物をイメージして各パーツを棒状にして、巻寿司のように束ねて作ると、金太郎飴のように切っても切っても同じ模様の団子ができる。北前船の影響か、青森県の下北半島では同じものを「べごもち」とよんでいる。

また、雛祭りの「型団子」は同様の生地を木型に押して作る。中に餡が入り椿の葉にのせて蒸した物である。名古屋地方には「おこしもの」とよぶ同じ蒸し物があるが、一説には名古屋方面から伝わったとされる。

⑤夏祭りの笹団子と笹粽

笹団子はササの葉が育つ初夏の物で、月遅れの端午の節供や田植え仕舞いの祝いや夏祭り、柏崎地方では、新潟3大高市（縁日）とよばれる閻魔市（6月15〜17日）に合わせて作られる。柏崎では閻魔市以前は乾燥のササを使い、閻魔市に初めて新ササを使う。笹団子には生地にヨモギが練り込まれ、所によっては山ゴボウの葉を使い、小豆餡が包まれている。粽はササをロート状にして洗ったもち米を包み、スゲでくくり茹で、冷やして黄な粉で食べる。ササは殺菌と保存性がある。

⑥12月1日の「川浸り餅」

水神に供える餅やおはぎのこと。これを食べると水難に遭わぬとされ、上杉謙信の川中島の戦いの戦勝と武勇をかさね、川を渡る前に餅を食べた。旧高田市内では、この餅を早朝売り歩く風習がある。

## 知っておきたい郷土のお菓子

- **越乃雪**（長岡市）　江戸後期創業の長岡藩御用達・大和屋の銘菓。越後産もち米の寒晒粉と蜜分が少量残る阿波和三盆糖を合わせ土地の湿度に馴染ませて精製する押し物菓子。菓銘は第9代藩主・牧野忠精の命名とされる。

- **飴もなか**（長岡市）　長命堂が知られる。餡の代わりに水飴を入れた最中で、皮が湿気ることなくあっさりとしている。自家製の米飴を入れる店もある。

- **大手饅頭**（長岡市）　紅屋重正の名物饅頭。地元銘酒「吉乃川」の酒種を使った酒饅頭で、黒糖製の餡が包まれている。紅屋は江戸後期に長岡城大手門前に飴屋として創業した。紅白の大手饅頭は、祝い事に欠かせない。
- **米百俵**(こめひゃっぴょう)（長岡市）　樋口屋（米百俵本舗）が作る小さな俵型の打ち物。戊辰戦争後の窮状を救おうと支藩より贈られた百俵の米を、藩政を預かる小林虎三郎によって売却され、学校創設資金になったという謂れの菓子。
- **翁飴**(おきなあめ)（上越市）　旧高田町の大杉屋惣兵衛の銘菓。創業は安土桃山時代の1592（文禄5）年という。飴に寒天を加えた四角い半透明の飴餅で、別名を翁餅といった。「天上大風」は良寛の書の焼印が入った麩焼煎餅。「六華」は15種の雪花紋の打ち物菓子である。
- **粟の古代飴**（上越市）　創業江戸前期の旧高田町の高橋孫左衛門商店の名物飴。最初はもち粟で作っていたが、江戸後期にはもち米で作り、十返舎一九の『金草鞋』(かねのわらじ)にはもち米製の粟飴が記されている。最近創業時の粟飴が復刻された。一口大の練飴を挟んだ越後の笹飴は有名である。
- **継続団子**(けいぞく)（上越市）　三野屋の名物団子。白餡の団子を平たく串に刺し、表面を焼いて寒天で艶をつけてある。林芙美子の『放浪記』に記されている。
- **くろ羊かん・網代焼**(あじろ)（柏崎市）　新野屋の名物菓子。黒糖を使った羊羹はコクがあり県内でも人気高い。「網代焼」は、海老粉と濃いめの醤油味が後を引く小さな魚形煎餅で、間食やおつまみに親しまれる。
- **ゆべし**（新潟市・糸魚川市）　旧巻町福井の本間屋製は「越後ゆべ」。柚子ともち米、砂糖を合わせて蒸したもの。「糸魚川ゆべし」は京屋本家製で、特に「御ゆべし」と称する。糸魚川には加賀藩参勤交代の際の本陣があり、加賀前田家は将軍家へ京屋のゆべしを献上品とした。将軍が大層気に入られたため「御」の字が付けられている。もち米に砂糖と生柚子、味噌を練り込み竹皮に挟んで蒸し上げたもの。地元では冠婚葬祭の椀種（吸物用）に使われる。京屋は仏壇店で、創業400年という別の顔もある。
- **はっか糖**（南魚沼市）　はっか（薄荷）は山地に自生するシソ科の多年草で、旧塩沢町では300年も前からハッカ油を蒸留して薬用としていた。

上杉謙信に献上した際、芳香のよさが疲れを癒すと広く宣伝された。はっか糖は、大正期に作られ、ハッカ脳に砂糖、水飴を加えて煮詰め、冷却して成形する。

- **庭砂糕**（三条市）　松坂屋が作る白雪糕の流れを引く銘菓。佐渡に流された順徳帝を偲ぶという美しい菓子「都わすれ」がある。天神さまの粉菓子やこの地方に多い半月形の「中華まんじゅう」も作る。
- **初もみじ**（三条市）　吉文字屋の「かりん羹」で、江戸後期創業のこの店の裏庭にかりんの木があり、当時もこの実を菓子にしていた。良寛さんの手紙に同じ三条にあった三浦屋の「かりん漬け」のことが記され、県内には良寛さんゆかりの菓子店が多い。
- **澤根団子**（佐渡市）　佐渡名物の団子で、旧佐和田町で作られる餡の包まれた小さな団子。金山で栄えた江戸期から知られ「沢根通れば団子がまねく」と佐渡おけさに歌われた。「しまや」「池田菓子舗」などの店で販売。

# 16 富山県

ひとひら桜（薄氷）

### 地域の特性

本州の中央北部に位置し、三方を立山連峰など急峻な山々に囲まれている。富山湾を抱くように富山平野があり、富山市を中心に半径50kmというコンパクトな地形である。県内は東部西部と区分され、富山平野の呉羽丘陵を境に、東を呉東、西を呉西とよばれる区分とほぼ一致している。奈良時代は越中国で、万葉の歌人大伴家持が国守として赴任し、在任5年間で200余首の歌を残した。国府のあった高岡には、家持ゆかりの場所や家持に因む菓子があり興味深い。

越中といえば、「反魂丹」などの薬の行商販売が知られる。富山藩の売薬商法は幕末、北前船を利用して北海道の昆布を薩摩、長州、琉球経由で中国へ輸出していた。そのことは昆布の消費量の多い、富山と沖縄の食生活が物語っていた。

### 地域の歴史・文化とお菓子

## 大伴家持と「越中万葉菓」

### ①家持と万葉のふるさと

万葉の歌人・大伴家持が、越中の国守として赴任したのは746（天平18）年。北陸の野山に女郎花の初花が咲く頃であった。家持29歳、それから5年後の751（天平勝宝3）年の34歳まで彼は国司を務め、赴任中詠んだ歌は万葉集にあるだけでも223首にのぼっていた。

当時の越中の国府は、現在の高岡市伏木付近で、国守館は旧伏木測候所付近にあったとされる。高岡市は今、市民総出で「万葉のふるさとづくり」に取り組んでいる。市内の菓子店は、古くより家持万葉を題材に菓子を作る習わしがあり、一段と町を盛り上げている。

## ②歌枕の地「有磯海」

　家持の歌に詠まれる「奈呉の浦」は、富山湾一帯を指すが、射水市旧放生津潟（富山湾岸）付近の古い地名である。また高岡市太田地区の雨晴海岸（女岩）付近は、富山湾の彼方に立山連峰が望める絶景の海岸で、「有磯海」とよばれ歌枕の地であった。「かからむと　かねて知りせば　越の海の　荒磯の波も　みせましものを」と、都からの弟の訃報を聞き家持が詠んだ歌で、荒磯の海（有磯海）の美しさを、早世した弟に一度見せてやりたかった、と偲んでいた。

## ③家持・芭蕉・「江出の月」

　家持から約930年後、『奥の細道』でこの地を訪れた芭蕉は「早稲の香や分け入る右は有磯海」の名句を残した。さらに160年後の安政年間（1854～59）、越中銘菓「江出の月」が生まれる。江出の月本舗志乃原の3代目・三郎平が、有磯の海に遊び、小波に漂うように照り映える満月に心ひかれ「江出の月」が創製された。この菓子は、月影を思わせる淡青色の薄い最中皮2枚の間に、手亡（インゲン豆）の白味噌餡がはさまれ、表面に糖蜜で小波が表されている。「有磯海（女岩）」は2014（平成26）年、国指定の名勝となった。

## ④立山の雪と堅香子の花

　「立山に　降り置ける雪を　常夏に　見れども飽かず　神からなし」と、家持に詠まれた立山は、1年を通して雪を頂く神々しい山である。この歌に因む菓子が大野屋の「とこなつ」で、大正時代に創製された。備中白小豆餡に米飴を少量入れ求肥で包み、雪に見立てて和三盆糖を振りかけている。菓子は小ぶりだが「とこなつ」は別名撫子の古名で、その愛らしさを表現していた。

　大野屋は1838（天保9）年創業の老舗で、高岡の蔵造りの商家が並ぶ山町筋にある。店の「かたかごもなか」は家持の歌「もののふの　八十おとめらが　抱みまがふ　寺井のうえの　堅香子の花」に因んでおり、堅香子は片栗の花で、泉で水を汲む初々しい乙女たちと可憐に咲く薄紫の片栗の花を表していた。

## ⑤万葉の梅園

　「梅の花　咲き散る園に我ゆかむ　君が使ひを　片待ちがてら」は家持の歌だが、心躍る乙女の恋心を詠んでいる。この歌を菓子にしたのが引網

香月堂の3代目で、昭和の後期に考案されたもの。小梅が白餡と求肥で包まれ、甘酸っぱさが一層恋の予感を感じさせる。

⑥射水市の「雄鷹」

家持は無類の「鷹狩」好きであった。鷹狩は鷹匠に訓練された鷹が鳥を捕る狩りで、射水平野の小杉辺りで行われていた。彼は「大黒」という名の蒼（雄）鷹を入手し可愛がっていたが、知人に貸したところ逃げられてしまい、その鷹への未練いっぱいの長歌がある。その鷹は矢形の尾をもった素晴らしい鷹だった。射水市の斗斗庵二俣屋の「雄鷹」は、家持の鷹への思いを最中に仕立てている。大納言・白小豆2色の餡と、焼皮の矢羽が風格をみせている。

家持は、都にはない北陸の風土に感動し200余首もの歌を残した。彼の人生において越中時代こそ、最も輝きを放った時代であった。

### 行事とお菓子

①在郷の正月と「べっこ」

かつて2月1日を在郷の正月といい、御馳走を作って祝った。「べっこ」はその1つの寒天寄せで、煮溶かした寒天に米のとぎ汁や青色粉を加え、砂糖、塩で味をつけ富士山の型に流し込んで固めた。

②百姓の正月と「小豆ぞろ」

2月15～17日を百姓の正月といって、農家ではゆっくり休む。15日は「小豆ぞろ」というお汁粉を作るが、田植えの代掻きの土が軟らかくならないように汁を固めに作る。この日は「女正月」ともいい、嫁さんの"ちょうはい"（里帰り）があり、ゆっくり休む。"ちょうはい戻り"にはたくさんの餅や饅頭をお土産に持ち帰った。

なお、県下では婚礼後、嫁が実家へ里帰りすることを「ちょうはい」といい、婚家に戻ることを「ちょうはい戻り」という。嫁の実家と婚家の間は密接で、嫁の里では事あるごとに「つけとどけ」といって餅や饅頭など豊富に作って婚家へ届ける。昔から「娘3人もつと身上が潰れる」、また「臼の乾く間がない」といわれていた。今日でも盛大なのは「歳暮ブリ」で、嫁いで2～3年間暮れには歳暮として嫁さんの里から婚家へブリ1尾が贈られる。富山の婚姻の特徴は、嫁方の負担が大きいことである。

③天神様祝い

　北陸では正月に天神さまを迎える行事があり、富山市周辺では1月31日に迎え、床の間に天神様の掛け軸を掛け、2月25日まで飾る。22、23日頃、まいだま（赤青白のあられ）を炒ってお供えする。掛け軸は男児が誕生すると嫁の里から贈られ、雛祭りには、女児に雛人形が贈られる。

④6月1日の炒り菓子盆

　農家の休日。正月に搗いたこる餅（賽の目に切った寒餅）や、黒豆を炒り砂糖や飴で混ぜ合わせ、炒り菓子を作る。この日は氷の朔日（ついたち）といって堅いものを食べる日で、娘の婚家にも届けた。

⑤針せんぼ（千本＝歳暮）の生菓子（なまがし）

　12月8日は折れた縫い針を生菓子に刺し供養する。生菓子は赤緑黄白4色の餡入りの平たい餅で、重箱に詰められ嫁の里から届けられ、婚家では近所に配る。いんがら饅頭といって餡餅の表面に飯粒をまぶした餅を作る所もある。

⑥弘法様の「小豆ずる（汁）」（あずき）（ほうえ）

　12月23日の弘法様の法会に作る小豆汁。弘法様は足が悪く、擂り粉木のようになっておられたので弘法様の足に見立て、棒状にした米の団子をぶつ切りにして小豆汁に入れる。その時小豆で団子を隠すようにする。これを「弘法様のあとかくし」とよんでいた。

## 知っておきたい郷土のお菓子

- **甘酒饅頭**（富山市）　安永年間（1772〜81）創業の竹林堂の名物饅頭。甘酒で自然発酵させたもので、6月1日の日枝神社の祭礼に「朔日饅頭」として祝って食べる。平たくやや大ぶりの饅頭の上面に竹の焼き印が押してある。
- **月世界**（つきせかい）（富山市）　1897（明治30）年創業の月世界本舗の富山銘菓。メレンゲ状の卵と砂糖と寒天を合わせ、流し固めた後、立方体に切り分け乾燥させる。立山の山稜の淡い月影をイメージしたモダンな菓子。
- **杢目羊羹**（もくめようかん）（富山市）　1865（慶応元）年創業の鈴木亭の富山銘菓。初代岩城茂助が、白隠元と小豆で立山の年輪を羊羹で表したもの。初代は江戸の菓子司「鈴木越後」で修業し、江戸煉羊羹の技法を今にまで伝えている。

- **おわら玉天**（富山市）　林盛堂などが作る越中八尾(やつお)銘菓。砂糖と寒天に卵白を合わせた淡雪羹に、黄卵の衣を着せ鉄板で焼き上げ。菓名のおわらは「越中おわら節」からで、富山の代表的祭り「おわら風の盆」は、毎年９月１～３日に初秋の八尾の町を風情たっぷりに踊り明かす祭りである。
- **しろえびせんべい**（県内各地）　「富山湾の宝石」とよばれ、富山でしか獲れないという身が透き通った白えび入りのうるち米煎餅。１尾そのままの姿で焼かれているものもある。
- **薄氷**(うすごおり)（富山市）　江戸中期創業の五郎丸屋の銘菓。５代目八左衛門が水溜りの割れた氷の形に魅せられ創製された。もち米を使った薄種煎餅を、割れ氷の形にして和三盆蜜をかけたもの。風雅な菓子で加賀藩前田家の献上菓子でもあった。四季に合わせ桜や蛍に変化させる趣向も素晴らしい。
- **ぎんなん餅**（氷見市）　1872（明治５）年創業のおがやの氷見銘菓。皮を剥いた銀杏を摺りつぶし、その絞り汁をこして求肥に混ぜた翡翠色の餅。個別包装の敷紙に、万葉の里らしく越中守(えっちゅうのかみ)だった大伴家持の歌が記されている。
- **糸巻御所落雁**（南砺市）　江戸後期創業の河内屋菓子舗の銘菓。"食べる文化財"といわれる古風な菓子で、室町中期本願寺８世蓮如上人の北国下りに随従した京の者が、井波の瑞泉寺で落雁を作ったのが最初。河内屋はその流れである。もち米から作るいら粉と阿波和三盆の蜜とを合わせ木型に詰めるが、その木型に糸巻の模様があるのでその名がある。
- **千代の梅**（南砺市）　創業明治末期の福野・朝山精華堂の銘菓。指先でつまむほどの小さな薄紅色の求肥の中に、白い有平糖の粒が入る珍しい菓子で、約200年前から作られている。俳人「加賀の千代女」の命名と伝えられる。
- **栃餅**（南砺市）　五箇山で親しまれる独特の風味の餅。アクを抜いた栃の実をもち米と一緒に蒸し臼で搗き上げる。餡を包んだり、のし餅にする。
- **黒部の水団子**（黒部市）　生地(いくじ)は、黒部川の伏流水が街の各所に湧き出る「名水の里」。この地ならではの水団子は、上新粉に片栗粉を混ぜて捏ね、蒸してから団子に丸める。これを黒部の名水で冷やし、甘い黄な

粉をかけて食べる。黒部っ子の夏のおやつの定番。昔は七夕やお盆のお供えに作られた。

# 17 石川県

嫁入り菓子

### 地域の特性

日本列島の真ん中・日本海に面した石川県は、かつての能登国と加賀国からなっている。北部能登は三方を海に囲まれ海洋性気候で、南部加賀は、典型的な北陸型気候で積雪が多く夏は熱く湿度が高い。能登と加賀の歴史文化は異なるが、両者とも「真宗王国」に属している。東本願寺8世蓮如上人（1415〜99）の北陸布教により浄土真宗が深く浸透し、仏教行事とともに茶菓子文化が定着した。

江戸期の加賀藩主前田利家は千利休の直弟子で、そのため加賀では茶の湯が盛んとなり、庶民の生活にも和菓子が取り入れられた。

だが、和菓子は茶の湯以上に宗教行事と密接で、門徒衆の大事な行事報恩講（開祖親鸞上人の忌日の法要）には落雁、餅、饅頭、最中などが盛大に供えられ、月々の行事にも茶菓子が必要であった。

さらにこの地の人々は、冠婚葬祭や季節行事を大切にする気風があり、金沢を中心に和菓子文化が開花した。

### 地域の歴史・文化とお菓子

## 金沢の婚礼菓子

#### ①五色生菓子を贈る風習

金沢の婚礼には、加賀のお国菓子ともいえる「五色生菓子・日月山海里」が必ず登場する。この地方では、婚礼の日になると親戚が祝い菓子を贈る風習があり、お菓子屋さんに依頼すると、五色生菓子を詰めた黒塗りの四角い「飾り蒸籠」がいくつも届けられた。昔は婚礼のある家の玄関前には、この飾り蒸籠が山のように積まれ、その家の家勢を誇ったといわれる。

②「日月山海里」の起源

　この祝い菓子は、今から約400年前、ある茶人が自家の耕作米の初物を使い天地の恵みを感謝し「日月山海里」を念頭に菓子を作った。2代藩主・前田利長侯に差し上げたところ大層喜ばれ、利長侯は後に高岡城（富山県）に隠居するが、ここでも献上の記録がある。

③徳川2代将軍息女・珠姫のお輿入れ

　1601（慶長6）年9月30日に、2代将軍秀忠公の息女・珠姫と、前田家3代利常侯との婚儀が整いお輿入れとなった。その際供された菓子が「五種生菓子」。制作者は御用菓子の樫田吉蔵（かしだきちぞう）で、先の菓子「日月山海里」を調整し、「御饗宴菓子（ごきょうえんかし）」としたとされる。

　樫田家が1870（明治3）年に県知事に提出した由緒帳に、天徳院（珠姫の法名）の婚礼の時より「御用菓子拝勤」とある。こうした城中菓子が市中に出回るのは明治10年代以降と考えられている。

④「五色生菓子」と「寿せんべい」

- 日（ささら）　「日の出」を表し、漉し餡入りの白い餅の3分の1を赤い道明寺粉でまぶしてある。
- 月（饅頭）　「満月」で、現在は丸型の白い酒饅頭だが、昔は「月にむら雲」で道明寺粉と引き糖をまぶし、胡麻で雁行を表現していた。
- 山（えがら）　「黄金に輝く岩山」ともいわれるが、山の幸で「栗」。漉し餡入りの餡餅の表面全体に、梔子（くちなし）で黄色く染めたもち米をまぶして蒸したもの。
- 海（うずら）　菱形の漉し餡入りの白い餅で、海の波を表している。
- 里（羊羹）　村里の田の面を黒い蒸し羊羹で表している。昔は四角い田んぼを表現していたが、「角が立つ」で丸くしたようである。

　五色生菓子はスケールの大きな菓子で、また、赤や黄色の原色を使った実に派手な菓子である。これはこの地方の人々が1年の大半を雪や雨の灰色の空の下で暮らす、その心情の反動のようであった。

　婚礼菓子で欠かせないのが「寿せんべい」。披露宴の前に2枚1組で出される。搗いた餅を薄く延ばして焼いた麩焼き煎餅で、表面に紅白の引き蜜がかかり、寿の文字がある。夫婦円満の象徴である。

### 行事とお菓子

①金沢地方の正月菓子3種
- **福梅** 明治以降の習わしと思われるが、前田家の家紋の剣梅鉢の形をした紅白の愛らしい最中である。中には飴で練った小豆餡が入り、皮の部分には雪を思わせる上白糖がまぶされ、甘さたっぷりの菓子。砂糖が貴重だった時代、この菓子は「殿様菓子」で、正月に思う存分食べられるのは、庶民にとっての至福の菓子であった。
- **福徳** 「福徳煎餅」「ふっとこ」ともよばれる。打ち出の小槌や米俵を最中の皮で作り、中に金花糖の大黒様や招き猫、小さな土人形や狛犬などが入る。耳元で振るとカラカラと音がして、皮を割らないと何が飛び出すかわからないというもので、黄色の皮は黄金、白は白銀になぞらえ福と徳をもたらしてくれる縁起菓子。
- **辻占** 新年の運を占う菓子で、しん粉や最中の皮生地の三方を摘まんだ中に「お思い叶う」「福が舞い込む」「よいことが重なる」といった言葉の紙片が入りそれを繋げて楽しむものである。

新年に福や徳を求めるのは誰しもの願いだが、金沢地方では、さらに「ふ」の付く食べ物を7つ食べると福が舞い込むといって「福梅」「福徳」「鮒」「ふきたち」「ふく（河豚）」「ふぐのすじ」「ふ（麩）」と揃え、「七福」といって祝う。

②能登の涅槃会「団子撒き」

　節分の豆撒きより盛大なのが、お釈迦様の命日2月15日（月遅れの場合もある）に行われる涅槃会で、法要の後参詣者に団子が撒かれる。能登輪島地方ではこの団子を「犬の子」といい、「犬の子撒き」ともよぶ。涅槃の行事が終わるといよいよ春の到来である。

　涅槃団子はお釈迦様の舎利（お骨）とされ、米の粉を練って作られる。北陸では丸いビー玉やおはじきの形などあり、福井では「おみみさん」とよぶ。能登地方ではイヌの他に鳥やヘビなどもあり、お米を持ち寄って檀家の人たちの手で作られる。動物を模して作るのは、お釈迦様を悼んで十二支の動物たちが集まり、嘆き悲しんだことに因むとされている。輪島の蓮江寺では、山門から2,000個もの「犬の子」が撒かれ、特大15cmの「犬の子」は縁起物で、大人も子供も競って拾う。団子は焼いて食べたり小袋

に入れてお守りにする。
### ③雛節供の金花糖
　金沢の金花糖は、白双糖を煮詰めた熱い液を桜の木型に流し込んで作る。鯛や野菜や果物が目も覚めるような赤、緑、黄色と色付けされ、雛あられとともに供えられる。起源は南蛮菓子の有平糖とされ、献上菓子だったが大正期に広く庶民にも広がった。だが、時代とともに職人が少なくなり、今では金沢の貴重な菓子である。
### ④春を告げる「お出で祭り」の桃団子
　羽咋市の気多大社の「平国祭」は、別名「お出で祭り」。3月18日から6日間中能登地区の2市2町約300kmを巡る祭りで「寒さも気多のおいでまで」といわれ、沿道に神馬が「パカパカ」と蹄の音を響かせてやって来る。途中酒井町の日吉神社では1万個の桃団子が作られ、団子撒きで歓迎する。桃団子はお猿さんのお尻に似せて作られ、昔大社の森のサルが行列について来て、人々の災いを守ったという。団子は蒸した米粉を捏ねて型に入れ、紅で色付けしサカキの葉で飾る。「これを拾わないと春が来ない」と待たれる行事である。
### ⑤蓮如さんの粽
　加賀市の篠生寺は蓮如上人ゆかりの寺で、毎年6月21日の命日に粽を作りお供えする。昔、旅の僧が行き暮れて一夜の宿を乞おうと、1軒の家を訪ねた。粽作りで大忙しだった老婆が、ササに石を包み「これが食べられたら泊らせてあげよう」と、旅の僧に粽を投げ与えた。老婆を憐んだ旅の僧は、「私の念ずる力が正しければ、この枯れた粽のササも根付くことだろう」といいササを大地に挿すと、ササはたちまち根付き青葉を吹き返した。その僧が蓮如上人とわかった老婆は改心し、後に篠笹の根付いたところに「笹の念仏道場」を開いた。やがてそこを篠笹の生じた寺・篠生寺として寺を建て、毎年集落の人たちで粽を作り「蓮如さんの粽」といって供える。
### ⑥氷室饅頭
　加賀地方では7月1日に氷室饅頭を食べる。かつて旧暦6月1日は「氷室の節供」で、宮中では臣下に氷を授けた。江戸期の加賀藩では天然の雪氷を氷室（雪氷の貯蔵小屋）に保存し、徳川将軍家に献上していた。前田家5代藩主綱紀の時、雪氷の道中無事を祈り氷室饅頭を作って祈願したと

いう。この頃民間では、小麦の収穫期には饅頭を作り娘の婚家にチクワや煎り米を添えて贈答する風習があった。

⑦土用のささげ餅

金沢・富山周辺では土用の入りに餅を搗き、塩茹でしたささげ豆をびっしりとはり付けた「ささげ餅」を食べ暑気払いをする。金沢の夏の風物詩の餅だが、九州の対馬で「だんつけ餅」、沖縄では「ふちゃぎ」とよぶ餅とよく似ており、ぼた餅の原型ともされる。

⑧神明宮のあぶり餅

神社では5月と10月に「あぶり餅神事」の祭りがあり、御幣に見立てた串刺しの餅が無病息災を祈り神社で売られている。この餅は食べてもよしだが、「家守」として半年ごとに取り替えるとされている。

⑨安産のころころ餅

出産1カ月前の戌の日に、実家から嫁ぎ先に届けられる丸い餅で、お産が軽くころころと元気な子供が生まれるようにと願って作られた。この餅は、器量のよい子が生まれるようにと、焼いて食べてはいけないといわれている。

## 知っておきたい郷土のお菓子

- **加賀さま**（金沢市）　創業1804（文化元）年の坂尾甘露堂の銘菓。加賀藩前田家の御紋・剣梅鉢の5弁の花びらを型押しした最中で、中には大納言の粒餡・漉し餡・抹茶餡が挟まれ直径13cmの大きさである。
- **諸江屋落雁**（金沢市）　創業1845（嘉永2）年の諸江屋は珍しい落雁専門店。生落雁に羊羹を挟んだ「加賀宝生」「花うさぎ」は梅型の小落雁を和紙で包んだ可愛い意匠。本店横には落雁文庫が併設され、製法帖や菓子道具など展示され見学可能である。
- **長生殿・千歳・鯨羹**（金沢市）　1625（寛永2）年創業の森八の加賀銘菓。小掘遠州の筆になる落雁「長生殿」は3大銘菓の1つ。「千歳」は紅白の和三盆をまぶした縁起のよい菓子で、求肥の皮で小豆餡が包まれ、しっかりした歯ごたえは、俵屋製の飴が練り込んでいる。昆布を使った夏菓子「鯨羹」は、北前船時代の歴史を伝えている。
- **祝儀菓子**（各地域）　季節の行事、冠婚葬祭、人と人の繋がりを大切にする県民性から各地の和菓子店が注文に応じて作っている。「日月山海

里」の婚礼式菓子・紅白饅頭・赤飯の他、この地方独特の男性42歳の「初老祝い」の祝い餅、子供の出産祝いの餅など多種類が作られている。

- **茶の湯菓子**（金沢市）　茶道が盛んな金沢では、茶の湯菓子専門の店があり、「吉はし」「水本」などでは茶会に合わせた菓子の注文を受けて作っている。そのため、店頭に出ない蒸菓子の「生〆（なまじめ）」などがある（「生〆」は長生殿などの菓子を乾燥させず、木型から出したばかりの生の状態の菓子）。
- **柴舟・しば舟**（金沢市）　金沢の銘菓。大正期創業の小出や森八などが作る。たっぷりの生姜風味の砂糖がかかった薄焼き煎餅。昔、犀川や浅野川の上流から柴竹を積み、棹一本で下った柴売り舟の姿を表している。
- **じろ飴**（金沢）　1830（天保元）年創業の俵屋の名物飴。米と大麦で作る純粋な水飴で、「じろ」とは「どろり」の方言。板状に仕上げ、割って食べる固形飴は「おこし飴」といい、甘露煮などの料理の味付けに欠かせない。
- **金花糖**（金沢市など）　越野などの店が作る正月や雛祭りを飾る砂糖菓子。煮詰めた砂糖液を摺り回し、白っぽくなったところで型に流す。最後に彩色する。長年の勘と熟練が要求されるが、金沢は金花糖の技術が高い。
- **きんつば**（金沢市）　創業昭和初期の田中屋の加賀名物。寒天を加えた大納言小豆の粒餡を、羊羹舟に流したものを四角く切り分け、小麦粉の薄皮をつけて軽く焼いたもの。刀の鍔に似ていたのでその名がある。
- **圓八あんころ餅（えんぱち）**（白山市）　創業1737（元文2）年の圓八の名物餅。通称〝あんころ〟とよばれ、竹皮に包まれて県下のお土産の定番。創業以来270年変わらないのは「蒸し餡」という製法で作る餡に特徴がある。
- **雪花糖（ゆきばな）**（小松市）　1837（天保8）年創業の行松旭松堂の銘菓。胡桃（くるみ）一粒をしっとりした純白の落雁生地で雪玉のように包んである。茶席の菓子として愛され、菓名は小松城主・前田利常によるとされる。
- **月よみ山路**（小松市）　1852（嘉永5）年創業の松葉屋の名物「栗蒸し羊羹」。菓名は越後の禅僧・良寛の「山路の栗」の歌から付けられた。どこを切っても蜜煮の栗が顔をのぞかせ、人気が出るほどに栗が増量されている。
- **吸坂飴（すいさかあめ）**（加賀市）　創業360年という谷口製飴所の名物飴。吸坂飴は製

法が他に漏れないよう厳重に守られていた。蒸し米と麦芽を混ぜ発酵させ、絞った液を煮詰め飴にする。木槌で割る「桶飴」や「板飴」が作られている。

- **大豆飴**（七尾市）　能登七尾名物。水飴と大豆粉を練ったやわらかな州浜で、栄養価値が高く日持ちのよい菓子。竹皮に伸したもの、棒状などがある。
- **丸柚餅子・えがら饅頭**（輪島市）　明治末期創業の中浦屋の看板商品。柚子の実の中身をくり抜き半年間かけて作る「丸柚餅子」は保存食、携帯食で輪島塗の行商人が全国に広めたという。輪島の朝市で売られる「えがら饅頭」は、餡を包んだ平たい餅の外側に、黄色のもち米がまぶされている。金沢の婚礼菓子五色生菓子の「日月山海里」の山（えがら）で栗のいがを意味しているようだ。

# 18 福井県

昆布菓子

### 地域の特性

　本州の中央部日本海に面し、石川、富山とともに北陸4県の1つである。昔の越前と若狭国からなり、「越山若水」といわれ越前の緑豊かな山々、若狭の美しい水をさし福井県の別名でもある。

　地域区分は、敦賀市東部の木の芽峠を境に北を嶺北、南を嶺南とよび、前者には福井市や大野市等があり冬は雪が多い。後者には敦賀、小浜地方があり日本海の対馬暖流の影響で比較的暖かい。両者とも海、山の産物が豊富で、特に若狭湾で水揚げされた魚介類は最高級食材とされてきた。若狭国は古代より「御食国」で、天皇の御食料を納め、京では若狭物はブランド品であった。ことに貴重な昆布は蝦夷から若狭を経て京に運ばれた。その昆布ロードは、さらに大和朝廷とを結ぶ古代の道でもあった。

### 地域の歴史・文化とお菓子

## 敦賀の昆布菓子

### ①若狭小浜の「召の昆布」

　狂言に「昆布売」というのがある。僧玄恵（1279～1350）の作で、蝦夷地の昆布が船で若狭小浜に運ばれていた時代のことである。小浜の昆布は足利幕府に献上されていたので「召の昆布」とよばれていた。この昆布を都へ売りに行った商人がまき起こす話で、「若狭の小浜の召しの昆布を召し上げられ候へ……」と売り歩く口上がある。

### ②古さを語る小浜ルートの昆布の道

　さて、この「昆布売り」にはモデルがいて、小浜の旧魚屋町にあった「天目屋」とされる。天目屋は小浜で独占的に昆布を扱う商人で、「召の昆布」は一子相伝だったので製法はわかっていない。

　そしてこの時代は、北前船の西周り航路確立（江戸前期～中期）以前だ

ったので、蝦夷地（北海道南部）の昆布は直接敦賀・小浜に陸揚げされ峠越えや琵琶湖経由で京都に運ばれていた。昆布売りの歩いた道は、若狭から京都へのいわゆる"鯖街道"で、彼の背後には蝦夷、若狭、京都を結んだ「古い昆布ロード」があった。

　江戸中期以降の西回り航路では、蝦夷の昆布は北前船で大坂（阪）に運ばれ、さらには薩摩、沖縄へもたらされ、そして中国へと輸出されていた。昆布の消費量日本一は沖縄で、これには富山の売薬も関係していた。

### ③家光が好んだ菓子昆布

　徳川3代将軍家光（江戸前期）の側近・酒井忠勝は1634（寛永11）年に11万石で小浜藩主となる。忠勝は将軍家への贈答品には心を配り、中でも家光の好物「菓子昆布」には苦労したようだ。菓子昆布については詳細不明だが、前藩主・京極高忠時代のものが家光の好みに合っていたため、塩辛くならないよう、よく吟味して作るよう現地に指示していた。

### ④謎の菓子昆布

　京都の昆布の老舗・松前屋は禁裏御用達で、禁裏では昆布をおやつに食べていたという。昆布の表面に白い粉が吹き、なめると甘いのは昆布の糖分で、その昆布をおやつにしたようである。後に敦賀で誕生する紅屋の「求肥昆布」の前身は、昆布を蒸してねばり（シン）を取り、乾燥させると干し柿のように粉を吹き甘くなる。それをお土産品にしていたという。家光の「菓子昆布」は、こういったものだったのだろうか。

### ⑤敦賀の「求肥昆布」誕生

　敦賀は北前船の西回り航路確立後も、北前船の中継地として栄えた。現在も昆布問屋があり"おぼろ昆布"などの加工昆布の生産は最も高い。敦賀の菓子処紅屋の初代は昆布問屋で、かき昆布（おぼろ）を加工していた。創業は1793（寛政5）年。その後4代目の時昆布を原料にした菓子を製造して菓子屋に転業。それが1871（明治4）年で、前述した「菓子昆布」が、「求肥昆布」の最初であった。

　その後改良が加えられ、5代目の時、昆布を粉末にして越中もち米と砂糖を練り合わせた「求肥昆布」の原型が出来る。さらに6代目で今日の短冊形の美しい「求肥昆布」が完成し、敦賀の代表銘菓となるのである。同店の「松の雪」は、酢に漬けてやわらかくした昆布を松葉に結び、糖蜜にくぐらせ雪に見たてた縁起菓子である。

⑥「雪がわら」「お昆布まんじゅう」

　北陸の黒い屋根瓦に雪が積もった景色を表現したのが亀屋製菓の「雪がわら」。北海道産の昆布に砂糖を掛けて何度も焼いてかりっと仕上げた昆布菓子。1960（昭和35）年の発売である。饅頭の皮も餡も昆布というのが、お菓子処あさみの「お昆布まんじゅう」。健康志向の現代に合った、緑色の爽やかな饅頭である。

### 行事とお菓子

#### ①涅槃会の「おみみ団子」と「福おみみ」（越前地方）

　2月15日（3月15日）はお釈迦様の命日で、米の粉を練り着色して蒸しカラフルな団子を作る。お釈迦様の御身とも、耳の形なので福お耳ともよばれ越前市の帆山寺などで授与される。焼いて食べると心身健康、身に付ければ蛇除け、財布に入れると金運成就とされる。

#### ②お盆の「飛びつき団子」（福井市）

　米の粉で作った棒状の団子に、塩茹でしたササゲボ（ササゲ）を周囲にはり付けると飛びついたようにみえる。盆の15日に必ず供える。金沢や富山では搗いた餅にササゲをはり付け「ササゲ餅」といい土用に食べる。餡は一切ない。沖縄では「ふちゃぎー」とよび十五夜に、対馬では「だんつけ餅」とよび小茂田祭に食べる。

#### ③恵比寿神社の煎餅焼き（敦賀市栄新町・天満神社内）

　毎年天気が荒れるとされるお祭りで、11月20日境内の篝火で、神社の用意してある青竹に購入した煎餅を挟み焼く。350年の歴史があり、この煎餅を食べると風邪を引かず無病息災とされ、次々に背後から煎餅を挟んだ青竹が伸びてきて楽しい行事である。

### 知っておきたい郷土のお菓子

- けんけら（大野市）　江戸末期創業の朝日屋が知られる郷土菓子。大豆の粉を水飴で固め、薄く延ばして短冊に切りひねった駄菓子。由来は地元の古寺宝慶寺の僧・「建徯羅」によるなどの諸説あるが、大野城主だった金森氏と関係があり、金森氏の移封先飛騨高山に似た菓子斐太国撰がある。
- くずまんじゅう（小浜市）　伊勢屋などが4月から9月の期間限定で作

る夏の菓子。別名水饅頭とよばれ、漉し餡を熊川の葛で包み器に入れて湧き水で冷やす。湧水だと透明感が保たれる。

- **羽二重餅**（福井市）　福井銘菓で、もち粉・砂糖・水飴を練りあげた絹のように優しい餅。福井は平織り絹織物・羽二重の産地で、元祖松岡軒の先祖も羽二重織物を製造しており、それに因み1905（明治38）年2代目店主が「羽二重餅」と命名して発売した。
- **水ようかん**（福井市一帯）　練羊羹と比べて糖度が低く、冬期のみの製造。別名「丁稚羊羹」ともよばれる。黒糖風味のさらりとした味で、「一枚流し」といって、平たい箱に入っているのが特徴。
- **菜花糖**（鯖江市）　1630（寛永7）年創業の大黒屋の銘菓。もち米を炒ってあられ状にし、卵黄や柚子蜜にくぐらせる。旧鯖江藩主が茶会に愛用したという。菜種色の小さな菓子で、湯に浮かべてもよい。
- **梅月せんべい**（越前市）　1854（安政元）年創業の月尾の看板菓子。初代月尾五平は福井藩越前松平家の重臣。菅原道真に因んだ梅鉢形の煎餅は、小麦粉に炒り大豆粉や赤ザラを加えた生地を金型で焼き、砂糖蜜を刷いてある。
- **酒まんじゅう**（坂井市）　三国湊の名物饅頭。かつて北前船が寄港した頃、砂糖の荷を運んだ船頭によって製法が伝えられ、甘酒を自然発酵させた酒種生地で餡を包んでいる。廻船問屋が賑わった頃、豪商家の婚礼には「嫁見」といってやって来た人たちに、2階から饅頭を撒いて振る舞う風習があった。昭和初期より各店には特徴ある焼印が押された。
- **豆らくがん**（敦賀市）　市内の複数店が作る敦賀銘菓。大豆を粗挽きし糖蜜と合わせた生地をお多福形に打った落雁。お多福は気比神宮祭神の神功皇后を表すとも伝わる。「求肥昆布」の紅屋が知られる。
- **後瀬**（小浜市）　井上耕養庵の菓子。漉し餡を肉桂の香りのする押しもの生地で包んである。菓名は万葉集に詠まれた土地の後瀬山によるもので、後瀬は「後の逢う瀬」という再会を期する縁起のよい名である。熊川の葛を使った「葛羊羹」は自慢の逸品。
- **熊川の葛**（若狭町）　若狭街道・熊川の宿で、北川上流に自生する葛から作る。江戸時代の儒者、頼山陽が「吉野のくずに引けを取らない品質」と絶賛したが、生産量が激減し、近年は保存活動が活発となった。

# 19 山梨県

月の雫

### 地域の特性

　日本列島のほぼ中央に位置する内陸県で、古くは甲斐国とよばれた。南に富士山、西は南アルプス、北に八ヶ岳、東は奥秩父山地と四方を高い山に囲まれ、県内の8割が山地である。

　水田稲作は限られた範囲であったため、地形や気候の寒暖差を利用して果樹栽培や養蚕、紡績産業が発達した。

　地域区分も甲府盆地を中心に「国中（くになか）」、東部富士五湖地方を「郡内」とよばれ江戸中期頃より「甲州郡内織」の産地として知られた。

　江戸時代に五街道の1つ甲州道中（後に街道）が、この国を横断するように甲府を通り江戸と諏訪を結び、江戸との交流が頻繁となった。また富士川の舟運等も盛んとなり、果樹や蚕糸で財を成した甲州商人、甲州財閥が誕生し、菓子文化が急激に発達した。

### 地域の歴史・文化とお菓子

## 果樹王国の果物菓子

#### ①甲州ブドウの歴史

　山梨県の日本一は何といってもブドウで、その収穫量は平成25年度で18万9,700トン、全国の24％を占めている。

　甲州ブドウはカスピ海が原産で、はるばるシルクロードを通り中国を経てやって来た。甲州市勝沼町・大善寺（ぶどう寺）の伝承では、奈良時代の718（養老2）年に僧・行基がこの地を訪れ修行をした際、ブドウを持った薬師如来が幻のように現れ、大善寺を創設した。そして、薬種としてのブドウ作りを村人に教えたという。

#### ②頼朝も食べた甲州ブドウ

　また一説には鎌倉時代の1186（文治2）年、勝沼の住民雨宮勘解由（あまみやかんげゆ）が

山で野生のブドウを発見し、移植して育てたのが今日のブドウ栽培の始まりともいわれる。雨宮氏は1191（建久2）年、善光寺参詣帰途の源頼朝にブドウを献上したとされる。以後甲州ブドウは800余年、弛みない雨宮家の努力と研究で今日があった。

さらにこの地がブドウ栽培に向いていたことで、甲府盆地は昼夜の寒暖差があり、日照時間が長く、傾斜地が多く水はけのよいことであった。

### ③甲斐八珍果と果物の菓子

「甲斐八珍果」とは江戸時代の1704（宝永元）年、甲府城主となった柳沢吉保が奨励した果物のことで桃、ブドウ、林檎、梨、柿、栗、銀杏（または胡桃）、ザクロの8種。その頃珍重されたので「八珍果」と名付けられた。甲斐国はすでに果樹王国の片鱗を示していた。

興味深いのは、当時果樹を素材にした菓子が作られ販売されていたことである。1827（文政10）年の『諸国道中商人鑑』には、甲府城下にブドウ、柿、栗、胡桃を材料とした菓子の広告が多く、多彩な菓子の製造販売が行われていたことがわかる。

### ④江戸時代から人気の「月の雫」

山梨を代表する銘菓の「月の雫」。生の甲州ブドウの粒に、白砂糖の甘い衣を着せた美しい菓子で、白砂糖が貴重だった江戸期に贅沢な菓子である。この菓子は甲府の八日町にあった牡丹亭金升が1723（享保8）年の秋、砂糖の蜜煮をしていたとき棚の上からブドウが鍋に落ち込んだ。拾い上げて見るとブドウの周りに砂糖が固まり、実に珍味であったため、城主・柳沢吉里（吉保の長男）に献上したところ、喜ばれ「ブドウが月の光を受けて育つ」とされることから「月の雫」という菓名を賜ったという。

### ⑤果物菓子いろいろ

幕末の1854（安政元）年に出た『甲府買物独案内』には、牡丹亭金升や御菓子所・桔梗屋藤右エ門があり「月の雫」が紹介されている。さらに菓子屋の販売品目には「源氏榧」「源氏胡桃」「木の実の雪」などがあり、年間2,000万円もの売り上げのある売れ筋商品であった。これらの菓子は地元のみならず他国へ贈答品として使われた。江戸時代の手紙類を収集している山梨県立博物館の資料によると、「月の雫」の礼状がいくつかあり贈り物の定番であった。

⑥徳川将軍へも献上された栗菓子

栗菓子に「打栗(うちくり)」がある。栗を蒸して皮を取り小槌(こづち)などで叩いて煎餅状にし、天日で干したものである。甲府城下を代表する割烹松亭(松阪屋源右衛門)が手がけ将軍家に献上した。その記録が、1820(文政3)年の『勝栗御献上献立控』で、松亭が献上菓子の製造を一手に担当していたことがわかる。

今日では「打栗」はあまりみかけないが、富士川に沿った鰍沢方面で栗と大手亡(おおてぼう)(白いインゲン豆の仲間)餡を使って焼いた「栗煎餅」がある。

### 行事とお菓子

#### ①小正月の花だんご

富士川流域では正月13日に米粉を捏ね、紅白に色を付けて繭や俵の形に作り、樫の木の枝に挿して神棚や庭の梅の木に供えた。この団子は「16日の風に当てるな」といわれ、15日の夕方下げる。焼いてお汁粉にしたり醤油でからめたりする。

#### ②節分の切山椒

甲府の商家では節分を年越しといい、おもっせい(大晦日の料理鮭の塩焼きや煮物など)と同じ食事をして福茶を飲んだ。福茶はお茶に炒り豆と干した蜜柑の皮を入れたもの。さらに切山椒とぶっ切り飴を食べ、豆撒きをした。これは「立春正月」の名残で、撒いた豆を歳の数より1つ多く食べるのは正月を迎えて歳を重ねることであった。切山椒は上新粉、砂糖、粉山椒、水を合わせて練り、蒸したものを約3cmの拍子木切り(算木)にした菓子で、山椒は実・葉(芽)・幹とすべて利用でき、薬用なので厄除けとされた。堅いぶっ切り飴は「歯固め」の正月行事を表していた。

#### ③富士川沿いの節分

この地方では、外庭に長い竹の先に目の粗いザルや水嚢をくくりつけて立て、水嚢めがけて「鬼は外、福は内」と豆をぶつけた。豆撒きは魔物の鬼を退散させることで「魔目」を打つといった。目の粗いザルや水嚢を高く吊るすのは、疫病神が逃げて行くからという。

この頃には、お菓子屋さんの店頭に切山椒が売られている。ピンクや緑に色付けされた切山椒は、春の気配を感じさせてくれる。

④春を呼ぶ大神宮祭の「ガラガラ」

 甲府盆地に春を告げる祭りが2月3日の「大神さん」で、横近習町と柳町大神宮のお祭りである。この日は町内の若者が鬼に扮してくり出し、大賑わいとなる。祭りの縁起物が「切山椒」と「ガラガラ」で、たくさんの露店が出ている。ガラガラは1辺が約20cmの三角形の大きな小麦粉製の煎餅で、中に玩具が入って振ると音がする。この祭りには特に鈴が入っている。切山椒とガラガラは、戦前まで甲府の商家で正月2日の「初売り」に売られていた。

 ガラガラは甲府以外にもみられる。この煎餅は三角形に折りたたんだ中に玩具が入っていて、振ると音がするところから「カラカラ煎餅」ともよばれた。元禄期（1688～1703）に江戸で売られた大黒煎餅が起源とされ、中に小さな木彫りの大黒様が入っていた。後にいろいろな玩具が入れられ全国的に広まり、大正末頃まで売られた。玩具も時代によって木彫りからブリキに変わり、現在山形県の鶴岡市内で作られ販売されている（「山形県」参照）。また三重県松阪市辺りでも節分や初午祭に「福引き煎餅」「厄除け煎餅」といって売られ、菓子店「柳家奉善」の物には小さな恵比寿大黒の像が入り、おみくじ付きもある（「三重県」参照）。

⑤塩沢寺・厄除け地蔵尊の「かや飴」

 この寺のお地蔵様は年に1日だけ耳を開いて願い事を叶えるという。2月13日正午から14日正午までがその時で、歳の数だけ丸い1円玉や飴玉を供えると厄が免れるといわれる。この寺の縁起物が「榧飴」。榧の実を粒のまま飴に練り込み、板状にした堅い飴。榧の実は漢方薬で、灰汁取りをするので手が掛かる貴重品。

⑥4月8日の「おしゃかこごり」

 花祭りのお供えで、炒ったあられと青ばた豆（青豆）を水飴や砂糖蜜でからめ、小麦粉を振り込んで手で丸めたり、茶飲み茶碗を使って丸めてお釈迦様の頭を作る。「こごり」は「塊」のこと。

⑦お盆の安倍川餅

 富士川流域では8月13日の宵盆にはあかし（松の根）で迎え火を焚き、15日まで毎日焚く。13日は手打ち麺を供え、14日には餅を搗き、黒蜜と黄な粉をまぶした安倍川餅を作り供える。これを模してお土産の「信玄餅」が出来たとされる。餡やゴマをまぶした餅を「つけこ」とよぶ。

⑧お盆の酒饅頭（榀原(ゆずりはら)）

榀原は米がとれず晴の日には赤飯代わりに酒饅頭を作り、盆の15日にはたくさん作って振る舞った。饅頭は甘酒入りで甘味とやわらかさが特徴。

⑨旧塩山地区の「お祝いパン」

かつて米より小麦粉食の多いこの地域では入学、卒業、成人式等の祝い日に小判形の甘い堅めの「お祝いパン」を贈って祝う。

## 知っておきたい郷土のお菓子

- **月の雫**（甲府市）　牡丹亭とは別に、1877（明治10）年松林軒3代目が庭で砂糖を煮詰めていた鍋に、ブドウ粒が落ちて菓子が出来たという説がある。今は9～翌年3月の期間限定菓子で山梨銘菓として各店で売られている。
- **くろ玉**（甲府市）　青えんどうの緑色の餡玉を、薄い黒糖羊羹で包んだもの。明治後期より伝わる甲府市内澤田屋の創製菓子。
- **絹多(きぬた)ぐるみ**（甲府市）　甲斐八珍果の胡桃、ブドウに黒糖、白ゴマを加えた餡を桃山風味の皮で巻き焼いた菓子。絹多は砧で松林軒豊嶋屋の銘菓。
- **厚焼き木の実せんべい**（大月市）　日本3奇橋の猿橋に因んだ3層に厚焼きした瓦煎餅。山椒の香りが独特の大月市地方の名物煎餅。
- **笹子餅**（大月市）　甲州街道笹子峠の麓で売られていた力餅で、中央線笹子トンネルの開通で笹子餅として販売された一口サイズの草餅。
- **酒まんじゅう**（上野原市）　旧上野原は甲斐絹(かいき)の産地。市が立ち江戸や甲州の商人で賑わいその名物が麹から作る甘酒まんじゅうで、今も人気高い。
- **信玄餅・桔梗信玄餅**（笛吹市）　山梨銘菓の信玄餅は、メーカーの関係で2種ある。どちらも黒蜜と黄な粉をまぶして食べるもので、由来は当地のお盆の安倍川餅をヒントにできたとも、信玄の陣中食ともいわれる。
- **信玄桃**（笛吹市）　桔梗屋の創作菓子。名産の桃を姿、形そっくりに仕立てた焼き菓子。小麦粉生地でピーチゼリーと白餡を包んでいる。
- **身延饅頭**（身延町）　身延山久遠寺の名物味噌饅頭。小麦粉に味噌を練り込んだ皮で、ほんのり味噌あじの餡が包まれた小判形の饅頭。
- **はまなし**（富士吉田市）　富士山に自生する高山植物のコケモモをはま

なしといい、これを洋酒に漬けて錦玉羹に仕立てた菓匠・金多留満の逸品。
- **すずり石**（南アルプス市）　名産品の雨畑硯(あまはたすずり)の風合いを模した菓子で、長方形に切った羊羹の1つ1つに和三盆をまぶした旧甲西町松寿軒の逸品。
- **薄焼き・おやき**（山梨県下）　米の収穫の少ない県内では、小麦粉やトウモロコシの粉物が活躍し、薄焼きや漬物を刻んで包んだ焼き餅が食べられた。
- **桔梗屋お菓子の美術館**（笛吹市）　桔梗屋の工場内にある工芸菓子の美術館で、米粉と砂糖で作られた菓子職人の美意識が館内に溢れている。

# 20 長野県

小布施の栗菓子　朱雀

### 地域の特性

本州の中部地方に位置し、我が国有数の豪雪地帯である。

西に飛騨山脈、東に赤石山脈、中央には2014（平成26）年に噴火した御岳山のある木曽山脈が走っている。3,000m級の山々がそびえ、県域は南北に長く面積は全国4位。隣接県は富山、新潟、群馬、埼玉、山梨、静岡、愛知、岐阜の8県に囲まれた海なし県である。県内の気温の年較差、1日の最高気温と最低気温の差が大きく、湿度が低く、降水量も少ない。

地域区分は長野、松本、佐久、伊那となるが歴史文化が異なり、明治以降「長野県」名をめぐり対立があった。古くは信濃国とよばれ、畿内と東国を結ぶ東山道が通り、江戸期には中山道、甲州街道、北国街道など主要道以外に、新潟県の糸魚川地方と松本地方を結んだ「塩の道」や、北信では灯油用の菜種油を江戸に送る「油の道」があった。菜種油からは、小布施や須坂に豪商が輩出し、小布施では江戸の浮世絵師・葛飾北斎を招き入れ、独自の文化を築き、開花させていた。

### 地域の歴史・文化とお菓子

## 小布施の「栗菓子文化」

### ①小布施栗の起源と「御留栗」

江戸後期の俳人で信州出身の小林一茶の句に「拾われぬ　栗の見事よ　大きさよ」と、小布施の栗が詠まれている。

江戸時代この地は天領で、幕府の代理で治めていた松代藩・真田家が毎年「初栗」を将軍家へ献上していた。栗の数は1万粒。さらに朝廷と各大名に1万粒、毎年計3万粒の栗が献上されていた。そのため庭先の栗でも口には入らず「御留栗」となっていた。当時の年貢は「栗年貢」で、栗年貢が終了しなければ栗は食べられなかったのである。

小布施の栗は、伝説によると弘法大師が「親木」地区に植えられたとされるが、室町時代前期の1367（貞治6）年丹波地方の豪族・萩野常倫がこの地に移り、持参して来た栗の苗木を植えたという。

②栗栽培の適地

　小布施は内陸性気候で朝晩の気温差が大きく、日照時間が長い。町を流れる松川は「酸川」とよばれるほど流域は強い酸性土壌で、水はけがよい扇状地。これらの要件が栗栽培に最適だったのである。

　松川は昔から氾濫川でそのための治水、荒廃地の利用、食用にと栗の植林が進められた。そして江戸時代、小布施の栗は全国的な評価を得、砂糖の普及もあって栗菓子が作られるようになる。

③小布施の文化的背景

　江戸時代の小布施の町は、栗はもちろん、灯火用の菜種油や綿花を栽培して江戸に出し、利益を得た豪農、豪商が輩出した。高井鴻山（現栗菓子の小布施堂の祖）家もその1つで、江戸末期高井家は大名を凌ぐ大金持ちで、江戸日本橋に支店を構え、江戸の文化人との交流の場であった。その中に浮世絵師・葛飾北斎がいた。鴻山は自身も書画を描き、陽明学者で、鴻山は北斎の門下生ともいわれる。鴻山と北斎の間には活発な交流があり、後に北斎が最晩年の超大作「八方睨み鳳凰図」（岩松院桧板天井絵）を小布施で描くのも、鴻山との出会いがあったからだった。

④葛飾北斎と小布施

　北斎（1760～1849）は83歳のとき小布施を訪れ、前述の岩松院の天井絵は88歳から89歳にかけての作品であった。他に祭りの屋台大井絵や掛軸など数々の大作を遺し、岩松院の天井絵の費用は、当時で金150両と記録されている。

　鴻山は、晩年の北斎のよき支援者であった。旧高井家の高井鴻山記念館邸内にある「碧漪軒」（復元）は、北斎のために建てたアトリエで、碧漪とは青いさざ波という意。床の間上部前面に貝殻の付着した船板が用いられ、海のない信州で鴻山が、北斎をいかにもてなしていたかがわかる。北斎はここで毎日獅子を描くことを日課としていた。鴻山は北斎を師と仰ぎ、北斎は鴻山を「旦那様」と呼び、2人は折り目正しい間柄であったという。

⑤小布施の栗菓子の最初

　小布施の栗菓子は「栗落雁」が最初であった。諸説もあるが、1808（文

化5)年創業の櫻井甘精堂が、栗粉に砂糖を混ぜて木型に詰め、押し固めて型抜きした菓子で、これは明治初期に中断された。現在の栗落雁は赤エンドウの豆類に砂糖や糖蜜を練り混ぜたものである。

小布施といえば栗羊羹。この店の「純栗ようかん」は栗餡と寒天だけで煉ったもので、すでに1819(文政2)年に創製されていた。

### ⑥栗菓子と北斎で町おこし

小布施の栗菓子屋御三家といえば、櫻井甘精堂、竹風堂、小布施堂で、竹風堂が1895(明治28)年、小布施堂は1900(明治33)年に創業する。小布施堂は高井鴻山の末裔で、手広く商売をして酒造業で缶詰め技術を導入したことから、ユニークな缶詰め入りの羊羹が誕生した。1892(明治25)年には栗の蜜漬けを栗餡に混ぜた「栗かの子」も誕生している。

人口1万5,000人の県下最小の町・小布施に、年間120万人もの観光客が「栗菓子」と「北斎の絵」を求めて訪れて来る。過疎化を食い止めたこの町には、先人たちの遺産を大事にする心、住民たちの高い文化度と先取の気風が成功の秘訣であった。

## 行事とお菓子

### ①正月の歯固め

安曇野の堀金(ほりかね)地区では元旦、初詣での後福茶を飲み栗、柿、豆、餡入り落雁を食べる。栗はクリまわしよく、柿はカキまわしよく、豆はマメなように、餡落雁は安楽に暮らせるようにと願った。

### ②松本の飴市

新春の伝統行事で昔は正月11日だったが、今はそれに近い土・日曜日。元は塩市で、今川氏より塩の供給を断たれて困った戦国時代、越後の上杉謙信が武田領に塩を送り、松本地方に届けられたのを記念して始められたとされる。いつしか飴市となったが、福飴は塩カマス(塩の入れ物)の形になっていて、参加者には1月15日の小豆粥用に「福塩」も分けてくれる。

### ③北信地方のやしょうま

2月15日(3月15日)はお釈迦様の入滅の日で、涅槃会(ねはんえ)のお供えに作るのがやしょうま。新粉を熱湯で捏ねて蒸し、色を付けたりゴマなどを混ぜて棒状にして固まったら小口切り。地域によっては手で握った形にする。皆で食べ合い春が待ち遠しい行事である。

④北相木村の「かなんばれ」

　3月3日の流し雛行事で「家難祓い(かなんはら)」という。河原に集まった子供たちがお汁粉を作りお雛様に供え、古雛を桟俵(さんだら)にのせて川に流す。

⑤端午の節供の朴葉巻

　月遅れの6月に行われ、木曽地方では柏が少ないので代わりに朴の葉で団子を巻く。青々とした小枝の先の5～6枚の葉に、それぞれ団子を包み藁で縛って蒸す。バナナの房のような団子で子供の祝いにぴったり。田植えの後にも作り、田の神様に供えた。

⑥松本盆地の「七夕ほうとう」と「七夕饅頭」

　松本地方では、江戸時代から七夕には「七夕人形」という和紙で作った人形を軒下に飾り、夏野菜などを供えて無病息災を祈る風習がある。現在も伝わり、1カ月遅れの8月7日が七夕で、初七夕を迎える子供には母親の実家から七夕人形（紙製の牽牛・織女を象った人形）が届けられる。

　七夕人形には、本物の子供の着物が着せられるハンガータイプのものもあり、それらを縁側の軒下に綱を張って飾り、小豆餡や黄な粉で和えた幅広の麺の「ほうとう」を供える。安曇野方面では新麦の粉を練り、小豆餡や野菜を包んだ「七夕饅頭」が作られ供えられる。

　松本市の古民家住宅・馬場家では、昔ながらの七夕飾りが楽しめ、8月7日には黄な粉や餡で和えた「ほうとう」の振る舞いがある。

⑦伊那谷の収穫祝いの五兵餅

　小箸祝(こばしいわい)は収穫祭で、新米のご飯を潰して串に刺し、胡桃タレなど塗って焼いた五兵餅で祝う。香ばしくいくらでも食べられる郷里の味。

### 知っておきたい郷土のお菓子

- **塩羊羹**（下諏訪市）　塩の飢饉に悩まされた時代を思い作られた、薄墨色の塩味を生かした品のよい羊羹。下諏訪・新鶴の銘菓で信州菓子の逸品。
- **初霜**（下諏訪市）　当地の凍餅をヒントに、もち米を摺り潰し重湯のようにして作った氷餅に砂糖衣を着せる。割ると霜柱のよう。下諏訪の名物。
- **老い松**（松本市）　松本・開運堂の銘菓。古木の姿を模したもので、つぶ餡をニッキの香りの漉し餡で巻いた棹菓子。松の実が風味豊かである。

- **板飴**（松本市）　正月に飴市の立つ松本の山屋の飴で、麦芽を使った米飴を極限まで延ばした落花生を加えた板飴。創業は江戸中期の老舗。
- **玉だれ杏**（長野市）　アンズは善光寺の鐘の聞える里に実るとされ、特産のアンズで"杏羹"を作り求肥で巻いたもの。善光寺門前の風月堂の銘菓。
- **そば餅**（長野市）　善光寺門前の名物餅。臼挽きのそば粉を餅に混ぜ漉し餡を包み軽く布巾で絞った品のよい餅。一度途絶えたが別店で復活した。
- **みすず飴**（上田市）　「みすず刈る」は信濃の枕詞で、その美しい言葉どおり地元果物の果汁をゼリー状にした菓子で、上田・飯島商店の看板商品。
- **小布施の栗菓子**（小布施町）　栗かの子は甘露煮の大粒栗に栗餡を絡ませたもの。栗落雁は赤エンドウの豆粉で作る干菓子。栗羊羹は栗だけの羊羹（本文参照）。
- **高遠饅頭**(たかとう)（伊那市）　桜で名高いこの町の名物で、藩主・内藤家の参勤交代の土産にもなった。漉し餡を薄皮で包み桜の焼印が印象的な郷土菓子。
- **大きんつば**（飯田市）　直径約5cm、厚さ3cmで厳選小豆の粒餡がたっぷり詰まったこの菓子は、一子相伝で7代続く飯田市・和泉庄(いずしょう)の逸品。
- **はゝき木**（飯田市）　万葉集や源氏物語に詠まれた「はゝき木」は阿智村園原の銘木。胡桃、もち米、黒糖を原料に作った餅。千翁堂の銘菓。
- **初夢**（飯田市）　地元の竜峡ナスを丸ごと砂糖漬けにした「野菜菓子」。「一富士、二鷹、三なすび」の初夢に因んだ縁起のよい、飯田市田月の銘菓。
- **柚っ子ゆべし**（泰阜村(やすおか)）　信州南端の村に伝わる古風な保存食の丸ゆべし。柚子をくり抜き胡麻、胡桃、もち米、味噌などを詰め蒸して乾燥させたもの。
- **氷餅のから揚げ**（長野県下一帯）　切り餅を水に漬け新聞紙に包み干すと氷餅ができる。再び水に戻し油で揚げたり、葛湯のように煮溶かしたりする。
- **おやき**（長野県下一帯）　信州の代表的おやつ。小麦粉やそば粉の皮に小豆餡やナス、サンマを入れるものもあり、蒸し器で蒸したり、囲炉裏の灰の中で焼くものもある。

# 21 岐阜県

ねぶりっこ

## 地域の特性

　日本列島のほぼ中央に位置した内陸県で、周囲7県（富山・石川・福井・滋賀・三重・愛知・長野）に隣接している。地形は南北に長く、昔の飛騨国と美濃国に分けられ、「飛山濃水」といわれてきた。山の多い飛騨地方と、木曽三川（木曽川、長良川、揖斐川）が流れる水の豊かな美濃地方というように、2つの地域は気候、風土、歴史が大きく異なっていた。

　濃尾平野に位置する美濃は、織田、豊臣、徳川の時代、常に戦下にあった。天下を統一した徳川幕府は、この地方に強大な大名が生まれるのを恐れ小藩に分割していた。飛騨の歴史は後述するが、飛騨、美濃ともに「真宗王国」で、茶の湯文化の中心にありながら、これといった茶の湯菓子が育たなかった。一方でこの地方は駄菓子が発達し、自家製のおやつ（豆やあられの煎り物・だんごなど）や、山野の豊富な木の実や果物を菓子とした「自然菓子文化」があった。

## 地域の歴史・文化とお菓子

### 飛騨の匠と飛騨駄菓子

#### ①飛騨は特殊課税区域

　周囲を3,000m級の山々に囲まれた山国飛騨地方は、奈良時代に「下々の下国」とされていた。納める年貢の穀類や織物などに事欠いていたため、「租庸調」の庸・調が免除され、その代わりとして1年に約350日の「雑徭」とよばれた役務が課せられた。飛騨には優れた建築技術者たちがいたため、年間100人もの木工技術者が奈良の都に狩りだされ、宮殿や大寺院の建築の仕事に従事させられた。「スゴ腕」の彼らを都では「飛騨の匠」と称した。つまりこれが、律令政治による「飛騨の匠制度」の始まりだった。

②飛騨の匠が伝えた都の文化

　この制度は平安末まで500年にわたって続き、延べ4万〜5万の人が従事した。薬師寺、法隆寺夢殿、東大寺など多数の神社仏閣の建築に関与し、平城京、平安京の造営にも活躍した。厳しい役務を終えた彼らは、磨かれた木工技術や都の文化を持ち帰り、飛騨文化の基礎を作ったのである。

③飛騨の食文化

　飛騨は「下国」とされたが、豊富な地下資源と広大な山林資源があった。それらを活用し、後に飛騨高山には町衆とよばれる豪商が登場し、「飛騨の匠」の技術を生かし高山祭の豪華な屋台を作り上げ飛騨文化を築いた。一方で庶民の暮らしは貧しく、食生活の基本はヒエ、アワ、キビ、ソバなど焼畑農耕の雑穀が主であった。大豆はこの地方特産の薄青大豆とよばれるもので、林間地や山間部の、作物ができない痩せ地で作られていた。この青大豆が庶民の貧しい食生活の蛋白源となり、飛騨駄菓子の主原料もこの青大豆だった。

④大豆と黄な粉

　我が国で大豆が栽培されたのは弥生時代とされ、五穀（稲、麦、アワ、小豆、大豆）の1つとして大切な食料であった。この大豆を炒って黄な粉にして食べたのは奈良時代で、僧侶が薬としてビタミン$B_1$不足の脚気の治療、予防に珍重していた。この黄な粉が我々の知っている菓子の材料になるのはずっと後のことだが、平安時代の『延喜式』には「熬大豆粉料」の記述があり、仏教とともに伝わった「唐菓子」の原料になっていた。黄な粉とよばれるのは室町時代とされる。

⑤飛騨駄菓子「こくせん」の逸話

　飛騨駄菓子といえば「こくせん」「甘々棒」「げんこつ」とあり、どれも飛騨特産大豆の黄な粉と水飴が主原料である。

　「こくせん」は国撰、穀煎と書かれ、水飴と粗挽き黄な粉や黒胡麻を混ぜ合わせ、薄く板状に延ばし短冊形に切り一ひねりしたもの。地元の雑穀を煎って作るので「穀煎」といわれ、室町期頃よりの古い菓子である。東北では同様の菓子を「きな粉ねじり」といい、「おこし」も捩じってあり、この「一ひねり」が注連縄の捩じれを意味し、縁起のよい菓子とされてきた。

　飛騨一宮水無神社の正月には、御神木の「ねじの木」（伐採しようとし

たら、木が一夜にして幹の根から梢までねじ曲がってしまったという）に似せて長さ50cm、幅10cm、厚さ1cmの巨大な「こくせん」が参拝客のお土産として売られている。

⑥「甘々棒」「げんこつ」

「甘々棒」は青大豆の黄な粉に黒砂糖、水飴を加え練り固め20cmほどの棒にした固い飴で、両手で持って叩くと「カンカン」と音がする。高山祭の屋台のかじ取り丸太の「大でこ」に模してある。

「げんこつ」は、幕末に尾張の「犬山げんこつ」が伝えられたとされ、水飴に黄な粉を練り込んだ黄な粉飴で、麦こがしがまぶしてある。「豆板」は、炒った大豆を鼈甲飴で丸く板状に固めたもの。

⑦駄菓子は保存食であり兵糧

堅い飛騨の駄菓子は、みるからに保存性が高い。ということは戦の時の兵糧だったのではないか。「こくせん」とそっくりな菓子が越前大野に「けんけら」としてある。越前大野は金森氏が高山以前に治めていた土地で、高山転封の際、家臣も菓子屋も揃って移ったとされる。「けんけら」は「こくせん」の兄貴分なのか。

東北の「きな粉ねじり」も同じ菓子で、この菓子は北前船の船乗りたちが保存食として大事に携帯していた。

駄菓子の定義は保存性がよい、腹持ちがいい、栄養価が高い、安く作れる。兵糧にもぴったりであった。

## 城下町・高山の和菓子事情

高山の町を"飛騨の小京都"として整備した高山城主・金森長近は、千利休の弟子で嫡男・重近は後に宗和と名乗る茶人であった。彼は「宗和流」を開き"姫宗和"とよばれる雅な茶の湯文化を定着させたが、なぜか高山には茶の湯菓子が発達しなかった。この地が山国で、物流が悪く、上菓子用の白砂糖の入手が困難だったからとされる。庶民の間には水飴や黒砂糖を使った駄菓子が広まり、上菓子を必要としなかったのか。明治になり白砂糖をたっぷり使った「三嶋豆」が作られ、高山では"贅沢な菓子"として称賛されたという。

## 行事とお菓子

### ①正月の歯固め祝い
　旧中山道の宿場町御嵩町（みたけ）地方では、雑煮の前に長寿を祈って「歯固め」を食べる。お膳に洗米を敷き鏡餅をのせ、周りにおつまめ（茹（ゆ）でた黒豆に米粉をまぶす）、かち栗、田作り、干し柿を盛り「マメで栗くり働いて、田を作ってお金を柿よせるように」と、いいながらつまんで正月を祝う。正月三が日に固い物を食べると長寿になるといわれ、平安時代の宮中の儀式であった。

### ②郡上市・長滝白山神社「六日祭」の"古式菓子"
　正月6日の祭で「花奪祭（はなばい）」ともいわれる。国の重要民俗文化財「延年舞（えんねんまい）」が奉納され「古式菓子」のかち栗、胡桃、榧（かや）の実、干し柿、はぜ、丸餅、黍（きび）団子などが舞台の上から豪快に撒かれる。丸餅は縁起物とされ我先にと競い合う。「花奪祭（はなばい）」は和紙の造花を奪い合うもので、花は国家安穏、五穀豊穣、豊蚕、家内安全などが祈願された。

### ③郡上八幡の福引き煎餅
　雪深いこの地方の子供たちの、正月の楽しみは「福引き煎餅」。一辺が15cmほどの"三角おむすび形"の大きな瓦煎餅で、中にオモチャと「おみくじ」が入っている。煎餅を割ってみないと中の物がわからない仕組みで、オモチャもさることながら「おみくじ」に心をときめかせる。家族で炬燵に入り、新年を占う楽しい行事である。

### ④東濃地方の雛祭りのからすみ
　「からすみ」は米粉と砂糖を練った蒸し菓子で、形が唐墨に似ているのでその名がある。この地方の雛祭りには、子供たちが各家のお雛様（土雛）を見て回る「がんど打ち」があり、家々ではからすみやあられを振る舞う。"がんど"とは中世の言葉で強盗のことだが、元はこの日留守の家に無断で入り供え物を盗んでもよいという風習で、月見団子の習わしと近似していた。

### ⑤田植のみょうがぼち
　美濃地方の田植えの頃のおやつで、ぼちは餅のこと。小麦粉と米粉を捏ねた生地にそら豆の餡を包み、さらにみょうがの葉で包んで蒸したもの。みょうがの香りが爽やかな夏のおやつ。

⑥飛騨のお盆の朴葉餅

　飛騨の山には朴の木が多く、郷土料理の「朴葉焼き味噌」はこの落葉を使ったもので、初夏から夏の青々とした葉には搗きたての餅を包む。田の神様やお盆のお供えで、青葉で餅をきっちり包んでおくと餅が長持ちし、葉付きのまま焼いて食べるとよい香りがする。美濃地方では朴葉の押しずしを作る。

⑦ほんこ様の茶の子

　ほんこ様は報恩講のことで、浄土真宗の開祖親鸞上人の忌日と先祖に感謝する仏事。11月から12月の佳き日に行われ、何日も前から準備にかかり、寺の重職や親類縁者を招いて盛大に行われる。手作り料理の後に出されるのが「茶の子」で、昔は子供たちが山で拾って来た栗や椎の実、囲炉裏で作った豆炒り、干し柿や熟し柿など「自然菓子」が盛られた。「茶の子」は禅僧の茶菓子のことである。

### 知っておきたい郷土のお菓子

- **三嶋豆**（高山市）　馬印三島豆本舗製の豆菓子。1868（明治元）年創業時には高価だった白砂糖を使い、水に浸して煎り上げることでやわらかくなった大豆に砂糖衣を着せた白・青海苔の2色。他に、「榧錦」などがある。
- **みだらし団子**（高山市一帯）　香ばしい匂いで人気の高山の郷土のおやつ。うるち米の串団子を一度焼き、醤油タレにくぐらせ再び火で炙ることで焦げ目がついて、香ばしいかおりがする。高山では「みだらし」とよぶ。
- **印譜らくがん**（高山市）　1870（明治3）年創業の武藤杏花園が作る麦落雁。飛騨高山に縁のある文人・墨客の落款30種を意匠とした風情ある高山名菓。他に、飛騨国分寺の瓦と銀杏の意匠を抜いた麦落雁「こがらす」がある。
- **飛騨駄菓子**（飛騨地方一帯）　飛騨地方の穀物類が集積される高山は、江戸時代から駄菓子や煎餅の生産が盛んだった。「げんこつ」「こくせん」「かんかんぼう」や棒付き細工飴の「ねぶり子（方言でしゃぶる）」などがある。
- **味噌煎餅**（飛騨市）　1908（明治41）年創業の井之廣製菓舗の名物煎餅。

自家自慢の味噌と卵を使った小麦粉煎餅で、砂糖蜜を刷毛でひと塗りしてある。

- **大垣せんべい**（大垣市）　田中屋創製の味噌煎餅。卵を使わず硬い歯ごたえが特徴。焼く前に金型に菜種白絞油（しらしめゆ）で何層もの油膜を作り艶をつける。
- **水まんじゅう**（大垣市内）　漉し餡を包んだ葛饅頭で、「猪口」という陶型に詰められ、溢れる水桶に冷やされて売られる夏の大垣の郷土菓子。
- **柿羊羹**（大垣市）　1755（宝暦5）年創業の槌谷（つちや）の創製。岐阜県特産「堂上蜂屋柿」の干し柿を摺り潰し、砂糖と寒天を煮詰め合わせた柿羊羹。孟宗竹の半割の容器に流して固める。選び抜かれた柿で作る「御前白柿」は絶品。
- **金蝶園饅頭**（きんちょうえん）（大垣市）　1798（寛政10）年創業の金蝶園の名物酒饅頭。初代が大垣藩の茶会に饅頭を献上したところ、好評を得て藩主の和歌から菓名が付けられた。なめらかな漉し餡が包まれている。他に金蝶堂饅頭もある。
- **登り鮎**（岐阜市）　1908（明治41）年創業の玉井屋本舗製。献上品だった岐阜・長良川のアユをカステラ生地で模し、求肥を包んだもの。
- **松風**（岐阜市）　1720（享保5）年創業の長崎屋本店の銘菓。松風は小麦粉に砂糖、水飴を加え煎餅のように焼いた物。味噌松風は松風の原料に、当地特産の麹白味噌を加えたカステラ風の菓子。当店は松風2種の製造販売。
- **栗きんとん**（中津川市）　元禄年間（1688〜1704）創業の「すや」の代表銘菓。もともと酢を醸造していたが江戸末期7代目が菓子屋に転業、8代目が特産の柴栗を使って「茶巾絞りの栗きんとん」を創製した。100％栗なので9月から翌年1月までの限定菓子。栗菓子は他に川上屋や松月堂が作る。
- **五平餅・御幣餅**（東濃・木曽一帯）　ご飯を潰して串に刺し、胡桃やエゴマのタレを塗り焼いた郷土食。中津川市の団子型や恵那市のわらじ型があり、広く中部山岳地帯で食され、山の神に供えるので御幣餅の名がある。
- **カステーラ**（恵那市）　1796（寛政8）年創業の松浦軒本店や明治期創業の松浦軒本舗の昔風カステラ。かつて岩村藩医・神谷雲沢（かみやうんたく）が長崎で蘭

学を学んだ際にカステラの製法を持ち帰り、松浦軒の初代に伝授。銅板造りの小釜で1本ずつ焼き上げる古式製法で作られている。松浦軒本舗には、カステラ生地で手亡豆の羊羹を巻いた珍しい巻き羊羹がある（冬季のみ）。

- **かんから餅**（恵那市）　岩村・加運賀良屋の名物団子。岩村富田産のもち米100％を使ったふんわり搗きたての餅に、漉し餡、胡麻、黄な粉の3色があり明治から続く地元の味。もともとはうどん屋で、かんから餅はデザート。
- **からすみ**（東濃一帯）　雛祭りの郷土菓子。現在は中津川の佐和屋などが通年作っている（本文参照）。
- **げんこつ飴**（県下一帯）　拳骨のように堅い飴。製法が飛騨と美濃では異なっていて、前者は黄な粉、後者は麦こがし（こうせん）を水飴で練り合わせ、棒状に固めて切る。

# 22 静岡県

黒大奴

### 地域の特性

　日本列島のほぼ中央に位置する。北に日本一の富士山が聳え、南には伊豆半島があり、相模湾、駿河湾を有し太平洋に面している。その海岸線は500km以上で、東京、京都間の距離に匹敵する。山岳地帯以外は温暖な海洋性気候で暮らしやすく、徳川家康が晩年を過ごした地だけに、海産物はもちろん農産物も豊富である。

　県内はかつての遠江、駿河、伊豆の3国からなり、今も昔も関西と関東を結ぶ交通の要衝で、東海道五十三次時代には半数近くの22宿が設置されていた。江戸期を通して街道文化が発達し、旅人相手の料理や名物菓子、土産などが活発に作られ開花していた。現在でも東海道新幹線の車内販売では、「静岡の安倍川餅」や「浜松のうなぎパイ」が売れ筋となっている。

### 地域の歴史・文化とお菓子

## 歴史の菓子で町おこし

#### ①旧岡部町（藤枝市）の朝比奈 粽

　岡部は「東海道五十三次」21番目の宿場で、中心地からバスで約20分の朝比奈谷に、「殿」という集落がある。「殿」は平安時代から続く朝比奈氏の居館のあったところで、ここには村人が「ちまきの井戸」とよぶ古風な井戸がある。昔、戦が始まると女たちがこの井戸水を汲んで粽を作り、兵士たちに持たせると、常に勝利したという縁起のよい粽であった。その粽を朝比奈粽とよんだ。

#### ②朝比奈家に伝わる不思議な粽

　朝比奈氏の祖先は、公家で歌人の堤中納言兼輔（藤原兼輔・平安時代中期の人）の子孫堤国で、駿河国守以後武士となり、今川、武田、徳川3氏の武将として活躍した。粽はこの朝比奈家に伝わり「何年たっても

味が変わらず、食べると2、3日空腹の心配がない」という優れもので、今川・武田・徳川と歴代の武将たちに乞われ献上したという。その礼状が今でも残されている。

③復元された朝比奈粽

朝比奈粽は、室町時代の『南蛮料理書』や江戸中期の『御前菓子秘伝抄』などの書物にもその製法が載っているが、なぜか幻の粽であった。近年土地の有志たちにより古文書が解読され、粽の製法もはっきりし、朝比奈粽が復元された。

　あさひな粽の作り方
　一、もち米を椿の一番灰汁に一晩漬けておく。一、もち米を笊に入れて水分を取る。一、もち米を蒸籠に入れて蒸す。蒸す途中で蒸籠から半切りにもち米を移し、椿の二番灰汁を打つ。一、蒸し上がったもち米を臼にあけ杵でつく。もち米の手返しには椿の三番灰汁汁を使う。一、餅を臼から出して、粽に仕上げる。一、餅を丸めて真菰に包む。この製法を記した古文書は、朝比奈吉輝さんが保管している。
　　　　　　　　　　　　　　　　　　　　　平成二十二年八月吉日
　　岡部を恋うる会

と、こうした覚書も作られ朝比奈粽は町おこしに一役買っている。

## 合格祈願・門出祝いの粽

朝比奈家の古文書によると、元徳期（1329～31）の初め三浦合戦の折に、椿の柱が禍を招いたので取り払って焼き、その灰汁で粽を作ったところ悪魔を調伏することができ、食すと元気百倍となり合戦に大勝した。以後、粽を「朝比奈粽」と名付け5月5日の節供に作って祝ったという。そのことから合格祈願の粽、門出を祝う粽として喜ばれイベントなどに登場している。現在はササの葉が使われている。

### ①決め手は椿または山茶花の灰汁

朝比奈粽には椿または山茶花の灰汁が使われる。筆者が2004（平成16）年に取材した際、朝比奈家出身の方が子供の頃（1935〈昭和10〉年頃）、母親が山茶花の灰汁で粽を作ってくれたと話していた。殿にある朝比奈家の裏庭にその山茶花が残されていた。山茶花はツバキ科なので同様の効果

東海地方

があったようだ。同町の三輪神社でも椿の灰汁で粽が作られ、月遅れの端午の節供に神前に供える。この粽は雷除けとして、家々で門口に飾るそうである。

②鹿児島・鶴岡にも伝わる「灰汁粽」

　薩摩の島津氏が朝鮮出兵や関ヶ原の戦いで強かったのは、兵士たちの兵糧「あくまき」によるとされる。あくまきは「灰汁粽」で、樫や楢の灰汁を使い竹の皮でもち米を包み作った粽で、山形県の鶴岡でも楢やブナの木灰から取った灰汁で笹巻き（粽）が作られている。

　ところが、すでにこれらの製法は、6世紀に書かれた中国の『斉民要術（せいみんようじゅつ）』に記されていた。我が国でも平安時代の百科事典『和名抄』には、朝比奈粽とよく似た製法の記述がある。朝比奈家の先祖が公家であったことを考えると、粽の歴史の古さが偲（しの）ばれた。

## 港町・焼津（やいづ）の味噌まんじゅう

　焼津といえばカツオ・マグロの遠洋漁業の町で、その歴史は江戸時代に始まり、明治初期には漁船も大型化し沖合の漁場に出ていた。その漁師たちに食べられていたのが味噌饅頭。饅頭生地に味噌や醤油を練り込むと、保存が効くためおやつには必須の菓子であった。そこで焼津市内の和菓子店の若者10人が、「味噌饅頭で町おこし」をと毎月晦日（みそか）の30日を「みそまんの日」と定め、この日には10店舗の味噌まんが一度に食べられるユニークな企画で販売をしている。

## 静岡浅間神社（しずおかせんげんじんじゃ）の朔日（ついたち）和菓子

　静岡の地名発祥地である「賤機山（しずはたやま）（賤ヶ丘・静岡）」の麓にある静岡浅間神社は、「おせんげんさん」と市民に親しまれている。この神社では、毎月朔日（正月を除く）に行われる「月次祭（つきなみさい）」に"朔日和菓子"といって季節の和菓子が振る舞われる。2月鶯餅、3月道明寺餅、4月桜餅と、月づき地元の菓子店の味が楽しめる。初穂料1,000円を納めると、「八方睨みの龍」の見事な天井絵の大拝殿で神事に参加でき、厳かな気分の後休憩所でお茶と一緒に和菓子がいただける。

### 行事とお菓子

①パン祖のパン祭

　パンの効用に着目し、日本で最初のパン（堅パン）を焼いたのは韮山（にらやま）（伊

豆の国市）の代官で幕末に反射炉を築いた江川太郎左衛門（坦庵）である。この韮山反射炉は、山口県の萩反射炉などとともに貴重な遺構としてユネスコの世界文化遺産暫定リストへ掲載されている。

　伊豆の国市では、江川太郎左衛門の功績をたたえて毎年1月第3土、日にパン祭が開催され「全国高校生パンコンテスト」がある。当日は全国の人気パンが即売され、パン生地のばしコンテスト等がある。因みに最初にパンを焼いた4月12日はパンの日とされている。

### ②伊豆の国市韮山荒神祭の「十団子飴」

　正月28、29日は火伏の神様「荒神さん」で知られる南條の竈神社の大祭である。空気の乾燥した時期だけに、火難防火の神符や、昔は囲炉裏の自在鉤に結び付けた小さな木のお守り「すみんちょ」が神社で授与される。参道には、子供たちに人気の祭り菓子「十団子飴」の露店やイカ焼き等の屋台が出て大賑わいである。十団子飴（糖子）は元、米の粉の団子だったが今は、ささら飴のように束ねられた飴が売られている。県内では静岡市と藤枝市の境にある宇津ノ谷峠の慶龍寺で、地蔵盆に米の粉の十団子が売られる。

### ③紫陽花節供のこうせん

　藤枝地方では6月1日を「紫陽花節供」といい、軒先に紫陽花を吊るし疫病除けにする。この日は小麦を炒って粉にしたこうせん（麦こがし）を供えたり食べたりした。

### ④腰越の「マメタク」

　腰越は安倍川の支流・西河内川上流の山あいにある集落で、「マメタク」は毎年6月14、15日に子供たちが行う行事。14日夕方小学生から中学生までの子供たちが地蔵堂に集まり、ヤマモモの枝を持った年長者を先頭に集落の家々を「豆くりょー、米くりょー、砂糖くりょー、銭くりょー」と呼びつつ訪ね、家人からそれらの品を袋に入れてもらう。翌日集会所で親たちの手を借り豆菓子の「豆炒り子」を作り、再び家々を訪ねて配って回る。豆炒り子は大鍋で豆を炒り砂糖でからめたもので、ポン菓子なども作る。この日は前もって作っておいた「ツクリモノ」の葦の馬を川の流れに打ち落とす行事がある。

　ヤマモモは魔除けの木で、「豆炒り子」は夏病を防ぐ供物で、葦の馬は、集落の災いを馬に背負わせ流すという意味が込められていた。

⑤宇津ノ谷の地蔵盆と十団子

　「十団子も　小粒になりぬ　秋の風」と芭蕉の弟子の森川許六に詠まれた十団子は、500年も前の室町期頃より、東海道の旅人に力を与えた米粉の名物団子で旅人たちが旅の安全に買い求めていた。その団子もいつの頃か小さな団子を10粒糸で数珠のように連ねたものになっていた。今日では峠にある慶龍寺で、毎年8月23、24日の地蔵盆に売られている。昔、地蔵が鬼を退治したという伝説もあって、玄関の門守りとする。この日には菓子店の新粉の甘いお菓子の十団子も売られ賑わう。

⑥十五夜のへそ餅

　静岡の月見団子は、丸く平べったい形で真中がへこませてある。ここに餡をのせて食べるのだが、家康が人質として駿府城にいたとき三河からのお守役が、元気で丈夫に育つようにと「へそ餅」にしたと言い伝えられている。安倍川、藁科川の流域では、今でも各家の月見団子を子供たちが勝手に取って歩く風習があり、貰ってもらうと縁起がよいとされていた。

### 知っておきたい郷土のお菓子

- **安倍川餅**　安倍川上流の金山巡視の家康に、茶店の老婆が黄な粉を砂金に見立て「安倍川の金な粉餅」と献上するや家康は喜び「安倍川餅」と命名したという。後に貴重な白砂糖を用いたことから東海道名物となった。
- **追分羊羹**（おいわけ）　東海道江尻宿（現清水区）名物。300年の歴史ある竹皮包みの蒸し羊羹で竹皮ごと切って食べる。諸大名や旅人に愛された味。
- **島田の小饅頭と黒大奴**　島田宿は東海道53次の23番目の宿。江戸中期創業の清水屋は紀州の浪人より甘酒皮の饅頭作りを伝授された。参勤交代の松江藩主・松平不昧公の目にとまり「一口で食べられる饅頭を」と助言を受けて小饅頭が誕生した。黒大奴は「島田の帯祭り」に登場する大奴に因んだ菓子で、俵型に丸めた漉し餡を艶のある昆布入り羊羹で包んである。
- **子育飴**　小夜の中山で賊に殺害された母親から生まれた子供を、僧が水飴で育てたという遠州七不思議の伝説に因む水飴。小泉屋で販売している。
- **愛宕下羊羹**　午前中には売り切れという幻の羊羹。1907（明治40）年

旧大須賀町（現掛川市）横須賀の愛宕下に開業。羊羹専門店で、堅めでしっかりした食感と上品な甘さが特徴。現在も包装せず裸のままケースで販売している。
- **くず湯** 掛川は葛の産地。根は葛粉、蔓は葛布になる。葛粉は豆腐のように1丁2丁と数えるので桂花園(けいかえん)の葛湯は「丁葛(ちょうくず)」とよばれる。
- **葛餅** 東海道日坂宿（現掛川市）名物は「蕨餅(わらびもち)」だが、実は「葛餅」で「新坂（日坂）の蕨の餅はよその葛餅」と天下周知の名物だった。
- **小豆餅** 家康が三方ヶ原の戦で信玄に敗れ浜松城に敗走。途中、茶店で小豆餅を食べ銭も払わず逃げたので茶店の老婆が追いかけ銭を取ったという伝説がある。地名に「小豆餅」「銭取」があり名物の小豆餅も売られている。

東海地方

# 23 愛知県

いがまんじゅう
(雛菓子)

### 地域の特性

　日本列島の中部に位置し、東京と西京の中間ということで「中京」とよばれ、名古屋は東西文化の接点として特異な文化を育ててきた。またこの地方は、「尾張」と「三河」の両国からなり、地理的にも交通の要衝で、主要街道の東海道は京都・大坂・江戸を結び、枝道には内陸部に向かう飯田街道、木曽街道(中山道)、美濃街道などがあり、知多の海からは特産の塩を運ぶ矢作川を使った船運も発達していた。

　こうした尾張・三河からは、日本の3大英傑、信長・秀吉・家康が誕生した。彼らの時代、世の中を左右するほど力を有していた「茶の湯文化」が、この地域にも定着した。尾張徳川家藩主や家臣たちは芸事に熱心で、特に7代藩主宗春の時代に遊興が奨励され、茶の湯が勃興した。江戸後期の化政期には庶民の間に抹茶を飲む習慣が深く浸透した。そのため菓子文化が発達し、現在でも江戸期創業の上生菓子の老舗が多く、饅頭の生産高は日本一。抹茶も生産高6割で、西尾市で製されている。農家には1家に1式野点の道具があり、農作業の合間に一服を楽しみ、「松尾流」という地元流派もあり、茶の湯は習い事の上位に入っている。

　トヨタに代表される「モノづくり王国・愛知」の深部には、茶の湯から培われた「ゆとりの心」が組み込まれているようだ。

### 地域の歴史・文化とお菓子

## 春姫様と名古屋の嫁入り菓子

### ①名古屋の嫁入り習俗「菓子撒き」

　名古屋といえば喫茶店の豪華メニューで知られるモーニングサービスがある。さらにド派手な演出で知られるのが名古屋の結婚式。「娘3人いたら家が傾く」「嫁をもらうなら名古屋から」といわれるほどで、そのトッ

プが「菓子撒き」である。花嫁が実家を出るとき、家の屋根や2階の窓から親族たちが駄菓子の袋詰めを大量に撒くのである。それを近所の人たちが事前に知っていて、大勢が拾いに来る。ケチると笑いものになるので、菓子の量は増えて枕の大きさほどの袋詰め菓子が撒かれるという。費用も数十万円から100万円単位になっている。

いかに娘を華やかに送り出すか、近年ではホテルの宴会場で行っている。

### ②花嫁行列と菓子

筆者は十数年前、名古屋の「嫁さん菓子」の卸問屋・辻下商店店主の辻下武氏（大正8年生）から次のような、興味深い話を伺った。辻下氏は津島市の生まれで、子供の頃（大正から昭和初期）嫁さんの菓子もらいを「道よけ」といったそうである。そのときこんな歌をうたったという。

　　嫁さん嫁さん菓子おくれ
　　菓子がなければ通さんよ

昔の嫁さんは歩いて来たり、人力車に乗ってきても、婚家の手前20mぐらいのところで降りて歩いた。嫁さんが来ると子供たちが寄って来て、前述の歌をうたうのである。すると、当時は袋に入っていないむき出しのお菓子を、行列の人が撒いてくれたそうだ。その菓子はタマゴボーロ、花型のビスケット、パンや煎餅で、手で受け止められた菓子はいいが、落ちたのは人に踏まれ、花嫁行列の後には菓子がいっぱい落ちていたという。

### ③嫁入り行列の妨害

辻下氏の話のキーワードは「道よけ」である。子供たちが花嫁さんの行列を妨害し菓子をくれないと通さない、ということで、ここでは単なる子供の意地悪ではなかった。日本各地の婚礼習俗で共通しているのは、花嫁の出立の際、集落の人たちが行く手をなんらかで妨害することであった。

春日井市の『郷土誌かすがい』第36によると、この地方でも昭和初期頃まで、嫁入り行列を子供たちが妨害するので、先頭の仲人爺さんが「嫁入りよう、嫁入りよう」といって菓子をばらまいて歩いた、とある。さらに婚家が近づくと村の衆が、街道に縄を引っ張って妨害をした。そのため嫁方は「タバコ」を前もって用意していたという。

他では例えば、能登では「ナワバリ」といって、嫁入り行列の行く手に縄を張り、通せんぼをした。こうした妨害の意味は他地方にもあったが、祝儀（お金や酒、菓子）を要求することに転化した。しかし、名古屋の菓

子撒きのもともとの風習は妨害にあった。
### ④花嫁の配り菓子いろいろ
　愛知県以外の地方にも嫁入り菓子がみられる。香川県丸亀地方では、娘の婚礼道具の中に必ず「おいり」を持たせる習わしがある。花嫁「おいり」といって、おいりはアラレを煎ったもので「お煎（炒）り」を「お入り」とも書いていた。直径１cmほどのふわふわした丸い５色のアラレで、婚礼翌日には、近所の子供たちが「おいり」を貰いにやって来た。このときは「はけびき」といって小判型の彩色された麩焼き煎餅もそえて花嫁が手渡した。
　福井県では饅頭が主役で、婚家に花嫁道具が届くとそれを見物に来る人たちに饅頭を配り、婚礼当日には１日に何度も近所の人に饅頭の手渡しがあった。かつてはこちらでも饅頭を２階から撒いたという。
### ⑤春姫様と名古屋のド派手婚
　こうして「嫁入り菓子」の風習は名古屋だけではないが、名古屋では嫁に行く方でも、また迎える方でも菓子を渡す風習がある。こうした派手な婚礼のルーツは、戦国時代の末期、紀州藩初代藩主・浅野幸長（あさのよしなが）（1576～1613）の次女「春姫」（1603～37）が、尾張藩初代藩主・徳川義直（1600～50）に御輿入れをした婚礼にあるとされる。
　藩主・義直と春姫の婚礼は1615（元和元）年で、春姫は義直より２歳下の14歳であった。
### ⑥家康公も見ていた春姫様の豪華な行列
　この日春姫様の一行は、伊勢桑名で昼餉（ひるげ）をとり、桑名より熱田に降り立った。熱田より本町筋を、御供駕籠50挺、馬上の御女中43人、長持300棹、先駆の中間100人が、真紅の布を通した銭１貫文ずつを肩にかけて歩き、その後を御茶などの御道具の列、付き添いの医師、茶道師範の方々、そして家令の大津庄兵衛ら付き添いの諸士を含めると、熱田から御城まで延々数十町に及んだ。沿道には大勢の人々が平伏し、かつ豪華な御道具の数々に感嘆の声を上げていた。
　新しく出来上がった名古屋城の櫓では、父君家康公が、前日より到着し行列を見物していたという。なお、名古屋城の本丸御殿を作った大名のひとりが春姫の父君・浅野幸長であったが、婚礼に先立つ２年前の1613（慶長18）年に死去していた。家康公も、この華麗な婚礼行列に安堵したの

か翌、元和2年に他界した。

春姫の婚礼行列は、混乱の戦国末期の夜明けで、尾張の町衆たちは、政治の安定と太平の前兆として春姫の行列を迎えたのであった。

⑦名古屋駄菓子の代名詞「明道町(めいどうちょう)」

名古屋の婚礼の「菓子撒き」に使われる"嫁入り菓子"は、いわゆる駄菓子である。寿と書かれた袋詰めの中身は縁起よくタイの形のチョコレートやスナック菓子、クッキー、時には昆布なども入っている。これらは名古屋で駄菓子といえば「明道町(めいどうちょう)」というくらい有名な、明道町で売られている。

明道町は、現在名古屋市西区新道・幅下周辺の通称で、全国最大級の駄菓子問屋街である。2000（平成12）年に中京菓子玩具卸市場が閉鎖になったが、周辺には問屋が多数営業している。春日井製菓、名糖産業、マロン製菓など聞き覚えのある名だたる製菓会社の本社もある。

⑧名古屋駄菓子の起源

初代藩主義直の居城・名古屋城が完成したのは1614（慶長19）年で、今から約400年前のことである。名古屋城の普請が始まったのはその4年前で慶長15年。名古屋の駄菓子はこの名古屋城築城と関係していた。つまり、ここで働く職人たちの間食として、疲労回復のため甘味菓子が必要となり、売られたのが始まりとされていた。その頃は駄菓子という呼称はなかったと思われるが、名古屋の駄菓子発祥地・明道町ではその後、江戸時代を通して、美濃路を行く旅人たちに、下級武士たちが手内職として煎餅や飴菓子を作って売っていた。盛況をみせたのは江戸後期の文政期（1818～30）頃からで、1950（昭和25）年頃で400軒の駄菓子問屋があった。

名古屋周辺では出立の花嫁に、村人が石を投げつけて阻止する風習は江戸時代からあったという。その際、饅頭や餅を与えていたがその後、日持ちのいい駄菓子に変化したのであった。

### 行事とお菓子

①豊橋"鬼まつり"の「たんきり飴」と「鬼饅頭」

豊橋地方に春を呼ぶ祭で、市内安久美(あくみ)神戸神明社の例祭は、毎年2月10、11日に行われる。11日には悪さをする鬼と成敗する天狗の所作を「からかい」といい、負けた赤鬼が「たんきり飴」と白い粉を撒き散らして氏

子町内に繰り出す。大人も子供も真っ白に粉をかけられ飴を拾う。この飴は食べると厄除けになり、夏病みしないといわれていた。町のお菓子屋さんには「鬼饅頭」といって、小麦粉饅頭に刻んださつま芋がごろごろ露出した蒸し饅頭が売られている。鬼饅頭は名古屋では一般的なおやつだが、ここではさつま芋が鬼ヶ島のごつごつとした岩に見えて面白い取り合わせである。

②雛祭りの「おこしもの」

名古屋を中心とした尾張地方の雛菓子で、「おしもん」「おしもち」とよばれ、現在でも主に家庭で作る。タイ、熨斗、羽子板、扇面といった縁起のよい木型に、米粉に砂糖、湯を加えて練った生地を、木型で成形し、蒸して食紅で彩色する。供えた後は焼いて砂糖醤油で食べる。

この「おこしもの」は、三重県伊賀地方の「おしもん」が伝えられたとされる。鮮魚が入手困難なこの地方で、タイなどの木型へ寒梅粉に砂糖を混ぜて詰め、型抜きした菓子がありその手法である。

③三河の雛菓子「いがまんじゅう」

米粉を熱湯で捏ねて蒸籠で蒸し、臼で搗く。生地を手に取り小豆餡をのせて包む。別にもち米を浸水して色粉で青、赤、黄と色付けして饅頭の表面に散らして蒸器で蒸す。もち米が立って栗のイガのように見え、饅頭につやが出ると蒸し上がり。家康の出身地らしく、このイガは家康を救った「伊賀越え」に因んでいるといわれるが、全国的にみられる菓子である。奥三河では雛菓子に「からすみ」を作る。

④津島「天王祭」の厄除け菓子「あかだ」「くつわ」

「津島の天王さま」で親しまれる津島神社。祇園牛頭天王（素戔嗚尊）を祀る、天王社の総本社。毎年7月下旬の天王祭は"厄疫流し"の夏祭りで知られ、織田信長も酔いしれた豪華絢爛な「巻き藁船」が天王川に繰り出す。この神社の参拝土産の菓子が「あかだ」「くつわ」で、神仏習合時代、神前の供米を団子にして油で揚げ、悪疫退散の薬としたのが最初。仏教の「阿伽陀」は薬の意。「くつわ」は茅の輪神事のカヤの輪を模したもので、馬の轡に似ておりこれも油で揚げる。堅い堅い菓子だが、魔を除ける団扇とともに神社前の3軒の土産店で売られ、夏の疫病除けである。

⑤奥三河・花祭の「五兵餅」

花祭は「霜月神楽」といわれ、毎年11月から翌3月まで五穀豊穣、無

病息災を祈り奥三河の各地で行われる。巨大な鬼が「てーほへ、てほへ」の掛け声で夜を徹し舞うこの行事は400年の歴史があり、「寒い、煙い、眠い」で知られる。だが、楽しみは新米のご飯を潰し、串に小判型にはり付けてクルミやエゴマの甘味噌を塗り、囲炉裏で焼いた五平餅で、香ばしいふる里の味である。「御幣餅」とも書かれ山の神様への供え物でもある。

## 知っておきたい郷土のお菓子

- **名古屋ういろう**（名古屋市）　ういろうは外郎（ういろう）と書き「透頂香外郎（とうちんこうういろう）」という咳や痰に効く苦い薬で、鎌倉時代に陳外郎によって博多に伝えられた。2代目は京都へ移り薬の口直しに、米粉に黒砂糖を加えた蒸し菓子を考案し「お菓子の外郎」として評判となった。名古屋へは尾張2代藩主光友侯（1625〜1700）に仕えた陳元賛が藩の御用商人・餅屋文蔵に製法を教えたのが最初とされる。名古屋名物となるのは、竹皮包装から高圧滅菌する包装の技術革新や、1964（昭和39）年の東海道新幹線開通による販路の拡大にあった。現在は小豆や抹茶など種類も多く餅文総本店、青柳総本店などが作る。

- **初かつお・上がり羊羹**（名古屋市）　尾張藩御用菓子司・桔梗屋から暖簾分けした美濃忠（江戸時代末期創業）の看板商品。「上がり羊羹」は蒸し羊羹ながら他にない味わい。「上がり」とは献上を意味する。また、2月から5月に作られる「初かつを」はカツオの肌を思わせる桜色の棹状の蒸し菓子。

- **をちこち・二人静**（名古屋市）　両口屋是清の銘菓。創業者である猿屋三郎右衛は1634（寛永11）年大阪から名古屋に移る。2代目当主の時に尾張藩の御用を承り、現在まで続く名古屋一の老舗。「をちこち」は大納言小豆を村雨種で挟んだ棹物。「をちこち」は「遠い近い」の意味で、遥かな山々の風情を表している。「二人静」は茶花の「二人静」を模したもので、阿波和三盆を使用した紅白1対の愛らしい干菓子。

- **夏の霜・うすらい**（名古屋市）　1896（明治29）年に、京都「亀末廣」より暖簾分けした老舗「亀末広」の銘菓だったが、同店は2012（平成24）年に閉店。その後「亀広良」が現在その銘菓を受け継ぐ。「夏の霜」は餡を落雁生地で挟んであり、謡曲の「経政（つねまさ）」からの菓名である。「うすらひ」は、黒糖餡を薯蕷煉り切りとこなしの層で挟んである。どちら

も季節菓である。
- **きよめ餅・藤団子**（名古屋市）　きよめ餅総本家が作る熱田名物。江戸中期より熱田神宮参詣客が立ち寄った「きよめ茶屋」があり、その茶屋の名にちなみ創製したもので、漉し餡入りの羽二重餅。藤の花房に見立てた「藤団子」も熱田神宮に因んでいる。
- **つくは祢・藤団子**（名古屋市）　江戸時代中期創業のつくは祢屋の銘菓。「筑羽根」は熱田神宮祭神・日本武尊が東国平定の際倭姫（やまとひめ）からもらった火打石になぞらえてあり、「藤団子」は3色の有平糖の輪を結いてある。
- **納屋橋饅頭**（名古屋市）　名古屋の名物饅頭。店名も同じ納屋橋饅頭が作る。漉し餡を包んだ酒饅頭で、名古屋市中心部堀川に架かる納屋橋のそばに1886（明治19）年「伊勢屋」を創業。その後、橋の名を店の名とした。昔ながらに毎朝作り、初代は桑名のとらや饅頭で修業をした。
- **犬山厳骨**（げんこつ）（犬山市）　厳骨庵が作る犬山名物。黒砂糖、水飴、黄な粉を練り上げてつくった小さな三角の州浜飴。堅そうな名だが、口に含んで黄な粉の風味を楽しみながらなめるうちやわらかくなる懐かしい駄菓子。
- **餡麸三喜羅**（あんぷさんきら）（江南市）　1818（文政元）年創業の大口屋が作る麸饅頭。麸は古くから尾張地方でよく食されてきた。漉し餡入りのつるりとした生麸「餡麸」を、塩漬けした山帰来の葉で包んだ尾張地方の郷土銘菓。
- **西尾張の茶の湯菓子**　江戸時代に創業の一宮市・川村屋賀峯総本店では、羽二重生地を生かした古風な菓子の他、浜納豆入りの琥珀羹「浜たから」を作るなど、西尾張には独自の茶の湯文化と銘菓が根付いている。
- **半田の茶の湯菓子**　多半島東海岸の中部にある半田市は、江戸時代中期から醸造業が盛んとなり、酒や酢は江戸へも運ばれ栄えた。そのため茶の湯が盛ん。「雁宿おこし」をつくる松華堂などの老舗・名店が多い。
- **生せんべい**（半田市）　田中屋が作る知多半島の郷土菓子。米粉を水で練り、蒸してから砂糖と蜂蜜を加えて混ぜ合わせてさらに練り上げたものを薄く延ばし、切ったもの。3枚に重ねることで間に空気が入り、うまみが増すという。昔は農家で作り、干して保存食とした。
- **常滑・一口香**（常滑市）　『尾張名所図会』にも載る大野の湊屋は閉店し、現在は技術を継承した風月堂が作る。尾張国の名産として知られた黒糖を小麦粉生地で包んだ小さな焼き饅頭。焼き色は裏面だけで、その昔は「芥子香」とよばれていた。九州北部に同名の菓子があるが、由来など

の詳細は不明とされている。
- **あんまき**（知立市） 1890（明治23）年創業の小松家本家が元祖。大きな小判型のどらやきの皮で餡を巻いてある名物菓子。店名の焼印が大きく押されている。粒餡と白漉し餡入り。3倍ほどの「大あんまき」もある。
- **あわ雪・きさらぎ**（岡崎市） 伝馬宿の備前屋が作る銘菓。三河地方で昔から作られていた「おへぎ」をもとに1790（寛政2）年に創製した銘菓「きさらぎ」や、東海道岡崎宿伝馬の外れにあった名物あわ雪茶屋の「あわ雪豆腐」の廃絶を惜しみ明治初年に創作した「あわ雪」などを作る。
- **五万石**（岡崎市） 家康誕生の地、岡崎の古歌に因んだ献上銘菓。米と砂糖だけを使い焼いた、船の形をした歯ごたえのある煎餅。藤見屋が作る。

# 24 三重県

ねじりおこし

### 地域の特性

　日本列島のほぼ中央部愛知県に隣接し、東に伊勢湾、南に太平洋と東西約80km、南北約170kmの南北に長い県である。県内は伊勢、志摩、伊賀、紀州の4国からなり、気候も温暖で山海の幸に恵まれた古代より「美し国」といわれてきた。

　『日本書記』によると、倭姫命（やまとひめのみこと）が伊勢に来られたとき天照大神が、「伊勢国は常世の国から波の寄せ来る国で、辺境ではあるがうまし国〈美し国〉なり、この国に居らんと思う……」と神託し、この地に伊勢神宮が創祀（そうし）された。

　皇室の祖先神を祀る伊勢神宮だが、後に一般人も参宮できるようになり、伊勢平野や志摩地方は神宮による経済的、文化的影響を強く受ける。

　また伊勢地方は米の大産地で、その米を使った餅文化が発達し、江戸時代に日本全国に大ブームとなった「お伊勢参り」には、参宮街道沿いに名物餅屋ができ、餅は腹持ちもよく旅人の活力源となった。

　俳聖・芭蕉のふる里伊賀地方には、江戸期からの菓子店も多く、芭蕉の句に因んだ風流な菓子が作られている。良質なもち米で作る寒梅粉の「おしもの」も伊賀特有の菓子で、タイを模したお祝いの引き出物は見事である。

### 地域の歴史・文化とお菓子

## 伊勢参りと「餅街道」

### ①お伊勢参りの歴史

　伊勢神宮は、古くは一般庶民が参拝するところではなかった。しかし、平安末期になると朝廷の財政も悪化し、維持するのが困難となり、御師（おし・おんし）とよぶ下級神職が各地に出向いて布教活動をし、伊勢暦や御

祓(災厄を除く神符を)を配布して資金集めをするようになった。最初は貴族の間であったが、鎌倉後期には庶民も対象となり、外宮の豊受大御神を農業神として伊勢信仰を広め、室町時代には御師によって「伊勢講」という参詣者集団が各地に結成され、「お伊勢参り」が一般化するようになる。

②お伊勢参りの発展

お伊勢参りには旅費が必要であった。庶民にとっては大きな負担で、そこで村人たちは「伊勢講」という形で金を出し合い旅費を積み立て、くじ引きで引き当てた人が代参するという形がとられていた。因みにくじを引き当てた人は二度目はなく、誰もがお伊勢参りに行けるようになっていた。

御師はそうした人たちをお伊勢参りに案内し、自らが宿泊所を経営して居心地のよい宿を提供し、贅沢な食事を手配した。代参者が無事に村へ戻り、お伊勢参りの楽しさを宣伝してもらうことが目的であった。当時の御師は、今日のツアー・コンダクターでもあった。こうしてお伊勢参りが発展していったのである。

③江戸時代のお蔭参り

「伊勢に行きたい　伊勢路が見たい　せめて一生に一度でも」と、伊勢音頭に歌われた伊勢参りは、江戸時代になると大ブームが起きた。世の中も落ち着き、東海道をはじめ五街道が整備され交通網が発達した。人々の間に旅の楽しさが定着し、伊勢参りが庶民の生活に浸透していったのである。

この時代、人の移動には厳しい制限があったが、お伊勢参りだけは別扱い。そこで生まれたのが「お蔭参り」であった。別名「抜け参り」といって、奉公人が主人に無断で、子供が親に無断で伊勢参りに行くことで、金がなくとも沿道の人たちから施しが受けられた。江戸時代には3回ピークがあり、最大のピークは1830(文政13)年。3月末から9月まで宮川の渡しを通った人は約486万人、1日最高14万8,000人であった。

こうして伊勢路の沿道には参詣者のための茶店ができ、名物餅を売る店が軒を並べたのである。

④伊勢路玄関口の名物餅

東海道の熱田から船で桑名に上陸すると、「安永餅」(永餅屋老舗・1636〈寛永11〉年創業)がある。牛の舌餅ともよばれ餡の入った長い平たい餅で、

軽く焼いてあり香ばしい。四日市には「なが餅」（笹井屋・1550〈天文19〉年創業）がある。安永餅とよく似ていてこの周辺には同様の餅が多く「太白永餅」（金城軒・1868〈慶応4〉年創業）や、鈴鹿市神戸の「立石餅」（あま新・1689〈元禄2〉年創業）がある。笹井屋が「日永坂下」の立て場にあったことから「永餅」となったという。別名の「牛の舌餅」の名から、神社の神事との関係が考えられる。

⑤熊野街道から宮川までの名物餅

熊野から松阪への街道沿いには「まつかさ餅」（長新本舗・元禄年間〈1688〜1703〉創業・多気町）がある。別名「いがまんじゅう」とよばれ、餅生地で黒糖の餡をくるみ表面にもち米をのせて蒸したもの。松かさの風情なのでその名がある。旧勢和町の「おきん餅」（おきん茶屋・1832〈天保3〉年におきん婆さんが作った）はよもぎ餅で、旅人に評判をとり今日まで作られている素朴な餅である。

宮川の渡しまで来ると伊勢はすぐそこである。「へんば（返馬）餅」（へんば屋・1775〈安政4〉年創業）は、伊勢参宮の旅人が「三宝荒神」（3人乗り）という馬の乗り方で、ここまで来て馬を返したことから付いた名前である。川岸の茶屋で一服し、渡し船に乗って伊勢へ向かった。当時、餅が3文だったので「三文へんば」ともいわれた。餡を餅生地で包み、鉄板で焼いて焦げ目を付けてある。

⑥お膝元の名物餅

三河や尾張の沿岸部から伊勢湾を船で来る人たちは、大湊から勢田川をさかのぼり二軒茶屋で上陸する。船着場付近には角屋と湊屋の2軒の茶屋があった。現在残っているのは角屋で、「二軒茶屋餅」（角屋本店・1575〈天正3〉年創業）が知られ、黄な粉をまぶした餡餅だが、400年余りの歴史が味わい深くしている。

「太閤出世餅」（太閤餅・1565〈永禄8〉年創業）は、主人のお供でしばしば伊勢を訪れた秀吉が、焼き餅を2本の竹で操るように焼き、参宮の人たちに面白おかしく見せびらかして食べたのが最初とされる。へんば餅と同じ丸型で、搗きたての餅に粒餡を包み薄っすらと焦げ目を付けたもの。

最後の締めは「赤福」（赤福本店・1707〈宝永4〉年創業）。今も昔も伊勢を代表する名物餅で、シンプルな餡餅だが白い餅は五十鈴川の川石を、表面の餡の3筋の指跡は川の流れを表し、参拝客の赤心（真心）と福多い

ことを願う「赤心慶福」からの命名である。餡が上側なのは、お蔭参りの参拝客で殺到し、一時も早く出せるようにとの工夫でもあった。

⑦伊勢の「餅街道」

　ざっとみてきても以上のようにたくさんの名物餅がある。餅が名物になったのは、当然旅人へのもてなしだが、長い道中を乗り切るために腹持ちのよいことと、エネルギーを与えてくれることであった。そして伊勢は米所で、また神宮に米を奉納していたこともあり、お伊勢さんに続く街道は、いつしか人々に「餅街道」とよばれていた。

### 行事とお菓子

①えべっさんの「箕のせんべい」と「蛤饅頭」

　伊賀市上野恵美須神社の初えびすは1月19、20日。宵宮には紅白の幕を張り巡らした売り場で、「商売繁盛、笹持って来い」の縁起物の福笹の吉兆（土地では「けっきょ」とよぶ）を求める人たちでいっぱいである。
　この日には「たくさんの宝が掬えるように」と、「宝箕せんべい」ともよばれて売られる。箕は穀物などを入れて使うものだが、「箕のせんべい」は横幅20cmの、砂糖、落花生の入った小麦粉煎餅で、市内の徳本製菓が季節限定で作っている。さらにこの日には、海に遠いこの地方で「生の蛤」やハマグリの形の「蛤饅頭」が売られる。名張のえびす祭りは別名「ハマグリ市」といって、昔は海産物と山の物との物々交換の市だったそうで、ハマグリはそのことを伝えていた。「蛤饅頭」は、ハマグリが高値になったので和菓子屋さんが饅頭で作るようになったという。

②節分の「福引き煎餅」

　津や松阪地方では、2月の節分の頃になると「福引き煎餅」「厄除け煎餅」といって、大人の頭ほどの三角形に折り込まれた大きな焼き菓子が売られる。中には恵比寿様や大黒様の縁起物が入っていて、どんな「福」かは開けてからのお楽しみ。甲府市内の節分にも「ガラガラ」といって中に玩具が入り、その小さいのが山形の「カラカラ煎餅」である。

　津では荒行の「鬼押さえ節分」で知られる厄除け観音（恵日山観音寺）のお土産で、小麦粉、砂糖、卵、砕いた落花生を練り込んだ小麦粉煎餅である。平治煎餅本店で売られ、松阪では柳屋奉善で売られている。因みに郡上八幡や飛騨高山では「正月菓子」として、暮れに売り出される。

③初午祭の「ねじりおこし」

　松阪の春を呼ぶ祭で、毎年3月初午の前後3日間、厄除け観音で知られる岡寺山継松寺で行われる。人には災難が身に降りかかりやすい年齢があって、数えで男性は25、45歳、女性は19、33歳とされ、岡寺さんは厄除けに霊験あらたかなことから、特に振袖で着飾った19歳の女子が大勢祈願に訪れる。参道にはたくさんの露店が出て"厄をはじき去る"といって縁起物の「はじき猿」の玩具や、厄をねじ伏せるといい丈が約30cmほどの大きな「ねじりおこし」が売られている。「ねじりおこし」は市内の駄菓子のあいや、柳家奉善で製造販売している。

　この日ユニークなのは、厄除祈願の参詣者が、厄落としといって持参したハンカチを参道に落とすという奇習で、最近は各所の段ボールに入れるようになっているが、お金を落とす人もいる。しかし、この日は下を向いたり後ろを振り返ってはいけないという言い伝えがあった。

④端午の節供のおさすり

　三重県南部の熊野市地方の柏餅は、えべついばら（サルトリイバラ・サンキライとも）の葉で包んだ漉し餡入りの米粉の蒸し餅で、これを「おさすり」とよぶ。端午の節供には、川笹を取って来て粽もつくる。粽は男児を、おさすりはハマグリのような形で女児を表して子供の成長を祈った。最近は熊野市内の菓子店でも季節限定で売られている。

⑤田植えの野上がりに「蒸しだんご」

　田植えも済んだ農休みに作るだんご。みょうがの葉やがんたちいばら（サルトリイバラ）の葉を使う。小麦粉に炭酸と塩を混ぜてよく捏ねた生地に、そら豆の餡をくるみみょうがの葉で三角に巻く。がんたちいばらは大きいときは2つ折りにして包む。みょうがはすがすがしい香りがする。

⑥志摩・伊雑宮の御田植祭と「さわ餅」

　伊雑宮御田植祭は毎年6月24日に行われる志摩地方第1の大祭。国の無形民俗文化財で、日本3大御田植祭の1つである。土地では「磯部の御神田」とよばれて親しまれ、神事の最大イベントは「竹取神事」。泥んこになった若者たちが、田に倒された太い青竹の笹竹を取り合う勇壮な行事で、この竹は持ち帰って船魂に供え大漁満足、海上安全のお守りとした。江戸末期の天保（1830〜43）の頃、竹取神事の笹竹に因み「笹餅」が売られ笹餅が転じ、また竹の「棹のような餅」が転じて「さわ餅」となった

といわれる。餡を挟んだ長方形の餅で白とヨモギがある。由来は諸説あるが松阪地方では、沢水で手返ししたので「さわ餅」とよぶようになったという。

⑦猪子(いのこ)ぼた

11月の最初の亥の日に作る松阪地方のサトイモ入りのぼた餅。サトイモを乱切りにして米に混ぜて炊き、炊き上がったら擂り鉢で5分どおり潰して直径5cmの餅にし、粒餡でまぶす。サトイモは子だくさんな猪に見立てている。

### 知っておきたい郷土のお菓子

- **とらや饅頭**(桑名市) 1704(宝永元)年創業のとらや老舗が作る薄皮のこし餡入り酒饅頭。熱田と桑名を結ぶ「七里の渡し」があった頃から伊勢参りの客に親しまれ、現在も桑名名物として知られる。
- **志がらみ・蛤しるこ**(桑名市) 百年余の老舗・花乃舎の銘菓。やわらかい薄紅の羊羹をはさんだ羽二重餅を手綱のように捻じり、氷餅をまぶした「志がらみ」や、他に桑名名物のハマグリに因んだハマグリ型の懐中汁粉がある。
- **たがね**(桑名市) 1872(明治5)年創業の「たがねや」の名物。土地の溜まり醤油が香ばしい小判形・櫛形の炭火焼煎餅。もち米・うるち米を合わせ、粒々を残して搗いた生地が特徴。「たがね」はシトギのことで、餅の古語。
- **八壺豆・紅梅焼**(桑名市) 多度大社の門前菓子。「八壺豆」は多庋豆ともいい、大豆を芯に黄な粉と蜜を練り合わせた州浜生地を被せ、白砂糖をまぶした豆菓子。「紅梅焼」は山椒風味の小麦粉生地を梅型にして、鉄板で押し焼きする。1855(安政2)年創業の桔梗屋などが作る。
- **小原木(おはらぎ)**(鈴鹿市) 享保年間(1716〜36)創業の大徳屋長久の銘菓。もと廻船問屋で紀州藩の御用商人だったが後に菓子屋になる。楕円形に焼いた薄い小麦粉生地で半月形に粒餡を包む。京都の「大原女」を模している。
- **亀の尾**(亀山市) 瑞宝軒の亀山銘菓。練り餡を求肥で包んだ餅菓子で、初代が江戸末期に創製した。菓名は古今和歌集の歌に因んでおり、長寿をことほぐ菓子として知られる。

- **関の戸**（亀山市）　東海道・関宿(せきじゅく)に寛永年間（1624〜44）に創業した深川屋陸奥大掾(むつだいじょう)の銘菓。赤小豆の漉し餡を求肥で平たく包み、阿波和三盆をまぶした一口大の餅菓子。仁和寺御用を勤め官位も賜った老舗。
- **さまざま桜・竹のふし**（伊賀市）　1712（正徳2）年創業の紅梅屋の俳風菓子。伊賀は芭蕉の生誕地。「さまざま桜」は「さまざまの　こと思ひ出す　桜かな」の句に因み桜形に抜いた山芋入りの干菓子。「竹のふし」は「竹の子や　稚き時の　絵のすさび」の句に因んだ黒餡を寒梅粉で包んだ押し物。
- **かたやき**（伊賀市）　伊賀の名物菓子。伊賀忍者の携行食とされ小麦粉に砂糖を混ぜ、重石で押さえ気長に焼いて水分を抜いた堅い煎餅。木鎚で割ったり、菓子同士を直角に打ちつけて割る。忍者は刀の鍔で割った。
- **おしもん・千代結び**（伊賀市）　いせやなど市内各店で作る。「おしもん」は寒梅粉と砂糖を揉み合わせ餡を入れて木型で打ちだした伊賀地方の伝統菓子。伊賀は海に遠いので定番はタイなどの魚介類。名古屋の雛菓子「おしもん」のルーツとされている。「千代結び」は伝統工芸品「伊賀組紐」を意匠化し、木型で打ち出したおしもん。お福分けといって分け合っていただく。
- **いが餅**（伊賀市）　江戸時代初期創業の老舗・桔梗屋織居が作る伊賀銘菓。漉し餡をうるち米のしんこ生地で包み、上に彩色したもち米をつける。これは伊賀忍者の暗号となった「5色米」の名残ともされ、全国に「いが餅」が残るのは、伊賀忍者との関係が考えられた。関宿名物の「志ら玉」は、赤、緑、黄の彩色された3色のもち米がつけてある。(せきじゅく)
- **けいらん**（津市）　「津観音」の門前に9代続く玉吉餅店の名物。新粉生地で漉し餡を包、赤・黄2色に染めたもち米を表面にびっしりつけた餅菓子。伊賀の「いが餅」とは、もち米の付け方が違うがよく似ている。
- **老伴(おいのとも)・鈴最中**（松阪市）　柳屋奉善の銘菓。延年の図案の最中種に紅色の白餡羊羹を流し、片面は砂糖蜜が刷いてある。1575（天正3）年に「古瓦」の名で創製。その後松阪の豪商三井高敏が、白楽天の詩から「老伴」と改名。土地の国学者・本居宣長の七古鈴にちなむ「鈴最中」も作る。
- **まつかさもち**(か)（多気町）　元禄年間（1688〜1703）創業の「長新」の相可(おう)名物。相可は熊野街道・伊勢本海道・伊勢南街道の合する交通の要衝で、ここで300年間作られているのが「まつかさ餅」。櫛田川流域の良

質米を練り上げ、黒糖餡を包み餅の表面にもち米（無彩色）をまぶして蒸したもの。まつぼっくりに似ているので「松笠餅」、別名「いが餅」ともよばれている。三重県内には「いが餅」系統の餅がなぜか多い。

- **さわ餅**（伊勢志摩地方）　松阪では1819（文政2）年創業の伊賀屋、1830（天保元）年創業の福徳餅など多くの店が作る。薄く延ばした餅を正方形に切り、小豆餡をのせて2つ折りに包んだ名物餅菓子。
- **絲印煎餅**（伊勢市）　伊勢神宮の門前町に1860（万延元）年に創業した播田屋の銘菓。卵・砂糖入りの小麦粉生地を焼いた小さな薄焼煎餅。室町時代以降中国からの輸入された生糸の「絲印」の焼き印が押されている。
- **生姜糖・岩戸餅**（伊勢市）　岩戸屋の土産菓子。「生姜糖」は生姜の汁と砂糖を混ぜて煮詰め、型に流し固める。起源は伊勢神宮への神饌の1つだったとされる。その後伊勢参りの土産品として、神宮のお札（剣祓）の形が定番となる。「岩戸餅」は漉し餡入りの餅に黄な粉をまぶしたもの。

# 25 滋賀県

穴村のだんご

### 地域の特性

古く「近江国」とよばれ、近江は遠海（現静岡県）の「遠つ淡海」（浜名湖）に対し、「近つ淡海」の琵琶湖をさしていた。現在も滋賀県を「湖国」といい、県のシンボルである。その琵琶湖を囲んで市町村があり、最近は「近江県」の名も浮上してきている。県北は日本海気候で雪が多く、南部は内陸気候で比較的穏やかである。地域は湖南・湖東・湖北・湖西に分けられ、県都大津市は湖西にある。

古来から、近江国は奈良や京都に近いことから都を守る重要な拠点で、「近江を制する者は天下を制す」とされ、数々の戦乱の舞台となった。また都の華やかな歴史の裏方として、歴史的・文化的資源も豊富で、「菓子文化」も古式が残され興味深い。

### 地域の歴史・文化とお菓子

## 近江の古社寺と菓子

### ①餅の神様を祀る小野神社

琵琶湖の西側を走るJR湖西線には、「和邇」「小野」といった古代の名族を髣髴とさせる駅がある。和邇駅近くにある小野神社は、小野氏の祖神を祀る神社で、遣隋使として中国に渡った小野妹子はこの土地の出身とされる。また、平安初期の政治家で歌人の小野篁、平安中期の三蹟の1人小野道風を祀る神社もある。

小野神社の祭神は天足彦国押人命と米餅搗大使主命の2神で、米餅搗大使主命は天足彦国押人命の子孫で、応神天皇の時初めて餅を作り「米餅搗」の姓を賜ったとされる。

### ②餅の古い形「粢」

米餅搗は古くシトギツキと読み、シトギは粢と書き餅の古形である。小

野神社では毎年11月2日に「粢祭り」が行われる。シトギは蒸したり茹でたり火を一切使わない餅で、よく磨いだもち米を一昼夜水に浸し、水を切って臼で砕いて搗き固める。餅独特の粘りは少ないが、シトギのシトは「雨がシトシト降る」のシトで、しっとりした優しい感触の「粉餅」である。「粢祭り」は、シトギを藁ヅトに詰めて神前にお供えし五穀豊穣を祈る。

### ③餅の神様は菓子の神様

藁ヅトの粢のお下がりは、このまま蒸すと粽に、焚き火にくべると藁が燃え尽きる頃こんがりと焼きシトギになる。シトギは、餅菓子の元とも考えられる。つまり、小野神社の祭神・米餅搗大使主命は「餅及び菓子の匠・司の始祖」として、餅菓子業界の人々に「菓子の神様」として信仰されるようになったのである。

小野神社の正面両脇には、菓子業界から奉納された大きな石の鏡餅が一対、狛犬さんのように鎮座している。

### ④三井寺の力餅

近江八景の1つ「三井の晩鐘」で知られる三井寺は、園城寺とよばれ天台寺門宗の総本山である。延暦寺と仲の悪い時代があり、比叡山西塔谷武蔵坊にいた荒法師弁慶を先陣に三井寺を攻略した。堂塔伽藍を焼き尽くし、その時、寺の鐘を戦利品として比叡山まで引き上げ、鐘をついたところ「イノー、イノー（帰りたい、帰りたい）」と鐘が響いたという。「弁慶の引摺鐘」という伝説で、弁慶はこの鐘を戻したと伝わっている。

三井寺の黄な粉たっぷりの力餅は怪力弁慶に因んだ餅で、もち米粉を蒸して搗いた餅を千切って丸め3個ずつ串に刺す。それに糖蜜を掛け、さらに青大豆の黄な粉をたっぷりと掛ける。イソフラボンいっぱいで、黄な粉の香ばしさが元気を与えてくれる。

### ⑤多賀神社の糸切り餅

土地の人たちに「お多賀さん」とよび親しまれている多賀町の多賀神社は、伊勢神宮の祭神天照大神の父母神、伊邪那岐・伊邪那美を祀っている。そのため「お伊勢参らばお多賀へ参れ、お伊勢お多賀の子でござる」とうたわれてきた。

多賀神社の名物といえば「お多賀杓子」と「糸切り餅」である。お多賀杓子はお玉杓子の語源になった木の杓子で、糸切り餅は白い餅の表面に青、赤、青の3本の筋の入った餅で、蒙古軍の旗印を意味していた。

⑥糸切り餅の由来

鎌倉中期、我が国には蒙古軍の来襲があった。その困難に全国挙げて神社仏閣に勝利を祈願した。甲斐あってか俄かに「神風」が起き、蒙古軍船はことごとく沈没し勝利し、その時の戦捷品を納めたのが多賀神社の船塚とされる。蒙古軍の戦艦の舳先に船印として、青、赤、青の3条の旗印があったことから、赤と青で彩られた餅が作られたとされる。そして古来より「刃物を使わず悪霊を断ち切る」という習わしから、弓の弦で餅を切り、寿命長かれと祈った。

⑦もう1つの由来譚

江戸時代の文政年間（1818～30）、源氏名を「三島」という芸者さんが、贔屓の関取の病気平癒を祈り、願いが叶ったので餅に3本の色筋を付け、三味線の糸で餅を切り売り出したという。

今も多賀神社の門前には昔ながらの餅店があり、なめらかな餅皮で餡を棒状に巻き、三味線の糸で切り分けている。

## 行事とお菓子

### ①旧永源寺町（東近江市）黄和田（きわだ）・日枝神社の「ちん」作り

これは土地の人たちに「ケミヤ」とよばれる山の神さまのお祭りで、正月2、3日に行われる。正式には「敬宮（けみや）のちん作り」と称され、神様への供え物"神饌菓子"を作る行事で、「ちん」は餅のことで「搗（か）ち飯（いい）」が変化したもの。「ちん作り」は神事の1つで、土地の若者たちが行っている。

昔は前述のシトギ餅から作っていたが、現在は米の粉を練って団子にし、ひよどり、亀、兎、猪、猿、信濃犬など14種の形に作り食用油で揚げる。この供物は平安時代に流行した「唐菓子」の製法とよく似ている。神事が終わると集落の家々に配られ、かつては子供たちが待ちかね、焼いたり雑煮に入れたりして食べた。この地方では、オヤツのことを「おちん」とよんでいる。

### ②兵主（ひょうず）神社（野州市）大祭のよごみ団子

5月5日が大祭で、御馳走はかしわ（鶏肉）とネギのすき焼きとよごみ団子で、「よごみ」は蓬（ヨモギ）のことである。摘んで来たら木灰を入れて熱湯で湯がいて使う。この地方には「ほおこ団子」もある。ほおこは母子草の別称で、春の七草の御行（ごぎょう）のこと。平安時代には主に母子草が使

われていた。香りは少ないが、団子に粘りがある。
### ③端午の節供の「つのまき」
　野州市の中主町では琵琶湖のヨシの葉を使って粽を作る。米の粉を捏ねて蒸し、臼で搗くがこの時砂糖を入れると堅さにむらがない。円錐形の団子をヨシの葉の広い所に置いて折り曲げて包む。紐はヨシの葉を裂いて使い5本を1束に結ぶ。食べるときは再度蒸す。
### ④旧朽木村（高島市）の水無月祓いの「わぬけ餅」
　6月2回目の丑の日に、夏を無事に越せるようにと神棚に供える。水煮した小豆を、小さな鏡餅の底辺にびっしり貼り付け、白い餅の上部に胡瓜の輪切りと生の小麦（または小豆）を5粒飾る。食べるときは放射状に切って砂糖を付ける。
### ⑤日野町中山・野神祭り（9月1日）の「御鯉」
　野神祭りは琵琶湖の湖東から湖南にかけて多くみられる祭りで、野神は「百姓の神様」とされ一種の収穫祭で、神様のお供えは米粉で作ったシトギ餅である。お供えとは別に「御鯉」が作られ、この祭りは「芋くらべ祭り」といって、「唐の芋」の根から葉先までの丈を競い合う奇祭である。「御鯉」は家庭で作られ来客の手土産となる。米粉ともち粉を捏ねて蒸し、コイが彫られた木型に鬢付け油を塗り、生地を押して煎餅状のものを作る。葉鶏頭から紅色の絞り汁を取り彩色し油で揚げる。今日風には「鯉煎餅」である。平安時代の唐菓子に「魚形」があるが、「御鯉」はその系統とも考えられる。

### 知っておきたい郷土のお菓子

- **大津絵落雁**（大津市）　江戸前期の1661（寛文元）年創業の藤屋内匠の大津を代表する銘菓。大津絵は寛文年間（1624〜44）に仏画として描かれたが、後に東海道の旅人に土産物や護符とされた。有名な「藤娘」は良縁、「鬼の寒念仏」は子供の夜泣きにと効用があった。この落雁は、9種類の絵柄を彫った江戸末期の木型で現在も打ち出されている。和三盆、葛粉、寒梅粉を混ぜた生地を裏漉しして木型に入れて抜く。「近江八景」の落雁もある。
- **走り井餅**（大津市）　走井の名水がほとばしる様を水滴の形で表した大津の名物餅。京と近江を分ける逢坂越えの人々でにぎわった大津追分で

旅人の疲れを癒したその名水は今も湧き出ているが、当時の茶屋はない。

- **でっち羊羹**（大津市）　近江八幡の老舗和与が作る竹皮の香りが素朴な蒸羊羹。小豆餡に小麦粉を混ぜ、竹皮に薄く包んで強火で蒸し上げる。平成10年「湖魚のなれずし」などとともに県の無形民俗文化財に指定された。

- **あも**（大津市）　叶正寿庵の代表銘菓。やわらかな求肥を丹波大納言小豆の粒餡で包んだ棹もの。「あも」は宮中の女房言葉で餅を意味する。創業は新しいが、工夫を凝らした詰め合わせなど贈答用菓子の人気が高い。

- **ふくみ天平**（てんびん）（近江八幡市）　たねやが考案した手作り最中。求肥入りの餡と最中の皮を別々に包装し、食べる時に詰める最中のさきがけ。「ふくみ天平」とは、天平棒一本で諸国を旅した近江商人に思いを寄せた最中。

- **埋れ木**（うもれぎ）（彦根市）　1809（文化6）年創業のいと重菓舗の彦根銘菓。「益寿糖」（じゅとう）で名を馳せ彦根藩井伊家御用達となる。「埋れ木」（うもれぎ）は水飴でじっくり炊いた白餡を求肥で包み、抹茶入り和三盆糖をまぶしてある。菓銘は彦根藩主・井伊直弼が青春時代を送った「埋れ木の舎」に因んでいる。井伊直弼は茶道の極意書『一会集』を編み、大名茶人としても知られている。

- **姥が餅**（草津市）　草津宿の名物餅。その昔、主君の幼君を託された乳母が作り始めた餅で、餅を餡で包み上部に白砂糖がのっていた。今は白餡だがこれは乳母の乳房を表していた。当時人気の餅で家康も食べたという。

- **穴村のくし団子**（草津市）　「穴村の墨灸」（すみきゅう）は、モグサの抽出液をツボにつける熱くない灸で、夜泣きの子供に効いて人気だった。その灸院前の吉田玉栄堂が子供のために作ったのがこの串団子で、竹の節を使って細い竹串が扇形に何本も広がっている。小粒団子が50個、根元にいくほど小粒になり、最初の1つは母親の乳房を表し、美しい扇形になっている。

- **堅ボーロ**（長浜市）　元祖堅ボーロ本舗の長浜名物の郷土菓子。九州方面のボーロとは製法が異なりかなり堅い。小麦粉、黄ざら糖を練って二度焼きしたものに、白ざら糖と生姜汁を混ぜた濃度の高い糖蜜を掛け、

岩のように作ったもの。初代が1894（明治27）年日清戦争の最中に創製し、日露戦争時は「亡露」ともよばれ、旧陸軍の御用達であった。

# 26 京都府

引千切と雛菓子

## 地域の特性

本州の中央部、近畿地方に位置している。794（延暦13）年の平安京遷都以来、日本の中心都市として栄えてきた。明治維新によって首都が東京に移ったが、いまだ天皇の御所がある。かつての国名は山城国全域、丹波国の東部および丹後国全域が府域で、府庁所在地は京都市である。

地形は北部は日本海と福井県に接し、南は大阪府、奈良県、東は三重県、滋賀県、西は兵庫県に接している。

日本の歴史とともにある京都には、重要な文化財が多く平安遷都1200年の1994（平成6）年「古都京都の文化財」としてユネスコの世界遺産に登録された。長い伝統と歴史に育まれ、「衣食住」生活のすべてに匠の技が結集されている。茶の湯文化とともに完成した和菓子は、京都が発祥地である。しかし老舗の初代は意外と、京都に隣接する滋賀、三重、兵庫、奈良といった所の出身者が多い。そうした意味で郷土菓子の洗礼を受けていたことであろう。

## 地域の歴史・文化とお菓子

## 京の「雛あられ」と涅槃会の「花供僧」

① 「雛あられ」の違い、西と東

雛人形の男雛と女雛の位置が、関西と関東で異なっているのは今もよく知られている。そして「雛あられ」にも違いがあった。関東では、いわゆる「ポン菓子」という米を爆ぜさせて作る甘いあられで、京都を中心とした関西圏では、餅を賽の目に切って乾燥させて炙った直径1cm程度の丸いあられである。塩や醤油の味で、青海苔などの風味づけがされている。つまり正月のあられと変わりなく、ただ"雛"の字を付けたという感じである。

この雛あられについては第Ⅰ部の雛あられの所にも記したが、どちらも明治以降でそう古いものではない。

　関東のあられについては、1901（明治34）年刊行の『東京風俗志』に「供物は菱餅、葹煎、熬豆、などを始め栄螺、文蛤をも供ふ。」とある。この葹煎はもち米を炒って作ったもので、稲の花にみたてて縁起物とされ、江戸の元日には葹煎売りが登場していた。

### ②京都の「雛あられ」の原型

　涅槃絵は２月15日で、お釈迦様の入滅した日である。関西では、この日にお供えするお釈迦様の「花供僧」という菓子がある。お釈迦様を追慕するこの日は、各家庭で正月のあられ餅や大豆を炒り、砂糖蜜でまぶし「お釈迦様の鼻くそ」といって供えた。京都では"おせん処"田丸弥の「花供僧」は有名で、毎年真如堂の涅槃会に授与される。京都の「雛あられ」の原型は、この「花供僧」ではないかと思われる。

　「雛あられ」を京都では特に丹後地方で「ぽりぽり」とよんでいる。さらに兵庫県の丹波地方でも「ぽり」とよぶ。食べる時の音からきていると思われるが、炒った豆やあられに砂糖蜜をからめたもので、「花供僧」と同じである。この「ぽりぽり」だが、『日葡辞書』（1603［慶長９］年）をみると「Boribori（ぽりぽり）煎餅などを食べる時の形容」と記されていて興味深い。

### ③矢代弘賢の『諸国風俗問状答』にみる「涅槃会」の供物

　この本は1813（文化10）年に出版されたものである。その中のいくつかの地方を見てみよう。「伊勢国白子領（三重県）……在家にて、黒豆餅の霰等炒り交へて、持仏に供ふ。これ釈迦ほとけの鼻屑という也……」「大和国高取領（奈良県）畿内の俗、正月用（い）る所の餅華を貯へ置き、此日煎て供物とす。又正月の餅を霰のごとく切置、煎って用ふ。又蓬を入れてダンゴを製し供するもあり、何れも名付けてハナクソと唱申候。」「若狭国小浜領（福井県）…いり豆・いり米など供える家は稀に御座候。」「備後国福山領（広島県）…正月に切たるあられを煎り、そなへ物にいたし候家も御座候。」「阿波国（徳島県）供物の儀は団子並餅花煎に米・黒豆を相交へこれをそなへ申候。」「肥後国天草郡（熊本県）かかつり花とて、籾をいりたるを供。」とあられや米を煎ったものが多く供えられている。

④阿波国に見る雛祭りの供え物

　前述の書物には、「雛節供にあられ」の記述がほとんどなく、今日と同様に菱餅や蓬餅の記述がある。ただ1カ所今日の徳島県で次のような記述がある。「……蓬餅を菱形にして供へ、柿・蜜柑・鯛・鮎など生菓子で作り、あるひは、はぜ・落雁の魚鳥貝類、ワケギを供え、花籠に桃・桜を生け申し候。」とあり、今日と変わらない光景だが、ここに「はぜ」がある。『東京風俗志』にあった葩煎で、もち米を炒ったものである。この葩煎が最も古い雛節供の供物だったのではないか。

⑤「流し雛」と「雛送り」

　雛祭りの古い形は「流し雛」で、紙などの形代に身の穢れを託し川や海に流す「祓え」であった。今日に残る風習としては、鳥取の流し雛がある。古い我が国の雛祭りは、雛を送ることを主にした行事であった。現在でも「お雛様の片づけが遅くなると、娘の縁談が遠くなる」といわれる。こうした俗信は、"雛送り"の重要さを伝える先祖からのメッセージだったのであろう。

　雛祭りの当日、あるいは翌日、御馳走をたくさん持って近くの山や海に出かける行事がある。愛知県の旧津具村（設楽町）ではかつて、旧暦3月4日にあられを持って、雛様を1体ずつ抱えて小高い丘に登り「山見て、川見て　また来年おいでましょう」とよばわりながら雛人形に里を見せて遊んだ。

⑥お雛様の国見と「葩煎」

　こうした行事の大掛かりなものが平安貴族の「お雛様の国見」だった。雛の前身は「くさひとがた」といって、カヤやワラで作った等身大の人形だったようだ。それを「蒭霊」といった。これを小高い丘に据えて人々の穢れを祓い豊作を祈り、祝宴をして一緒に国見をした。

　どうやらこの時「葩煎」が関係していたのではないか。「葩煎」はもち米を炒ると爆ぜて白い花のようになる。それが稲の花に見立てられ予祝行事に必要な供物であった。この「葩煎」については「鳥取県」の項でも記したが、『守貞漫稿』によると、江戸の町では正月の喰い積み台に米と小土器が添えてあって各自が米を炙って食すことが記されている。

　筆者は十数年前、上賀茂神社の神饌を取材させていただいた時、まさに小土器に葩煎が盛られていたのを見たことがある。「葩煎」は焼き米の仲

間で、米の古い食法だが、神事と深くかかわっていた。

なお、貴族たちの多くは河原で雛遊びをしたようだ。そのおやつとして携帯に便利なように、菱餅を砕いて炒り、あられにしたのが今日の「雛あられ」の最初という説もある。

⑦「雛祭り」と「涅槃会」の供物

京都の雛菓子の代表格・引千切（ひっちぎり）は、こなしや外郎生地を貝柄杓の形に引きちぎった上部に、漉し餡やきんとんがのっている。『守貞漫稿』によると、関西では新粉で作り「いただき」の名があり、江戸では小ぶりなものを涅槃会に供える、と記されている。

先に丹波や丹後地方で、雛あられを「ぽりぽり」または「ぽり」と称すると記した。柳田國男の『分類食物習俗語彙』によると「ぽり」は福知山市地方で焼き米のことで、オシャカサマノハナクソの日に子供らが「ケンケン ドンドン 豆おくれ 豆がなけりゃポリおくれ」と唱えながら歩く、とある。焼き米は葩煎のことと思われるが、同じ呼び名の「ぽり」が涅槃会の供物になっていた。

また『分類食物習俗語彙』に「ハナイリ」がある。これは壱岐の島（長崎県）や佐賀県の馬渡島で２月15日のお釈迦様の日に「糯籾を炒って花のようにはぜからせたもの。他地方で同様のものをハナクソなどという戯語も、これから起こったものであろう。」とある。

「葩煎」は神仏への大事な供物であった。

なお『和漢三才図会』（1713［正徳３］年・寺島良安著）に「糵があり火で米を爆ぜさせたもの。……」とある。

### 行事とお菓子

#### ①八坂神社の白朮でお雑煮

京都の正月は八坂神社の白朮火をいただいてきて、これを火種にして大福茶の湯を沸かし、雑煮を炊き、神棚の燈明の火となる。白朮火は神社の御神火で、白朮は薬草、これを燃やすと強い香りが邪気を退散させるところからきていた。その火を吉兆縄（竹の素材が入っていて消えにくい）に移し、クルクル回しながら帰宅し、昔はカマドに火をつけて新年が始まった。三ヶ日は白味噌仕立てのお雑煮だが、家によって２日に「ぜんざい」を食べる。４日が鏡開きで、この餅で水菜のすまし雑煮を作る。

②旧京北町（京都市）の「納豆餅」

　京都市の北部、丹波山間地域では、正月三ヶ日の朝は「納豆餅」で祝う。桜の名所で知られる常照皇寺は、納豆発症の地といわれ、開山の光厳法皇（こうげん）と関係していた。光厳法皇は南北朝時代の人で、厳しい修行をしていて村人が暮れに炊く味噌豆を藁苞（わらづと）に入れて差し上げたところ、糸が引いて納豆ができ、美味しかったので村人に振る舞い広がったという。

　この地方では餅に納豆を包み、抱えるほどの大きい餅を作り、囲炉端で炙ったり、お湯で温めたりして少しずつ食べる。餅は搗きたてではなく、直径20cm弱の大きな丸い伸し餅で、固くなってそれを焼いて作る。平皿に餅をのせ、焼いた部分を木杓子でつつきながら内側に入れ、やわらかな部分を外側にし、塩で和えた納豆を餅で挟んでオムライスのような形にしてできあがり。固くなったほうが美味しいという珍しい餅。

③旧久美浜町（京丹後市）の雛祭りの「ぽりぽり」（あられ）

　節供もちは白、緑、赤色の菱餅と「ぽりぽり」を作り、白大豆の炒ったものと、ぽりぽりの炒ったものを混ぜ、菱餅とともにお雛様に供える。「ぽりぽり」は、餅を搗いた時ナマコ型にしておき、刃物で切りやすくなったら3cmの賽の目切りにし、風の通る所に広げて干し、貯蔵しておく。節供が近づくと鍋で炒る。ふつうは醤油味だけだが、濃いめの赤砂糖水を鍋で煮立たせ、炒った「ぽりぽり」を入れて手早くかき回してできあがり。雛祭り用には食紅で3色の「ぽりぽり」をこしらえる。

④伊根町・お釈迦様の誕生日の「はなくそまめ」

　伊根町は丹後半島の町で、この地方では1ヶ月遅れで5月8日に行った。この日作る「はなくそまめ」はあられ、大豆、青大豆、茶豆、黒豆を鍋で炒る。別鍋に米粉、もち粉を混ぜて水で溶き、糊状にする。これに好みで砂糖を加え、炒ったあられや豆を加え、ひと煮立ちする。味がしまったら平皿に移して固める。木杓子で切り分け、小皿に入れて食べる。

　この地方では、飯釜やおひつに残ったご飯を集めて干飯にし、鍋で炒ったものを「ぽりぽり」とよんでいる。

⑤丹波山間・旧京北町（京都市）のサナブリの「いばら餅」

　サナブリは田植えの終わったお祝い「田植饗（さなぶり）」で、この地方では6月22日頃の夏至の日には「ちゅう」といって、村中一斉に休む。この日には粽（ちまき）や「いばら餅」を作り近所に配る。嫁さんはこれを持って里帰りを

した。「いばら餅」は、米粉2、もち粉8の割合で作る粉餅で、粉はよく捏ね適当な大きさにして餡を包み、サルトリイバラ（サンキライ）の葉2枚ではさんでよく蒸し上げる。クマザサの葉で三角形の粽も作る。

⑥暑気払いの「水無月（みなづき）」

6月30日の「夏越祓（なごしのはらえ）」にいただく和菓子で、半年の罪や穢れを祓い、残りの半年も無病息災でいられるよう祈願する。白外郎に小豆をのせた三角形の和菓子で、かつての氷室の氷片をかたどっている。

## 知っておきたい郷土のお菓子

- **上生菓子（じょうなまがし）**（京都市）　極上の和菓子のこと。江戸時代の中期頃、京都から発祥し、全国に伝えられたとされる。今日的には京都で作られた贈答用の菓子や、祝儀、お茶席などのあらたまった席の菓子を指す。季節感を取り入れ、和菓子職人が伝承の技術を駆使して1つ1つ手作業で完成させる。素材は主に「こなし」といって漉し餡に小麦粉または薯蕷粉などを混ぜて様々な色に着色し、竹べらや布巾、裏漉し器等を使って成形する「手形もの」と、木型を使う「型抜き」の手法がある。花鳥風月など季節感を重んじ、形や色は、江戸時代の「琳派の美学」を根底に装飾的で意匠的。味は茶を引き立てるため控えめ。菓銘は古典文学などから付けられ、菓銘を聞いて情景を想起し、形、色彩、香り、味など五感で楽しむ芸術といわれている。

- **雪間草（ゆきまぐさ）**（京都市）　春の上生菓子。菓銘は鎌倉初期の歌人藤原家隆の「花をのみ　待つらん人に　山里の　雪間の草の　春を見せばや」に因むもので、溶けかかった春の雪の隙間から芽ぐむ草を「雪間草」という。草を緑色のきんとんで仕立て、残雪の白を山芋のきんとんで表している。

- **水牡丹**（京都市）　夏の上生菓子。じっとりと汗ばむ京の夏には菓銘も涼やかに「水牡丹」は、紅色の漉し餡を上質の吉野葛で包み、茶巾絞りにして絞り口を上にする。「沢辺の蛍」「涼風」など葛を使った菓子がある。

- **風花（かざはな）**（京都市）　蒸し菓子の薯蕷饅頭で冬の主菓子（おもかし）。山の近い京都では、冬の晴れ間に風に乗ってひらひらと雪が舞ってくる。これを「風花」という。織部風の薯蕷饅頭の上に雪の結晶の焼印が押されている。寒い季節なので茶席でも湯気の上がる温かいものが喜ばれ、蒸籠（せいろう）や食籠（じきろう）に入れ

て出される。
- **現代の京菓子**（京都市）　京菓子司末富では、京菓子の繊細な造形美とクラシック音楽をコラボさせて、サティ「ジムノペティ」、ドビュッシー「月の光」、グリーグ「ピアノ協奏曲第二楽章」等を菓子にして披露している。
- **道喜粽**（京都市）　1503（文亀3）年創業。応仁の乱で焦土化した京の町で、荒廃した御所の天皇に日々「御朝餉」（餅を塩餡で包んだ物）を進献し、御所には「道喜門」があった。1512（永正9）年以来京の餅座を預かり「餅屋道喜」とも称した。鞍馬の笹を使い粽の製法を考えこれを「道喜粽」といった。粽は2種あり吉野葛を煉って作る「水仙粽」と漉し餡を煉り込んだ「羊羹粽」があり、包む笹の表裏で区分けしている。正月の「菱葩餅」もこの店から発している。
- **麦代餅**（京都市）　1883（明治16）年創業の中村軒の名物餅。白い大きな餅を二つ折りにし、十勝産の小豆餡を挟み、香りよい黄な粉がかかっている。元々この餅は農作業の間食として食べられ、1回分は麦代餅2個で、これを田畑まで届け、麦刈り・田植のすんだ半夏生（7月2日頃）に、代金を支払ってもらったわけで、そこから「麦代餅」の名がある。餡は昔ながらのおくどさん（竈）でクヌギの割り木で炊いている。店は桂大橋の傍の茶屋で、向かいに桂離宮の木立が望める。
- **菊寿糖・葛切り**（京都市）　江戸末期創業の鍵膳良房の銘菓。菊寿糖は中国の故事により菊は長寿の花とされ、四国和三盆糖を菊花型で押した縁起菓子。葛切りは吉野葛を使い注文のつど作る。透明で幅広の心太のようだが、なめらかでコシがあり、沖縄産の黒糖で作った蜜で頂く。1965～1975年（昭和40年代）頃は青貝の美しい器に入っていたが、現在は漆塗りの器が使われている。
- **阿闍梨餅**（京都市）　1856（安政3）年創業の満月が大正時代に創製。大納言粒餡をもち米生地の焼き皮で包む名物餅。比叡山で千日回峰修行を行う高僧「阿闍梨」がかぶる網代笠をかたどる。
- **唐板**（京都市）　863（貞観5）年に疫病鎮護のため、御霊会の際に神前に供えられた疫病除けの菓子。1477（文明9）年創業の水田玉雲堂は上御霊神社の傍に店を構え、代々小麦粉生地のこの煎餅を手焼している。
- **清浄歓喜団**（京都市）　大陸より伝来し、聖天（歓喜天）の仏供でもあ

る唐菓子を亀屋清永が精進潔斎して作る。桂皮、白檀など数種の香が練り込まれた餡を小麦粉生地で包み巾着形に整え揚げてある。その昔は僧侶が作り供えたものだった。
- **月餅**（京都市）　寛政年間（1789〜1801）、大津で創業の月餅屋直正の銘菓。明治維新の際に高瀬川の傍に移る。白餡を砂糖と卵入りの小麦粉生地で包み焼いた物で、上に芥子の実が散らしてある。
- **神馬堂やきもち**（京都市）　上賀茂神社そばの名物餅。神馬のお堂がすぐ脇にあったことからの店名。神社の葵祭は有名で、人も牛車も葵の葉で飾ることから、このやきもちも「葵餅」ともよばれる。
- **粟餅**（京都市）　北野神社鳥居前にある沢屋が作る名物餅。餡と黄な粉の2種で味わえる。1638（寛永15）年発行の『毛吹草』には「山城名物北野粟餅」として記されている。店内で作りたてを味わうことができる。
- **聖護院八ツ橋**（京都市）　山伏の総本山・聖護院のすぐ近くに本店を構える。肉桂の香りの米粉と砂糖を合わせた生地を焼いた京都を代表する銘菓。生八ツ橋や、生八ツ橋で餡を包んだ「聖」もある。昔からの焼いた八ツ橋は琴の名手・八橋検校にちなみ、琴をかたどったともいわれる。
- **州浜**（すはま）（京都市）　1657（明暦3）年創業以来一子相伝の植村義次の銘菓。大豆を煎り粉にして、飴と砂糖と合わせ半割の青竹3本で形に成形した棹物菓子。小口切りにすると横断面が洲浜形になる。洲浜は海中に洲が差し出た形で、蓬莱山や秋津島を表すといわれ縁起の良いもの。植村義次の初代は近江の人で、洲浜は伊賀・甲賀忍者の兵糧をヒントに生まれたとも伝えられる。下鴨神社の神饌にも洲浜の名がある。
- **味噌松風**（京都市）　亀屋陸奥の名菓。白味噌風味の生地をひと晩寝かせてから片面ずつ、両面を焼いて芥子の実を散らしてある。はじまりは、信長に攻められ食糧を断たれた石山本願寺へ亀屋陸奥の3代目主人が作り献上したものという。その後、顕如上人により「松風」の名を賜った。
- **御池煎餅**（京都市）　1833（天保4）年創業の亀屋良永がすべて手仕事で作る麩焼煎餅。もち米に砂糖を加えて搗いた餅生地を焼き、薄く砂糖蜜を塗り再度亀甲目の網で炙る。風味だけが残り、はかなく消える食感。
- **ちご餅**（京都市）　工芸菓子でも名高い三條若狭屋が創製。白味噌餡を求肥で包み氷餅をまぶした餅菓子。竹串に刺し3本を1包みにしてある。

祇園祭の稚児に用意する味噌をつけた餅にちなむ。唐櫃形(からびつ)の木箱入り。
- **真盛豆**(しんせいまめ)(京都市)　竹濱義春、金谷正廣などが作り、茶事などに好まれる。丹波黒豆を炒って芯にし、大豆粉と砂糖を混ぜた洲浜粉で包み、青海苔をまぶした豆菓子。天台真盛宗を興した真盛上人により創製された。その後苔寺で有名な西方寺へ伝授された。北野大茶の湯で豊臣秀吉が絶賛し、細川幽斎は「苔のむす豆」とよんだ。
- **あぶり餅**(京都市)　「かざりや」「一文字屋和助(一和)」が作る、今宮神社参道の名物餅。黄な粉餅を竹串に刺し、炭火で炙(あぶ)り白味噌のタレをかけた香ばしい餅。平安時代より無病息災を願った縁起菓子。
- **みたらし団子**(京都市)　加茂みたらし茶屋の名物団子。下鴨神社の御手洗祭りの際、氏子の家庭で作られ神前に供えられた米粉団子がはじまり。現在は竹串に5つの団子を刺して焼き、甘辛のタレをかける。

# 27 大阪府

菜種御供団子

### 地域の特性

本州のやや中央西に位置し、北、東、南の3方を山に囲まれ兵庫・京都・奈良各府県に隣接している。西に大阪湾があり、府域は47都道府県中46番目に小さい。府庁所在地は大阪市。西日本の行政・経済・文化・交通の中心地である。府内は3地域に分けられ、①かつて摂津国とよばれた摂津地方、ここには大阪市がある。②河内国とよばれた河内地方、東大阪市や牧方市がある。③和泉国とよばれた泉州地方、千利休を生んだ堺市や岸和田市がある。

大阪といえば豊臣秀吉の大坂城築城以降、「天下の台所」と称され全国の航路が集まり経済・商業の中心地として大商人が輩出した。菓子文化をみると、茶人や大商人によって育てられた菓子のほかに、北前船が蝦夷から運んだ昆布を使った「くじら餅」など、大坂が発祥地とも思える菓子が伝えられている。

### 地域の歴史・文化とお菓子

## 天神様の御供
ごくう

### ①菅原道真公と道明寺
どうみょうじ

関西の桜餅や和菓子の材料となるに道明寺粉は、道明寺糒を粉にしたもので、藤井寺市の尼寺・道明寺で作られている。糒は「干し飯」で、もち米を水に浸して蒸し、天日で乾燥させて仕上げるため保存食となり、戦の軍量や携帯食となった。これを石臼で軽く挽いたものが道明寺粉で、1,000年以上も前から作られていた。

道明寺は元土師寺と称され、学問の神様として知られる菅原道真公(菅公)の祖先・土師氏の氏寺であった。菅公は伯母・覚寿尼がこの寺に住んでいたのでたびたび訪ねていた。901(延喜元)年菅公は、藤原時平一派

の讒言により太宰府（鎌倉幕府成立までは大宰府）に左遷される途中、覚寿尼に暇乞いに訪れ、「啼けばこそ　別れも憂けれ鶏の音も　啼からん里の暁もがな」の歌を残した。道明寺の里人たちは菅公を偲び、鶏を飼わないという風習が今もあるそうだ。

### ②道真公を偲ぶ覚寿尼

覚寿尼は、菅公が九州に旅立った後毎日、陰膳（旅立った人の安全を祈り留守宅で用意する食事）を据え無事を祈っていた。そして陰膳のご飯を干し飯にし、つまり糒で、それを粉にして梅の実の形をした黄色の団子をこしらえ参拝者に授与したところ、その団子が多くの人の病いを平癒したという。しかし、無念にも2年後の903（延喜3）年2月25日、菅公は太宰府で59歳の生涯を閉じたのである。

### ③天満宮の「菜種御供（なたねごくう）」

菅公の没後、天変地異や疫病が蔓延し「道真の祟り」だと恐れられ、国家を挙げて道真を祀る神社が出来た。土師寺も道明寺となり、菅公を祀った神社は「天満天神宮」となる。菅公が九州に旅立った日、河内平野は菜の花が一面に咲いていたという。そうした言い伝えから天満宮では、菅公の命日の2月25日（現3月25日）に、「菜種御供」といって、前述の黄色の団子と菜の花を供え供養をした。

### ④河内の春祭りのさきがけ

明治の神仏分離で道明寺天満宮と道明寺は分離し、「菜種御供」は道明寺天満宮に引き継がれ現在も「菜種御供大祭（なたねごくうたいさい）」（3月25日）として行われている。団子は、米の粉を梔子（くちなし）の煮汁でよく捏ねて蒸し、臼で搗いて直径3cmほどの団子にする。淡黄色の春らしい団子で、この日には稚児行列の子供たちで賑わい、団子も授与される。境内には植木市や農具市が立ち、土地ではこの祭りを「春ごと」といい、豊作を祈念する日で、また河内の春祭りのさきがけとして人々に親しまれている。

### ⑤大阪天満宮と大将軍社

天満天神・天神さんと親しまれる大阪天満宮の境内に、大将軍社がある。901（延喜元）年菅公が太宰府に向かう途中、覚寿尼に会い、そして摂津・中島の大将軍社に参詣して太宰府に船出したと伝えられる。大将軍社の祭神は方伯神（ほうはくしん）といい、西方を司る神・金星とされ、菅公は太宰府への西路の無事をこの神に祈ったとされる。

菅公没後、約50年たった949（天暦3）年のある夜、大将軍社の前に突然7本の松が生え、夜ごと梢から金色の光を放った。時の村上天皇はこの奇瑞を菅公縁（ゆかり）のこととし、天満宮を鎮座させた。天満宮は何度も火災に遭い、現在の位置とは異なっているが、菅公が船出の前に祈りを捧げた大将軍社は今も境内に祀られている。

⑥大阪天満宮「菜花祭」の不思議な神饌

　さて大阪天満宮の例祭は、菅公の命日3月25日（1ヵ月遅れ）で、この祭りに供えられるのが不思議な神饌の「くじら餅」と「鯨羹」である。「くじら餅」は、普通の白い餅に蓬餅を上にのせた2段重ねで、厚さは15cm、大きさは約30cm四方の正方形である。「鯨羹」は、下層に道明寺糒を使った白い道明寺羹で、上層に昆布を黒く焼いて粉末にし、寒天を繋ぎにしてのせている。まさにこの鯨餅と鯨羹は、鯨の黒い表皮と白い脂肪層を模したもので、神饌としての由来や歴史は神社の方でも不明とされている。

⑦謎を秘める「くじら餅」と「鯨羹」

　現在この2つの神饌は、近くの菓子店・薫々堂で調製されている。昭和初期だが玩具絵作家の川崎巨泉に「菜種の御供鯨餅」があり、その絵には鯨羹と松や梅の押し物の菓子に菜の花が添えられている。このくじら餅、鯨羹については「青森県」の項にも記したが、くじら餅には蒸し羊羹タイプと鯨羹のような粉末昆布を使った道明寺羹の2タイプを記したが、蓬餅と白餅の搗き餅タイプの3通りがあった。

　しかしながらさすが大阪で、蝦夷の昆布を運んだ北前船の終着地らしく、相応しい「鯨羹の御供」と思われた。

### 行事とお菓子

①えべっさんの「おたやん飴」と「ねじり飴」

　えべっさんは恵比寿さんのことで、商売繁盛の神様である。正月10日を「十日戎（とうかえびす）」といい、"初恵比寿"ともいわれ、9日を宵戎（よいえびす）、11日を残り戎と称し、関西では特に盛大に祝われる。

　大阪では「今宮戎」「堀川戎」が知られ「商売繁盛、笹持ってこい」の声も賑やかに、福笹をかかげた参詣者で境内はいっぱい。この時土産に買うのが福飴の「おたやん飴」で、お多福飴ともいい金太郎飴状になっている。もう一つの「ねじり飴」は延命飴とよばれ、紅白の飴が鈴紐（緒）を

模して捏じってある。正月に飴を食べる風習は、中国の「歯固め」の習わしからきていた。

## ②半夏生(はんげしょう)の小麦餅（だんご）

夏至から11日目の7月2日頃を半夏生といい、昔は田植えも終わり植え付け祝いにとれたての小麦ともち米で小麦餅を作った。それを半夏生の小麦餅（地域によって団子ともいう）といった。この時、小麦餅と一緒にタコの刺身や酢の物を必ず食べる。稲の苗がタコのように吸いついて豊作になるようにと祝われた。

## ③夏の風物詩・しがらき餅

暑くなると少し昔の大阪の街には、「しがらき～わらび～もち」と独特の節をつけて売り歩く人たちがいて、夏の風物詩であった。しがらきは「しがらき餅」ともいって、筒状の白い布袋に道明寺糒(どうみょうじほしい)を詰めて茹でたもの。冷やし固めた後袋から出し、棒状のものを木綿糸で括って輪切りにし、砂糖を混ぜた黄な粉、黒胡麻、青のりなどを付けて食べる。餅の切り口が信楽焼のようにザラザラしていることが由来とされる。上方落語の「鬼あざみ」に登場する。

## ④秋祭りの「くるみ餅」

南河内、泉州、泉南地域の秋祭りのご馳走。この地方では畔豆(あぜまめ)といって田の畔に必ず大豆を蒔いた。秋になって実のふくらんだ、青い莢つきのままを塩茹でし、実だけを取り出し摺り鉢で摺り潰して緑色の餡を作り、搗(く)いた餅を包むところから「くるみ餅」という（胡桃入りの餅ではない）。東北地方では「ずんだ餅」とよんでいる。

## ⑤河内・恩智(おんぢ)神社の秋祭りの「唐菓子」作り

八尾市の恩智神社の祭神は、食物を司る神様で、穀神ある。秋祭りは「卯辰祭(うたつさい)」といわれ11月下旬の卯と辰の日に行われ、祭りに先立って「御供所神事(ごくしょしんじ)」がある。神饌菓子の"御供(ごく)"を作る神事で、この御供作りには、「御供所の家」と称される家が氏子の中に十数軒あり、その家々によって伝えられてきた。

まず神社の御供田(ごくでん)で収穫された米を使い、奈良時代に遣唐使によってもたらされた「唐菓子」のブト、マガリ、バイシといった奇妙な形のものが作られ、菜種油で狐色に揚げる。ご御供は組み合わせると「人形(ひとがた)」になり神前に供える。「人形」は人の身代わりに罪やケガレを祓うとされ、また

各家々にも配られ、家では焼いたり汁に入れたりして豊作を祝った。
⑥晴の日の紅白「はすね餅」
　門真市はかつて「門真レンコン」の産地であった。このレンコンを使った餅で、洗ったもち米を一晩水に浸し、水を切り半分を食紅で赤く着色し、紅白のもち米を蓮根の穴にしっかり詰めて約1時間蒸す。蒸し上がったら取り出して輪切りにすると、紅白の「はすね餅」が出来る。餡を和えたり、ポン酢でも美味しい祝いの逸品である。

### 知っておきたい郷土のお菓子

- **高岡の酒まんじゅう**（大阪市）　大阪市内で最も古い菓子店・「高岡福信」は1624（寛永元）年創業。先祖は豊臣家の点心の御用を勤めた経験を生かし、酒まんじゅうを代々作り伝えてきた。饅頭はもち米と糀で作った甘酒を、皮に練り込み自家製漉し餡を包み蒸し上げる。甘酸っぱい糀の香り、饅頭皮の弾むようなもちもち感は、浪花っ子に古くから親しまれてきた。南蛮菓子の鶏卵素麺なども作る。

- **いただき・鶏卵素麺**（大阪市）　鶴屋八幡の大阪銘菓。いただきは、玉子をふんだんに使った焼き皮に、小豆の粒餡を挟み込んだしっとりとした食感の菓子。鶏卵素麺は、南蛮菓子でポルトガルの「フィオス・デ・オヴォシュ（卵の糸）」という菓子が起源。室町末期に長崎に伝来し、長崎街道・シュガーロードを経て大阪に伝わった。鶴屋八幡は、1702（元禄12）年創業の虎屋伊織が前身で、約300年の伝統がある。

- **粟おこし・岩おこし**（大阪市）　大阪の名物菓子。1752（宝暦2）年創業の「二ッ井戸津の清」などが作る。おこしの古形はつくね状や竹筒に入れた形だったが、それを板状にした。粟おこしと名は粟だが、千石船の集積地大阪らしく、粟粒状にした米を蒸して乾燥させ、黒砂糖を加えて板状に固める。より細かな米粒を生姜風味の黒糖でからめた堅いのが「岩おこし」。「身をおこし、家をおこし、国をおこす」と、有名な縁起菓子。

- **十三焼**（大阪市）　大阪の今里屋久兵衛の名物焼き餅。こし餡を米粉生地で平たく包み両面を焼く。白と蓬がある。創業は1727（享保12）年に十三の渡し場の茶店で売ったのが最初。参勤交代の諸大名も立ち寄った。

- **釣鐘饅頭**（大阪市） 四天王寺参拝の浪花土産。総本家釣鐘屋などが作る。1900（明治33）年に地元有志が四天王寺に奉納した大釣鐘を記念し、これをかたどった餡入りカステラ饅頭。大釣鐘は、第二次世界大戦の際供出してしまったが、饅頭はその大釣鐘の存在を今に伝えている。
- **けし餅**（堺市） 南蛮貿易で栄えた堺の銘菓。延宝年間（1673〜81）創業の老舗小島屋が作る。室町時代、インドよりもたらされたケシの実を、漉し餡を包んだ餅皮に、びっしりとまぶしてある。噛むとケシの実がぷちぷちと弾ける食感が楽しい。堺ではケシの実の栽培も盛んだった。
- **肉桂餅**（堺市） 南蛮貿易で栄えた堺で香料・香木を商う八百屋宗源が元禄年間（1688〜1704）に菓子商に転じ、後に創製した。高貴な香料とされた肉桂を求肥に練り混ぜ、漉し餡を包んだ堺の銘菓。肉桂は血の巡りをよくするとして当時は薬菓子として扱われていたという。
- **大寺餅**（堺市） 堺名物で、1696（慶長元）年創業の大寺餅河合堂が作る。「大寺さん」とよばれる開口神社の境内で売られたあんころ餅や黄な粉餅が始まり。堺の老舗和菓子屋「駿河屋」に生まれた与謝野晶子も子供の頃に食べたこの餅の味を懐かしんでいる。
- **久留美餅**（堺市） 創業1329（元徳元）年のかん袋が作る。青えんどう餡の秘伝のタレで餅を、「くるむ」ように作るのでその名がある。「くるみ餅」は、大阪や奈良県内でも青大豆を使って作られる。店号は、大阪城築城の際、初代・和泉屋徳兵衛が出仕し、次々と屋根瓦を放り上げる見事な腕前に秀吉が、まるで「紙袋」が散るようだと言ったことによる。
- **五智果**（八尾市） 桃林堂が1926（昭和元）年創製した風土菓子。野菜や果物の素材をそこなわいように糖液で煮詰め、砂糖に漬けて仕上げる名菓。菓名は、真言密教の五つの知恵の象徴、五智如来に因んでいる。
- **時雨餅**（岸和田市） 地元の「だんじり祭り」の名物菓子。竹利商店が作る。小豆餡、もち粉、砂糖を合わせ、目の粗い篩を通し蒸し上げたやわらかな棹もの。菓名は、岸和田城主が手に取った際、菓子が「はらはら」と零れ落ちたところから「秋の時雨のようだ」として命名された。

# 28 兵庫県

かりん糖

## 地域の特性

本州の近畿圏に属し大阪府に隣接している。北は日本海、南は瀬戸内海と南北に長い県で、中央を日本標準時子午線（東経135度）が通過している。

南部は我が国を支える阪神工業地帯や播磨臨海工業地帯があり、中・北部は農林水産業が主だが、過疎地や豪雪地帯を抱えて地域差が大きい。

県庁の所在地は神戸市、姫路城の姫路市、コウノトリで知られる豊岡市（ここには菓祖神・田道守命を祀る中嶋神社がある）と、兵庫県は地域的には有名だが県名は馴染が薄い。その「兵庫」の由来は、天智天皇の時代（飛鳥時代）に神戸の地に武器庫「兵庫（つわものぐら）」があったことに由来する。旧国名は但馬、播磨、淡路の国全域と、摂津、丹波の西半分、備前、美作の一部と7カ国にまたがり、江戸時代には18の藩があった。突出していたのは姫路藩（15万石）だが、江戸後期の逼迫した財政を再建したのは河合寸翁で、産業を興し姫路を中心とする菓子文化は、この名家老によって開発された。

## 地域の歴史・文化とお菓子

### 姫路藩家老・河合寸翁と姫路の菓子

#### ①産業振興に菓子作り

姫路といえば国宝で世界遺産の姫路城がある。河合寸翁（1767～1841）は、この姫路藩・酒井家の国家老で、江戸後期の逼迫した藩財政を立て直した人として知られている。まず彼がしたことは、農工業を振興し、木綿会所を開設し、木綿、小麦粉、菜種油、砂糖など諸国の物産を城下に集積して商業、物流を盛んにしたことであった。

藩主酒井家は代々当主が教養人で茶の湯を好み、家老寸翁も茶人であったことから産業振興の一環として和菓子作りを奨励した。職人を育てるた

め、藩命で江戸、京都、長崎へと藩士を派遣し製造技術を習得させた。

### ②「姫路駄菓子」の特色

全国にその名を馳せた菓子に、「姫路駄菓子」「播州駄菓子」と称された"油菓子"がある。「かりん糖」のことで「オランダ」ともよばれた。姫路藩士たちが、長崎でオランダ人より製法を伝授されたと伝えられている。

製法は小麦粉に砂糖、水、イースト、塩、重曹などを混ぜて練り合わせ、生地を板状や棒状にして菜種油で揚げ、白砂糖や黒砂糖の蜜でからめて乾燥させる。姫路かりん糖は、元は白砂糖が使われ公家に食されていた。

姫路かりん糖の特色は、関東のかりん糖より食感が硬いことだ。それは生地を固めに捏ねる「固こね」製法で、後に"駄菓子"とよばれるようになると、堅い菓子は腹持ちがよく、形状も大きくなっていた。

### ③かりん糖の起源

かりん糖の材料は小麦粉で、油で揚げることからその起源は、奈良時代に中国から伝わった「唐菓子」とする説がある。また中国菓子に麻花兒（マファール）といってかりん糖によく似た菓子がある。長崎で"よれよれ"とよばれるもので、生地を捻じって油で揚げてある。これは江戸時代に唐船によって長崎に伝えられたとされ、先祖は唐菓子の「索餅（さくべい）」で、素麺のルーツでもあった。

一方、前述のようにオランダ、ポルトガルからの影響も強い。室町時代後期に書かれたとされる『南蛮料理書』の菓子の部に「こすくらん」というのがあり、かりん糖に似ている。ポルトガルでは「コシュコロインシュ」といって「こすくらん」に極めて似た菓子である。「かりんとう」を「花林糖」と書くところから「金平糖（こんぺいとう）」「金花糖（きんかとう）」とともに「南蛮菓子」とする説が有力である。また、かりん糖は日持ちのすることから、戦国期に兵士の保存食として開発されたという説もある。

### ④江戸のかりん糖との違い

かりん糖が江戸で流行したのは江戸後期で、天保年間（1830〜43）深川の山口屋吉兵衛が「花りんとう」の名で売り出し、一気に知られるようになった。明治初期には浅草で庶民の菓子として広まり、後に新宿中村屋が品よく作って有名になる。東京を中心にしたかりん糖は、生地の発酵を長めに行っているので、サクッとやわらかく軽い菓子となっている。

かりん糖は、「青森県」の項でも記したが東北地方でも人気があり、ど

ちらかというと関東のものより姫路系統の硬い食感の物が好まれている。

### 各地の油菓子

「油菓子」という名の菓子は愛知県下に多い。津島市の津島神社の門前には、参拝土産として江戸時代から売られる「あかだ」「くつわ」がある。由来は神前に供えられたお米の米団子を油で揚げた物で、「くつわ」は渦巻きかりん糖によく似てすこぶる堅い菓子である。

三河湾に沿った蒲郡市形原地区では、雛祭りに「油菓子」を家々で作る。「お振舞い」といって、雛人形を見に来た子供たちにご馳走する。作り方は小麦粉、卵、砂糖、塩、黒胡麻等を混ぜ練り合わせる。1晩寝かせた生地を延ばして適当な大きさに切り、切り込みを入れてひねって成形し、その後油で揚げる。現在は菓子店で作られ販売される。

沖縄の「三月菓子（サングァチグワーシ）」とよく似ていて、沖縄でも初節供の家ではお祝いに親戚や隣近所に配った。

### 姫路藩主弟の画家酒井抱一と銘菓・玉椿誕生

先に記したように藩主・酒井家は風雅を好む家柄で、"江戸琳派"を確立した画家の酒井抱一（1761～1828）は2代藩主・忠以の弟である。忠以は宗雅と号する大名茶人で、松江藩主・松平不昧とも親交があり、茶会記『逾好日記』に姫路の菓商伊勢屋の「火打焼」（餡入り餅を焼いたもの）がある。

3代藩主・忠道の時代、家老寸翁は伊勢屋の5代目を江戸の幕府御用達の菓匠・金沢丹後大掾のもとに弟子入りさせ、数々の菓子を学ばせた。

そうした中で寸翁は「江戸や京都に劣らない菓子を……」と命じて作られたのが銘菓「玉椿」であった。この菓子は11代徳川家斉の息女・喜代姫と忠道の8男忠学（5代藩主）の婚礼に合わせたもので、1832（天保3）年の婚儀の日に中国の『荘子』の「大椿の寿」（長寿を祝う）に因んで「玉椿」と命名した。黄身餡を薄桃色の求肥で包み粉糖をかけた愛らしい菓子で、町方でも販売することを許した。

「玉椿」や「火打焼」は誕生から200年近く、茶人や一般市民に愛され、伊勢屋本店には家老・寸翁の直筆「玉椿」の額が残されている。寸翁は硯の蒐集家で知られ、その書は伸びやかな見事な筆である。

### 行事とお菓子

①男女児区別なく「おいり」で祝う宍粟市(しそう)の雛祭り

　鳥取県に近い旧千種町（宍粟市）のかつての雛祭りは、男女一緒に祝った。初節供の女児にはお雛さんの絵の掛け軸、男児には金太郎や桃太郎を描いた掛け軸、それに土雛や布袋さん、歌舞伎役者人形が親戚から贈られた。部屋に掛け軸を掛け、人形は台を作って飾りご馳走は、菱餅、揚げ寿し（いなり寿司）、あさつきの味噌和え、そして「おいり」。「おいり」は鳥取でつくられている。水飴で固めたものとは違い、玄米を花のように爆ぜさせ、あられや大豆も炒り、混ぜて供える。「ほとぎ」は残りご飯をそうけ（ざる）に集めて干し、炒って砂糖をまぶした物で、子供の人気のおやつだった。

　この地方の節供には、無断で子供たちが座敷に上がり込み、お雛様のご馳走を食べ荒らす「雛荒らし」の風習があって、家人公認だったという。

②丹波篠山「お雛さんの"ぼり"」

　"ぼり"は、餅を賽の目に切って乾燥させたあられのことで、焙烙で炒り、生姜の絞り汁を入れた砂糖水を煮立ててからめる。お雛さんにはヨモギの菱餅と巻き寿しと一緒に供え、お雛さんの前で「ぼり、ぼり」食べたので"ぼり"とか。京都市内でもあられを「ぼり」とよんでいる。

③「おいり朔日(ついたち)」「あられ朔日」

　旧暦5月1日を旧千種町では「おいり朔日(ついたち)」「あられ朔日」といい、雛節供の菱餅の切れ端などをあられにして保存してこの日に備える。田植えのときに身体が冷えたり、下痢をしないようにと願いながら食べる。

④端午の節供の「ばたご」

　播磨山地では山帰来の葉を「ばたご」といい、餡入りの団子を包んで蒸したものを"かしわ餅"とよんだ。「ばたご」の葉を山に取りに行くのは子供たちの仕事で、夏には「うまぐい（さるとりいばら）」やクマザサの葉も使う。淡路島ではサルトリイバラを「いびつ」といい、かしわ餅にする。

⑤お盆の「おちつき団子」

　丹波篠山では8月13日の仏迎えには、米粉を熱湯で捏ねて団子にして茹で、1つずつ素焼きの皿に柿の葉を敷いてのせて供える。野菜物はサト

イモの葉にのせる。うり、ほおずき、青柿、十六ささげなどを供える。
⑥神戸の地蔵盆の「おせったい」

　毎月の24日は辻々の地蔵さんの供養日で、8月23、24日は「地蔵盆」とも「子供の盆」ともよんだ。この日は御詠歌をうたったり「百万遍」の数珠回しの後、「お接待」といってたくさんの駄菓子が用意されて振る舞われる。昔の子供たちは布袋を作ってもらい、あちこちの地蔵さん回りをし、菓子を貰って半月分のおやつを仕入れるのが「地蔵盆」であった。

## 知っておきたい郷土のお菓子

- **瓦煎餅**（神戸市）　1873（明治6）年創業の亀井堂総本店の神戸名物。初代松井佐助は古瓦に興味を持ち、神戸ゆかりの湊川神社の瓦紋・楠正成像や菊水を焼き印に瓦煎餅を作った。卵、砂糖、小麦粉を使いハイカラ煎餅とよばれた。
- **樽形煎餅**（神戸市）　1830（天保元）年創業の虎屋吉末の名物煎餅。酒樽の形をした卵煎餅に、灘五郷蔵元の銘酒の商標を焼きこんだ懐かしい味。
- **明石もなか**（明石市）　1818（文政元）年創業の藤江屋分大の名物最中。芭蕉が明石で詠んだ「蛸壺やはかなき夢を夏の月」に因み、鯛（こし餡）・蛸つぼ（粒餡）・短冊（抹茶餡）をかたどっている。「丁稚羊羹」も名高い。
- **明石焼き**（明石市）　たこ焼きのルーツといわれ、卵、出汁、浮粉、小麦粉に蛸を加えて球状に焼いたもので、出汁につけて食べる。地元では「卵焼き」または「タマヤキ」とよばれて江戸末期から親しまれている。
- **ランプ阿免**（あめ）（尼崎市）　尼崎の名物飴。砂糖を主原料にした棒状の飴で折って食べるもので、竹皮に包まれている。元ランプ屋が飴屋に転業した。
- **沙羅**（さら）**・きぬた**（姫路市）　杵屋の銘菓。「沙羅」は沙羅双樹・夏椿のことで、黄身餡を羽二重餅で包んだもの。「きぬた」（砧）は、巻絹のように黒羊羹を求肥で巻いた棹物。どちらも姫路の銘菓。
- **御座候**（姫路市）　店名・社名も「御座候」。「御座候」は古語で「いらっしゃります」の意。餡を小麦粉の皮で挟むように機械焼きする回転焼きで、全国に店舗をもつ。「あずきミュージアム」は2009（平成21）年

に当社が姫路市内に創設したもの。和菓子に欠かせない小豆にまつわる品種や歴史・民俗などすべてがわかる博物館。里山庭園が眺められるレストランではユニークな小豆料理が楽しめ、予約をすると和菓子やケーキ作りの体験ができる。

- **塩味饅頭**（赤穂市）　明和年間（1764〜71）創業の播磨屋が幕末に創製した銘菓。押し物生地に赤穂の塩を使った塩餡を包み「汐見まん志う」とした。後に「塩味饅頭」と改名。製法も当初は伊部焼の盃を型に使用していた。
- **玉水**（篠山市）　大福堂の銘菓。一見すると薯蕷(じょうよ)饅頭のようだが、渋皮付きの丹波栗を丹波つくね芋製の皮で包み蒸し上げたもの。粘り気のある皮と栗が絶妙な味。菓銘は土地の名水「玉水」に因む。
- **純栗羊羹**（篠山市）　城下町・丹波篠山に1913（大正2）年創業の栗屋西垣の名物。
- **栗の王様**　「銀寄栗」を使い、素材の持ち味を生かした製法で栗そのままのこっくりとした色合いの羊羹。

# 29 奈良県

お水取りの椿菓子

### 地域の特性

　近畿地方の中南部に位置し、紀伊半島の内陸部にある。県の領域はかつての大和国で、県庁の所在地は奈良市。県内は典型的な盆地気候で、夏場は蒸し暑く、冬は京都よりも寒い。

　奈良盆地は古代、大和政権の根拠地で、6世紀末から7世紀には飛鳥地方が都として栄え、710（和銅3）年に平城京遷都により北部に移り80余年間日本の政治・文化の中心地となった。仏教文化もこの地を中心に発展し、飛鳥時代に法隆寺が、奈良時代には東大寺や興福寺などが建立された。

　仏教文化とともに遣唐使により伝えられた「唐菓子」文化は、日本の菓子の曙であった。社寺仏閣に伝えられた「唐菓子」は、庶民の口にも入るように市井の菓子店にも伝えられ、「8種唐菓子」の1つ「餢飳」は「ぶと饅頭」として奈良市内で売られている。また、室町時代前期禅僧とともに来日した林浄因（りんじょういん）は、奈良に住み中国の饅頭を、日本人好みに小豆餡入りの饅頭として創製した。奈良は「中国伝来菓子」の発祥地であった。

### 地域の歴史・文化とお菓子

## 東大寺のお水取りと椿の菓子

### ①春をよぶ二月堂「修二会（しゅにえ）」

　関西では、東大寺二月堂のお水取りがすむと春がやってくるといわれている。この行事は「国家安穏」を祈り陰暦の2月に修する法会なので「修二会」といわれた。正月に行われる場合は「修正会（しゅしょうえ）」という。東大寺二月堂の「修二会」には、お水取り行事が組み込まれており、もともと民間で行われていた春祭りと、仏教が結びつき、冬籠りの長い眠りから覚める春の行事となった。

　「修二会」は現在3月1日（陰暦は2月1日）から14日まで行われ、13

日の未明に練行衆（僧）によって本尊の十一面観世音菩薩に供える閼伽井屋の御香水を汲む行事がある。この行を勤める練行衆の道明かりとして大松明に火がともされ、クライマックスは欄干から火の粉を散らして振り回す童子の壮麗な松明であった。そのことからこの行事を「お水取り」あるいは「お松明」とよばれていた。

### ②十一面観世音菩薩に捧げる椿の花

さらに「修二会」は正しく「十一面悔過」といい、ご本尊に日々人々が犯している過ちを、僧たちが代わって懺悔するとともに「天下泰平」「五穀豊穣」「万民快楽」を祈る大きな法要であった。

「修二会」は奈良時代の752（天平勝宝4）年に僧・実忠によって行われて以来、1260数年間一度も欠かさず行われている。法要中、僧の行に「花拵え」というのがあり、紅白に染めた和紙で椿の造花が500個も作られる。春を呼ぶその椿は「二月堂椿」といい、春日奥山から切り出された椿の生木に咲いているように挿され、十一面観音の須弥壇の四方に飾られる。

この椿は「糊こぼし椿」ともよばれ、その昔、僧たちが造花を作っていた時赤い紙に、誤って糊をこぼしてしまい、白い斑入りの椿になってしまった。二月堂の南西にある開山堂（東大寺開山・良弁大僧正を祀る）の庭に、折しも咲く椿ととてもよく似ており、この椿を「糊こぼし」「良弁椿」とよぶようになったという。

### ③奈良の町を彩る和菓子店の椿

1月も末になると奈良市内の和菓子屋さんの店頭には、お水取りに因んだ椿の菓子がさまざまに作られ町を彩っている。その名もずばり「糊こぼし」は萬々堂通則のお菓子で、最初は「良弁椿」の名で販売されていたが、後に現在の菓名になった。練り切りの5枚の紅白の花びらが、黄身餡の花芯を包み、全体がなめらかで、ベルベットのような優しいお菓子である。

「修二会の椿」は萬勝堂の菓子。花芯はやはり黄身餡で、花弁は薄く作った羊羹を型抜きし、白い花弁は吉野葛で作る吉野羹で作られている。練行衆が作る椿のようである。

「南無観椿」は、ならまち・中西与三郎の菓子。花びらは紅白の練り切りで、花芯も黄身餡。ほっこりと花開いた愛らしい椿である。

その他「良弁椿」は鶴屋徳光、「二月堂椿」は吉宗、「開山良弁椿」は徳萬のお菓子で、これらの菓子は早くて1月末よりお水取りの終わる3月半

ばまでの季節限定の菓子である。賞味期限も当日という菓子で、菓子事態の歴史は浅いが、天平の昔に思いをつなげてくれる楽しい菓子である。

### 行事とお菓子

#### ①奈良盆地の「黄な粉雑煮」

奈良の雑煮は、一度で二度楽しめる変わった雑煮である。お椀には人の頭(かしら)になるよう頭芋(やつがしら)、豆腐は白壁(しらかべ)の蔵、こんにゃくは土蔵で蔵が建つように、ダイコン、ニンジンは紅白でめでたく、餅は丸く1年が過ごせるように丸餅。そしてこの雑煮の餅は、砂糖入りの黄な粉を付けて食べる。つまり雑煮の餅を、「安倍川餅」にして食べるのである。黄な粉の黄色は黄金に色づく稲穂で豊作を意味していた。

#### ②神武さん「れんぞ(連座)」のよごみ餅(蓬餅)

大和の畝傍山の東南に鎮座する橿原神宮は、地元の人々に「神武さん」とよばれ親しまれ、神武天皇と皇后が祀られている。奈良盆地で「れんぞ」というと、4月3日の「神武天皇祭」で、天皇の命日(崩御された日)に当たり、県内各地の寺でも春の会式が行われた。

この日、農家では畑仕事も休みで巻き寿司やちらし寿司などを作る。この日の日玉のご馳走は「よごみの餡付け餅」で、家族総出でヨモギの新芽を摘んで蓬餅を作る。この餅にやわらかく煮た小豆餡をまぶし、重箱に詰めて、家を離れている子供たちに届けた。「れんぞ」は春休みという意味もあった。

#### ③林(りん)神社の饅頭祭り

奈良市の漢国(かんごう)神社の境内に「林神社」がある。祭神は、我が国で最初に饅頭を作った林浄因(りんじょういん)で、室町前期京都建仁寺の竜山禅師の入宋の際、弟子となり禅師とともに来日して奈良に住んだ。中国風の饅頭を日本人好みに変え、山の芋と小麦粉の皮で餡を包んだ薯蕷饅頭(じょうよまんじゅう)を初めて作り、我が国の食文化に大きな貢献をした。饅頭の始祖・浄因の子孫は「塩瀬」を家号とし、今日まで「塩瀬饅頭」の総本家として存在している。浄因の命日が4月19日だったことから祭礼日となり、饅頭や菓子に関係する業者が全国から集まり「饅頭祭」が行われ、参拝者にも饅頭が授与される。

#### ④端午の節供の「粽(ちまき)」と「ふんぐり」

月遅れの6月5日に行われ、奈良県下の「粽」は川辺に生えるアシやマ

コモ、カヤの葉が使われる。米粉ともち粉を湯で捏ねて団子にして蒸す。荒熱が取れたら一握りずつ円錐形にして細い方が手元にくるようにし、何枚もの葉で包んでイグサで括る。茹でて砂糖醤油で食べる。新婚を迎えた家では、米5合分の大きな「ちまき」を1対作り、「ふんぐり」とショウブやヨモギをそえて婿の里に贈る。「ふんぐり」は柏餅のことで、蒸した米の粉団子を指の形が付くように握り、柏か朴の葉で「ふぐり（陰囊）」を模して包み、イグサで巻いて吊り下げられるように作る。「ちまき」と「ふんぐり」は子孫繁栄を意味していた。

⑤半夏生の小麦餅（はげっしょう餅）

　夏至から数えて11日目（7月1日頃）を「半夏生」といい、小麦の収穫もすみ、田植えも大方すんだ頃で、骨休みに作るのが小麦餅。この餅はもち米と半つぶしの小麦を半々にして蒸し、杵で搗いた餅。小麦は餅に搗きにくいが、日持ちがする。豆の粉（黄な粉）を付けて食べる。

⑥秋休みの「くるみ餅」

　大和高原（山添村）の農家では、かつて11月30日を秋休みといって農作業の慰労と作物の収穫に感謝する日であった。この日の御馳走は、青豆（青大豆）をやわらかく煮て石臼でなめらか挽いた"くるみ"（あえ衣・餡）に、餅をまぶした「くるみ餅」である。今ではミキサーがあるが、昔は重い石臼を回して摺り潰すので、1年に一度という御馳走であった。

　餅はもち米を蒸して唐臼で搗き、1口大に丸めて緑色の餡をまぶす。刈り入れを手伝ってくれた人には必ずお礼として配った。

⑦祝儀・不祝儀の「しんこ」

　法隆寺のある斑鳩地方では、祝い事や仏事に「しんこ」を作る。米粉ともち粉を混ぜて水で捏ねてコシキで蒸し、浅い桶に移して掌でよく搗き込んで団子にする。これを鉄製の"ねじり型"に入れて成形し、さらにもう一度コシキで蒸す。食べる時は砂糖を付ける。今日では鉄製の"ねじり型"も探すのが難しいが、「しんこ」は捻じれていることに意味があるようだ。

## 知っておきたい郷土のお菓子

● **ぶと饅頭**（奈良市）　餅飯殿通りに江戸後期創業の萬々堂通則が作る。春日大社の神饌として知られる唐菓子「餢飳」を模した銘菓。神饌は米粉だが、小麦粉で作り、餡ドーナツのような現代風の味に仕上げてある。

- **青丹よし**（奈良市）　元禄年間（1688〜1703）創業の千代の舎竹村の奈良銘菓。和三盆と吉野葛を使い、寒梅粉入りの干菓子で緑と薄紅の2色がある。奈良を表す枕詞を菓名にしたもので、江戸時代中期に有栖川宮の命名。
- **さつま焼き**（奈良市）　1897（明治30）年創業の春日庵の銘菓。漉し餡を小麦粉と卵で作った芋形の皮で包み、1つずつ竹串にさして焼き上げるので、串の穴が残る。手作りのため、形や焼き色が違うのも楽しい。
- **火打ち焼き**（奈良市）　1699（元禄12）年創業の千代の舎の期間限定の銘菓。春日大社の神饌である唐菓子の「餢飳」をヒントに作られ、当初春日大社前で茶店を営む同店が売り出した。最初は米粉の皮で味噌餡を包み表面が焼いてあったが、現在はういろう皮で大納言の粒餡が包まれている。
- **三笠山**（奈良市）　丸いカステラ生地で餡を挟み、奈良の三笠山に例えた奈良銘菓。関東でいう「どら焼き」。湖月では、毎年4月19日の林神社での饅頭まつりに、直径が32cmの巨大な「みかさ」を奉納している。
- **蘭奢待**（奈良市）　「おくた」が和三盆と吉野本葛で作る干菓子。東大寺正倉院に収蔵されている香木の木目を表している。天下第一の名香につけられた「蘭奢待」には、東・大・寺の文字が隠されている。
- **みむろ**（奈良市）　1844（弘化元）年創業の白玉屋榮壽の一子相伝最中。大和産もち米の皮に、土地の大納言小豆の餡を詰めた角形の最中で、三輪明神参詣者のために創製された。「みむろ」は三輪明神の御神体山「三諸山」に因む。
- **御城之口餅**（大和郡山市）　天正年間（1573〜92）創業の菊屋の銘菓。粒餡を薄い餅で包み青大豆をまぶした小さな餅。豊臣秀吉を迎える大茶会に献上し「鶯餅」の名を賜った。その後、城の入口で売っていたことから、「御城乃口餅」とよばれた。「鶯餅」の本家本元。
- **中将餅**（葛城市）　当麻寺の中将姫と、寺の名物・ぼたんの花びらを模したヨモギの餡つけ餅。当麻名物で、昔ながらの手法で作られた素朴な草餅。
- **吉野拾遺・吉野懐古**（吉野町）　松屋本店の葛菓子。後醍醐天皇ゆかりの名を冠した「吉野拾遺」は葛粉に阿波和三盆糖を練り込み、桜の花型で打ち出した葛湯。「吉野懐古」は曲物に入った桜の干菓子で、吉野の

桜に因む。
- **きみごろも**（宇陀市）　長谷寺の御用を勤める松月堂の銘菓。卵白を泡立て寒天で固め、サイコロ状にして黄身の衣を付けて焼いたもの。
- **宇陀五香**（宇陀市）　1902（明治35）年創業の田中日進堂の銘菓。小豆、葛、抹茶、ごま、桂皮末を加えた五色の落雁生地で粒餡を包んだ郷土自慢の菓子。
- **森野旧薬園**（宇陀市）　葛切り、葛饅頭の原料の葛は吉野が本場で、森野吉野葛本舗（森野旧薬園）は、日本の葛粉製造の元祖である。良質の地下水に恵まれて400年前から栽培製造され、天皇の即位式には吉野葛が供えられた。森野旧薬園は東京の小石川植物園と並ぶ最古の植物園で、現在も栽培製造が行われている。

# 30 和歌山県

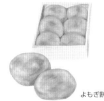
よもぎ餅

### 地域の特性

　近畿地方に属し、本州最大の半島・紀伊半島の南西部を占め太平洋に面している。県南部は本州の最南端で、黒潮が流れ海産物の宝庫である。気候は温暖で蜜柑・梅などの生産量はトップクラス。雨量の多いことから森林の生育がよく、古来紀国（きのくに）とよばれてきた。今日もなお自然崇拝が生き、熊野三山（本宮・新宮・那智）や高野山という信仰の聖地があり、ことに熊野信仰は、平安時代から貴族や庶民という隔てなく信仰され、「蟻の熊野詣で」とまでよばれ浸透した。その巡礼道は2004（平成16）年に「紀伊山地の霊場と参詣道」として世界遺産に登録された。

　県下の地形は縦長で紀北、紀中、紀南（南紀）の3つに分けられ、県庁のある和歌山市は紀北にある。県下全体は辺境のようだが、和歌山市は大阪とは近距離にある。江戸時代には徳川御三家の1つで、8代将軍吉宗は紀州・徳川家の出身であった。「江戸千家」と名乗る流祖の川上不白（ふはく）も紀州の人で、江戸との繋がりが濃く、菓子文化は江戸や大坂の影響がみられた。だが、何といっても熊野三山や高野山、西国三十三観音巡りの参拝客や、南紀白浜観光の観光客目当てに、「土産菓子文化」が開花している。

### 地域の歴史・文化とお菓子

## 紀州・和歌山の伝説と名物菓子

### ①武蔵坊弁慶の誕生地・田辺市　弁慶で町おこし

　今から800年余り前、源義経（みなもとよしつね）の家臣・武蔵坊弁慶は熊野水軍200余艘・兵2,000余りとともに田辺の牟婁（むろ）の津より壇の浦に船出し、見事に平家を打ち倒した。武蔵坊弁慶は、紀州田辺が生誕地であるとされている。『義経記（ぎけいき）』（室町初期成立）によると熊野別当家の嫡子で、幼名は「鬼若」、比叡山で修行後、西塔武蔵坊弁慶と自ら名付けたとされる。JR紀伊田辺駅

前の広場には、なぎなたを構えた荒法師・弁慶の銅像があり市内には弁慶にまつわる史跡が多く、市庁舎前の「弁慶松」（6代目）は、彼の生誕を記念して植えられたという。すぐそばの井戸は、弁慶の産湯を汲んだ井戸とされ、田辺市は弁慶のふる里であった。

②闘鶏（とうけい）神社と弁慶の父・湛増（たんぞう）

　土地の人たちに「権現さん」で親しまれる闘鶏神社は、熊野三山（熊野本宮大社・熊野速玉（はやたま）大社・熊野那智大社）が祀ってあるため、ここに参拝すると熊野三山に詣でたことと同じ御利益があるとされていた。さらにこの神社には、壇の浦合戦で源氏に勝利を導いた熊野水軍の伝説がある。それは弁慶の父とされる湛増（たんぞう）が、この神社で熊野三山を統括する職にあって、強大な力をもつ熊野水軍を支配下にしていたからであった。

③闘鶏神社の謂われ

　湛増のもとには、源氏・平氏双方より熊野水軍の援軍要請があった。彼はどちらに味方をするか神意を確認するため、社地の鶏に赤を平氏、白を源氏に見立て紅白7羽の鶏を闘わせたという。そこから闘鶏神社とよばれ、結果は源氏に見立てた鶏が勝ち、源氏の援軍についたのであった。

　境内の一角には、父湛増と弁慶の伝説を再現した像が立っている。また、神社には弁慶出生時に産湯を沸かした釜や、義経が奉納した横笛（銘白竜）など弁慶や義経ゆかりの宝物が展示されている。

④名物最中「辨慶の釜」

　紀伊田辺駅近くの御菓子司鈴屋には、弁慶に因んだユニークな最中がある。闘鶏神社の弁慶の産湯の釜を模したもので、最中は上下2層に分かれ、上には柚子餡、下には粒餡が入っている。小豆の粒餡を先に食べ、次いで柚子餡を食べるとすっきりと後味がよい最中だ。1968（昭和43）年には昭和天皇白浜行幸のみぎり、天覧お買い上げの栄を賜った銘菓である。

# 道成寺（どうじょうじ）に伝わる「安珍・清姫」伝説

①物語の発端

　天音山道成寺は、日高町の日高川近くにある新西国三十三観音霊場の第5番目の札所である。能や歌舞伎の演目として名高い「安珍・清姫伝説」の寺として知られる。この物語は、平安時代中期に編纂された『本朝法華験記（ほんちょうほっけげんき）』（大日本国法華経験記とも）にみえる古い話である。

時は醍醐天皇928（延長6）年の秋、奥州白河（福島県）の今日風にいう"イケメン"の山伏安珍は、熊野権現への途中、熊野街道の今の中辺路町で日が暮れ、庄屋の庄司清次の家に宿を借りた。ところが、この家の娘・清姫は安珍の凛々しさに一目惚れをし、ただならぬ夜を明かしてしまった。しかし、安珍は「修行が終えるまで待ってほしい」と約束をし、熊野権現へと旅立つ。やがて修行を終えた安珍だったが、清姫への思いはすでに消えていた。だが、清姫の安珍への思いは深まり、その心は燃える炎となっていた。

②釣鐘と安珍を焼き溶かした清姫の怨念

　安珍に裏切られた清姫の怨念は大蛇と化し、日高川を泳ぎ渡り、道成寺の釣鐘の中にかくまわれた安珍を追い詰めた。蛇身の清姫は炎を吐いて鐘を焼き溶かし、やがて安珍をも焼き殺してしまった。

　法華経の教えで我に返った清姫は、日高川の入江に身を投じ、川底深く姿を消したのであった。

③2人を物語る「つりがね饅頭」

　道成寺には安珍を葬った「安珍塚」が残されている。仁王門の石段下の左右には、土産物店や飲食店が軒を並べ名物の「つりがね饅頭」が売られている。「つりがね饅頭」は御坊市や日高川町の名物で、味や焼き具合に店それぞれの特色があるが、カステラ生地を釣鐘型に成形し、中に黒と白の漉し餡が包まれている。店ごとに「○○のつりがね饅頭」と、名付けて販売している。清姫の燃えるような情念を冠した"情熱の釣鐘饅頭"と謳ったものなどがあり、「安珍・清姫」の伝説は今も健在である。

# 真田幸村の隠れ里

### ①真田家父子で戦った関ヶ原

　猿飛佐助・霧隠才蔵など「真田十勇士」の物語で知られる武将・真田幸村。1600（慶長5）年、天下分け目の関ヶ原の合戦の際、真田家は父昌幸と二男・幸村は西軍豊臣方に、長男信幸は東軍徳川方にと、お家存続をかけ親子が分かれて戦った話は有名である。

　結果は西軍は敗退し昌幸・幸村親子は死罪となった。だが、長男信幸の嘆願により昌幸・幸村父子は「高野山蟄居」が命じられ、同年10月9日真田家の菩提寺・蓮華定院に移った。しかし高野山が酷寒なため、麓の九

度山に居を移した。現在その跡地に立つのが「真田庵（善名称院）」で、ここで幸村父子は将来に備え日々訓練に励んでいた。父昌幸は家伝の「真田紐」を織り、家臣に全国各地へ行商させ資金と情報収集に役立たせたという。

②真田の抜け穴伝説

真田庵から東へ約170mのところに「真田の抜け穴」と称されるところがある。ここは後に、戦国期最後の武将として、真田幸村の名を馳せる大阪"冬の陣""夏の陣"の際、幸村が九度山から戦場へ出向いたという伝説の地で、「この穴の向こうは大坂城につづいている」という言い伝えがあった。実際は4世紀頃の横穴式石室をもった古墳で、幸村の伝説から「真田古墳」と名付けられ、九度山にはこうした「真田伝説」が各所にある。

1614（慶長19）年11月の冬の陣、翌年5月の夏の陣と幸村の働きは壮絶なもので、豊臣家に最後まで忠義を尽くした幸村に、家康も「敵ながらあっぱれ」と讃えたという。

③真田伝説・九度山伝説ゆかりの菓子

真田伝説の町九度山は、至る所に真田家の家紋「六文銭」の赤い幟が風にはためいている。浪花堂（橋本市）の「真田まんじゅう」は、まさに六文銭の焼印が堂同と押されているカステラ生地の饅頭で、真田ファンには嬉しい。中には白餡が包まれもちもち感いっぱいのお饅頭である。因みにこの六文銭は三途の川の渡し賃で、真田家の決死の覚悟を伝える神聖なシンボルマークであった。谷村萬寿堂の「六文銭」は、六文銭の形をした焼き菓子で、中には歯ごたえのある小豆の粒餡が入っている。

九度山の「九度」とは、高野山を開いた弘法大師の母が、当時高野山は女人禁制だったため「女人高野」とよばれたこの慈尊院に住んでいて、弘法大師が月に9回会いに来たという伝説がある。慈尊院は女性の寺なので、子育て良縁の願いに乳房の形をした物を縫って供えた。そこから生まれたのが「おちちまん」で、ミルク風味の黄身餡を包んだ焼き菓子である。

## 行事とお菓子

### ①十日戎の「のし飴」

「えべっさん」といえば十日戎のことで、正月9、10、11日と和歌山市内の水門吹上神社や東の宮で、商売繁盛を願い福を求める人たちで賑わう。

この日は縁起物の吉兆を飾った「福笹」が登場するが、和歌山では5,000円、1万円といった巨大な紅（ピンク）白の「のし飴」とよぶねじり飴が売られている。のし飴は水飴に砂糖を加え鍋で炊いた飴生地を細工するもので、クリスマスのステッキ型の飴によく似ている。「のし」はお祝いの「熨斗」のことだが、紀州弁は語尾に「のし（ねえ）」とつける方言があり、そこからきているともされる。この飴は県内のえべっさんの日にだけ売られる。「のし飴」の発祥地は水門吹上神社とされ、明治時代に、大阪今宮戎神社の「ねじり飴」や「おたやん飴（お多福飴）」を参考に創案されたとされる。

②紀三井寺「初午福つき大投餅」

　紀三井寺は西国三十三所観音霊場第2番目の札所。初午は3月最初の午の日で、県下最大の「餅まき」が行われる。「大福」と赤く書かれた直径1mの円盤のような餅から、大小5,000個の餅が投下され、福男が「厄を祓って、福を授かりましょう」と大声で張り上げ、餅が投げられる。盛り上がってくると餅だけでなく菓子やパンなども投下され、境内は騒然として参拝者たちの「餅拾いの戦場」となる。和歌山県は「餅まき」の聖地といわれ、各地で祝い事には欠かせない行事だが、この寺の餅まきは春を呼ぶ行事として親しまれている。

③橘本神社の菓子祭

　海南市下津町にある橘本神社は、菓子の神様田道間守命が祀られ、彼が持ち帰った橘が社地の「六本樹の丘」に植えられたという。橘は改良を重ねて現在の蜜柑となり、毎年4月第1日曜日に全国の菓子業者により「菓子祭」が行われ、全国の銘菓が奉献される。秋には「蜜柑祭り」も行われる。

④水門吹上神社「牛の舌餅投げ」

　毎年11月23日に行われ、新穀感謝祭に奉納された2枚の「牛の舌餅」と称される畳1枚分の巨大なのし餅を投げる行事で、江戸の昔は社殿の屋根の上からそのまま投下したという。現在は手のひらサイズに切り分けられ、他に180kgもの大小さまざまな餅が撒かれる。この行事は「牛祭り」に行われたとされる。「餅まき」は、土地の悪霊や邪悪な魔物に食物を供え、穀霊によってそれらを祓い、あらゆる幸いを祈った。

## 知っておきたい郷土のお菓子

- **煉羊羹・本ノ字饅頭**（和歌山市）　総本家駿河屋の銘菓。室町中期の1461（寛正2）年京都伏見で「鶴屋」として創業。徳川家康の十男・頼宣の御用を務め駿河へ。その後頼宣の転封で江戸前期紀伊へと移った。将軍の息女鶴姫が紀州家に輿入れし、鶴の名は遠慮し「駿河屋」と改名。代表銘菓・煉り羊羹は、秀吉の時代に京都で創製。備中小豆、和三盆、寒天、中国からの生臙脂（紅）で煉り上げたもの。この羊羹は「紅羊羹」の名がある。長方形の竹皮包みはこの店の発案。酒種饅頭の「本ノ字饅頭」もよく知られている。店は一時廃業したが、2015（平成27）年に再開した。
- **ひじり羊羹・みろく石**（高野山町）　精進料理に欠かせない、高野山秘蔵の古文書に基づき作った晒し巻きの蒸し羊羹。1871（明治4）年創業のかさ國の代表銘菓。他に奥の院の弥勒石に因んだ焼き饅頭「みろく石」がある。
- **花坂やきもち**（高野町）　名物の餡入り餅を両面こんがりと焼いたもの。白と蓬の2種があり、かつて土地の老女が作った塩焼餅が最初とされる。高野山参詣道・花坂の掛商店などで、300年来作られている。
- **串柿**（橋本市）　1885（明治18）年創業の竹虎堂の銘菓。黄身餡に橋本特産の富有柿の干し柿を練り込み小麦生地で包んだ焼き饅頭。干し柿を模してある。
- **醤油まんじゅう**（湯浅町）　金山寺味噌と醤油が名産の湯浅町の名物饅頭。地元「角長」の醤油を使った生地で漉し餡を包んで蒸し上げるため香ばしい。湯浅町に3代続くおぐらやの商品。
- **おけし餅**（田辺市）　江戸後期創業の「辻の餅」が作る名物餅。丸く平たい直径5cmほどの杵搗き餅の両面に塩加減のよい粒餡をつけた素朴な餅。名の由来は、子供の髪型「芥子坊主」による。
- **三万五千石**（田辺市）　三万五千石本舗EH製菓（田辺市）の銘菓。漉し餡を求肥で薄く包み、もち米製の薄種で挟む。薄種は紅白の2種あり、菓名は紀州田辺藩の石高に因んでいる。
- **柚もなか**（白浜町）　三徳小西菓子舗の一口最中。詰められた薄緑色の餡は、摺りおろした柚子の皮を混ぜたもの。和歌山県の代表銘菓。

- **あんのし**（新宮市）　珍重庵の熊野銘菓。「あんのし」は熊野言葉で「あのねえ」。漉し餡を小麦生地でさつま芋形に成形し、串に刺して串を回転させながら焼く。奈良の「さつま焼き」に似ている。
- **薄皮饅頭**（串本市）　創業100年の儀平菓舗の名物饅頭。本州最南端の潮岬にある奇岩・橋杭岩を模した独特な形をし、酒種生地の薄皮から甘すぎない漉し餡がのぞいている。同市の無量寺と縁のある江戸時代の絵師・長沢芦雪の落款「魚」を刻した、珍しい「芦雪もなか」もある。
- **那智黒**（太地町）　那智黒総本舗の名物飴。県の名産品「那智石」の碁石を模したもので、奄美群島・徳之島産の黒砂糖を使ったコクのある黒飴。1877（明治10）年誕生以来、那智大社の参詣土産として知られる。
- **辨慶の釜・つりがね饅頭**　本文参照
- **真田まんじゅう・六文銭・おちちまん**　本文参照

# 31 島根県

ぜんざい

### 地域の特性

　中国地方の日本海側に面し、山陰地方の西部に位置している。県庁の所在地は松江市で、離島の隠岐島や竹島も島根県の領域である。気候は日本海側気候であるが、沿岸部の冬季は曇りや雨が主で、降雪は内陸部に多く、冬季においては季節風が強い。

　県域は旧国名の出雲国・石見国・隠岐国から現在も3地域に分かれている。神話の舞台となった出雲には出雲大社を筆頭に格式高い古社があり、石見には万葉の歌人・柿本人麻呂が国司として赴任して来ていた。石見の美しい情景が数々の歌に残されている。また、隠岐には都の流人とともに中央の文化が伝えられていた。

　3地域それぞれ異なった文化や歴史を築いているが、出雲地方が比較的平穏な歴史を歩んだのは松江藩の支配の所産であった。特に7代藩主・不昧公の果たした役割は大きく、大名茶人であった不昧公のセンスのよさが各方面に発揮され、今日の松江の菓子文化も不昧公によっていた。

　松江は京都、金沢とともに〝3大和菓子処〟。総務省統計局の「平成19年家計調査報告書」によると、大都市圏以外で多い和菓子の消費金額をみると、1位は金沢市で次いで2位が松江市となっている。松江市民は、朝食がわりに抹茶とお菓子という人も少なくない。松江には今日なお、不昧公の茶の湯文化と和菓子文化が継承されている。

### 地域の歴史・文化とお菓子

## 神の国出雲の「神在餅」と松江のスイーツ

### ①名君松平不昧公と名臣朝日丹波

　「不昧公」「不昧さん」と、松江の人々に親しくよばれるのは松江藩7代藩主・松平治郷公（1751～1818）で、号を「不昧」と称した。江戸に生

まれ17歳で藩主となったのだが、当時の松江藩は極貧の財政で、6代宗衍（不昧公の父）は1両の金子にも事欠き、小姓が江戸の町に調達に出たが貸してくれるところがなかった。そして、耳にするのは「出羽様（松江藩）御滅亡」の噂ばかり。平伏する小姓に、宗衍は涙をはらはらと落としたという。

そんな藩を継いだ不昧公だが、名臣・朝日丹波の助勢によって立派に立て直すことができたのである。手荒いこともやったようだが、まず借金の整理、公費節約、薬用人参などの産業振興……と腕を振るい、藩財政は好転し、松江藩18万6,000石の中興の祖となった。200年を経た今でも、松江には不昧公の影が見え隠れしている。

### ②不昧公の茶の湯

不昧公が茶の湯を始めたのは18歳のときで、翌年江戸・麻布の天真寺で禅の修行を積む。「不昧」の号はこのとき授かったもの。「茶禅一味」を身で示し、後に茶道「不昧流」を完成させる。若い頃は「釜1つ持てば茶の湯は足る」といっていたが、後年は優れた茶道具の蒐集家となった。そのきっかけは、藩の財政が好転しつつあるとき、朝日丹波が苦労して貯えた金銀を不昧公に見せたことで、安心して名器蒐めをしたという。朝日丹波は「一代の失策だった」と悔やんだというエピソードが伝わっている。

### ③不昧公と松江の３大銘菓

武士の嗜みであった茶の湯が、松江では町衆の間にも広がった。茶の引き立て役の菓子も、松江では独自の菓子文化として発達し、今日まで「不昧公好み」という菓子が伝えられて庶民の生活に浸透している。

茶の菓子は、口当たりがさらっとして、口中で溶け、後味の残らないものを佳とした。また、花鳥風月を尊ぶ中で、茶事の風趣に合わせ、季節を詠み込んだ和歌の一節から菓銘とするといった、優雅な趣向を凝らすようになる。不昧公好みの３大銘菓は、それらを兼ね備えていた。

- **山川**　紅白の落雁で薄紅は紅葉、白はせせらぎを表している。「ちるは浮き　散らぬは沈む　紅葉はの　影は高尾の　山川の水」という不昧公の歌からの命名である。1890（明治23）年創業の風流堂２代目が復元した。上白糖に寒梅粉を用い、しっとりと口溶けがよく、ほのかな塩味がする。日本３大銘菓のひとつである。
- **若草**　「くもるぞよ　雨降らぬうちに摘みてこむ　栂尾山の春の若草」

という不昧公の歌からの命名。不昧公がまとめた茶道の手引書『茶事十二ケ月』に春の主菓子とされたもの。1874（明治7）年創業の彩雲堂の初代善右衛門が古老や茶人の言い伝えをもとに復活させた。奥出雲・仁田産のもち米を使った求肥に緑色の寒梅粉のそぼろをまぶしてある。

●菜種の里　「寿々菜咲く　野辺の朝風そよ吹けば　とひかう蝶の　袖そかすそふ」の不昧公の歌による菓銘である。春の菜畑を思わすように、クチナシで鮮やかに染めた黄色の打ち物。玄米の白い葩煎(はぜ)が、飛び交う蝶を表している。明治以降絶えていたが1929（昭和4）年に三英堂が製法を復活させた。口に入れるとほろりと溶ける軽やかな食感である。

④出雲の「神在祭(じんざいまつり)」と「ぜんざい」

出雲は「ぜんざい」発祥の地、ということで、出雲市には「日本ぜんざい学会」というのがあり、最近は「B級グルメ」（庶民的な郷土の食べ物）のスイーツとして大いに人気を博している。

そもそもなぜ出雲で「ぜんざい」かというと、旧暦10月を「神無月(かんなづき)」といい、全国各地の神々が出雲に出かけられるのであるが、そのため出雲地方では10月を「神在月(かみありつき)」といった。八百万の神々は寄り集まって男女の縁組などの相談をするといわれ、出雲の各神社では「神在祭(かみありさい)」、つまり「神在祭(じんざい)」が行われた。そして、各地の神々がお帰りになるのが「神等去出祭(からさでさい)」で、この日は餅を搗き「小豆雑煮」を作り神棚に供えた。それを「神在餅(じんざいもち)」といい、その「じんざい」が出雲弁は東北弁に似ていて「ずんざい」になり、さらに転訛して「ぜんざい」になって京都に伝わったという。

⑤「ぜんざい」あれこれ

ぜんざいの語源には、仏教用語の「善哉(ぜんざい)（よきかな）」を由来とする説があり、一休宗純（1394～1481）が、餅入りの小豆汁を最初に食べた時美味しかったので「善哉、善哉」と叫んだことからの名称ともいわれる。「善哉」はサンスクリット語の「素晴らしい」を意味する漢訳でもあった。

しかし、出雲では依然として「ぜんざい発祥地」としている。もっとも出雲や鳥取の一部、四国の香川県などでは正月に「小豆雑煮」をいただく風習がある。小豆は神祭りと深い関係があり、小豆を食べる日は神や先祖を迎え「斎(いつ)き祀る日」である。この日のために精進潔斎して忌籠り神に仕えるわけで、後述するが「神在祭」は別名「お忌祭(いみまつり)」というように、こ

の祭りに小豆を食べることは当然で、「アヅキ」はすなわち「イツキ」から出た名前ともされるのであった。

「神在餅」と「ぜんざい」については、江戸時代の書物『祇園物語』『梅村載筆(ばいそんさいひつ)』『雲陽誌』などにも記されている。

### ⑥神在祭の神秘性

出雲の国土を統一した「佐太大神」を祀る佐太神社(旧鹿島町・現松江市)では、神在祭を「お忌祭」「お忌さん」ともいう。かつては旧暦の10月になると、出雲の人たちは全国の神々の集会に、不都合があってはいけないと、祭りの期間中(現在は短縮して新暦11月20～25日)、神官のみならず土地の人たちまで歌舞音曲、造作、庭掃き、針仕事まで慎んだという。

この「お忌さん」の頃は「お忌荒(いみあ)れ」といってきまって海が荒れ、出雲の海岸部には"龍蛇(りゅうじゃ)さん"とよばれる南方産の背黒ウミヘビが黒潮に乗ってやって来る。龍蛇さんが打ち上げられると、八百万の神々が出雲に来られたと考えられ、出雲大社や佐太神社で厳かな「神在祭」が行われた。

### ⑦梅の若木で神々にご出発を促す「神等去出祭(からさでさい)」

「神等去出祭」は、会議を行っていた八百万の神々が帰途に就く「神送り祭」で、出雲大社ではこの祭の日、神官が楼門の扉を三度叩き「お立ち～、お立ち～」と唱えると神々が出雲大社を去られるという。その後神々は斐伊川沿いに鎮座する万九千神社(まんくせんじんじゃ)(出雲市斐川町)に立ち寄られ、宴を催された後、宮司が幣殿の扉を梅の小枝で叩きながら「お立ち～」とここでも二度唱えて神々に出発を伝えたのである。

神々がお帰りになる「神等去出祭」の日、下々(しもじも)の家では神在餅、つまり「小豆雑煮」を作って神様にお供えし家族でいただいたのである。この「神等去出祭」の夜は、夜更けて外を出歩くと神々に出会い、「お尻を撫でられる」と昔の人は語り、慎む夜であったことを伝えていた。

「神在祭」は神の国・出雲の厳かな神事ながら、地元住民にしっかりと守られた地域の祭りでもあった。

## 行事とお菓子

### ①桃の節供の「花もち」「いがもち」

松江市周辺の地域では、今では新暦で雛節供を祝うがかつては月遅れの

4月3日に行った。桃も椿も咲いて花盛りである。子供の初節供には母親の実家から男児には冠をつけた金襴衣装の天神様、女児には同じく金襴衣装の内裏雛が贈られた。この日は男女の別なく祝い、雛段には菱餅、餡餅、炒り米、甘がゆ（甘酒）、そして「いがもち」が供えられる。

鉄板で焼くいがもちは「花もち」ともよばれ、米の粉を団子に捏ね、小豆の漉し餡を包んでおく。別に団子の生地を取り分け、赤、緑、黄色と色を着け、素焼きの型に部分的に貼りつける。型は亀や鯛、花や巾着といっためでたい形で、これに餡を包んだ団子を型押ししてはずし、成形して椿の葉にのせて蒸す。出来上がると彩りよく赤や黄色が浮き上がり、まさに「花もち」である。初節供にはこの「花もち」と白と蓬の餅を、お祝いを貰った家に配る。現在は家庭で作る機会も少なくなったが、松江市内にはまだ、素焼きの型を販売する陶器店がある。

### ②春を呼ぶ美保神社の「青柴垣神事」

この神事は春を待って毎年4月7日に行われる。かつては旧暦3月3日に行われていた。美保神社の祭神はエビス様で知られる事代主命で、神話では高天原の神に国譲りをする。つまり、事代主命の「身隠し」（水葬）の儀式を伝える神事である。だが、神前に供える供物の中には3月節供の要素が色濃い。まず米の粉を捏ね彩色して作った山桃や柑子、ザクロといった果物、さらに米粉で鶴や亀、犬や猿、兎などの動物を模して作り油で揚げた「とりあげ」。これらを荒籠とよばれる竹製の籠に入れ、桃の枝を添えてお供えする。今日でも雛節供の菓子の中に「桃ひげ籠」があり、竹ヒゴで編んだ小さな籠に有平糖の桃が詰められている。格式高い神社の神事ながら、現在につながる雛菓子のルーツがあり、親しみ深いものがある。

### ③端午の節供の「かや巻き」と「かたりまんじ」

月遅れの6月5日の節供には、隠岐島や美保関地方では粽はカヤの葉で巻くので「かや巻き」という。もち米の粉を捏ねて細長く丸め、最初はササの葉で包んで外側はカヤで巻き、シュロの葉を細く裂いてしばり、10個を1束にして茹でる。黄な粉や砂糖醤油で食べる。「かたりまんじ」のかたりは、サルトリイバラ（サンキライとも）の葉のことで、もち米の粉を捏ねて餡を包み、外側をかたりでくるんで蒸す。「かたりまんじ」は主に田植えの終わった"しろみて"や"泥落とし"に作る。

また、石見の山間部では8月のお盆に「かしわもち」といって、サルト

リイバラの葉で包んだ餅を作り、親類や近所に配った。

④冠婚葬祭・法事の引き出物に「法事パン」

　松江周辺の風習に、法事の引き出物にパンが使われる。かつては饅頭だったが、餡パンになりそれも塩餡だったが、現在はパンの詰め合わせである（静岡県の旧細江町では、葬式や法事の膳に「おひらパン」が出される）。

## 知っておきたい郷土のお菓子

- **姫小袖**（松江市）　創業250余年、松江藩御用達の一力堂（旧三津屋）の銘菓。かつては藩主の御用のみに作る「お留め菓子」。当店8代目が古い木型を見つけて復活させた。餡入りの打ち菓子で、紅白の綸子模様がある。
- **路芝**（松江市）　風流堂の銘菓。春先、草の上に積もった雪が溶けて行く様子を表した菓子、緑色に染めた餡を白ごま入り求肥で挟み、短冊形に切ってひとひねりしてある。松江藩主・不昧公のお好みの一品。
- **八雲小倉**（松江市）　風月堂の銘菓。雲をイメージして焼き色をつけたカステラ生地の間に、大納言羊羹を挟んだ棹物菓子。注文を受けてからその場で切って包むという昔ながらの売り方をしてくれる。
- **薄小倉・菅公子**（松江市）　桂月堂の銘菓。創業200年を誇る老舗で、「薄小倉」は秘伝の蜜漬けの極上大納言小豆を錦玉で流し固めた物。「菅公子」は近くの白潟天満宮の鼻繰梅に因んで梅肉入りの紅羊羹を、焼き皮で一文字に巻いた物。注文を受けてから作る。
- **来間屋生姜糖**（平田市）　創業300年という来間屋の名物。地元特産「出西生姜」と砂糖だけを使い、一子相伝で作る板状の生姜糖。碁盤の目のような筋目が入れてある。筋目ひとつ分の「ひとくち糖」も人気がある。
- **俵まんぢう**（出雲市）　俵屋菓舗の名物土産菓子。祭神・大国主命にあやかり、米に見立て白餡を包んだ俵型のカステラ饅頭。
- **高田屋羊羹**（出雲市）　出雲大社正門西側にある創業180余年の高田屋の銘菓。備中特産白小豆を使った紅白二色の羊羹で、参拝土産として知られる。
- **源氏巻**（津和野町）　津和野地方の郷土菓子。小豆の漉し餡を薄いカステラ生地で巻いた「餡巻」。粒餡、抹茶餡、ゆず餡があり各店で作られ

ている。
- **げたのは**（大田市）　世界遺産となった「石見銀山」の名物菓子。ここでは戦国期から昭和初期まで銀が掘られ、そこで働く人たちの疲れを癒した菓子で、小麦粉と砂糖を練って焼き黒蜜を塗って一晩乾かす。優しい甘さの伝統菓子で、鹿児島にも同じ菓子がある。
- **千鳥羹**（安来市）　坂田眞月堂初代が、松江藩御用菓子司三津屋惣七より学んだ寒天を使わず、備中白小豆を煉り揚げた棹もの。大納言小豆が千鳥を表現している。明治維新で絶えた献上菓子、東雲羹の製法を伝えている。安来市には歴史のある黒田千年堂の清水羊羹もある。
- **山川・若草・菜種の里**（松江市）　本文参照

# 32 鳥取県

流し雛のおいり

### 地域の特性

　山陰地方の中央部に位置し、北は日本海に面し鳥取砂丘があり、南には中国地方最高峰・大山や中国山地の山々ある。東西に長い県内には、東から千代川、天神川、日野川の三大河川が日本海に流れ、流域には鳥取市、倉吉市、米子市がある。県内は古くから開け、かつての因幡国と伯耆国からなり、神話の舞台となった「因幡の白兎」の物語はよく知られている。

　鳥取はまた「万葉のふるさと」でもある。富山県で大伴家持のことを記したが、家持はその後、因幡国守となって赴任していた。万葉集の最後を飾る歌が家持の因幡国庁で国守として新年を迎えた歌である。「新しき年の始めの初春の　今日降る雪の　いや重け吉事」。この歌は759（天平宝字3）年正月1日に詠まれたもので、深々と降り積もる雪のように「よいことが積もるように」との願いが込められていた。山上憶良も伯耆国守として赴任していた。

　こうした歴史背景からか、素朴でいて雅な用瀬の「流し雛」や雛菓子「おいり」などが伝えられている。そして、砂丘の国・鳥取らしく県下には「砂炒り」といって、砂を使い、砂の熱でこんがりとあられを炒る方法、茄子を色よく漬ける「砂漬け」という郷土料理があった。

### 地域の歴史・文化とお菓子

## 鳥取バージョンの雛あられ「おいり」「ほとぎ」「かしん」

### ①「おいり」は日本の米菓子の原点

　「雛あられ」については、第Ⅰ部の2「行事と和菓子」のところでも触れたが、鳥取県の東部・因幡地方の雛菓子の「おいり」は、かつて各家庭で作られていた。ご飯の残りを乾飯にして保存し、鉄鍋で炒り、もち米の玄米を、これも鉄鍋で気長に炒るとパッパッとはじけて白い花のようにな

る。さらにかき餅や菱餅の切れ端などを賽の目に切ってあられに炒り、黒豆や大豆も炒って全部を混ぜ、水飴でまとめ俵型に握ってまとめる。「あられ」というより「おこし」である。平安時代の書『和名類聚抄』に「粔籹」として「蜜を以って米を和し煎って作るなり」とある。まさに日本の米菓子の原点で、米や豆を炒るところから「おいり」とよばれた。「粔籹」については炒ると膨らむことからの名ともされる。

伯耆の山間部・日野町では「ほとぎ」といい、境港市地方では「かしん」といい、賽の目に切った干し芋やなまぎん（とうもろこし）を炒って加える。「おいり」は岡山県の中国山地でも作られ、「ほとぎ」は広島県下でよくつくられ、「おいり」地帯と「ほとぎ」地帯があるようだ。

### ②流し雛の里の「おいり」

「流し雛」で知られる用瀬は、鳥取市内から約21km離れた千代川に沿った山里である。旧暦3月3日の桃の節供には、街道に面した家々の前には雛人形が飾られ、花盛りの桃や菜の花で町中が彩られている。流し雛は、男女1対の紙雛を藁を丸く編んだ「桟俵」にのせ、桃の小枝や菜の花、菱餅、「おいり」を添え、晴れ着姿の子供たちが無病息災を祈って千代川に流す情緒豊かな行事である。

もともとこの行事は、紙などで人形を作り自分の厄災をうつし、川や海に流す「祓え」の神事であった。用瀬では江戸時代からの行事とされるが、すでに平安時代の『源氏物語』にも記される日本古来の神事であった。

「おいり」が「流し雛」という神事に供えられるところから、単なるおやつではなく、神祭りの「神供」であったと考えられる。平安時代の『延喜式』に神供として「粰粽」がありこれは「おこし」のことであった。

### ③「おいり」にみる稲作の予祝性

「おいり」の中には、乾飯と一緒にもち米を炒った「葩煎」が入る。もち米は爆ぜると白い花のようになることから吉凶を占い、よく爆ぜると吉で豊作とされていた。江戸の町では元旦に豊作を祈って家中に撒いたり、「喰い積み」とよばれる年賀の客の「お手懸け」（縁起のよい摘まみ物）に盛られていた。『守貞漫稿』（1853）によると、江戸の町には元日の早朝「葩煎売り」の姿がみられたが、幕末頃にはまれになり、喰い積み台には生米が敷かれ、小さな土器が添えられ、個々が炒って食べた、とある。

「葩煎」は米の古い食法でもあるが、我が国には古代より神祭りには米

を供える習わしがあり、豊作を祈り供米を土皿に入れて炙って吉凶を占い、神と人が共食した。それが「葢煎」の最初ではなかったかと考えられる。

雛祭りは今日、子供の成長を祈る祭りだが、諸行事が重なり複雑ではあるが、春に先立ち「田の神」を祀る大事な行事であった。

④「雛荒し」という風習

用瀬では流し雛が終わると、町の集会所に男女児の子供たちが集まり「雛荒し」の行事がある。雛段の前のテーブルには、唐揚げなどの現代の料理と一緒に巻き寿し、カレイの焼き物、わけぎのぬた、お雛様が自分の耳と取り換えても食べたいといった好物のタニシの煮物、そして「おいり」などの郷土の雛料理が並んでいる。現在はここで子供たちが楽しく会食するが、昔は家々のお雛様を訪ね、ご馳走を食べ荒らすということから「雛あらし」とよばれていた。この「雛荒し」は岡山県や徳島県でも行われ、家々を訪ねお供えのお菓子を貰って行くことであった。岐阜県の東濃地方では「がんど打ち」（同県参照）とよんでいた。

「おいり」は、あられや炒り豆が水飴で和えてあり、甘い物の乏しかった時代に子供たちには嬉しい贈り物であったに違いない。

### 行事とお菓子

#### ①元旦の小豆雑煮

旧東郷町（湯梨浜町）川上では、正月雑煮は甘く煮た小豆汁に白い丸餅の入った「小豆雑煮」である。若水を汲んで小豆をやわらかく煮て、まず神棚に供え、家族揃って「お節」とともにいただく。初詣は東郷神社に出かける。

#### ②若桜(わかさ)神社のお祭と「おやき」

鳥取と兵庫の県境にある若桜町(わかさちょう)は、山陰の小さな山峡の町だが平安時代の『和名称』に「八上郡若桜郷」とある古い町である。町の総鎮守・若桜神社は、松上(まつかみ)大明神とよばれその昔松上様が若桜に来られる途中、高野村の山添家に立ち寄られ、神様に「何を馳走致しましょう」と訊ねると、「なま焼きのおやき」を所望されたそうだ。神様に差し上げると大層お慶びになり、以後若桜神社の５月の例祭には「おやき」を供え、家々でも作り無病息災を祈った。各家庭には、おやき用の押し型（亀甲型で真中に大、または寿の文字が彫ってある）があり、米粉を捏ね餡を包み型を取って鉄板

で焼く。今では町の名物になっている。
### ③しょうぶ節供の「巻き(笹巻き・粽)」
「巻き」はクマザサで米粉の団子を包んで茹でる。茹で汁で手足を洗い、家の周囲に撒くとマムシに咬まれないという。神棚に供えた笹巻きはそのまま、しまっておき、運動会などの勝負事のとき、少し食べて出かけると吉運とされる。また旧東郷町の川上では、昔神様が粽を食べて喉を詰まらせ亡くなったので粽は作らないという。だが、他村で作られた粽は食べてもよいとされる。県下には粽を作らないという地域が他にもある。
### ④代満(しろみて)の「きりこぜんざい」
代満は田植の終わった後の休息日で、普段と違ったご馳走を作ってくつろぐ。きりこは手打ちの幅広の麺で、茹でて甘く味付けした小豆汁に入れて食べる。餅の代わりにきりこが入ったぜんざいである。端午の節供に「巻き(ちまき)」を貰ったお返しに配る。
### ⑤賀露(かろ)神社・灘祭の「みょうが焼き」と砂炒りの「氷餅」
賀露は江戸時代からの港町で、廻船問屋と漁師たちが日本海に浮かぶ鳥ケ島に小祠を祀り、豊漁と航海安全を祈願した。祭りは7月の海の日だが、元は旧暦6月15日でこの日はみょうがの葉で巻いた「おやき」を作り、砂炒り(深鍋に砂を入れ、熱い砂で正月のお供えを砕いて炒る)のあられ・「氷餅」を作った。なお、3月節供の「おいり」の干し飯も砂炒りする。
### ⑥若桜弁財天(わかさべんざいてん)(江島神社)9月初巳祭の「弁天まんじゅう」
「弁天さん」で親しまれる江島神社は商売繁盛、縁結びの神様として知られ、若桜杉の大木に囲まれた神域は神秘的な雰囲気がある。江戸時代、国家安泰、五穀豊穣を祈願して村人たちが「白い饅頭」を奉納し、それが起源で「弁天まんじゅう」が生まれた。現在は「弁天まんじゅう本舗」が作っているが、米粉を捏ねて蒸し、餅のように搗くのでもちもちしている。表面には鶴(家内安全)・亀(円満長寿)・桜(商売繁盛)の模様があり、赤と緑の彩色が縁結びを祈願していた。今は町の名物として通年売られている。
### ⑦亥の子の「餡もち」
弓浜半島(境港市)では、10月の亥の日頃になると海が荒れて寒くなり「亥の子さん荒れ」という。餅を搗いて「餡もち」を作り、昔はこの日にこたつを出して火を入れると、火災の難に遭わないといった。

⑧ひざ塗り「ぼた餅」

　大山山麓の旧暦12月1日の行事。この日ぼた餅を作り、家族揃って茶碗にぼたもちを入れて箸で挟み「師走の川に転ばぬように、まんば親（継母）に添わぬように」と唱えながら、ぼた餅を脛と膝に当てて食べる。昔からのけが予防の行事とされる。

### 知っておきたい郷土のお菓子

- **生姜煎餅**（鳥取市）　江戸時代からある郷土菓子。砂丘にうっすらと降り積もった雪を思わせる生姜味の小麦粉煎餅。波型に曲がった線が独特で、民芸の父・吉田璋也が「民芸菓子」に昇華させた。宝月堂が作る。
- **いなば山**（鳥取市）　稲葉山に見立てた半月形の焼き菓子。薄めの焼皮で漉し餡をはさみ、生姜風味のすり蜜を刷いた京屋菓舗の銘菓。他に砂丘をイメージした「風紋」や「白兎のちぎり」などがある。
- **二十世紀**（鳥取市）　明治元年創業の老舗亀甲やの銘菓。水飴と寒天で固めた生地を、二十世紀梨の輪切りそっくりに成形し、寒梅粉をまぶして梨の肌に見立ててある。梨の果汁は使われていない。
- **貝がらもなか**（鳥取市）　伝統民謡「貝がら節」をモチーフにした鳥取の「菓子処ふね」の名物最中。山陰沖では江戸後期頃、帆立貝漁が盛んで、中国へ大量に輸出していた。「貝がら節」はその頃の労働歌が最初とされる。帆立貝に模した皮に、粒餡がたっぷり入っている。
- **打吹公園だんご**（倉吉市）　桜の名所打吹公園の名を冠した石谷精華堂の3色串団子。甘みを加えてよく練ったもち米製の団子を、白餡・小豆餡・抹茶餡で包んだ倉吉名物。箱には、配色も工夫して詰められている。
- **蔵の餅**（倉吉市）　白壁土蔵の街に相応しい「ふしみや」の代表菓。栃の実をなめらかな鼈甲色のジャムにしてから、餅生地に混ぜ込み、小豆の漉し餡を包む。古くから作られてきた栃餅をアレンジして創製された。
- **とち餅**（倉吉市）　三朝地域の名物。栃の実はアク抜きなどの下処理に手間がかかるが風味があり、地元の人々に親しまれる。餡入りの栃餅に人気があり、松之屋や吐月堂が数量限定で作る。
- **白羊羹**（米子市）　「つるだや」の銘菓。白手芒豆を使って、火を通しすぎると赤くなるため、火加減には細心の注意を払う。風情ある名の「笹鳴き」は、薄種で餡入り求肥餅を挟んである。

- **因幡の白うさぎ**（米子市）　出雲神話「因幡の白兎」にちなみ、兎をかたどった焼き菓子。地元大山(だいせん)バターを使ったコクのある生地で、黄身餡を包む。米子市の寿製菓が創製し、今や鳥取県を代表する土産菓子。
- **ふろしきまんじゅう**（東伯郡琴浦町）　「山本おたふく堂」の名物菓子。漉し餡を、黒糖入りの小麦粉生地で風呂敷の四隅を折るように包むことから菓名がある。地元では店名から「おたふくまんじゅう」ともよばれる。

# 33 岡山県

松乃露

### 地域の特性

　中国地方の南東部に位置し、西に広島県、東に兵庫県、北は鳥取県に接している。南は古来より水運の発達した瀬戸内海に臨み、中、四国の交通の要衝で古代には「吉備国」と称されていた。

　7世紀以前の吉備国は、中国山地の砂鉄、平野部の稲、沿岸部の製塩と、吉備国は瀬戸内に君臨する一大勢力をもっていた。そのため大和朝廷は吉備津彦命を派遣して制圧し、吉備国は大和政権下に組み込まれる。その後吉備国は備前、備中、備後、美作の4カ国に分断されるが、まさにこの吉備津彦命が岡山における「桃太郎伝説」のモデルだったのである。

　桃太郎伝説に欠かせない名産の白桃。明治生まれながら瀬戸内海型気候で温暖、日照時間の長い「晴の国おかやま」に相応しい果物で、吉備団子とともに桃太郎の国を彩っている。

### 地域の歴史・文化とお菓子

## 岡山ゆかりの人物と菓子「吉備団子」「藤戸饅頭」「柚餅子」

### ①桃太郎と吉備津彦

　岡山といえば「桃太郎」が有名である。だが、岡山の桃太郎は話がちょっと違っている。吉備地方の伝説に「吉備津彦の温羅退治」というのがあり、桃太郎はこの吉備津彦命という神様で、温羅という鬼の大将を退治する物語である。これが「桃太郎伝説」の原型とされ、岡山では桃太郎より、ヒーローとしては「吉備津彦」のほうが知られていたのである。

　その吉備津彦は、現在も吉備国の総鎮守・吉備津神社（岡山市北区吉備津）の主祭神として祀られ、朱塗りの本殿は「比翼入母屋造」、別名吉備津造りといわれる素晴らしい建物で国宝である。

②「吉備津彦」と「温羅」
　この吉備津彦の話は少々複雑で、古代大和朝廷が全国制覇の際、中国地方に派遣されて来た神様が吉備津彦命だったのである。当時この地方には大きな勢力をもった「温羅一族」がいて、温羅一族は、一説によると朝鮮半島の百済(くだら)からの渡来人とされ、高度な鉄の文化をもっていたため、大和朝廷には邪魔な存在だった。それで戦を仕掛け、温羅は鬼とされ吉備津彦に制圧されたのである。

③温羅一族の居城
　総社市にある標高403mの鬼城山(きのじょう)には、温羅が築いたという3kmにわたって石垣や土塁を巡らした朝鮮式山城・鬼ノ城(きのじょう)がある。近年この遺跡の発掘調査で、鉄を作ったとされる精錬所跡が見つかっていた。
　楯築遺跡(たてつきいせき)(倉敷市)は、温羅の矢を吉備津彦が避けるために使ったとされ、平らな大きな自然石が並んでいる。総社市から倉敷市、岡山市にかけては温羅と吉備津彦の戦の伝承地が点々とあり、ついに首を討ち取られた温羅は、13年間も唸り声を上げていた。そのため吉備津神社のお釜殿の下に葬られ、温羅の妻・阿曽女(あそめ)がお釜殿の巫女として仕え、温羅の霊を鎮めたという。神社には"鳴る釜の神事"というのがあって、不思議な釜の話が上田秋成の『雨月物語』(1776〈安永5〉年刊)に紹介されている。

④桃太郎と吉備津彦のお供
　桃太郎には犬、猿、雉のお供がいる。実は吉備津彦にも犬と鳥がいて、部下に飼育を命じたためこの地方には「犬飼」「鳥飼」の姓が多いそうだ。実際に犬飼部犬飼健命(いぬかいべのいぬかいたけるのみこと)、猿飼部楽々森彦命(さるかいべのささもりひこのみこと)、鳥飼部留玉臣(とりかいべのとめたまおみ)の3人の家臣がいたそうだ。中でも犬飼部犬飼健命の子孫は1932(昭和7)年に起きた5・15事件で暗殺された犬養毅(いぬかいつよし)首相であった。吉備津神社には粘土で作られた素朴な犬と鳥の小さな縁起物が伝わっている。

⑤岡山の『日本一吉備団子』の誕生
　「桃太郎伝説」は室町時代に広まったが、岡山とは直接繋がりはなかった。しかし岡山地方は黍の産地で、「きび団子」は吉備津神社の祭礼に供えられ、江戸時代前期には境内の茶店で売られていたという。また幕末に現・廣榮堂の先祖が黍と吉備を結んで「吉備だんご」と名付けて売り出したのが起源という説もある。最初は短冊形だったが、維新後に丸形になり、求肥製となった。岡山の吉備団子を有名にしたのは、日清戦争の時に大本営の置

かれた広島まで山陽線が開通したことであった。出征兵士と対外戦争に「桃太郎と鬼退治」のイメージを重ね、岡山廣榮堂の主人が広島・宇品港（現広島港）に「日本一の吉備団子」の幟を立て兵士を迎え、また岡山駅を通して吉備団子の販路を拡散させ全国的になったという。

### ⑥「源平藤戸合戦」と佐々木盛綱

　藤戸合戦は児島合戦ともよばれ、1182（寿永3）年藤戸海峡（倉敷市）を挟んで源範頼の率いる源氏と平行盛を将とする平氏が対峙した。源氏は本土側から攻め、平家は船で児島の先陣庵につき、源氏は船がないので海峡を渡れないでいた。なんとか馬で海峡を渡れないかと探していた源氏の武将・佐々木盛綱は、海を熟知する若い漁師の話から一条の浅瀬があることを知り、若者に案内をさせ対岸に上陸し、盛綱は先陣の名乗りを上げ、平氏は虚を衝かれ、敗走して屋島に逃れるという、大勝を得た。

　その後盛綱は、この戦功により頼朝から児島を領地として賜った。

### ⑦「笹無山」の伝説

　大功を立てた佐々木盛綱ではあったが、浅瀬の情報を秘匿するため、無残にも案内した若者を斬り殺していたのである。若者には老いた母がおり、この事実に半狂乱となり「佐々木と聞けばササまで憎い」といって、裏山のササを悉くむしり取り残酷な仕打ちを呪った。以後、その山にはササが繁ることがなかったという。笹無山は今も倉敷市藤戸町にある。

### ⑧謡曲「藤戸」

　室町時代、この悲惨な物語をもとに世阿弥（1363？～1443？）によって作られたのが謡曲「藤戸」である。内容は領地に赴いた盛綱に、息子を殺された老いた母親が恨みを訴える。殺害を後悔した盛綱は若者の法要を営む。すると、その明け方近く若者の亡霊が現れ、盛綱に祟りを及ぼそうとするが、盛綱の供養に満足し成仏するという物語であった。

### ⑨「藤戸寺」と「藤戸饅頭」

　藤戸寺は奈良時代の創建だが、戦乱で荒廃していた。藤戸合戦の戦功で児島郷を所領地とした佐々木盛綱は、この寺を修復し、口封じのため殺害した若い漁師の霊と、合戦の戦没者を弔うため藤戸寺で大法要を営んだとされる。その際、殺害された若者の供養のため、住人たちが素朴な饅頭を作って供えたのが今日の藤戸饅頭の起源とされる。元禄時代までは寺の境内の茶店で売られていた。後に1860（万延元）年に現在の地に店を構えた。

現在の饅頭は、地元の酒粕から甘酒を作り、小麦を原料に十勝産の小豆の漉し餡を包んだ薄皮饅頭で、創業800有余年の歴史を伝える味である。

### ⑩岡山の隠れた偉人・山田方谷

JRの駅名でただ１つ、人名の付いた駅がある。それが伯備線の「方谷」駅で、備中の小京都といわれる城下町・高梁駅から３つ鳥取県寄りにある。

山田方谷は、幕末期の儒家で陽明学者。当時この地方を治めていた備中松山藩板倉家（現高梁市）の勘定方責任者で、窮乏して多額の負債のある藩を、才覚によってたちまち財政再建を果たし、藩に多額の備蓄を残した。その彼は、米沢藩（山形県）の困窮した財政を再建した、藩主・上杉鷹山と並び称される偉大な人物だったのである。

### ⑪山田方谷と柚餅子

方谷が力を入れた１つに産業振興があり、城下の家々に柚子の木を植えることを奨励した。その柚子を使って上質な「柚餅子」を作り、江戸や大坂に販売したのである。高梁市内の「天任堂」は、松山藩主・板倉家６代目勝職（1770～1830）に柚子を使った餅菓子を献上したのが始まりとされる。その後板倉家７代目勝静のとき、方谷による柚餅子づくりが奨励され、松山藩は財政再建の手腕が認められ、幕末、徳川幕府の幕閣の要職についた。だが、明治維新を迎え城は取りつぶしとなり、町はさびれてしまった。この状況を悔しく思った天任堂では、大阪・名古屋・関東・東北と台八車を引いて柚餅子を売り歩いたとされる。

### ⑫高梁の柚餅子

高梁の地名は明治維新以降だが、歴史のある松山城は日本３大山城の１つである。町は清流高梁川に沿って帯のように長く、晩秋には川霧が立ち込め、町の柚餅子屋さんの店頭には「柚子買います」の貼り紙が出され、柚子の香りにつつまれる優雅な町である。この地の柚餅子は種類も豊富で柚子、もち米粉、水飴、砂糖を用いて製造され、もちもちとした食感である。「包みゆべし」「切ゆべし」「結びゆべし」「丸ゆべし」「味噌ゆべし」「柚練り」と種類も豊富である。

## 行事とお菓子

### ①しょうぶ節供の「笹巻き」と「ほおかむり」

岡山県下では端午の節供を「しょうぶ節供」とよんでいる。中国山地で

はもち米、うるち米の粉を7対3の割合で混ぜ、熱湯でよく捏ねた団子をササの葉4～5枚で包み、5個を1組みにして藁で縛って熱湯で茹でる。これを「笹巻き」とよび神様用で、家族用は「ほおかむり」といってササの葉1～2枚で包む。餡は入れないので黒砂糖で食べる。ササの葉の枚数が多いほうが空気に触れず味もよく、涼しいところに置けば長期間の保存ができた。

②ろっかつふえて（6月1日）の「はぜ」

「ろっかつふえて」（瀬戸内沿岸では〈ろっかつしえて〉）は、中国山地地方の方言で6月1日、農作業の休日という意味で、昔は正月礼最後の日とされた。「はぜ」は、黒大豆やもち玄米を弱火でゆっくり炒り、玄米は白く花のように爆ぜたら醤油、白砂糖で味をつける。白大豆ともち玄米で作る「はぜ」は白砂糖であえる。この「はぜ」は七夕にも作り、重箱一杯に作って神様に供え、家族のおやつにもする。家によっては正月の餅花を炒って入れる場合もある。

瀬戸内沿岸地方では、この日には新麦の粉に砂糖を加え水で溶き、フライパンなどに油をひき「流し焼き」を作る。

③八朔（旧8月1日）の「ししこま」

瀬戸内市の旧牛窓地区では、八朔に雛人形を飾る風習があり、女児が誕生し初めての八朔には「ししこま」を作って雛段に飾る。八朔の前日には、親類の人たちが集まり「ししこま」を作る。まず、米の粉を練って臼で搗き、団子生地を作ってヘラやクシを使い鯛や海老、果物の蜜柑やカボチャなどの野菜類をつくる。仕上げには色粉や金粉で彩色する。

また「ししこま」は、雛段に飾るだけでなく近隣の子どもたちが「ししこま貸して……」とやって来るので貸し与えるのだが、「いつか貴女の家に女の子が生まれたら返してもらいましょう」という意味があった。子供たちは家々を回って「ししこま」を集め、昔は皆で焼いて食べたという。

### 知っておきたい郷土のお菓子

- **大手まんぢゅう**（岡山市）　旧岡山藩池田家御用達の伊部屋（いんべ）が作る岡山名物。酒種入りの小麦生地で小豆餡を透けるほど薄く包んだ小ぶりの酒饅頭。日持ちのする包装を研究し全国的に知られた。地元では自家用に「藤戸饅頭」、進物用には「大手まんぢゅう」と使い分けている。

- **吉備団子**（岡山市）　廣榮堂については本文参照。現在は市内の各店で作られる求肥製の団子。土地に伝わる「吉備津彦と温羅」の物語から、桃太郎伝説と相まって生まれた全国的に知られた岡山の名物菓子。
- **旭川**（岡山市）　市内を流れる旭川にちなむ芭蕉堂の銘菓。もち米の炒りみじん粉と砂糖を合わせ、赤・白・水色と3色に彩られた落雁。他に備中白小豆を使った「紅羊羹（くれない）」がある。店名は初代店主が芭蕉のファンだったから。
- **調布**（岡山市）　翁軒などが作る岡山銘菓。卵と砂糖が入った小麦粉生地でキメの細かい薄皮を焼き、細長く切った求肥を芯に反物のように巻いてある。古代の「租・庸・調」の調として納めた手織布の「調布」からの菓名。
- **むらすずめ**（倉敷市）　橘香堂（きっこう）の銘菓。小麦粉の焼皮を中表に粒餡を入れ、半円状に畳んである。江戸時代、倉敷の豊作祈願の盆踊りの群衆が、稲穂に群がる雀のようだといわれたことに因み、踊り子たちの編笠を模した。
- **由加山あんころ**（ゆがさん）（倉敷市）　市内児島の由加山名物。江戸時代は蓮台寺と由加神社は1つで、讃岐の金比羅参りと由加山の「両参り」で賑わった。あんころは当時からの名物土産で由加神社や蓮台寺、参道の元祖とら屋で食べられる。
- **矢掛の柚べし**（やかげ・ゆ）（矢掛町）　矢掛は旧山陽道の宿場町で、現在も本陣脇本が残り参勤交代の大名が泊る「大名宿場」であった。名物の「棒ゆべし」は柚子の皮を刻んでもち米粉、上新粉、白味噌、醤油、砂糖などを混ぜ、竹の皮に包んで蒸したもの。徳川13代将軍家定に嫁いだ篤姫が大層好まれたという。
- **初雪**（津山市）　武田待喜堂（たいき）の名物。餅に少量の砂糖を搗きまぜ、伸して短冊に切った後、筵（むしろ）にはりつけるように並べ、陰干しにしたもの。津山藩主の贈答用として利用され、多くの菓子屋が作った。菓名のとおりかつては初雪の頃各自が火鉢で焼いて食す楽しみがあったが、今は焼いたものが売られている。
- **千本桜**（津山市）　鶴聲庵の銘菓。数千本という津山城址の桜をイメージして創製された。麩焼煎餅で梅肉が入った薄紅色の求肥を巻くように包んである。仕上げにすり蜜が刷毛（はけ）で塗られている。午前中には売り切

れという人気菓子。
- **松乃露**（津山市）「くらや」の銘菓。求肥にすりおろした柚子の皮を加え、和三盆糖をまぶした、松の緑に映える朝露のような爽やかな柚子菓子。400年前の藩主・森忠政公命名とも伝わる菓子をもとに、1924（大正13）年に創製された。
- **高梁市の柚餅子**(ゆべし)　本文参照
- **藤戸饅頭**（岡山市）　本文参照

# 34 広島県

いが餅

### 地域の特性

　日本列島の山陽地方の中心に位置し、温暖な気候と瀬戸内海、中国山地の2つの豊かな自然に恵まれている。県庁の所在地広島は、自動車産業や商業が盛んであるが、農業も漁業も盛んで"日本国の縮図"とよばれる。
　県内は広島市を中心に県西部の「安芸」地方、県東部の福山市を中心に「備後」地方に区分され、近年は県北部の「備北」地方が加えられている。
　西国最大の戦国大名だった毛利氏は、1600(慶長5)年の関ヶ原の戦い以降、120万石から周防・長門2国36万9,000石に減らされ、長門・萩藩主として江戸時代260年間を過ごした。だが、広島といえば毛利氏の痕跡が今も色濃く残り、広島の県名すら毛利氏の祖・大江広元(1148〜1225)の広からきているという説まである。
　お菓子にも毛利氏は健在で広島の代表菓子「川通り餅」は、安芸における毛利氏の発祥地・安芸吉田庄に伝わる菓子で、毛利輝元の広島進出の際伝えられたものであった。一方、福山には初代藩主水野氏に関わる菓子があり、殿様に因んだ菓子を楽しんでみよう。

### 地域の歴史・文化とお菓子

## 殿様の風物菓子「川通り餅」と「とんど饅頭」

### ①広島の師走の風物詩「かわどおり」

　旧暦12月1日を、昔は「川通り節供」「川浸りの朔日」といった。訛ってカビタレ、カワタレ、カワワタシともいい、水神様に因む行事が行われ、この日餅を食べると水難を免れるといわれた。この餅を「川浸れ餅」「川渡り餅」と称し、九州の長崎市内では12月1日の朝、「川渡り餅」を売りに来た。それを食べれば、川で溺れないといい、この日、餅を食べてから川を渡るものだと各地で言い伝えている(「新潟県」の項参照)。

水の都・広島市内でも水難除けに餅を配る風習があり、その餅を「川通り餅」といった。戦前は12月1日の夜、町中を「かわどおり、かわどおり」と餅を売り歩く声が聞こえ、師走の風物詩であった。

②毛利氏の武勲を伝える「川通り餅」

　「川通り餅」は、毛利輝元（1553〜1625）が広島城に移る際、この地方に伝えられたもので、由来は毛利氏発祥の地・安芸吉田庄（安芸高田市）にある。1350（正平5）年12月1日、毛利師親（元春）が、石見国の佐波善四郎との戦いで江の川を渡ろうとした時、小石が浮き上がり鐙に引っかかった。師親はこれを「八幡宮の奇瑞」として石を懐に入れ、川を渡って大勝利を得た。後に小石は宮崎八幡宮に奉納された。里人たちは大層喜び、この石を餅に見立て「川通り餅」として祝ったのが始まりとされる。

　県下には、12月1日にぼた餅を膝に塗り、「師走の川にこけませんように……」と祈る風習もある。

　「川通り餅」は、広島市の菓子処・亀屋の銘菓で伝統の餅を再現させたものである。胡桃入りの求肥餅に黄な粉がまぶされ、一口サイズの風味豊かな餅で「もみじ饅頭」とともに広島の代表的な土産菓子である。亀屋は1946（昭和21）年の創業である。

③福山城完成と水野氏

　福山藩初代藩主・水野勝成（かつなり）（1564〜1651）は徳川家康の従兄弟で、戦国期から江戸初期にかけての武将で大名。三河刈谷藩主から大和郡山藩主を経て福山藩主となる。現在の福山は当時、海沿いの漁村でここに白羽の矢を立てた水野氏は、築城開始から3年近くの歳月を要し、1622（元和8）年に完成する。10万石の城としては破格の巨城で5層の天守閣をもっていた。これはもちろん西国鎮衡で、参勤交代時には聳え立つ福山城をみることができた。意外だが藩主・水野勝成と宮本武蔵は関係が深く、大坂夏の陣の際、武蔵は福山藩にいて2代目勝俊（当時17歳）の護衛として参戦していた。

④福山の「とんど祭り」

　「とんど」は小正月行事の左義長（さぎちょう）のことで、福山の「とんど」は家々の正月飾りや書き初めなどを集め、青竹を束ねた上に藁で作った縁起物の「鶴亀」「宝船」「懸け鯛」「五葉松」などを豪快に飾り付ける。そして、京都の祇園祭の「山鉾巡行」のように各町内から集まった「とんど」が城下を

練り歩いた。夜は河原に集めて火を放ち一年の無病息災を祈り、正月の神様・先祖の霊を送る行事であった。

この行事は福山城築城の際、町衆が「とんど」を担いで盛大に築城祝いを行った。それ以来1970（昭和45）年頃まで約350年間も続いていた。江戸後期の1814（文化11）年以降に出版された、屋代弘賢（やしろひろかた）『諸国風俗問状答（といじょう こたえ）』の「備後国福山領風俗問状答」には豪華な「とんど」の挿絵が掲載されている。

### ⑤築城祝いの「とんど饅頭」

「とんど饅頭」を作る虎屋本舗は、元兵庫の高田屋という廻船問屋で、福山藩主の要請で、幕府から下賜された、京都伏見城（廃城となっていた）の部材を運ぶ仕事をしていた。その功績で初代高田宗樹は福山に土地を拝領して移り住み、1620（元和6）年には菓子屋も営んでいた。1622（元和8）年に福山城が完成した折、祝儀の席に献上したのが「とんど饅頭」で、命名は藩主自ら縁起のよい「福山とんど祭り」に因んでいた。

「とんど饅頭」はこぶりな焼き菓子だが、中には高級な備後・備中の白小豆の漉し餡が入り、上品な甘さが味わい深い。

とんど祭りは途絶えたが、藩政時代を今に伝える貴重な菓子である。

### 行事とお菓子

#### ①正月のお年玉は「つるし柿」2つ

「広島に2つのかきあり」といわれ1に「海の牡蠣」、2につるし柿として知られる「西条の柿」である。旧河内町（現東広島市）地方もつるし柿の産地で、秋になると家族総出で干し柿作りをした。甘い物の少なかった時代につるし柿は嬉しいお茶受けであり、おやつであった。この地方では正月のお年玉として子供たちに、つるし柿2個ずつを配る習わしがあった。

来客には湯のみ茶碗に1つ入れ、番茶か熱湯をかけて出した。

県内にはつるし柿を使ったお菓子も多々あるが、渋柿のシブ抜きもさまざまで、盥（たらい）に藁を敷き、柿を並べ熱湯をかけて蓋をすると2、3日で渋が抜ける。新しい漬け菜の汁に1週間入れておくと渋が抜ける。こうした柿を「あわし柿」といった。酒樽に藁を敷いて醂（さわ）す方法もある。

#### ②ひな節供の「ほとぎ」

県内の雛祭りの供え物は、よもぎ餅と白餅の菱餅、よもぎ団子に昔はほ

うこ(母子草)を搗き混ぜたほうこ団子もあった。そして甘酒に「ほとぎ」。「ほとぎ」は雛あられのことで、「鳥取県」の項の「おいり」とよく似ている。玄米を炒って花のように爆ぜさせて塩味をつける。黒大豆やあられに切った干し餅(こおりもち)をこんがりと炒り、白下糖を混ぜたり、麦芽で作った水飴で固めたものである。水飴でからめたものを別名「いりがね」ともよんだ。

### ③端午の節供の「かしわ餅」

西日本の「かしわ餅」の葉は、ユリ科のつる性低木の山帰来の葉で、山帰来はサルトリイバラともいった。楕円形のハート型の葉で、これに餡入りの団子や餅を包む。この山帰来の呼び名が県下でもまちまちで、旧賀茂郡地方では「かたら」、芸北山間地では「たたらごう」といい、この葉で巻いた団子を「しば団子」ともいった。旧由木町周辺では「くいの葉」、この葉で巻いた餅を単に「巻き」ともいう。県内だけでも数種名あり、日本全国では250種以上あった。県下のかしわ餅は端午の節供のみならず、田植えの終わった「しろみて」や「泥落とし」などにも作られた。

### ④宮島の「タノモサン」

八朔(旧8月1日)の行事で、田の実、田の面、頼みなどと書き、農作物の豊作を祈る全国的行事である。宮島では手製の小さな「タノモ船」を作り、船内には新米の粉で作った家族の人数分の「団子人形」「踊り子」「団子犬」、さらにぼた餅、果物、お賽銭をのせて流すのである。宮島は名のとおり「神の島」で、古来「土地を耕さぬ」という信仰があり農耕をしない。そのため農作物への感謝の念が厚かった。この「タノモ船」は、対岸の大野町のお稲荷様に向けて流すので、かつては大野町の人たちが拾い、田畑に置くと豊作になるといわれていた。

「タノモサン」は愛媛県にもあり「八朔行事」は瀬戸内海沿岸地方に多い。

### ⑤呉・亀山八幡宮秋祭りの「いが餅」

毎年10月9、10日に行われ、呉の総氏神の祭り。2日で20万人の人出があり、この祭りで欠かせないのが「いが餅」。もち米の粉で作った餅に餡を包み上面に赤・緑・黄に染めた米粒をのせて蒸したもの。白米など口にできなかった昔、雑穀で作った餅に数粒の米粒をのせ、せめて祭りには贅沢をしたいという願いがあった。

## 知っておきたい郷土のお菓子

- **柿羊羹祇園坊**（広島市）　平安堂梅坪の銘菓。祇園坊は西条柿と並ぶ名産の柿。種がほとんどなく干し柿に最適で、これを糖蜜に漬け、備中産白小豆の羊羹に刻み入れ、伝統の技法で煉り上げたもの。
- **ひろ柿**（広島市）　戦前の鳳月堂の銘菓「ころ柿」を、風雅堂が引き継ぎ再現した。ジャム状にした干し柿を求肥に練り込み、薄く延ばして短冊形に切る。鳳月堂は原爆で焼失したが、この味だけは継続されている。
- **大石餅**（広島市）　広島浅野家は赤穂浅野家の本家で、赤穂浪士討ち入りの後、広島浅野家に預けられた浪士の家族に大石内蔵助の妻がいた。妻は国泰寺の供養塔にお参りする際白い餅を供えていた。その餅が戦前「大石餅」とよばれ名物となった。戦争で途絶えたが、近年三河屋により復元された。江戸期からあった別の「大石餅屋」は1998（平成10）年に廃業した。
- **もみじ饅頭**（宮島町）　厳島神社のある宮島の景勝地・紅葉谷に因み、紅葉の葉を象った餡入りのカステラ饅頭。土地の和菓子職人高津常助が1906（明治39）年に創製し、最初は「紅葉型焼饅頭」と称していた。宮島では創業大正年間の藤い屋のものが最も古いとされる。
- **泡雪**（三次市）　創業160年の三次浅野家御用達しの東地屋の銘菓。「泡雪」は溶かした寒天に砂糖と泡立てた卵白を加えて固めた泡雪羹。山口や岡崎にもあり、卵黄を使った羊羹と美しい詰め合わせで販売。
- **鯨羊羹**（尾道市）　鯨の黒い皮とその内側の白い脂肪層を、黒の錦玉羹と白く透明感のある道明寺羹で表現。一度絶えたが「中屋」が復元。
- **玉浦煎餅**（尾道市）　1916（大正5）年創業の金萬堂本舗の名物煎餅。淡白な風味の白い薄焼き煎餅で、昔、観光名所・千光寺山腹で光を放ち、船乗りの目印になっていた「玉の岩伝説」に因んでいる。
- **ヤッサ饅頭**（三原市）　包んだ粒餡がところどころみえる焼き饅頭。三原城築城を祝い、地元の"ヤッサ踊り"に因んで人々が「ヤッサ、ヤッサ」の掛け声で踊ったのが菓子名の始まり。1912（大正元）年ヤッサ饅頭本舗が創製した。
- **むろの木**（福山市）　三河屋の銘菓。鞆の浦にはかつて目印ともいえる立派なむろの木（ネズ）があった。万葉歌人・大伴旅人が太宰府の任を

終え、ここに立ち寄り「吾妹子が見し鞆の浦のむろの木は　とこ世にあれど見し人ぞなき」と妻を偲ぶ歌を残した。この菓子は栗、干ぶどう、柚子の入る粒餡を、饅頭生地で包み、むろの木に模した棹状の焼菓子。

- **乳団子**(庄原市)　元祖は和泉和光堂。明治に県内初の七塚原牧場ができ、牛乳を主原料に初代が創製した牛乳入り求肥餅。1934（昭和9）年に発売した。
- **竹屋饅頭**（庄原市）　幕末創業の竹屋饅頭本舗の酒饅頭。東城町は広島浅野家の城代家老の城下町。初代が徒然に作っていた饅頭が評判となり開業。昔風酒種酵母の饅頭は、今も早朝4時から作り消費期限2日である。

# 35 山口県

夏みかん菓子

### 地域の特性

　本州の西端にあって、瀬戸内海、響灘、日本海と3つの異なる海に面している。かつての周防国と長門国からなり、中央部には東西に中国山地があり、県域を分けると、瀬戸内海沿岸地域、内陸山間地域、日本海沿岸地域の3つに分けられ、歴史文化は違っているが気候は温暖で、風水害も比較的少なく住みよい県とされている。

　歴史をみると室町時代には、海外貿易で大内氏が栄え、山口は「西の京」とよばれてきた。戦国時代には毛利氏が台頭したが、関ヶ原の戦い（1600〈慶長5〉年）以後、周防、長門2国に減封された。しかし、毛利氏は「防長3白（米・塩・紙）」といわれる殖産政策を進め、さらに子弟の教育にも力を入れ、幕末には多くの人材が輩出し日本の近代国家化成立に貢献した。

　維新以降、困窮する萩の士族救済に夏みかんの栽培を以て名産品作りをしたのも、「豊かな先見性」を身につけた長州の人たちであった。

### 地域の歴史・文化とお菓子

## 長州路菓子紀行

### ①萩・維新の里の夏みかん菓子

　「松陰先生」と、萩の人たちに敬われかつ親しまれている吉田松陰（1830〜59）。彼が主宰した「松下村塾」は、日本の近代化、産業化を成し遂げた人材を育てたということで、2015（平成27）年7月「明治日本の産業革命遺産」として、ユネスコの「世界遺産」に登録された。

　幕末維新の志士を育んだ吉田松陰のふる里・萩。まさに激動と静寂の共存する所で、城下町のそちらこちらに明治維新の足跡が残されている。

　萩といえば、武家屋敷の土塀の上にたわわに実る夏みかん。萩の歴史の変遷を見守っているかのようである。その萩の夏みかんは、進物用の格式

高い菓子からおやつ菓子まで幅広く利用されている。

②萩の夏みかんの歴史

　萩では夏みかんを"夏だいだい""九年母(くねぶ)"と称していた。松陰先生も植樹したり「九ねぶ」とよんで食したとされている。我が国で夏みかんを経済的に栽培したのは萩が最初で1876（明治9）年、商品名もその頃「夏みかん」と命名された。

　この夏みかんは、青海島の大日比(おおひび)（長門市仙崎）の海岸に南方産の柑橘果実（文旦系）が漂着し、それを拾い種子を蒔いて生えたものとされ、青海島には原樹があり、1927（昭和2）年に国の天然記念物に指定されている。この地には浄土宗の名刹西円寺があり、萩からは多くの人たちが参拝に行き、彼らによって実生の苗が萩に運ばれ、庭に柿や栗と同様に育てられていた。

③困窮士族を救った萩の夏みかん

　その後1863（文久3）年萩藩主が山口に移り、さらに明治維新後の情勢により、萩に残された武士たちは苦境に追い詰められた。そうした時、小幡高政なる人物により、困窮士族救済のため夏みかん栽培が奨励され、1878（明治11）年に苗木が士族たちに配布された。10年後の1889（明治22）年には、夏みかんの果実と苗木が萩町の財政を潤すまでになっていた。

④夏みかん菓子のいろいろ

　萩で夏みかんの皮を菓子にしたのは森重正喜で、釣り道具および砂糖商を営む人だった。菓子の味は苦くいまいちで、そこで立ち上がったのが現在の「元祖夏みかん菓子光国本店」の初代作右エ門であった。夏みかんの甘さとほろ苦さを上手に生かし、1880（明治13）年「夏○薫」と名付けて売り出した。2代目貞太郎は実弟と共同してさらに美味しくし「萩乃薫」と改名した。以後、一子相伝で技術を守り続け3代目義太郎は、1916（大正5）年に看板商品となる「夏蜜柑丸漬」を完成させる。

- **萩乃薫(はぎのかおり)**　夏みかんの皮を剥ぎ、丁寧にアク抜きをし、糖蜜で煮込み、仕上げにグラニュー糖を全体にまぶし軽く乾燥させる。夏みかん本来の酸味を生かし爽やかな風味とさっぱりした甘さがある。手作業なので仕上がるまで3日間ほどかかる。毎年秋に"青切り"といって青く若い夏みかんをスライスし、砂糖漬けにしたものが季節限定で作られる。

- **夏蜜柑丸漬**　作るのに5日もかかり、1日約80個しかできないという

貴重な菓子。その製造工程は①夏みかんの形を整えるためカンナで表面を削る、②夏みかんのヘタではないほうを切って果肉をくり抜く、③くり抜いた丸ごとの皮の部分を1日水につけてアクを抜く、④水気を取って糖蜜の中に漬けこむ、⑤白小豆の羊羹を注入して1日置く、⑥表面の白羊羹をそぎ落として完成。「夏蜜柑丸漬」の中身は白羊羹だったのである。

　夏みかんの皮のほろ苦さと、マッチした白羊羹の甘さ。「夏蜜柑丸漬」には、凛とした萩の気品が漂っている。

● **毛利の殿様**　萩の夏みかんは最中の餡に、キャラメルやクッキーといろいろに使われているが、「毛利の殿様」は「松栄堂」の名物菓子で、夏みかんを練り込んだ漉し餡を棒状にした求肥と一緒に薄いカステラ生地の皮で一文字に包みこんでいる。他に夏みかん入り粒餡や抹茶漉し餡がありボリューム満点。明治維新の原動力をつくった毛利家代々の藩主を偲び作られた菓子。

なお、「松栄堂」のある椿東には松陰神社がある。境内の「松陰食堂」には"夏みかん入りの松陰うどん"があり、"松陰だんご"は炭火で焼いた味噌タレの香ばしい団子である。

⑤下関・維新の志士と菓子

　周防・長門を領有した毛利家は毛利輝元から14代、270年続いた。関ヶ原の戦いの後、石高を36万石に削られ、萩に封じ込められたがよく国を治め幕末、維新期には尊王攘夷、倒幕運動の先端を行く志士を輩出した。その維新の若者たちが募った下関・長府・防府。騎兵隊を指揮した高杉晋作（1839〜67）や伊藤博文（1841〜1909）など、今にも若き志士たちの喊声が聞こえてくるようである。

● **晋作もち（風流亭）**　大政奉還を目前に病で没した若き志士・高杉晋作は、彼の遺言どおり、下関市吉田の清水山（しみずやま）に葬られた。吉田は騎兵隊の本陣が置かれたところであった。現在ここに「東行庵（とうぎょう）」がある。「東行」は彼の号で「西へ行く人を慕ひて東行く　わが心をば神や知るらむ」と倒幕を秘めた歌を残し、「東行」と号した。もちろん鎌倉初期の歌僧・西行を慕っての名であった。「東行庵」の名物が晋作もち。この餅は餡入りの焼いた草餅で、梅漬けの赤紫蘇が巻いてある。晋作の愛人おうの（剃髪して「梅処尼（ばいしょに）」となった）に因んでいた。「梅処尼（ばいしょに）」は生涯ここで晋

作を供養し、「東行庵」は晋作が挙兵した功山寺の末寺である。
- 阿わ雪(松琴堂)　下関(赤間ガ関)に慶応年間(1865〜68)に創業。松琴堂の近くに居を構えていた伊藤博文(初代総理大臣)が、「口中で消え行く感じが春の淡雪を思わせ、菓子の中でも冠たるもの」と、絶賛し白筆の文字で「阿わ雪」と命名したという。残念ながらその書は戦火で焼失してしまった。「阿わ雪」は、泡立てた卵白と砂糖、寒天を加えた純白な淡雪羹で、はかなく消える食感が、なぜか幕末の志士たちを魅了していた。一子相伝の技を守り続けている。

### 行事とお菓子

#### ①長門山間部・雛節供の「生まんじゅう」

旧むつみ村(現萩市)ではひと月遅れの4月3日に行い、初節供には3色(白・紅・蓬)の菱餅の他に「生まんじゅう」を作る。米粉を捏ねて蒸し、餅の要領で搗く。生地を彩色用に少し取っておき、色粉を加えて赤、黄、緑と染める。白い餅は卵ぐらいの大きさにして中に甘い小豆餡を包む。花を象った木型を用意し、花弁の部分に彩色した餅を敷き、次いで餡餅をのせて成形する。型から出すと花形のまんじゅうができる。松江地方ではこれを「花もち」「いがもち」とよんでいる。

#### ②周防南部・端午の節供の「ほてんど餅」

旧秋穂町(現山口市)では月遅れの6月5日に祝い、長男が生まれた年には盛大にする。餅を搗き笹巻きや「ほてんど餅」を作る。ほてんど餅は「かしわ餅」ともいうが、"ほてんど"は「イギの葉」で、「サルトリイバラ」のことである。寒ざらし粉(白玉粉)を水で練り、中に小豆餡を入れて団子にし、イギの葉に包んで蒸す。周防大島ではイギの葉を「ぶとん葉」といい、この葉で包んだ餅を「ぶとん餅(かしわ餅)」ともいった。「サルトリイバラ」の葉は、県内各地でさまざまな呼び方をしていて興味深い。

#### ③半夏生の泥落しの「あかつけ団子」

半夏生は夏至から11日目に当たる日で、7月2日頃。泥落としは「農休み」のことで、この頃には麦刈りも田植も済んでゆっくりできる。新麦の粉で作るのが「あかつけ団子」で、水で堅めの天ぷら衣ぐらいに溶き、熱湯に流し入れて浮き上がったら網杓子で掬い上げ、小豆餡をまぶす。形が牛の舌に似ているので「べろ団子」ともいった。

④お盆の「冷やし団子」

　旧秋穂町地方のお盆に欠かせないのが「冷やし団子」で、寒ざらし粉を水か湯で練り、丸めて茹でる。昔は井戸水にさらして冷やし、白砂糖をかけて食べる。仏様のお供えであり、家族も食べ来客のもてなしでもあった。

## 知っておきたい郷土のお菓子

- **外郎**(ういろう)（山口市）　御堀堂の銘菓。山口に外郎が伝わったのは室町時代とされる。「山口外郎」の特色は、ワラビの根から取った澱粉「せん（わらび粉）」と小豆餡を練り合わせて蒸す「白外郎」。食感は他の外郎と違いさらりとしている。山口外郎の創始は福田屋（廃業）で、その伝統製法を今に伝えている。
- **豆子郎**(とうしろう)（山口市）　豆子郎の名物菓子。山口外郎は600年の歴史があるが、豆子郎は1948（昭和23）年の創業。菓子作りの素人だった初代が豆入りの外郎を作り「豆子郎」とした。小豆外郎には小豆、抹茶外郎には白小豆を入れ、わらび澱粉で固める。細長く食べやすくなっている。
- **舌鼓**（山口市）　山陰堂の銘菓。防長産のもち米で作った淡黄色のやわらかな求肥餅に、なめらかな白餡が包まれている。初代は津和野藩の藩士で、維新後の1883（明治16）年に創業した。
- **大徳寺松風**（萩市）　今田清進堂の銘菓。萩市松本に白根俊蔵なる人物が味噌松風を作り、明治の初年、ある萩藩士が京都・大徳寺の茶会に持参したところ賞賛された。菓名はそのときからで、味噌と山椒の風味が生きた和風カステラのような菓子。現在は週に1回ほど作る。
- **鶏卵せんべい**（長門市）　深川養鶏農業協同組合の製品。この地方は養鶏が盛んで、自営農場の自然いっぱいの所で育った有精卵と、ハチミツをたっぷり使った煎餅は、カステラ風味で口に入れるとさっと溶ける美味しさ。
- **志ほみ羹**（防府市）　萩・毛利家御用達の双月堂の銘菓。防府にはかつて大きな「三田尻塩田」があり、塩の産地であった。明治時代に特産の塩を使い創製したのが小豆の塩羊羹で、ほんのりとした塩味が趣深い。
- **いが餅**（岩国市）　三木屋の名物。作家・宇野千代が故郷のいが餅を懐かしんだことから復活させた。もち米粉とうるち粉を混ぜた餅に漉し餡を包み、上部に赤・青・黄に染めたもち米粒をのせて蒸したもの。

- **亀の甲せんべい**（下関市）　江戸末期からつづく「江戸金」の下関名物煎餅。1862（文久2）年、江戸っ子の増田多左衛門（通称金次郎）は、長崎で南蛮菓子の製法を学び、長州藩の兄の所に立ち寄ったのが縁で開業した。煎餅は精白糖、卵、小麦粉に白胡麻、ケシの実を加え生地を熟成させ、亀の甲型に入れて焼く。風味のよい煎餅で、店名は「江戸から来た金さん」から。

# 36 徳島県

滝のやき餅

## 地域の特性

　徳島県は四国の東部に位置し、北と西には大きな山脈があり、隣県の香川、高知、愛媛とは隔てられている。東方と南方は海に開かれ、特に東方は京阪神に向いており、政治・経済の交流が深かった。近年も本州との連絡橋「神戸・鳴門ルート」が開通し、より身近となっている。

　気候は一般に温暖だが、古来、山が多く米よりもアワが多く収穫されるため「粟国（あわのくに）」とされ、後に「阿波国」となる。そしてこの国は米を作らず繭、生糸、藍、阿波和三盆糖などの商品作物の生産地帯として有名となった。

　阿波和三盆糖は、「竹糖（ちくとう）」とよばれるサトウキビから作る高級な砂糖で、和菓子には欠かせなかった。1776（安政5）年、旧板野郡松島村に住む丸山徳弥が、決死の覚悟で日向から甘蔗（サトウキビ）の苗を持ち帰り栽培したのが最初。茶褐色の白下糖（しろしたとう）を酒絞りの技術から白く仕上げる精製法を考え、この砂糖づくりは徳島藩の尽力もあり全国的に広まった。そして今日なお、上板町の岡田製糖所にまでその技術が伝えられ県の経済を支えている。

## 地域の歴史・文化とお菓子

### 徳島市民遺産・400年の味「滝のやき餅」

#### ①名水が決め手の名物やき餅

　徳島市のシンボル眉山（びざん）の山麓には、寺町があって、多くの寺院が軒を連ねている。俗に徳島で多いものは「お医者さんとお寺」といわれ、一帯の寺院には明治期に初来日したポルトガルの海軍軍人で著述家のモラエスや江戸時代の名妓・夕霧など著名人の墓がある。ここに寺院が多いのは、藩政時代蜂須賀氏25万石の城下町であったことで、平時は宗教活動の場だ

が、戦時には軍勢の宿所となったのである。

　蜂須賀氏が阿波国に入国したのは1585（天正13）年で、徳島城は翌年の1586（天正14）年蜂須賀家政が吉野川河口の三角州に位置する標高61mの城山に築いた平山城である。川に囲まれた地の利を生かした町づくりが行われたが、この地は水質が悪く、井戸は飲料水としては適さず、城下の人々は城山の西方に位置する眉山々麓の水を飲み水として買い入れていた。眉山周辺には多くの湧水があり、中でも「錦竜水（きんりょうすい）」は藩主が飲料水にしていた水で「滝のやき餅」はこの水が使われていた。

②徳島城下の水事情
　眉山周辺には鳳翔水（ほうしょうすい）、八幡水、春日水、菩薩水、桐の水、蔵清水、雲龍水、青龍水、そして錦竜水とたくさんの湧水がある。眉山は万葉集にも詠まれた優美な山並みをし、山麓には吉野川下流の各支流が複雑に入りこんでいて豊かな湧水を生んでいた。そうしたなか徳島藩は1676（延宝4）年に、16人の水売りを認可し、町に水番所を設置し、寺町の錦竜水、東山手町の瑞巌水（ずいがんすい）、鳳翔水、西富田の八幡水などが城下で売られていた。

　徳島市内の水売りは、荷車に2斗入りの水桶8個をのせて売り歩いていた。水の必要な人は「水要」と書いた木札を家の前に掲げておく。水は大きな水がめに入れて大事に使用していたのである。

　徳島市内の水売りは、1926（大正15）年に上水道ができるまで続いた。

③「滝のやき餅」の歴史
　「滝のやき餅」は、湧水豊かな大滝山の麓・厄除けで知られる「滝薬師」の傍らに、茶店が3軒あって、そこで作られ、売られている。その起源は明確ではないが蜂須賀家政が徳島城を築いた際、献上されてその美味しさから藩主の御用水であった「錦竜水」の使用が特別に許可された。以後、藩主・蜂須賀家の御用菓子として名声を上げたとされる。

　400年の歴史がある「滝のやき餅」は、現在も「錦竜水」で炊き上げた小豆餡を使い、皮はもち米とうるち米を丁寧に石臼で挽き、天日で干したものを使っている。手間ひまかけ、昔ながらの製法で作られている。

④400年の歴史の味わい
　数年前、筆者が訪ねた茶店は「せと久」というお店だった。江戸時代から続き当時で8代目。今も毎日「錦竜水」で4時間かけてしっかりアク抜きした小豆で漉し餡を作り、米粉の生地を捏ねていた。

滝薬師の境内の一部のような店の前には、緋毛氈(ひもうせん)の縁台があって、店内に入ると客の注文のつど、店主が焼いてくれる。まず楽しかったのは、窓際に置かれた丸い鉄板の両側に店主夫妻が座り、手品のように餅を焼いていく。右側の奥さんが、捏ね鉢の中の米粉の生地を少し握って薄く延ばし、手早く餡を包み鉄板の上にのせる。左側の御主人が素早くその餅に木製の菊花の押し紋を付ける。そして両面をこんがり焼いて出来上がり。単純な作業だが年季が入り、米粉の香ばしさ、紫色に透き通った漉し餡、サクッとした歯触り、餅というより煎餅に似た薄さで、口の中で全体がとろけるようであった。

　この焼き餅は、冷めても美味しい。それは眉山の名水・「錦竜水」に秘密があった。そして最近、この焼き餅は「徳島市民遺産」に選定された。嬉しいことで、いつまでもこの素朴な味が残っていてほしいものである。

## 行事とお菓子

### ①正月14日の「おいわいしょ」

　旧土成町(どなりちょう)(阿波市)宮川内地区(みやごうち)では、かつて小正月の14日に子供たちが木綿の巾着袋を作ってもらい、各家々を回ってお菓子を貰う「おいわいしょ」という行事があった。お菓子はいろいろあって、「黒麦」は小麦粉に黒砂糖を混ぜて焼いたもの。「しろわ」は、外側に砂糖の結晶が付いた生姜入りの小麦粉の焼き菓子で、小さな輪の形をしていた。金平糖もあって、大人たちはこれらを買い揃えて待っていた。家によってはお餅やお米、お金を用意している家もあった。

### ②端午の節供のかしわ餅

　吉野川北岸地区では、サルトリイバラ(別名ガリタチ)の葉を山からとって来て餡の入った小麦粉団子を包んで作る。

　阿南方面ではもち粉と米粉を練った皮に餡を包み、この地方でもサンキライ(サルトリイバラ)、ニッキの葉で包んで蒸す。

　那珂川下流の旧羽ノ浦町(阿南市)では樫の葉2枚で餅を包む。餅は米粉ともち粉を水で練り、蒸してから小豆餡を包むものと、餡を一緒に練り込んで蒸したものとある。2枚の樫の葉で餅を挟み甑(こしき)に並べて蒸す。この樫の葉のかしわ餅は、土用の入りや虫祈祷(むしきとう)(田の虫の駆除)の時にも食べる。

③旧木頭村と旧東祖谷山村の端午の行事

　旧木頭村（那賀町）では5月5日は「厄日」として仕事をせず1日休む。4日の晩にはカヤとヨモギを束ねて屋根に放り上げ、ショウブの葉も厄除けとして使う。5日には頭痛が起きないようショウブの葉で鉢巻きをし、ショウブの葉を匙にして、はったい粉（裸麦の炒り粉・麦こがし）を食べ、番茶を飲んだ。

　旧東祖谷山村（三好市）では、「まき」を作る。小麦粉に塩を入れてよく練り、細長い形にしてヨシの葉5枚で巻いてシュロの葉を裂いて紐にして巻いて茹でる。この茹でで汁で足を洗うとはめ（毒蛇）に咬まれないとされた。100も150も作り、冷めたらまた茹でで、囲炉裏で焼いても美味しい。ショウブの葉はお茶の薬缶に入れて飲む。ショウブは頭や腹に巻いて病を防いだ。

④お盆の「池の月」

　「池の月」は米粉に砂糖を加えて捏ね、薄く「麩焼き」にして表面に糖蜜を塗る。食紅で彩色され、これを徳島では「池の月」とよび、お盆やお彼岸の仏前に供える。また一方これを「お嫁さんのお菓子」ともよび、婚礼時などに「配り菓子」として数枚を小袋入れて子供たちに手渡した。

　徳島市内の菓子店「日の出楼」には、明治期モラエスが着物を着て「池の月」や「和布羊羹」を買いに来たという。

⑤誕生と仏事の「青貝」と「おぼろ饅頭」

　子供が生まれると、配り物として赤飯が定番だが、旧阿波町・吉野町（阿波市）では「アオガイ（青貝）」と「おぼろ饅頭」が用いられる。「青貝」は漉し餡のたっぷり入った約10cmの大きな餅菓子で、主に冬季に用いられる。「おぼろ饅頭」も冬季に用いられ、「青貝」より小ぶりの「腰高饅頭」である。これらを重箱に詰めて配られた。また、不祝儀の際にも「青貝」や「おぼろ饅頭」が用いられる。この時は饅頭も緑や白で作られ、蓮花などの焼き印が押される。

　「青貝」の名は、かつて冠婚葬祭の贈り物を入れた行器の装飾に、青貝の螺鈿が施されていたことによるようだ。

⑥徳島市内の仏事饅頭

　徳島市内では「唐草饅頭」があり、小麦饅頭を平らにして唐草模様の焼き印を押す。普段は白だが、お盆やお彼岸には白、緑、ピンクの3色。仏

事の土産や祭壇にはやはり「青貝」が用いられ、ここでは羽二重餅に漉し餡を包み、色は赤、緑、白の3色。1個の重さが150gという大きなもので、食べる人は少数になったが、祭壇のお供え用に作られている。
⑦鳴門の胡麻砂糖赤飯
　鳴門地方では、赤飯は胡麻塩ではなく「胡麻砂糖」、それも白胡麻で食べ、赤飯も蒸す際に砂糖を加える。この地方はかつて塩田が盛んだったので、せめてお祝いの時には甘い物を食べたいということから習慣になったという。赤飯を甘くする食べ方は、秋田や青森、北海道でも行われている。

## 知っておきたい郷土のお菓子

- **和布羊羹**（徳島市）　1852（嘉永5）年創業の老舗・日の出楼本店の徳島銘菓。特産の鳴門わかめを粉末にし、手亡（白インゲンの一種）、白ザラなどを加えた高級品の本煉り羊羹。苦心の末に完成させ1910（明治43）年に発売。モラエスも、日の出楼にこの羊羹を買いに来ていたという。
- **阿波ういろう**（徳島市など）　江戸時代よりこの地方では、旧3月3日の節供にういろうを各家で作り食べる習慣があった。江戸時代中期に阿波和三盆糖ができ、徳島藩主や領民一同が祝ったのが最初とされる。
- **澤鹿・小男鹿**（徳島市）　鹿文明堂の「澤鹿」、富士屋の「小男鹿」は、どちらも徳島の銘菓。山芋と和三盆の素材感を生かした棹物の蒸し菓子。
- **和三盆霰糖**（上板町）　和三盆の岡田製糖所の製品。和三盆の製造過程で最後に篩に残った堅い塊を、潰さず天日乾燥したものが霰糖。堅い和三盆糖の塊だが、貴重な品で深い味わいがある。その他、和三盆糖を型に入れた干菓子。和三盆糖の粉はコーヒーや紅茶によく合う。
- **阿波の麦菓子**（三好市地方）　麦粉を使った昔ながらの素朴な郷土菓子。三好地方は半田素麺やうどんにも使われる良質小麦の産地である。秋の豊作を願う行事で振る舞われる「亥の子菓子」は、黒糖と生姜風味の「黒麦（黒輪）」、それを白砂糖で作った「白輪」などがある。
- **安宅屋羊羹**（三好市）　池田町の安宅屋は、先祖が安宅関にいたことからの屋号で、本煉り羊羹は質の高い羊羹として知られている。安宅関は、石川県小松市安宅にあった関所のことで、「勧進帳」などで知られる。
- **巻柿**（つるぎ町）　つるぎ町一宇特産の赤松柿を使う。1カ月以上寒風

で乾燥させ、種を抜いたものを巻き固めて竹の皮で巻く。さらに稲わらで包んで縄で強く巻いて仕上げる。平家の落武者が甘みをとるため、柿を保存用に竹筒に入れたのが始まりと伝えられる。
- **貞之丞だんご**（つるぎ町）　一宇の生活改善グループが定期的に作る。だんごとよばれるが、ヨモギ入りの小麦饅頭。今から300年前に実在した庄屋の谷貞之丞は、年貢が払えず困窮していた村人を救うため、藩主に直訴して処刑された義人。彼の業績を伝えている。
- **ぶどう饅頭**（美馬市）　"武道信仰"で知られた霊峰・剣山に因み、「ぶどう饅頭」として創製されたもの。白餡に砂糖や蜂蜜で甘味付けし、ブドウの粒状に丸めクズをまぶし、竹串に刺して蒸し上げる。飽きのこない郷土の味。

# 37 香川県

おいり

### 地域の特性

　四国の東北部に位置し、わが国最初の国立公園・瀬戸内海国立公園の中心にある。県域には小豆島など瀬戸内海に点在する島が多いが、県全体の面積は47都道府県中、最小である。かつては「讃岐国」とよばれた。
　気候も特徴があり、温暖で降水量が少なく、日照時間が長い。また大きな川もないので水不足に悩まされ、そのため県内には空海が改修工事をしたという満濃池のような溜め池が約15,000カ所あり、田植のときには今も使われている。香川県といえば、「讃岐うどん」だが、原料の小麦は日照りに強い作物であった。
　江戸時代の讃岐の特産品は「讃岐三白」といわれ、塩、砂糖、木綿が知られていた。特に讃岐の砂糖は貴重品で、幕府への献上品。庶民の口に入るものではなく、そのためせめて正月ぐらいは砂糖の入った甘い餡入りの餅が食べたい。そうした思いが"讃岐の餡餅雑煮"の誕生とされ、白味噌仕立ての雑煮に入った餡餅は、「讃岐砂糖」のふるさとの味である。

### 地域の歴史・文化とお菓子

## ストレス時代の癒しのスイーツ

### ①讃岐和三盆糖の世界

　口に含むとスーッと溶けて、身体中の疲れが消えていくような和三盆糖。ストレス多き現代人の癒しの甘味である。
　前述のとおり香川県の江戸時代の産物は「讃岐三白」で、塩・砂糖・木綿であった。砂糖は「讃岐和三盆糖」と称され、高松藩が独自の製法で生み出した最高級の国産砂糖であり、現在も上菓子作りには欠かせない。
　江戸時代中頃まで、日本で入手できる砂糖は一部琉球・奄美で作る黒糖と、多くが中国・オランダ船に船載される高価な輸入品であった。しかし

砂糖の需要は高まり、これが幕府の財政逼迫の要因にもなった。8代将軍徳川吉宗は、国内産砂糖の開発に力を入れ高松藩も本腰を入れ、平賀源内らに依頼するも源内は研究なかばで他界する。苦労の末、讃岐産の砂糖ができるまで60余年が経っていた。その讃岐の砂糖は、「樽一杯の砂糖が樽一杯の金になる」といわれ、高値で取引され高松藩は潤ったのであった。

② 日本の砂糖事情

我が国の砂糖といえば、8世紀に鑑真和尚が薬として黒砂糖を中国から持参したのが最初とされ、また正倉院宝物の薬剤の中に「蔗糖」があることから奈良時代に薬として伝えられたものと思われる。

平安時代後期になると、宋との交易でもたらされていたのか、貴族の日記などに砂糖が「唐菓子」として記されている。砂糖が薬品から菓子（甘味）に変換する段階であった。

14世紀になると国産糖が琉球や奄美大島で作られた。薩摩藩は、製糖技術をもつこの地方を統治し、黒砂糖の生産で利益を上げていった。

徳川吉宗が砂糖の国産化に着手したのは1726（享保11）年。翌年、江戸城吹上御苑に甘蔗（サトウキビ）の苗を試植。その後、長崎奉行により甘蔗の栽培法と砂糖の製造法が献上された。こうして幕府は、希望する藩に甘蔗の苗を分け与え砂糖製造を奨励したのであった。

③ 讃岐の「さとがみさん」

高松藩5代藩主・松平頼恭は幕府からの甘蔗の苗を得て、砂糖づくりに臨んだ。讃岐出身の平賀源内に依頼するが叶わず、その志は藩医の池田玄丈へ。そして弟子の向山周慶に託されたが思わしくいかなかった。

そんな折、医師の向山周慶は兄が助けた四国遍路の行き倒れの巡礼者を手厚く介護した。この巡礼者が奄美大島出身の関良助で、彼はたいそう感謝し、向山が砂糖づくりに苦労していることを知り、恩に報いるため奄美に戻り、国禁を犯して甘蔗の種茎を「弁当行季」に詰めてこっそり持ち帰り、精糖法を伝授したのである。

すでに30年が経っていた。1790（寛永2）年、苦労の末、讃岐の白砂糖は完成した。人々は2人の功績をたたえ、名前を1字ずつ取り「向良神社」を建立した。神社は高松市内と東かがわ市に現在もあり、地域の人々に「さとがみさん」と親しみを込めてよばれ、今もお祭りが執り行われている。

④阿波・讃岐の和三盆

　不思議にも徳島県の「阿波和三盆」の産地と、「讃岐和三盆」の旧引田町（東かがわ市）とは山1つで隣接している。実はこの地域を外れると、サトウキビは和三盆にならないのだそうである。

　ところで、向山周慶が偉大だったのは、砂糖づくりに酒搾りの方法を応用したことであった。甘蔗の煮汁に圧力をかけて分蜜する方法を考案したことで、研究はさらに重ねられて白砂糖の製品化に成功したのであった。

　三盆糖というのは、サトウキビから搾った汁を煮詰め白下糖を作り、盆の上で"研ぎ"といって研いで蜜を抜く。蜜と糖の結晶を分ける作業で、これを3日間行うことから三盆糖の名がある。現在は5日間もかけて行い、さらなるうまみを増している。

⑤門外不出の技法を受け継いで

　江戸時代、和三盆の製法を伝授されたのは5軒であった。今ではただ1軒となり、1804（文化元）年創業の三谷製糖が秘法を守っている。現当主で8代目。JR高徳線の引田駅から歩いて15分ほどのところに三谷製糖があり、訪ねてみると昔ながらの建物の中から「こんこん」と和三盆の打ち物を型から抜いている心地よい音がしていた。敷地内には江戸時代のサトウキビの搾り機が置かれ、店内からはガラス戸ごしに工場内の様子がみられ、まるで博物館のようであった。

　代表商品の「羽根さぬき」は、丸い和三盆糖が1つひとつ薄紙に包まれ羽根突きの追い羽根の形をした愛らしい砂糖菓子である。ほかにも四季折々の風物を模した打ち物があり、見ているだけでも楽しい。

　広い敷地には、海からの心地よい風が吹いてきて、"和三盆の聖地"は身も心も休ませてくれた。

### 行事とお菓子

①ひな祭りの「おいり」「おはぜ」

　旧引田町（東かがわ市）のひな節供には、白根のついたわけぎを洗って器に盛り、根元をあさりで覆う飾り物を供える。「おいり」はあられ、大豆、餅、玄米を焙烙で炒り、白下糖（和三盆の原料）を温めてからめ、食べやすいように小さく固める。重箱にたくさん作って供え、初節供の家では当日、大勢のひな客が来るので「おいり」を出して接待する。

瀬戸内沿岸では「おはぜ」を作る。暮れの餅つきに「おいり」用として砂糖を加え彩色し、乾燥させてあられを作っておく。ひな節供にはこれを炒って供え、4月8日のお釈迦様の日には「お釈迦さんの鼻くそ」とよんで供える。

②端午の節供の「しばもち」「ちまき」

旧引田町の「しばもち」は、米粉ともち粉を混ぜた生地にこし餡を入れて団子にし、イバラ（サルトリイバラ）の若葉で包んで蒸す。「ちまき」はカヤの葉で作る。

西讃岐では「しばもち」の葉は「からたち」といい、サルトリイバラのことである。小豆島の「かしわ餅」が「からたち」の葉で、これで餡の入った米粉の餅を挟んで蒸す。

③阿讃山麓（旧塩江町・現高松市）の「しょうぶ節供」

端午の節供のショウブは薬用とされ風呂に入れたり、頭に巻いて健康祈願とする。だが、この地方では腹痛みする子は腹に巻いたり、新麦の挽いた粉・おちらし（はったい粉に砂糖を混ぜる）を、ショウブの葉をスプーン代わりに「はねる」（すくって食べる）と夏病みしないといわれる。

④八朔の「馬節供」

西讃岐地方の旧歴8月1日は、八朔の行事で、米粉の団子生地で元気のよい馬を作り、男児の無事な成長を願う風習である。嫁さんの実家から贈られるもので、武者人形や張り子の虎と一緒に飾る。翌日はこの馬を崩し、重箱などに入れて近所に配る。焼いて砂糖醤油などで食べる。慶事のおすそわけである。

⑤嫁入り「おいり」

花嫁が婚家先に持っていくお土産で、現在は結婚披露宴の参加者への引き出物となっている。もち米で作る直径1cmほどのあられで、ピンク、緑、白、オレンジなどいろいろな彩色がしてある。中は空洞で、口に入れるとすぐに溶け、ひなあられに似ている。他に「はけびき」といって彩色した小判型の麩焼き煎餅で、砂糖蜜が塗られている。かつては嫁入りの翌日、「おいり」を貰いにくる近所の子どもたちに「はけびき」とともに、花嫁が手渡した。

⑥法事の「うずまき餅」

旧引田町の菓子で、漉し餡を水でねり白下餡を加え、つなぎに小麦粉少々

を入れて蒸す。米粉の生地を蒸してつき、薄く延ばす。餡も延ばして餡生地に載せて"鳴門巻き"のように巻いて切り分ける。法事の供物とした。

## 知っておきたい郷土のお菓子

- **かまど**（坂出市）　1936（昭和11）年創業の「かまど」が作る香川県銘菓。塩の産地だった坂出らしく塩焼きの土かまどをかたどった黄味餡入りの焼き菓子。この地の製塩はかつて僧・行基が製法を伝えたという。「荒木屋」は旧社名。
- **木守**（高松市）　柿ジャム入り羊羹を挟んだ麸焼煎餅。晩秋に柿の木に1つ残った実を「木守」といい、千利休が弟子たちに好きな茶碗を選ばせると、赤楽茶碗が1つ残り、その茶碗に「木守」と名付けたことに因む銘菓。1872（明治5）年に高松藩士3人で創業したのが三友堂の始め。
- **瓦せんべい**（高松市）　1877（明治10）年創業の宗家「くつわ堂」の高松銘菓。讃岐名産の白下糖を使って、玉藻城（高松城）の「そで瓦」をかたどった瓦煎餅。しっかりと焼いた堅焼煎餅で、大小6種のサイズがある。
- **たんきり**（高松市）　生姜と胡麻の風味が効いたやわらかい飴に、大豆粉をまぶした州浜状の菓子。徳栄堂の名物飴。水戸光圀の兄頼重公が高松城主となり、仏生山に松平家の菩提寺法然寺を建て門前町の人々にいろいろな家業を勧めたことから、飴も作られるようになった。
- **源平餅**　約150年の歴史をもつ吉岡源平餅本舗が作る名物餅。平安時代末期の源平合戦の地となった讃岐屋島に伝わる紅白の小さな求肥餅。
- **加美代飴**（琴平町）　昔からの神事への貢献により、金刀比羅宮の境内での営業を許された5軒の商家「五人百姓」が白い傘を立てて売る金毘羅名物。扇の形のべっこう飴で、付属の小さな金鎚で割って食べる趣向も楽しい。
- **石段やの「灸まん」**（琴平町）　金比羅詣りの客に人気だった「金毘羅灸」で有名な旅籠麻田屋。茶店に転業する際、屋号を「石段や」に替え、お灸（モグサ）の形をした黄身餡入り焼き菓子を作り「灸まん」として販売した。
- **熊岡のカタパン**（善通寺市）　熊岡菓子店は、金毘羅街道の面影が残る善通寺市の町並にある人気のカタパン店。創業当時は「兵隊パン」とか

「石パン」とかよばれ、お遍路さんの「保存食」ともいわれる。
- **梅が枝**（観音寺市）　大西甘味堂の郷土菓子。生の餅生地で、黄緑と薄桃色の層をはがして食べる。その昔、四国巡礼の京の僧から伝授されたという。
- **ぶどう餅**（東かがわ市）　漉し餡を薄皮で包み4つ串に刺してある。武士の戦力餅として武運と無事を祈る武道餅であった。ぶどう餅は徳島にもある。
- **鳥坂まんじゅう**（三豊市）　三野町の名物饅頭。160年ほど続く善通寺市との境にある鳥坂峠で売られる自家製甘酒入りの酒饅頭。

# 38 愛媛県

一六タルト

### 地域の特性

　四国の北西側に位置し、背後に西日本の最高峰石鎚山（1,982m）を主峰とする四国山地があり、北は瀬戸内海、西は豊後水道に面し、県域は細長く海岸線の長さは全国第5位。瀬戸内海には大小160余の島々がある。
　『古事記』の国生み神話に「次に伊予の二名の島を生みたまひき」とあり、「伊予の二名の島」は四国の総称で、このとき「伊予の国を愛比売と謂ひ……」とあり、後に「愛媛県」となる。有名な道後温泉は日本最古の温泉で、聖徳太子も来浴したという歴史がある。
　近年松山といえば、司馬遼太郎の『坂の上の雲』で知られる。秋山好古・真之兄弟と正岡子規の若者たちが近代日本の勃興期を生き抜いた物語で、この進取の気風は初代藩主・松平定行が長崎の異人館で欧風菓子・タルトにカルチャーショックを受け、後にその菓子を再現し、郷土菓子に根付かせたことと無関係ではないように思われる。
　さらに江戸期の飢饉に大勢の命を救った、「下見吉十郎」も忘れられない。4人の子を亡くし回国巡礼に出た彼が、薩摩国で薩摩芋に出会い、命懸けで芋種を運び、伊予の地に薩摩芋を定着させた。人々に慕われて「芋地蔵」となった人である。県下には薩摩芋素材のおやつ菓子が今も多い。

### 地域の歴史・文化とお菓子

## ポルトガル生まれの松山育ち

### ①愛媛銘菓「タルト」

　愛媛県人なら「タルト」と聞けば誰しも、カステラ生地で柚子入りの漉し餡をロールケーキのように巻いた菓子と認識している。
　ところでこの「タルト」だが、今日洋菓子屋さんの店頭で「タルト（tarte）」という菓子を目にするが、それはパイやビスケット状の生地で作った皿の

ような器に、フルーツ等がのったケーキである。「タルト」とは、一体どんな菓子だったのであろうか。

② 「松山タルト」のルーツ

　古代ローマで食されていた「トールタ（torta）」という菓子に由来し、その古さはさらに古代ギリシャやエジプトにあるとされる。この菓子は、ジャムやクリームなど、ゼリー状の固化した物を食べやすくするために器に容れて出そうとしたのが最初であった。

　ヨーロッパでは、リンゴを煮詰めてジャム状になったものの上にパイ生地を被せたアップルパイも「リンゴのタルト」とよばれている。

　オランダ語でケーキを「taart」、ポルトガル語でもケーキを「torta」といい、（tarte・taart・torta）の語はすべて上述のラテン語のtortaで、「焼き菓子」のことであった。

　松山育ちのタルトは、欧風タルトとは別物であるが、トールタが焼き菓子を意味しているならば語源は同じではないかと思われる。

③ 「タルト」と初代松山藩主・松平定行

　松平定行（1587～1668）は、江戸時代初期の大名で徳川家康は伯父に当たる。1635（寛永12）年に伊勢桑名藩より伊予松山初代藩主となる。その後長崎探題の職を兼務し、1647（正保4）年にポルトガル船が長崎に入港したとの知らせで海上警備のため、福岡城主黒田忠之の船1,300艘、熊本城主細川忠尚の船1,500艘、松山藩松平定行の船350艘等10名の大名の船団で長崎入りした。

　当初、異国の黒船2艘の入港ということで緊張感に包まれた。が、ポルトガル船は自国の統治者が代替わりしたことを伝えに来ただけであった。何事もなく穏やかに会談が行われ、このとき定行は出島の異人館で振る舞われた南蛮菓子の美味しさに感動した。その菓子の製法を教わり松山に持ち帰って再現したのが「タルト」であった。

④ 「松山タルト」誕生と「しょうゆ餅」

　そのポルトガルの菓子は、カステラの中にジャムが入っていたとされる。定行はジャムを、身近な素材「餡」でつくるよう菓子司に指示し、考案されたのが「松山タルト」であった。しかし、後に幕府の倹約令などで製造が中止となり、再び世に現れるのは幕末で、松山の町に「たるた」といって餡巻状の菓子が売られていたという。

定行は南蛮菓子をアレンジした人だが、定行の父君・久松定勝は、愛媛庶民のスイーツ「しょうゆ餅」を奨励した人であった。

しょうゆ餅の歴史は古く、慶長年間（1596〜1614）に久松定勝が京都伏見にいた際、旧暦3月3日の節供に子孫繁栄を願ってこの餅を作り家臣に分け与えたのが最初とされる。米粉に砂糖、醤油、生姜の絞り汁を加え湯で捏ね、蒸したしんこ餅である。この餅は、やがて藩主となった定行とともに松山に伝えられ愛媛の「二大郷土菓子」となった。

⑤明治生まれの「一六タルト」

愛媛のタルトはたくさんの菓子店が作っているが、1883（明治16）年創業に因んだ「一六タルト」が広く定着している。白くやわらかなカステラ生地に四国特産の生柚子を配した漉し餡が優しく巻かれ、今も工場では1本ずつ丁寧に手巻きされている。この巻き物のタルトを、食べやすくスライスして売りだしたのがこの店で、売り上げがぐんとアップしたそうである。

⑥「松山タルト」と九州の菓子

定行が長崎で出会った「タルト」であるが、長崎には「タルト」という菓子はなく、県内には「カス巻き」といって焼き色を付けたカステラ生地で餡を巻いた物がある。さらに似て非なるものに熊本・天草の「赤巻」、鹿児島・長島町の「赤まき」。スポンジ生地やカステラ生地に漉し餡を塗って巻き、その上から赤やピンクに染めた求肥餅で巻いてある。一見すると魚肉のすり身を使った富山特産の「巻蒲鉾」のようである。

松山タルトは餡に柚子が入り、ジャムの形跡を偲ばせている。なお、本場スペインやフランスには、「ジプシーの腕」「ヴィーナスの腕」といったユニークな名のロールケーキがあり、「タルト」とよく似ていた。

### 行事とお菓子

①旧久万町（久万高原町）の正月行事「頂き鉢」

この地方では暮れになると、頂き鉢（木地板）にゆずり葉を敷き、米1升を入れ、その上に葉付き橙をのせた鏡餅、その周囲に串干し柿、葉付き小蜜柑、勝栗を盛る。これを年神さんのお供えとして床の間に飾った。元日には家族揃ってこの「頂き鉢」を頭上に頂き、蜜柑と干し柿を各自とって「1つ歳をとる」といい、その後雑煮を食べた。

②雛節供の菓子と「おなぐさみ」

　節供の菓子は県内各地「しょうゆ餅」と「りんまん」が家庭で作られたり菓子店で売られている。「りんまん」は、他の地方でいが饅頭とよばれるもので、うるち米の粉に片栗粉を混ぜて湯で捏ねて丸餅状にし、餡を包む。別にもち米を少量水に浸し、赤、青、黄の3色に染めて餅の上に飾り、蒸籠で蒸す。「しょうゆ餅」は、米粉に片栗粉を1割程度混ぜ、砂糖を加え熱湯を入れながらよく捏ねて蒸す。途中杓子で混ぜ、蒸し上がったら生姜の絞り汁を手水とし、醤油を入れながらよく捏ねる。生地に赤、青、黄と色付けする場合は塩を加えて捏ねる。小判形や円形に作り、上から丸箸で押さえ菱形模様をつけ、二度蒸しすると風味が増す。

　雛あられは各地各様で、宇和島周辺はとうきびを炒って砂糖をまぶす。旧久万町では鳥取の「おいり」を「げんこつ」といい、「田植おいり」は水飴で固めず、煎った玄米などのあられにつるし柿を1つ入れ、茶碗に1杯が田植の時のおやつであった。大洲周辺は「豆炒り」といい、白米を蒸して乾燥させ、重曹や食用油をまぶし、炒り豆を加え水飴で固める。東予地方の婚礼菓子「パン豆」は、米を爆ぜさせた雛あられと同じである。

　節供の翌日を県下では「おなぐさみ」「雛送り」「磯遊び」といった。巻き寿司や煮しめ、「りんまん」なども加え豪華な料理を「提げ重」に盛り込み、家族や隣近所で出掛け、ご馳走を交換しながら1日を過ごした。

③5月節供の「しっぱり餅」と「かやの餅」

　愛媛県内のかしわ餅はサンキライやサルトリイバラが使われ、宇和島ではもち麦の粉を捏ね、蓬を搗き込んだ粘りのある餅に餡をのせ、半月形にしてサンキライの葉で包む。これを「しっぱり餅」といった。「かやの餅」は、米粉の餅に塩を少し入れて捏ね、逆三角形に作り、カヤの葉5枚で包み蒸した「粽」である。塩味の餅とカヤの葉が清々しい「粽」である。

④タノモサンの「とりつけ団子」

　旧暦8月1日は「タノモサン」で、東予、中予や瀬戸内海沿岸地方で五穀豊穣を祈る八朔祭りである。松山のタノモサンはタノモデコといいタカキビ殻で作った人形に5色の色紙で衣を作って着せ、板上に並べ、ボンデンや旗を立て人形が船に乗った形にする。この日は「とりつけ団子」といって餡をまぶした米粉の団子を作る。他ではしん粉で作田面人形や犬や鳥などを作った。正岡子規の『病床六尺』に田面人形のことが記されている。

⑤亥の子節供の亥の子餅

10月の亥の日が亥の子節供で、亥の子餅は薩摩芋の粉と小麦粉で作った餡餅。縄で縛った石で地面を叩いて子供たちが豊作と無病息災を祈る。

## 知っておきたい郷土のお菓子

- **薄墨羊羹**（松山市）　江戸時代中期創業とされる中野本舗の愛媛銘菓。白手亡豆を散らし花びらに見立てた羊羹で、隠し味に抹茶が加えられている。松山市北部の西法寺境内にある「薄墨桜」に因む。
- **坊っちゃん団子**（松山市）　道後温泉の湯で晒した餡で餅を包んだ「湯晒し団子」が最初。夏目漱石の小説『坊っちゃん』に登場したことを機に改良され、現在は抹茶・黄・小豆の3色の餡でくるんだ松山の名物団子。
- **山里柿**（松山市）　1929（昭和4）年創業の柳桜堂の松山銘菓。地元の愛宕柿を干柿のまま保存し、餡に練り込む直前に摺って合わせ、求肥で包んだ餅菓子。
- **山田屋まんじゅう**（松山市）　1867（慶応3）年創業の山田屋の名物饅頭。一子相伝という薄い小麦粉生地で十勝産の自慢の餡を包んだ小ぶりな饅頭。最初は旧宇和町で創業、近年松山市に移転。東京にも進出し人気高い饅頭。
- **鶏卵饅頭**（今治市）　1790（寛政2）年創業の一笑堂の名物。水を使わず卵だけで練った生地で小豆の漉し餡を包んだ、直径2cmほどの饅頭。
- **柴田のモナカ**（四国中央市）　土佐藩山内家が参勤交代の折に、御用を勤めた江戸中期創業の白貴堂・柴田家の銘菓。餡は漉し餡でも粒餡でもなく、大納言小豆の風味が見事に生きた、焼き皮も香ばしい最中。
- **星加のゆべし**（西条市）　西条は柚子の産地。1867（慶応3）年創業の星加勇蔵商店の「丸ゆべし」は、周桑郡大頭の大庄屋・佐伯家伝来の物で柚子をくり抜いて米粉や味噌等を詰めて蒸した保存食であった。砂糖、白味噌、柚子、米粉、もち粉を混ぜ竹皮で包み蒸した「棒ゆべし」等がある。
- **月窓餅**（げっそうもち）（大洲市）　1624（寛永元）年創業の村田文福老舗（ぶんぷく）の愛媛銘菓。文武両道に優れた大洲2代藩主・加藤泰興の雅号「月窓」を拝領し、特産のわらび粉だけを使って漉し餡を包み、青大豆の黄な粉をまぶす。き

め細かな繊細な菓子で、藩主が「馬の鼻と同じやわらかさだ」と評したと伝わる。
- **志ぐれ**（大洲市）　市内の複数店で作る郷土菓子。小豆に砂糖を加えうるち米の粉を合わせ蒸し上げた、「ういろう」のようなもちもちした食感。江戸時代から作られていたが、明治元年に復元された。
- **唐饅頭**（宇和島・八幡浜市）　この地方の郷土菓子。小麦粉と水飴を練った硬めの生地で黒砂糖や柚子ジャムを包み胡麻を振って焼き上げた、中国伝来の煎餅のような菓子。佐賀の逸口香や長崎の一口香と似ており、「唐饅頭」は、その昔中国の船員たちの携帯食であったとされる。

# 39 高知県

ケンピ

### 地域の特性

　四国の太平洋側に位置している。日本最後の清流・四万十川や仁淀川、物部川など四国山地を源流にした川が多く流れているが、海岸近くまで山が迫って、典型的な山国である。

　気候は場所的な差はあるが、年間の日照時間は全国1、2位を誇る。だが、年間降水量も日本有数である。雨と晴れの差が激しいところが、土佐人の"あっけらかんとした気質"に影響しているといわれている。

　古く土佐国とよばれ、平安時代には辺境の地とされてきた。紀貫之の『土佐日記』は、任期を終えて934（承平3）年に帰京する国司の家族（女性が主人公）の旅立ちのところから始まっていた。

　関ヶ原の戦い以降、長宗我部氏に代わり山内一豊が掛川から入国。土佐一国を支配して明治維新まで続いた。食文化をみると、正月のお雑煮の餅は丸餅が多い四国の中で、土佐は四角いのし餅となっている。山内氏の出身地である尾張、三河、遠州は角餅地帯で、当時の藩主と家臣団の絆の強さが今日にまで残っている。

### 地域の歴史・文化とお菓子

## 坂本竜馬も食べた土佐の名物菓子・野根まんじゅう・ケンピ

①まっこと旨いぜよ！「野根まんじゅう」

　高知市から東へ120km、徳島県境に近い東洋町・野根の名物饅頭である。江戸時代には土佐藩主・山内容堂も、参勤交代で甲浦から出校する際、必ずこのまんじゅうを買い上げ茶菓子にしたという。

　この野根に行くまでには、難所の野根山（標高983m）を越えねばならない。そこで昔の旅人たちは皆、山の手前の宿場で泊まり、早朝出立していった。この地で多くの旅人たちに愛されてきたのが「野根まんじゅう」

である。小ぶりで繭の形をした一口タイプの薄皮饅頭で、小豆の漉し餡が透けて見えている。餅はさっぱりとした甘さで、皮には酒が混ざっていて香りがとてもよい。餡は、かつてそら豆を使っていたという。

幕末、土佐の勤王の志士・坂本竜馬や中岡慎太郎らも上洛の際、宿場の茶屋でこの饅頭を食べたという。血気盛んな彼らが「まっこと旨いぜよ！」なんて、語り合っている姿が思い浮かばれる。しかし、豪快で雄々しい土佐の志士たちに、この愛らしい饅頭は"まっこと"不釣り合いで面白い。

② 「野根まんじゅう」と野根山街道

野根まんじゅうは高知市内でも現在は市販され、野根には浜口福月堂、福田屋、吉野家本舗、七福堂などがある。古いのは浜口福月堂で、初代重太郎は明治維新後、帯刀を捨て菓子屋を創業。2代目安太郎は菓子の行商をして店舗の基礎を築き、現代は5代目である。

野根まんじゅうが世に知られたのは、戦後間もない1950（昭和25）年、昭和天皇が土佐路巡幸の折、献上の栄を賜ってからである。この饅頭が美味しいのはよく練られた自家製餡と、小麦粉、砂糖（四温糖〔上白糖のこと〕）、酒（純米酒）、水（活性水）、ふくらし粉から作る皮にあった。

野根山街道は、奈良時代養老年間（717～724）に整備された官道で、奈良と土佐国府を結ぶ「南海道」の一部であった。安芸郡奈半利町と東洋町野根を尾根伝いに結ぶ約36kmの行程で、この街道は、古く『土佐日記』（古写本に『土左日記』とも書かれている）の著者紀貫之が入国された時の道とされている。

③ 「ケンピ」という菓子

高知県下の名物としてまず名が挙げられる「ケンピ」。覚えやすい名だが、諸説があってなかなか難しい菓子である。1688（元禄元）年創業の西川屋老舗の遠祖は、白髪素麺や麩、菓子を作っていた。初代西川屋才兵衛は現在の香南市赤岡に店を構え、ここは藩主が参勤交代で野根山を越えていく時に宿泊した土地で、藩主は予楽寺に宿所していた。

土佐藩主山内一豊が入国したのは1601（慶長6）年である。この頃西川屋の遠祖が白髪素麺や菓子を、山内侯に献上し御用商人となる。一説によれば、やがて才兵衛が白髪素麺をヒントに「ケンピ」を創製し、藩主に献上して喜ばれ、堅い干菓子だったので「ケンピ（堅干）」と名付け、広く一般にも売り出されたのであろう。保存が効くので兵糧になったと思わ

れる。

　現在の「ケンピ」は、砂糖を煮詰めた糖蜜に小麦粉を入れて捏ね、うどんのように延ばして短く切り、鉄板の上で両火（オーブン）で焼いた素朴な干菓子である。

④「ケンピ」の起源いろいろ

　(1)唐菓子説。『南国遺事』（寺石正路著、1916年）に飛鳥奈良時代の「巻餅（けんべい）」という細長い菓子が「ケンピ」に転訛（てんか）したものという。(2)室町時代に明から渡来した点心の「巻餅（けんひん）」説。これは『庭訓往来』などに記されており「小麦粉・白砂糖・胡桃・黒胡麻を味噌溜まりの液で練り、銅の平鍋で焼き、丸く巻いて小口切りにした餅菓子」と書かれている。(3)前述の安土桃山時代の土佐の名産「白髪素麺」の製法を応用した西川屋説。(4)「健肥（けんぴ）」説。これは紀貫之が任を果たし帰国の際、935（承平3）年土佐の大湊に立ち寄った時、人々が土地に伝わる米麦の粉に、蜜、甘酒、鶏卵を混ぜて小麦色に焼いた菓子を献上した。病弱だった貫之は喜び、これを食せば肥（ふとり）、健康になると「健肥」と名付けたという。(1)とも関係しているが、土佐は蜂蜜の産地でもあった。(5)に日葡辞書（1603［慶長8］年刊行）説。これには「巻餅」とあり、「小麦粉あるいは練り粉菓子の一種で、曲り重なるようにあぶってあり、厚い聖体パンに似ている」とある。記述からみると唐菓子の「環餅（まがりもちあるいはかんぴん）」か。

　江戸時代の『古今名物御前菓子秘伝抄』（1718［享保3］年刊行）には「けんひん」があり、『嬉遊笑覧』にも「巻餅」がある。これらは(2)の点心説で、菓子の形状から見ると沖縄の「ぽーぽー」によく似ている。

⑤「ケンピ」と「犬皮」

　「ケンピ」は堅干（けんぴ）の他に「犬皮」と書かれる。つまり和菓子の中の羊羹は、元中国では「羊の肝の煮込み」。求肥は牛皮で「牛の脂身」のこと。ケンピは中国では「赤犬の皮」を供物にしていたようだ。我が国では殺生が禁じられていたので、それぞれ似せて和菓子で作られてきた。

　「ケンピ」を「犬皮」と書いたのは、「ケンピ」の焼き色の茶色からきていたのか。また、「松風」という菓子を「ケンピ」「ケンペ」ともよばれている。これも表面の焼き色からきているのであろうか。不詳である。

### 行事とお菓子

#### ①正月の「カンバ餅」

　高知県の東部では、カンバはサツマイモを薄切りにして干した切干。これを餅に搗き込んだもので、手がかかるが正月に里帰りする子供のために作る。干したカンバは甘味があって美味しい。餅は臼で搗いておく。カンバも蒸して1時間ほどすると茶色くなってやわらかくなる。これを臼に移して粉になるまで根気よく搗く。

　これからが本番で、粉にしたカンバを濡れ布巾を敷いた蒸籠に再度入れて広げ、この上に搗いた餅をのせ、両方がしっくりなじむまで蒸す。蒸し上がったら両方を臼に入れ、砂糖を加えながら搗く。なめらかに搗き上がったら黄な粉を撒いたのし板に移して延ばす。

　都会では味わえない餅で、最近は専門の店もできている。

#### ②端午の節句と「お接待」の「ヒキゴ餅」

　梼原町方面では、ヒキゴは小麦粉で作る餅で、これには2つあって、蒸し餅と炒り餅がある。夏から秋にかけて作り、七夕、お盆、夏祭り、八朔に作る。

　蒸し餅は小麦粉を水で練り、小豆餡を入れて適当な大きさに丸め、サンキライ（サルトリイバラ）の葉、ミョウガの葉で包んで蒸籠で蒸す。これを「しばもち」という。一方、油を引いた鍋で炒るのを炒り餅といい、餡なしもある。

　昔からこの餅を作り、集落のはずれの「お茶堂」で、7月いっぱい毎日お接待（お遍路さん）におもてなしをする。

#### ③お盆の「山椒餅」

　県下では佐川町でしか作らないとされ、お盆には必ず作る。暑い時の餅はすぐかびるが、山椒餅は1週間おいてもかびない。山椒は、あちこちの家で植えてあり、秋に紅く色づいたら実を採って干しておく。皮が弾けて重い種がはずれ、皮を使うので翌年の盆の頃まで保存し、餅を搗く直前に擂り鉢ですって粉にする。

　昔はもち米の玄米を炒って石臼で粉に挽いた。黒砂糖に山椒の粉を合わせ、火にかけて砂糖が溶けたら火からおろして冷ます。もち粉に砂糖液を加え、擂り鉢で搗き、玄米の粉をまぶして蒲鉾形に整える。

新盆の家では、山椒餅と白臼を半紙に包み、盆見舞いに来た客の土産にする。

④お盆の花餅

室戸地方では、盆や法事には祭壇に団子と花餅を供える。花餅は、餡入りのもち米の蒸し餅で、椿の葉にのせて供える。

⑤八朔（旧暦8月1日）の「ほしか団子」

ほしかは佐川ではサツマイモの切干。これを水に漬けてやわらかくし、たっぷりの水で煮る。半煮えの時、イモの3分の1のもち米を入れて炊き上げ、熱いうちにすりこぎで搗き、冷めてから団子に丸める。ゆでほしかは、小豆を混ぜて炊くので上等である。

⑥県下の心太（ところてん）の食べ方

夏の楽しみである心太は、高知県下では素麺のようにして食べるのが定番。磯魚をあぶり、この出汁で作った汁に、刻みアサツキ、おろし生姜を薬味にし、心太突きで突き出された心太を炎天の木陰で食べる。

⑦県下の「変わりぜんざい」

高知県下では、小豆のぜんざいに真鯛が丸ごと入っている。真鯛は4時間ぐらいかけて出汁をとり、この出汁でぜんざいを作る。ぜんざいに煮込んだ真鯛を浮かせ、蒲鉾を散らして完成。これは香味市の「郷土スイーツ」で、ぜんざいにタコを入れるのは佐川町である。

### 知っておきたい郷土のお菓子

- **大つぶ**（高知市）　小谷製菓所は土佐の郷土菓子を作る店。煎餅と飴の中間のような堅い菓子「中菓子」。はったい粉と砂糖、飴を使った「麦棒」。「大つぶ」はやわらかく白い晒し飴に黒ゴマをまぶし、一口大に切った飴。「つぶ」は、土佐で「飴」のこと。胡麻の香ばしさとあっさりした甘さである。
- **松魚（かつお）つぶ**（高知市）　1887（明治20）年創業の山西金陵堂の土産菓子。土佐名産の鰹節をかたどったニッキ飴で、小さな金鎚が添えてあり、叩いて割って食べる。カツオで知られる「土佐の一本釣り」のイメージをしっかりとらえた名物。
- **土左日記**（高知市）　1936（昭和11）年創業の青柳の代表菓子。漉し餡を求肥で包み、香ばしいあられ状のそぼろをまぶしてある土佐銘菓。紀

貫之が土佐の国司に任ぜられた折に綴った『土左日記』(『土佐日記』、古写本に『土左日記』とある) にちなみ、和綴本風の箱入り。店名も貫之の歌「さざれ波　寄するあやをば　青柳の　かげの糸して　織るかとぞみる」にあやかっている。

- **野根まんじゅう**（東洋町）　野根の浜口福月堂が作る繭形一口大の小饅頭。薄皮部分から漉し餡がのぞいている。自家製餡は北海道十勝小豆100パーセント、これを純米酒で風味付けした生地で包んでいる。初代重太郎は明治維新後帯刀を捨て菓子屋となり、現在5代目。昔ながらに饅頭を作り続けている。
- **お茶屋餅**（香南市）　地元で「手結山のお餅」という。天保時代（1830～44）からある澤餅茶屋の名物餅で、ニッキを入れた漉し餡が包まれた大福餅。手結山越えの旅人たちが休憩した素朴な茶屋の餅。
- **筏羊羹**（四万十市）　右城松風堂が作る四万十市名物。かつて木材を四万十川の筏流しで運搬していたことにちなみ、丸太のような細長い円筒状の羊羹を何本か紐で結び、筏のようにつないである。1本売りもする。
- **小豆せんべい**（安芸市）　市内の何店かで作る名物煎餅。じっくり蜜漬けした小豆を入れた小麦粉生地を、昔は手焼きで1枚ずつ焼き上げた。卵を使わないため、小豆の風味が生きている。昔は1枚売りをした。
- **芋ケンピ**（県内各地）　千切りにしたさつま芋を油で揚げ、砂糖がけした郷土菓子。藩政時代から作られていたとも伝わるが、今や全国で作られるほど定着している。西川屋などの「ケンピ」は菓子としては別種。
- **忠華司・中菓子**（高知市）　ケンピとともに個性的な土佐駄菓子の1つ。小麦粉、砂糖、水飴をこね、薄く延ばして短冊状に切り分け、まん中に縦に切れ目を入れて焼くことで、砂糖が溶けだした形で焼き上がる。

# 40 福岡県

梅ヶ枝餅

### 地域の特性

　九州の北東部に位置し、県境が3つの方角で異なった海洋に面している。北から北西にかけては響灘、玄界灘、東には周防灘、西南には有明海があり、各地域には異なった歴史がある。気候は温帯性で概して温暖、雨量も適度にある。冬は降雪もあり、山間部では積雪もある。

　古代から大宰府政庁や鴻臚館が置かれ、中国大陸や朝鮮半島との交流の窓口であった。大宰府には菅原道真が権帥として左遷され、悲劇の生涯を閉じたが、学問の神様として太宰府天満宮に祀られ、多くの受験生たちに勇気を与えている。

　中国との窓口であった博多に、羊羹、饅頭、麺を伝えたのは鎌倉中期の禅僧・円爾弁円（聖一国師：1202〜80）である。彼は中国から帰国後、京都の東福寺を開くまで博多に滞在し、中国で学んだ羊羹、饅頭、麺（うどん）の製法を人々に伝えたのである。博多の承天寺では彼の命日にカン（羊羹）、マン（饅頭）、麺（うどん）を供え、遺徳を偲んでいる。

### 地域の歴史・文化とお菓子

## 太宰府天満宮と「梅ヶ枝餅」

### ①菅原道真と飛び梅伝説

　　東風吹かば　匂いおこせよ　梅の花
　　主なしとて　春なわすれそ

　学問の神様で知られる平安前期の人・菅原道真（845〜903）の歌である。彼は優れた学者で醍醐天皇のとき右大臣となったが、藤原時平の讒言により筑紫に大宰権帥として左遷されてしまうのである。京を旅立つとき、邸内の梅の木に詠んだのが冒頭の歌で、この梅の木が道真を慕って、筑紫まで飛んできたという。それが道真を祀る太宰府天満宮の「飛び梅伝説」

である。

先に「大阪府」の項で菅公・道真のことを記したが、道真（以下、菅公）が筑紫へ流された道筋の瀬戸内海地方には、道真を祀る天神社や飛び梅伝説が各地にたくさんある。それは大宰府で悲憤の死を遂げた菅公が、のちに雷神となり怨霊となり、天下を震撼（しんかん）させる威力につながっていた。

### ②菅公と梅の伝説

大宰府への途中、菅公が周防の宮市（山口県防府市）に立ち寄った。まっすぐ山陽道を西下すればよいところ、なぜか回り道して松崎に行くことになった。道沿いの茶屋で休憩していると、老婆が茶に梅干を1つ入れて差し出し「これを飲むと元気に旅ができる」とすすめてくれた。

ちょうどその頃、時平の刺客が菅公を亡きものにしようと狙ってやってきていた。が、回り道した菅公は、災難を免れたのである。このことに因んで、正月に梅干し入りの茶を飲むと、禍から免れ無事でいられるとされた。今日でも西日本では、元日の朝に「大福茶」といって茶に梅干しを入れて飲む風習がある。

### ③太宰府天満宮と菅公

受験生によく知られる太宰府天満宮は、菅公が祀られている。ここはまた、菅公の墓所でもあった。菅公は、住まいとしていた大宰府政庁の南館（現・榎社）で903（延喜3）年2月25日生涯を閉じた。門弟たちがその亡骸を牛車で乗せて運んだところ、牛が伏して動じず、その場所が菅公の御心の所として、そこに埋葬され、のちに天満宮が建立されたのである。太宰府天満宮は、全国12,000社ある天神様を祀る総本宮で、多くの人たちに親しまれている。

菅公と梅が深い関係にあったことから、梅を象徴とし、神紋も梅紋、梅鉢紋、星梅鉢が使用されている。菅公と牛の伝説も多く、牛を神の使いとして境内には牛の像があり「お撫牛」は有名である。

### ④名物「梅ヶ枝餅」の由来

無実の罪で大宰府に流された菅公には、大政官から「食・馬を給することなかれ」の命令が出され、役人たちは食物を与えることも口をきくことも禁じられていた。謫居（たっきょ）の大宰府政庁は老朽化して廃屋同然で、菅公は食べ物にも事欠いていた。見かねた近くの老婆（のちの浄妙尼）が、粟餅を梅の枝に刺して差し上げた（江戸時代の絵巻物がある）。そしてときおり

餅を持参し、菅公の無聊を慰めたといわれる。

　菅公の没後、この老婆が菅公の臨終の地に浄妙尼寺（榎寺、明治の廃仏毀釈後榎社となる）を建立して菩提を弔った。時代が下り、天神信仰が高まり、太宰府天満宮の参道には門前町ができ、"さいふ参り"の名物として「梅ヶ枝餅」が誕生した。

### ⑤現在の梅ヶ枝餅

　現在の「梅ヶ枝餅」は、もち粉と米粉の生地で小豆餡を包み、梅の刻印が入った鉄板で焼き上げた焼き餅である。また本来は甘い餡ではなく、焼き味噌や味噌餡の入った軽食だったという。小豆餡になったのは、砂糖が豊富になってからであった。この餅が平たい形状なので、裏メニューとして「梅ヶ枝餅」2つでさらに餡を挟んで食べるという。

　菅公の命日2月25日と、誕生日の6月25日に因み毎月25日は「蓬入り梅ヶ枝餅」が販売されている。

## 行事とお菓子

### ①旧筑穂町（飯塚市）の5月節供の「がめん葉饅頭」と「粽」

　初節供にはのぼりや内飾りを贈られる。もち米、うるち米の粉を前日までに石臼でたくさん挽いて用意する。がめん葉はサルトリイバラの葉で、米粉の生地で小豆餡を包んでがめん葉でくるんで蒸す。がめん葉がなくなるとミカンの葉や樫の葉を代わりに使う。粽は粉を細長く丸め、粽笹3枚で包み、粽欄の葉を裂いて紐にしてクルクル巻いて括って蒸す。出来上った粽は隣近所に配る。

### ②筑後川流域の5月節供の「粽」

　この地方の粽は笹の葉と菰で作り、神仏に供える。荒神様に供えた物は神棚の下に吊るし、雷除けのお呪いにする。粽の殻を焼く煙が効くという。

### ③「よど」祭りの"よどまんじゅう"

　よど祭りは氏神様の夏祭りで、よどまんじゅうをたくさん作る。この饅頭は米粉の生地で餡を包んだものだが「いどらん葉饅頭」ともいう。いどらん葉はサルトリイバラの葉で、この葉2枚で挟んで蒸す。山が遠いのでいどらん葉が手に入らないときは一つ葉（はらん）やとうきびの葉で代用する。

④筑後吉井の「七夕麦菓子」

朝倉市周辺では、「初七夕」といって旧暦の7月7日に7歳の祝いをする。祝いの品は「蔓付きの大きな西瓜」と「麦菓子」で、薄く延ばした小麦粉生地に縁起のよい鯛、瓢箪、お相撲さん、ナス、桃、短冊、彦星など食紅で書いて、焼き上げたもので、昔はパン屋さんが作っていた。これらが7種袋に入れて売られていた。現在も旧歴の七夕が近づくと、金花糖などを詰め合わせて売られている。

### 知っておきたい郷土のお菓子

- **鶏卵素麺**(福岡市) 福岡藩黒田家の献上菓子。初代松屋利右衛門が長崎出島で製法を伝授されたと伝わる。沸騰する濃い砂糖液に溶いた卵黄を細くたらし入れ、素麺状に作る南蛮菓子。市内3軒ほどで製造。
- **鶴乃子**(福岡市) 1905(明治38)年創業の石村萬盛堂の博多銘菓。真っ白なマシュマロ生地に黄味餡を入れ、卵の形に仕上げてある。他に、聖福寺禅僧・仙厓義梵の落款を焼印で押した「仙厓さんもなか」などがある。
- **二〇加煎餅**(福岡市) 1906(明治39)年に東雲堂が創製。古くから博多の郷土芸能として親しまれる博多仁和加の半面をかたどった小麦煎餅。俄とは、江戸時代から明治時代にかけ、宴席や路上などで行われた即興芝居のこと。
- **黒田武士煎餅**(福岡市) 博多・加美家製菓の銘菓。江戸時代中期創業で大山菓子司として黒田藩の御用も勤めた14代主人が考案。「黒田節」にちなみ立体的な高台付の盃形の卵煎餅。歌詞などが焼印で刻まれている。
- **千鳥饅頭**(福岡市) 千鳥屋が1927(昭和2)年から作り、人気を博してきた福岡銘菓。白餡を丸ボーロ生地で包んだ焼き饅頭で、千鳥の焼印が特徴的。
- **いつもじ**(久留米市) 1875(明治8)年創業の吉金菓子舗の銘菓。久留米水天宮の安産祈願の守り札に因み、5つの梵字を刷り込んだ柚子の香りのする上品な逸品。
- **宝満山**(太宰府市) 太宰府天満宮にほど近い梅園の銘菓。古くから歌に詠まれた霊山・宝満山に因み、卵、砂糖、寒天などを使って作られる。

他に、太宰府天満宮の神事「鷽替え」にちなんだ「鷽の餅」などを作る。

- **米せんぺい**（柳川市）　当地の郷土菓子。透けるほど薄い生せんぺい。柳川生まれの北原白秋の詩集『水の構図』に、手作りの米せんぺいが輸入砂糖の樽を包んだ筵（アンペラ）に並べて干されている写真がある。
- **越山餅**（柳川市）　白雪堂、梅花堂が作る。1858（安政5）年創業の初代の愛称が「越さん」。その名をつけた白餡入りの求肥餅。2代目の兄弟それぞれ店を開いた。立花藩にも納めていたとされ、古くからの名物菓子。
- **甘木棒飴**（朝倉市）　1886（明治19）年創業の阿さひ飴本舗が作る棒状の米飴。朝倉特産の三奈木砂糖（黒砂糖）と黄な粉、麦粉、生姜などを合わせたものが芯に入っている。三奈木砂糖は阿さひ飴4代目の働きかけで近年復活した。
- **翠雲華**（朝倉市）　秋月藩御用達だった遠藤家が冬から春に作る珍菓。市内の黄金川でのみ生育する川茸（水前寺のり）に上砂糖とグラニュー糖のみで仕上げる。川茸の香りと風味が楽しめる。季節限定品。

# 41 佐賀県

丸ぼうろ、黒棒、松葉（右上から時計回りに）

### 地域の特性

九州の北西部に位置し、北側の玄界灘と南側の有明海に面した2つの顔がある。地勢区分は江戸期の佐賀藩と唐津藩の区分がそのまま唐津市を中心とした北部（北西部）と、佐賀市を中心にした南部（南東部）に分けられる。

玄界灘に面した地方は、対馬暖流の影響を受けるが冬は北西の季節風が強く、波は荒いが好漁場がある。有明海は干潟と干拓の海だが、沿岸から筑後川沿いには県の3割を占める佐賀平野が広がる。水の管理はクリークができたことにより九州屈指の穀倉地帯となった。

伊万里・唐津の肥前陶磁器は「文禄・慶長の役」の際、朝鮮半島より同行してきた陶工たちが祖国の技術を伝えたとされ、蹴轆轤はその1つの技法であった。

菓子文化をみると、1591（天正19）年、東松浦半島に名護屋城ができ、秀吉の朝鮮出兵と関係してくるのが唐津の「松露饅頭」である。タコ焼きのようにクルクル回転させて焼く製法は、朝鮮半島からの影響であった。佐賀県内を通過する長崎街道は、「シュガーロード」といわれるように長崎に伝わった南蛮菓子文化が、県内各地に点在していた。

### 地域の歴史・文化とお菓子

## 伝来経路が分かる佐賀の菓子

#### ①丸ぼうろ・黒棒・松葉

佐賀の名物といえば「丸ぼーろ」（丸房露、まるぼうろ）の名が浮かぶほどよく知られている。しかし、南蛮菓子の「丸ぼーろ」がなぜ佐賀の銘菓なのかと、疑うこともなかった。だがわかったことは、1635（寛永12）年創業の佐賀市内の御菓子鶴屋は鍋島藩御用達で、幕府より福岡藩と1年

交代で長崎警備を命じられていたからであった。そのため長崎の出島とのつながりがあり、南蛮菓子の「丸ぼうろ」が、佐賀の銘菓として親しまれていたのである。

この「丸ぼーろ」を佐賀に伝えたのは、鶴屋2代目太兵衛で天和年間(1681～84)、出島のオランダ人から製法を習ったとされる。「黒棒」も「松葉」も詳細は不明だが、江戸期に伝わったという。

③「丸ぼうろ」というお菓子

「ボーロ」はポルトガル語で菓子という意味。当初は砂糖と小麦粉を混ぜ合わせた焼き菓子で、今のものよりずっと堅かった。これが長崎を経て佐賀に伝えられていた。堅いボーロが今日のようなソフトなものとなったのは明治元年で、その後さらに改良が進み、鶏卵を使うことによって子供もお年寄りも楽しめる菓子となった。それは佐賀の菓子職人たちの、「ボーロ」に寄せる「異国へのロマン」からだったのであろう。

このボーロは、最初ポルトガル船員の保存食であったそうだ。それを優しい菓子に変身させたのも佐賀人で、この菓子を婚礼の引き出物とし、同じ南蛮菓子の千代結び（有平糖・めがね菓子）とコラボさせ、ワンランク上のお菓子とした。

③「黒棒」と「松葉」

「黒棒」は小麦粉と黒砂糖を主原料にした佐賀の郷土菓子で、駄菓子的存在である。だがこれも南蛮菓子のビスコッティ（イタリア語）の製法が日本化したものであった。

我が国では、この菓子の味を左右したのは小麦粉と、これを焼く窯にあった。窯においては、大正時代、陸軍第18師団のあった久留米（福岡県）に、収容されたドイツ兵によって焼かれていたパン釜がレンガ窯で、それで焼かれるようになり美味しくなったという。

「松葉」は小麦粉を使った焼き菓子で、カステラと同じ製法で作られる。『肥前のお菓子』（村岡総本舗発行）によると、ポルトガルにも黒松があって大切にしているそうだ。つまり、カステラを焼くには火力の強い松が必要だった。そしてポルトガル北部のポルトの市場で、日本の焼き菓子「松葉」によく似たお菓子が売られていたという。

④岸川饅頭・多久饅頭

多久市は佐賀県のほぼ中央にあって、日本最古の孔子を祀る「多久聖

廟」がある。この地の饅頭は孔子の故郷・中国伝来の古式製法を伝えていた。

　饅頭は鎌倉時代に禅僧によって伝えられ、小腹の空いた時食べる点心の1つであった。鎌倉時代の僧・日蓮の手紙の中に「十字の餅」という文字が記され、それが饅頭のようであった。「満月のように丸く、何枚と数え、保存のきく」もので、初期の饅頭は中に何も入らない、酒種を使った酒饅頭だったとされる。

　岸川饅頭はまさに酒麹を使った古式饅頭で、今日風にいろいろな餡入り饅頭がある中に、餡なしの饅頭があり素晴らしく美味であった。江戸時代末期の書物にも「餡ナケレド其味佳成」とあった。

　県内を通るシュガーロード・長崎街道沿いには、丸ぼーろを筆頭に金花糖、砂糖菓子、逸口香などの南蛮菓子や唐菓子がしっかりと根付いている。

　佐賀はまた別名「菓子王国」といわれている。それは森永製菓や江崎グリコといった、大手製菓会社創始者の出身地だったのである。

### 行事とお菓子

#### ①佐賀平野の正月飾り

　床の間には「歳徳さん」と「お手懸けさん」を飾る「お手懸けさん」は三方に半紙を敷き、つんの葉（ゆずり葉）と裏白を敷いて米1升を山盛りにして置く。その上に葉付き橙をのせ、橙の下に昆布を敷く。米の上に栗5個と干し柿を飾る。後ろには野老の根を輪にして置き、中に熨斗を巻いた木炭を置く。「代々このところ、すみくりなわす」といって、代々この所に住み着いて家の繁栄を祈る、という意味で、縁起をかついで飾る。

#### ②多良山麓の「花炒り15日」

　太良町周辺ではかつて小正月の1月15日は「花炒り正月」といった。花はもち米の粱を炒ったもので、「別々にしないで、一緒にしよう」といって、集落の母さんたちが当番の家に集まる。もち米の粱を"ごひと"（2合5勺）か5合くらい持ち寄り、それぞれの家の分を大きな平釜で炒って、花のように爆ぜさせる。

　この日は御馳走（五目御飯など）を作って食べ、花は各自持って帰り神仏に供え、畑に持って行ってモグラ除けにする。残った花は食べたり、雷除けにし、雷が鳴ったら家の周りに撒くとよい。

③4月3日の女の子の節供

ふつ餅を作る。ふつは蓬のことでカマドの灰で灰汁(あく)抜きをして餅に搗きき込み、香り高いふつ餅ができる。あれつけもちは、餅につぶし餡を付けて食べること。香ばしい黄な粉をまぶしても食べる。

④有田陶器市の「いろうさん餅」

5月初旬の有田地方の大きな行事で、この前後には来客があるので「いろうさん餅」を作る。これは蓬を搗き込んだふつ餅で、中に甘い餡が包まれ、外側に塩味の煮小豆がまぶされている。

蓬の緑色、甘い餡、塩味の煮小豆と、いろいろな味わいが楽しめる。有田の名物餅で、一度食べたら忘れられない味である。

⑤祇園祭りの「ぎおん饅頭」

有田地方の8月初めは祇園祭りで、饅頭や御馳走を作る。「ぎおん饅頭」は米粉と小麦粉を混ぜ合わせ、ソーダを加えて膨らませる。小豆餡を包んでガンジャー(サルトリイバラ)の葉を下に敷いて蒸す。この地方では夏には酒饅頭も多く作られている。

## 知っておきたい郷土のお菓子

- **丸ぼうろ**(県内各地) 佐賀県を代表する郷土菓子。小麦粉、鶏卵、砂糖を合わせて焼いた南蛮菓子の1つで、「ボーロ」はポルトガル語で菓子のこと。佐賀ではお祝いに使われ、そのときは丸ぼうろと有平糖の紅白の千代結び(眼鏡菓子)とセットになる。「丸芳露」「丸房露」の字をあてる。
- **肥後ケシアド**(佐賀市) 創業370年の鶴屋が作る。同店に残る文書から、ポルトガルのチーズタルト「ケイジャーダ」が元になった南蛮菓子を2009(平成21)年に復元。江戸時代と同じくチーズをかぼちゃ餡で代用した焼き菓子。
- **徳永飴**(佐賀市) 徳永飴総本舗が江戸後期からの製法で作る米飴で、地元徳永では「あめがた」とよび、長方形の板状に作ってある。食べる時はテーブルの角などで割る。産前産後の滋養補給の他、料理にも使う。
- **白玉饅頭**(佐賀市) 名所・川上峡の名物としてときわ屋などが作る。白玉粉でなく、うるち米粉の生地で小豆漉し餡を包んだ、歯切れのよい小ぶりの饅頭。吉野屋では、創業130年を機に玄米白玉饅頭も作る。

- **ゆり菓子**（佐賀市）　亀屋が温泉客に作ったのが最初。古湯温泉の山に自生するゆり根から澱粉を採り加工したものでお湯に溶かして飲んでも美味しい。
- **松露饅頭**（唐津市）　唐の名物菓子で、小豆漉し餡入りの小さなカステラ饅頭。景勝地虹の松原に自生する松露に因んだ菓名だが、作り方はタコ焼き風にクルクル回転させて焼く。この製法は豊臣秀吉の朝鮮出兵がきっかけで伝わったという。大原松露饅頭本店は1850（嘉永3）年創業。
- **松原おこし**（唐津市）　まるき屋麻生本家などが作る唐津名物。糯に水飴をからめて黒砂糖を合わせ、棒状に伸して3～4cmほどに切る。佐用姫伝説のある鏡山を模して台形に積んで包んだ昔ながらの土産菓子。
- **けえらん**（唐津市）　浜玉町の数軒で作る。米粉のしんこ生地を薄く伸して四角に切り、小豆の漉し餡を細長い筒状に巻く。浜玉町・諏訪神社の春祭りに出店で売られていたが、今は何軒かが常時販売している。
- **岸川饅頭・多久饅頭**（多久市）　北多久町の小麦の産地の岸川地区に伝わる直径10cmほどの大きな酒饅頭。餡なしが本来だが今は小豆餡、南瓜餡などいろいろ。毎年5月2日の御田祭りに家庭で作られており、現在は専門店がある。岸川饅頭は大陸伝来当初に近い姿を残している。
- **小城羊羹**（小城市）　1592（文禄元）年頃、小城では小豆、蜂蜜、海藻を煮詰め羊羹らしきものが作られ、名護屋本陣で秀吉も口にしたという。時代が下り「小城羊羹」と羊羹箱に文字を入れた最初は村岡総本舗。創業は1899（明治32）年。小豆に砂糖、寒天と素材を煉り上げ木桐に流して一昼夜寝かせ切り分ける昔ながらの「切り羊羹」。シャリッとした歯触わりと中のやわらかさが魅力の羊羹である。村岡総本舗には羊羹資料館が併設されている。
- **逸口香**（いつこうこう）（県内各地）　嬉野市の長崎街道塩田宿の楠田製菓が主に製造。中国から伝来した唐饅頭が原型で、焼くと中に包んだ黒糖が皮のほうに貼りつき中が空洞になるのが特徴の焼き菓子。佐賀平野の良質な小麦粉を使う。よく似た菓子が長崎県や愛媛県、愛知県にある。
- **黒棒**（県内各地）　佐賀の郷土菓子だが、広く九州地方で作られている。南蛮菓子のビスコッチテイ（イタリア語）の製法が日本化したとされる。黒砂糖、卵、小麦粉、重曹を練って寝かせた生地を棒状にしてオーブン

で焼き、長さを揃えて切り、黒砂糖や生姜風味の糖蜜を表面に塗って乾燥させる。鹿児島のゲタンハ(下駄ん歯)と類似している。

# 42 長崎県

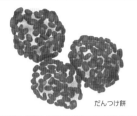
だんつけ餅

### 地域の特性

九州の西部に位置し、東は佐賀県に接し、北は日本海、西は東シナ海に面し、三方を海に囲まれている。西海上に五島列島、西北海上には壱岐、対馬がある。気候は対馬暖流の影響により温暖な海洋性気候を呈する。全般的に多雨で、台風の通過圏に位置し集中豪雨に見舞われることも多い。

県内は、かつての肥前・壱岐・対馬の3国からなっている。

長崎といえば、外国に向かって開かれた3つの港があり、中国・西欧との窓口は平戸、長崎であった。そして朝鮮との窓口は対馬。これらの地方はそれぞれに異国の文化が深く定着し、後世にまで影響をもたらしていた。特に菓子文化は著しく、南蛮伝来の「カステラ」は日本の菓子として定着し、中国から伝わった「口砂香」は、祝儀や不祝儀の引き出物として広く使われている。

また、出島を通して輸入された砂糖は、長崎街道を経て佐賀、福岡、さらには京都・大阪に続いていた。この道を「シュガーロード」といい、沿道には貴重品の砂糖をふんだんに使ったさまざまな菓子が誕生していた。

### 地域の歴史・文化とお菓子

## 長崎の「胡麻菓子」と対馬の「だんつけ餅」

### ①エピソードを伝える「一口香」

江戸の文化・文政期にはやった菓子に「胡麻胴乱」がある。小麦粉に胡麻を混ぜて焼き、膨らませたもので中は空っぽ。それで見かけ倒しを「胡麻菓子」といったそうである。ちなみに「胴乱」は、皮や羅紗製の方形の物入れで、中がやはり空っぽからきているそうだ。

そんな面白いエピソードのある菓子が、九州の長崎や佐賀にある。中国の「唐饅頭」の製法を伝える「一口香」で、饅頭とはいえ乾燥した菓子で、

昔、唐僧や東シナ海を航海する中国人たちの保存食であった。焦げ色の堅めの皮をパリッと頰張ると中はまったくの空洞。これは「ごまかし」ではなく、小麦粉のグルテンの力によってできたもので、創意工夫の賜物であった。

### ②中国人から伝えられた「一口香」

長崎市内から山道をバスで20分くらい行ったところに「茂木ビワ」で知られる茂木がある。江戸時代から続く長崎の「一口香」店、「茂木一〇香本家」はここにある。茂木は良港で幕末期、初代はここで雑貨商をしていた。港に避難していた船の中国人から唐饅頭の製法を教わった。一口食べると香ばしい味わいがして、それを「一口香」とよんだ。その後菓子屋に転業し、創業は1844（弘化元）年で当時は「えのき屋」と称した。工夫と改良を重ねてこの店では他店のものと区別するため、昭和に入り「一〇香」と改めた。

### ③「一口香」の製法

水飴で捏ねた小麦粉生地を丸め、中に黒砂糖や蜂蜜を入れて焼く。生地が膨張して中の蜜に気泡ができ、冷やすとその気泡が飴状になって内側にくっつき空洞化する。まさにカラクリで、そこから「カラクリ饅頭」の異名がある。そして菓子の表面にゴマもついてまさに「胡麻菓子」である。

さてこの「一口香」、佐世保や平戸では正月のお菓子で、元日の朝これを食べてお屠蘇で祝う。ありがたいお菓子を「胡麻菓子」といっては失礼かもしれない。

「一口香」は、佐賀県下では「逸口香」、四国では「唐饅頭」、愛知県の常滑にも「一口香」があり、よく似たお菓子が各地に伝えられている。

### ④「蒙古襲来」の悲劇を伝える対馬の「だんつけ餅」

「蒙古襲来」といえば、鎌倉時代に（フビライが率いる）元の軍隊が日本に来襲した事件である。「文永・弘安の役」として知られている。

玄界灘に浮かぶ国境の島・対馬には、この時の悲劇が今も語り継がれている。1274（文永11）年10月5日、対馬の島主・宗助国とその家臣たちは、対馬の西側・佐須村（現・対馬市）小茂田浜に上陸した蒙古・高麗連合軍と壮絶に戦ったが力尽き全滅した。その激戦地となった小茂田浜には、のちに彼らの霊を祀る小茂田浜神社が建立され、毎年11月の第2日曜日に大祭が行われている。

このお祭りに地元の人たちが必ず作り、食べるのが「だんつけ餅」で、神社の境内にはこの日だけという、手作りの「だんつけ餅」を持ち寄り、販売する元気なお母さんたちで賑わっている。

⑤「だんつけ餅」の由来

この餅は別名「佐須餅」ともよばれる。もち米を蒸して搗いた餅を丸め、地元でメナガという小豆の仲間を煮て、塩味だけのメナガを餅のまわりにびっしりはりつけた餅である。メナガは餅が熱いうちでないと付きにくいため、餅取り粉は使わない。現在は北海道の小豆が使われている。

この餅の外側に茹でた小豆(メナガ)を付けるのは、村人たちが兵士のために餅を搗いて、メナガを餅の中に搗き混ぜようとして準備をしたところ、蒙古軍が上陸して攻めてきた。それでメナガを餅に入れる間がなく、餅のまわりにはりつけて兵士たちに食べさせたという。それ以来この土地ではこのようにして食べるのだという。塩味のあっさりした餅である。

それにしてもこの地方では、餅に小豆を搗き込んで食べる作り方があったようだ。宮崎県の「お船出だご」のところで、神武天皇の出発が早まり急きょ、里人らが餅の中に小豆を搗き込んでしまったことを記した。こちら対馬の「だんつけ餅」とは真逆である。しかし、どちらも朝鮮半島につながる小豆餅の食べ方と思われる。

⑥「だんつけ餅」の伝説

この餅の小豆は、色を失わないように灰汁抜きはしないで炊き上げる。蒙古軍との戦いで戦死した兵士の人数、宗助国以下80騎に因み、「だんつけ餅」の小豆は80粒付けるという。

小茂田浜の人たちが、餡子餅を作っていたところ、元寇が急に攻めてきたため、人々は慌てて餡子作りをやめて、小豆もつぶさず、砂糖も入れず、小豆を餅の表面にまぶした。そして山の中に逃げたといわれる。

「だんつけ餅」は、本当は「ダニ付け餅」で、血を吸うダニが皮膚に吸い付いている様子に、餅がよく似ているからその名がつけられたという。

⑦「だんつけ餅」に似ている各地の餅

富山県・石川県地方で暑気払いに作る餅が「ささげ餅」。餅を搗いて丸め、茹でたササゲ豆をまわりにびっしりはりつける。福井県の「飛びつきだんご」。お盆に作られ団子のまわりに小豆が飛びついたようにはりついているからこの呼び名があるという。滋賀県の水無月祓いに作る「わぬけ餅」。

鏡餅の底辺に小豆をびっしりはりつけている。沖縄県の十五夜の「ふちゃぎー」。こちらもだんつけ餅とよく似ている。また韓国の「ススㇳニカ」も仲間のようである。

### 行事とお菓子

#### ①北松浦地方の子供のお年玉

この地方では「正月飾り」として三宝や盆に半紙を敷いて米をのせ、その上に中央には橙、するめ、昆布、丸ぼうろ、へそ菓子、一口香、ミカン、干し柿などをのせ、飾っておく。これを「お手懸け」といい、かつては近所の子供たちが来るとへそ菓子や一口香などを半紙にくるんでお年玉としてあげた。

#### ②平戸の「おてがけ」と「七色菓子」

「おてがけ」はお手懸け、お手掛けとも書くが、古く江戸で「喰積」、関西で「蓬莱」とよばれた正月飾りである。①に記した縁起の良い食べ物を三宝や盆に盛り床の間などに飾ったが、江戸ではこれを賀客に進め、主人ともども摘まんで食べて新年を祝った。その風習が廃れ、後に「お節料理」に変化したともいわれる。

平戸の「おてがけ」は、①の橙、するめ、昆布といったものにさらに「七色菓子」（7種菓子）が重んじられた。菓子はとくに決まっていないが干し柿・みかん（もち粉の菓子）・一茶（朝倉市〈福岡〉で作る茶菓子）・丸ぼーろ・寒菊・一口香・へそ菓子・辻占菓子などが盛られている。これらの菓子を盛った「おてがけ」を家族の中心に置いて、元日の朝、摘まむことに意義があった。中でも辻占菓子は「辻占煎餅」ともよばれ、丸い小麦粉煎餅を２つ折りにした中に、「勘定合って銭足らず」「負けるが勝ち」等と諺が書かれた紙片が入っている。それを摘まんで楽しみ合い、平戸のものはめでたく紅白２色がある。北陸金沢地方の「辻占」と良く似ている。

#### ③旧暦３月３日の雛祭りと「ふつ餅」

九州・沖縄で「ふつ」は、ヨモギ（蓬）のことである。北松浦地方では春になって芽立ち始めた「ふつ」を摘んで、これを餅に搗き込んだ「ふつ餅」を作る。この餅は隣近所に配った。

#### ④５月５日の「からまき」と「かからだご」

男の子の節供で「からまき」はだん竹の葉で団子を三角に包み蒸したも

の。"だご"は九州で団子のこと。「かからだご」は、山帰来の葉で包んだ団子である。この日はふつ、男カヤ、ショウブを束ねて屋根にのせ、魔除けにした。

⑤諫早地方の「唐灰汁粽（とうあくちまき）」

5月の節供に作る。唐灰汁は中国で自然にできたアルカリ性の湖水で輸入されていた。これを湯に溶いて、洗ったもち米を一晩浸す。この米を木綿の袋に入れて3時間茹でる。できあがったら水を掛け、冷まして袋から出して木綿糸で括って切り分け、砂糖や黄な粉で食べる。

⑥お盆の送りだご（団子）

盆の15日には「かからだご」の他に「送りだご」を作る。米粉ともち粉を半々に入れて団子を作り、山帰来の葉で包み、5、6個を括って蒸し、お精霊様に供える。夜に「送り菰」に入れる。お精霊様が西方浄土に帰る途中、これを弁当にするのだと伝えられてきた。

⑦壱岐の「ケイラン」

法事や彼岸の先祖供養の供え物であり、手数がかかる餅で、最近は「ケイラン屋」で売られている。竹筒のような形で、餡が巻いてあり、中央に紅で絵付けされている。米粉の団子を蒸してから臼で搗き、形を整え、こし餡を巻いていき、さらにもう一度蒸す。これを真ん中で斜めに切る。

ところによっては「いがけいら」といって、餡を包んだ後、ふやかしたもち米をまぶして蒸す。栗の毬のようになるので「いがケイラン」とよんでいた。

## 知っておきたい郷土のお菓子

- **カステラ**（県内各地）　天正年間（1573〜91）にポルトガル人によって長崎に伝えられた南蛮菓子。最も日本人に愛され、改良されたため、贈りものとしても人気を誇る。福砂屋、松翁軒、文明堂などが作る長崎銘菓。

- **寒菊・もしほ草**（長崎市）　1830（天保元）年創業の岩永梅寿軒の銘菓。「寒菊」は寒風で乾かした餅を焼き、生姜風味の砂糖衣を着せたもの。「もしほ草」は製塩に使う海藻に因み、昆布を練り込んだ求肥餅。長崎ならではの菓子。

- **口沙香（こうさこう）**（県内各地）　一般の落雁とは異なり、うるち米を煎った粉と砂

糖を合わせて小さな菊型などで抜く。サックリとした食感と、米の香ばしさが特徴。打ち物菓子全体の総称としても使われている。
- **中華菓子**（長崎市）　長崎の異国菓子といえば中国菓子も有名。「麻花兒(まーふぁーる)」（よりより）、中国のお金を模した「金銭餅」は白胡麻がまぶされている。
- **九十九島(くじゅうくしま)せんぺい**（佐世保市）　ピーナッツを散りばめた縁起のよい亀甲型の小麦粉煎餅。上面に「九十九島」と白く書かれた名物のお土産菓子。
- **カスドース**（平戸市）　1502（文亀2）年創業の蔦屋の平戸銘菓。ポルトガルの神父より伝授されたといわれ、平戸藩松浦家の『百菓乃図』にも載る。一口大にしたカステラを卵黄にくぐらせ、煮たてた糖液に浸してグラニュー糖をまぶす。平戸藩の「お留菓子」で庶民は食べられなかった。
- **牛蒡餅**（平戸市）　熊屋の平戸銘菓。江戸時代に流行した菓子。米粉と黒砂糖または上白糖で作る小ぶりの筒形のしんこ餅で芥子の実をつける。
- **かんころ餅**（平戸市・五島市）　かんころは薩摩芋の切干で、昔はこの地方の浜辺の納屋にたくさん干されていた。これを蒸して白い餅に搗き込んだかんころ餅は、焼いて食べるとほのかな甘さが忘れられない。
- **かす巻**（壱岐・対馬地方）　小豆漉し餡などをカステラ生地で巻いた郷土菓子で、対馬藩宗家の御用菓子でもあった。また、同様の菓子が島原地方でも「とら巻」などともよび親しまれている。
- **森長おこし**（諫早市）　菓秀苑森長が作る黒砂糖の粒も入るおこしで、砂糖が豊富で、米どころでもあった諫早の名物。創業200年を機に、木枠に手で延ばして作る戦前の「黒おこし」も復現した。
- **ざぼん漬け**（島原市）　1621（寛永元）年創業の辰巳屋総本舗の島原銘菓。島原には江戸初期にポルトガル船が伝えた柑橘類のザボンの巨樹があり、これを砂糖漬けにした銘菓。ザボンと鹿児島の文旦(ぼんたん)とは同じである。
- **へそ菓子**（平戸・佐世保市一帯）　正月の「おてがけ」にのせる菓子。砂糖を加えた小麦粉生地の焼き菓子。直径3cm程の中高の丸い菓子で、表面に赤と緑の筋が入り、中は一口香のように空洞になっている。季節菓子で後述の辻占菓子と共に正月用に販売される。地域によっては春秋の彼岸にも仏前に供える。

- **みかん**(平戸・佐世保市一帯) 果物の蜜柑ではなく、蜜柑の皮を剝いた形の小さな菓子。赤・黄・オレンジといった色合いの、甘く「軽る焼風」の菓子で「おてがけ」にのせる祝い菓子。
- **辻占菓子**(平戸・佐世保市一帯) 元日の「おてがけ」にのせる縁起菓子。ショウガ味の小麦粉煎餅の丸い生地を2つ折りにし、諺などを書いた紙片を挟み、さらに型にはめて成形する。へそ菓子と一緒に正月の人気菓子。

# 43 熊本県

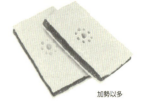
加勢以多

### 地域の特性

　九州の中央部に位置し、福岡、大分、宮崎、鹿児島の各県と隣接し、有明海を隔てては長崎県とも接している。気候は県内全域が太平洋側気候に属し、冬と夏で寒暑の差が大きい。緯度の割には冬の気温は寒冷である。

　かつては肥後国とよばれ、熊本藩・宇土藩・人吉藩がある。熊本藩の初代が加藤清正で、干拓や堤防の整備に努め、その業績から今も土木の神様とされ、「清正公さん」の名がある。加藤家2代忠弘のとき改易となり、細川氏が入部。以降、明治になるまで細川氏が治めた。

　熊本の2大銘菓の「朝鮮飴」「加勢以多」。前者は秀吉、後者は細川三斎に因んでいる。細川三斎の奥方はキリシタンで知られる細川ガラシャである。天草には隠れキリシタンの信仰も伝わり、天草地方の菓子「赤巻き」は、愛媛の「タルト」の仲間で、南蛮菓子の雰囲気を伝えている。

　なお、熊本の郷土菓子に「いきなりだんご」があるが、からいも（薩摩芋）をいきなり切って小麦粉の生地に包んで蒸したもので、簡単にできるということだが、転じて県内では片付けの苦手な人を「いきなりな人」という。正直でありのままということらしい。

### 地域の歴史・文化とお菓子

## 熊本の2大銘菓「朝鮮飴」と「加勢以多」

①加藤清正ゆかりの「朝鮮飴」

　最近、熊本といえば、赤いほっぺが愛らしい県のPRキャラクター「くまモン」が大人気である。彼を利用した商品の売上高が、2014年で少なくとも643億2,000万円に達したという。中国やタイなど海外での売り上げも大きく、県の担当者は更なる飛躍を期待している。

　そうした熊本県で、安土桃山時代の天正年間（1573～92）創業という、

朝鮮飴の老舗・園田屋がある。店の開祖・武衛門が作っていた飴が「長生飴」で、この飴が後に「朝鮮飴」となった。

豊臣秀吉のいわゆる朝鮮出兵「文禄・慶長の役」の際、当時肥後宇土の城主だった加藤清正が携えていったのがこの「長生飴」である。1597（慶長2）年には大苦戦をし、蔚山城(うるさんじょう)で籠城となり、そのときの窮乏を助けてくれたのが「長生飴」で、兵糧として大いに役立ったのである。

②朝鮮飴の製法

清正は朝鮮より帰国後、熊本城を築城して肥後52万石の太守となる。そして籠城を支えてくれたこの「長生飴」に感謝をこめて、「朝鮮飴」と改名したといわれる。彼はこの飴を珍重し、家臣の甲斐宗連(かいむねつら)に製法の管理をさせ、市販を許さなかったという。

製法は、肥後産のもち米を一晩水に浸し、石臼で挽いて窯に入れ、糊状に練ったら水飴、砂糖（昔は黒糖）を加えさらに5時間練って、木型に入れて固める。飴にはたっぷりと片栗粉がまぶされている。朝鮮飴は、飴というより求肥飴で、飴菓子ではなく餅菓子の仲間である。

③その後の朝鮮飴

熊本では今でも加藤清正を「清正公さん」とよんで人気が高い。だが加藤家2代忠弘のとき、1632（寛永9）年ある事件に連座してお家は断絶する。

その後、豊前小倉から細川忠利が54万石で入部し、廃藩置県まで細川氏が藩主となる。細川家もこの飴を重用し、毎年6月将軍家への献上菓子とした。江戸中期に、甲斐家から仕法を譲られたのは山城屋（現在はない）で、8代将軍吉宗への献上飴の礼状として老中水野和泉守より細川越中守に宛てた書状が残されていた。

初期の朝鮮飴は黒砂糖と玄米が使用され、淡褐色の「黒朝鮮飴」であった。が、砂糖の普及とともに白砂糖と精白米を用いた「白朝鮮飴」になり、人気も高まり、1970年代前半には30軒以上の店が手掛けていた。現在は園田屋など数軒があるのみとなった。

④細川三斎と「加勢以多(かせいた)」

長崎を窓口として、我が国に南蛮菓子が伝わった。その菓子たちが日本の各地に何の違和感もなく"すまして"定着している。そうしたお菓子の1つに熊本の「加勢以多」がある。

この菓子はポルトガル語の「カイシャ・ダ・マルメラーダ（Caixada marmalade：マルメロの小箱）」という菓子に由来するもので、この名前の発音がなまって「かせいた」になったとされる。
　「マルメラーダ」とは、マルメロの果肉を水にして潰し、砂糖とともにペースト状に煮詰め、乾燥させたゼリー状の菓子である。「マルメラーダ」はポルトガルの呼び名であり、同様の菓子をスペインでは「メンブリージョ」とよばれていた。
　さて大航海時代、我が国にも物流に乗って「マルメラーダ」が伝来していた。伝えるところによると、熊本藩主・細川三斎（忠興・1564～1600）が、長崎の出島を訪れた際、「マルメロで作ったジャム」を賞味し大変気に入ったそうだ。茶人でもあった三斎は、これを「茶の湯の菓子に…」と考え、持ち帰ったのが「加勢以多」の最初とされている。

### ⑤「加勢以多」というお菓子

　マルメロは中央アジアが原産のバラ科の落葉高木。果実は黄色く洋ナシ形で、甘酸っぱくて香気がある。現在の「加勢以多」は、この果実の皮を剥(む)き砂糖を加えて煮詰めてジャム状にし、薄い最中皮でサンドイッチのように挟み、長方形に切った菓子である。真ん中に細川家の九曜紋の焼印が押されている。
　細川三斎は、マルメロの木を領内に植え、「加勢以多」を作り京都や江戸に大量に送ったという。毎年4月には、これを将軍家に献上していた。
　『本朝食鑑』（人見必大著・1697［元禄10］年）には、「麻留免羅(まるめら)。もと蛮国の種にして、長崎より移して来て処々に稀にあり。樹は海棠(かいどう)に類し、高く長く、葉もまた棠檎に似て薄く長く、鋸歯あり。花は白くして緑を帯び、五出（五弁）である。実は志登美(しとみ)に似て、円台、味ひ甘酸、木せず。ほぼ空閑梨に似たり。蛮人沙糖蜜を用いて以て飴を作り、呼んで加勢以多(かせいた)と称す」とある。

### ⑥その後の「加勢以多」

　我が国でも献上菓子であったが、「マルメラーダ（マルメロゼリー）」は、ヨーロッパの歴史の中でも高価なギフトとして喜ばれ、薬用（日本でもマルメロ・カリンは喉の薬）かつスイーツとして用いられていた。16世紀には英国王、ヘンリー8世がマルメラーダ（英語でマーマレード）を贈られた記録があるという。

新潟県三条市の菓子店・吉文字屋には季節菓子「初もみじ」があり、これは「カリン羹」である（「新潟県」参照）。そして良寛さんも同じ三条の菓子店・三浦屋（現在はない）の「カリンの砂糖漬」を好まれたようであった。

「加勢以多」の統一文字はない。江戸期より続いた「山城屋」は1993（平成5）年に店を閉じ、現在は古今伝授之間香梅（熊本市水前寺公園）が製造販売をしている。

### 行事とお菓子

①県北旧植木町の「年取りもち」

　この地方では、年の暮れに餅を搗く時、お飾りの餅くらい大きな餅を作り、中に餡子を丸めて包む。これを元日、家長や長男たちが早く起き、大豆殻で火をおこし「てっきゅう（鉄灸・鉄の細い棒で火に渡して魚などを焼く）」で焼いて食べる。この餅を食べて年を取るという。

②干し柿で占う天草の元日

　元日には重箱に昆布、スルメ、干し柿の3点セットを揃え、来客があると食べてもらう。この時干し柿の種の数でその年の運勢を占う。

③球磨地方の「お嶽だんご」

　3月16日はお嶽さん（市房神社）の祭りで、この日に作る団子。小麦粉ともち米粉を合わせ湯で捏ねる。一口大に丸め、小豆餡を包んで平らにし菜種油で両面を焼く。全体に油が回って香ばしい焼き団子となる。

④阿蘇地方の「風祭りだご」

　旧暦の4月4日と7月7日に、風の祭りをする。4月は餡入りのよもぎだご（饅頭）で、7月は小麦だごで、風穴を塞ぐといって大きなだごを作って神棚に供え、仕事を休む。

⑤5月節供の「粽（ちまき）」

　阿蘇地方での粽は、寒ざらし粉（白玉）に、うるち米粉を混ぜて片手で固く握り、ヨシの葉2、3枚で巻きつけて茹で揚げる。今一つは、クマザサを洗って卵大の団子を挟んで熱湯で茹でる。この時、餡を生地に包む場合もある。球磨地方では、餡入りの粽を「巻饅頭」といい、竹の皮で巻いてあり、食べるときは竹皮ごと切って食べる。

⑥いげの葉で包む「半夏生饅頭」

　県北旧植木町（熊本市）では7月1日頃の半夏生には、新麦のソーダ饅頭を作る。この時イゲの葉で包んで蒸す。イゲはサルトリイバラの葉である。

⑦お盆の「あんこかし」

　旧植木町のお盆迎えの13日に作る。麦粉に塩を入れてぬるま湯でよく捏ねる。しばらく置いて15cmくらいの平たい楕円形に成形し、お湯でサッと茹で笊にとって水を切る。練っておいた小豆の餡子をまぶす。これは来客の時やハレの日に作る。

## 知っておきたい郷土のお菓子

- **誉の陣太鼓**（熊本市）　香梅が作る名菓。大納言小豆の餡の中にやわらかな求肥餅が入る。特許取得の紙缶詰で太鼓の形に包んである。1871(明治4)年に桂宮家から細川家に下賜された「古今伝授の間」は香梅が管理し、「加勢以多」も作っている。
- **菊池松風**（菊池市）　正観寺丸宝などを作る。厚さ1.5mmという最も薄い菊地銘菓。京都から伝わったともされ、小麦粉、砂糖、卵、ケシの実を使い、生地を薄く伸して焼き、冷めないうちに小さな短冊状に切る。
- **ゆべし**（菊池市）　柚子の皮、もち米粉、米粉、麦みそ、砂糖をよく練り、竹皮に包んで蒸し上げる菊地市の郷土菓子。明治初期の西南戦争後に、細川藩の御用菓子司だった島津屋又平が菊池に移り、保存食だった家庭のゆべしをもとに、改良を重ね創製したのが始まり。
- **白玉団子**（八代市）　米処・吉野郷（現氷川町）に江戸時代に米飴屋として創業した白玉屋新三郎が石臼挽き白玉粉を製造。もち米を水挽きで粉にする白玉粉は寒晒し粉ともよばれた。保存性が高く、使い勝手もよいため、大変な高級品だった。現在は、その白玉粉で白玉団子などを作る。
- **柿巻**（山都町）　地元産の投烏帽子柿の干柿をラグビーボール状に十数個を巻き重ね、竹皮と藁で巻く。「福をカキ寄せる」といって年末年始の贈答品・縁起物として人気がある。白糸地区の農家が作る。
- **いきなり団子**（県内各地）　家庭で作られる郷土菓子。厚さ1cmぐらいの輪切りの薩摩芋を小豆餡と一緒にもち米粉や小麦粉の生地で包んで

蒸す。「いきなり」は方言で、簡単、手軽という意味がある。
- **銅銭糖**（菊池郡）　阿蘇路の宿場町大津町の名物。銅銭を50枚重ねて棒状に包んだ形に作られている。みじん粉と砂糖を合わせたものを棒状に抜いて、芯に漉し餡が入っている。安政年間（1854～59）に浪花屋などが作る。
- **焼酎最中**（人吉市）　寅家が作る郷土菓子。一升瓶の形の最中で、白餡にほのかな焼酎の香りがする。他に黒砂糖餡の2種類がある。球磨焼酎の銘柄が印刷された袋に入っており、ラベルも楽しめる。
- **あかまき**（天草市）　天草地方の郷土菓子。スポンジケーキの生地に餡を塗って巻き、赤い求肥餅でさらに巻いた郷土菓子。天草には「あかね」という大漁を意味する言葉があり、牛深町の漁師たちにも好まれている。
- **肥後しおがま**（熊本市）　菓舗松陽軒が作る銘菓。やわらかな落雁に漉し餡が入れてある。紫蘇の香りのする「しおがま」は九州では珍しい。
- **杉ようかん**（天草市）　米粉を蒸して搗き、伸した生地で餡を挟むように長方形にたたむ。表面に紅の線を引いて杉の葉を添える。琉球王朝の使節団一行が台風に遭遇し崎津に漂着した時、地元の人たちは救助したお礼に使節団より作り方を教えられた。一時途絶えたが、地域の人々が復活させた。

# 44 大分県

外郎饅頭

## 地域の特性

九州の東部に位置している。東は周防灘や豊後水道に面し、中国・四国地方とつながっている。西の熊本県境には阿蘇・九重連峰が連なり久住山は九州の最高峰である。気候は全体的に温暖で、自然災害も少ない。九州の西部と比べると夏の暑さも厳しくなく、冬季内陸部は降雪があり寒いが、本州寄りの気候である。

旧国名は豊後国で、8世紀の頃は瀬戸内海を通じ畿内文化圏と深いつながりがあった。725（神亀2）年に宇佐郡の小倉山（宇佐市）に建造された宇佐神宮は、奈良朝廷の庇護を受け、全国八幡宮の総本社として地位を固めた。

中世以降は豊後水道を通し、東南アジア、ヨーロッパと手を結び、南蛮貿易やキリシタン文化などがいち早く移入された。キリシタン大名・大友宗麟（洗礼名・「ドン・フランシスコ」）はよく知られているが、大分市内には同名の南蛮菓子が創製されている。またキリスト教の宣教師、フランシスコ・ザビエルの遺徳を偲び「ざびえる」という菓子もつくられている。

幕末には学者や文人が輩出され、広瀬淡窓、田能村竹田、前野良沢、大蔵永常、福沢諭吉など歴史に登場する人々が勢揃いしている。

## 地域の歴史・文化とお菓子

### 豊前中津の異国文化と「外郎饅頭」

#### ①中津名物「巻蒸（けんちん）」

豊前中津といえば、福沢諭吉の出身地で、中津藩主・奥平昌高は異国文化を好み、オランダ語を話し、シーボルトとも謁見していた。

中津の街を歩いていたら「中津名物巻蒸」という看板がお菓子屋さんの店頭にあった。どんな名物かと訊ねてみると、この地方の慶弔用の料理菓

子「巻蒸」で、卓袱料理の「ケンチエン」が語源と教えてくれた。

その作り方は、耶馬渓(やばけい)の山野で採れる木耳(きくらげ)、銀杏、十六豆などを調理して、山葛で合わせた蒸し物であった。お味はどこか中国風であった。

## ②中津の中国通「田信翁(でんしん)」

今も地元で「田信」とよばれるのは田中信平のことで、彼は江戸時代に我が国最初の卓袱料理の書『卓子式(しっぽくしき)』を書いた人であった。外科医で若い頃から長崎に遊学し、中国風にふかれ、帰郷後この本を著した。彼は中国に「ぞっこん」だったのか、常に中国服を着て、中国の骨董を商っていたという。

彼の著書には「身体に良い獣肉料理のすすめで、"鶏、豚を飼うことは国を治める根本である"と、孟子が詳しく書いている」とあり、上手に料理をする方法が書かれ、今日でいう「地産、地消」を勧めていた。

彼は交友関係も広く、文人画家の池大雅、田能村竹田、儒学者頼山陽も彼の家を訪ねている。

## ③中津の「栗山堂本店」

「外郎饅頭」の栗山堂は、享保年間(1716〜36)創業という老舗である。この店は黒田官兵衛の側近だった、栗山善助(俊安)の子孫の家で300年の歴史がある。官兵衛愛用の兜(金白壇塗合子形兜)が善助に与えられ、その兜が岩手県の盛岡市にある。というのも博多に移った黒田家の御家騒動に関係して、善助の子孫が盛岡藩に御預けの身となっていたからである。NHKの大河ドラマ「黒田官兵衛」のシンボル的兜「金白壇塗合子形兜」から、最近は「兜最中」も作られている。

## ④栗山堂の「外郎饅頭」

外郎はもとは「透頂香外郎(とうちんこうういろう)」という苦い薬で、この薬は鎌倉時代に中国から博多に伝わり日本に帰化した陳外郎という人の名前とも関係していた。外郎氏の2代目は京都に移り、透頂香を広め、お客様の接待用に米粉と黒砂糖を使った蒸し菓子を作った。それが「外郎氏の菓子」として評判となり、後に「お菓子のういろう」となった。

名古屋、小田原など各地の外郎は主に棹物であるが、ここでは菊花形の饅頭として売られている。白砂糖と黒砂糖入りの2種類があり、生姜の香りがして黒砂糖の方には小豆の漉し餡が入っている。食べやすい大きさで、歯切れもよく、生姜の風味と中心の芥子の実の食感が楽しい。

九州・沖縄

> 行事とお菓子

## 豊後水道沿岸・旧鶴見町の雛節供

嫁に来ての初節供には、子供がいなくても嫁さんは「手ぬくめ餅」といって直径20cm弱の大きな餅に小豆餡を包んだ餅と菱餅を持って里帰りをする。子供の生まれた初節供には、ご馳走を作って人寄せをする。

①お大師様の「やせうま」

　大分市近郊では３月21日の弘法大師様のご正忌には、道端や辻の弘法大師様の像を床の間に移してお祀りし、家でお接待をする。この日は「やせうま」を作る。「やせうま」は手延べ団子の一種で、小麦粉を捏ね寝かしておき、生地を長さ30cm、幅１cmに薄く延ばし、たっぷりの熱湯で茹でで、３筋ばかりを結んでおく。これを黒砂糖入り黄な粉にまぶしておく。昔は大勢の人がお接待を貰いにやって来たという。「やせうま」はお盆にも必ず作る。

②花祭り（４月８日）の「おしぼちょ」

　日田盆地では、観音様のお接待でいただいて来た甘茶で、「しょけご飯（味付けご飯）」と「おしぼちょ」をいただく。「おしぼちょ」は小麦粉を捏ね薄く延ばし1.5cm幅に切ったもので、茹でて黄な粉をまぶす。細長く手で延ばしたものは「ほうちょう」といい、「おしぼちょ」は平たく伸したものを「押しぼうちょう」というところからきていた。

③端午の節供の「ごのしろ餅」と粽

　旧鶴見町周辺では、節供にはふくらかし饅頭（酒饅頭）とさるかけ（サルトリイバラ）で包んだ「ごのしろ餅」を作る。「ごのしろ餅」は粉の白い餅ということで、もち米と米粉で作る餅で餡を包み、サルカケの葉で両面を覆って蒸す。神仏にはカヤの葉で巻いた粽を３、４個連ねて供える。

④旧暦６月申祭りの「さるまんじゅう」

　日田盆地では、６月の初申の日に水神祭りをした。昔は牛馬を飼っていたのでこの日は安全を祈願した。「さるまんじゅう」を作り、饅頭２つとサバの頭を竹の皮に包み、飼っている牛馬の数だけ用意した竹筒にお神酒を入れて笹竹の先に吊るす。これを近くの水路の石垣に刺して置く。「さるまんじゅう」は、小麦粉に重曹と食酢を加え水で捏ね、夏豆（そら豆）

の餡を包んで蒸籠で蒸す。小豆餡とは違ったさっぱり感の餡である。
⑤宇佐神宮の祭の「ふくれまんじゅう」

 7月31日から8月2日まで行われる祭りで、けんか祭りといわれ、御神輿がぶつかり合う。この祭りに欠かせないのがふくれ饅頭で、小麦粉に炭酸を入れて膨らますのでそうよび、小豆餡やみとり餡を包んでふかす。「いぜもち」は、蒸さずに茹でたもので、似ているがふかしたほうは皮がふんわりしている。
⑥お盆の「やせうま」と「かりそ」

 宇佐平野では8月13日は「お待ち団子」といって、米の団子やぼた餅などを作る。14日は素麺15日は「やせうま」と「かりそ」を作る。「やせうま」は県内各地のお盆に必ず作られている。「かりそ」はうどんを茹でて少しずつ紙に包みお墓の数だけ仏前に供える。盆の終わる15日には、仏様は「かりそ」を持って「やせうま」に乗ってお帰りになるといわれている。

## 知っておきたい郷土のお菓子

- **巻蒸**（中津市）　市内の和菓子店他、慶弔時に家庭でも作られてきた郷土の料理菓子。1784（天明4）年に料理書『卓子式』を著した中津藩の医師・田中信平が長崎で目にした清国伝来の料理をもとに創製したもので、キクラゲ・銀杏・栗などに砂糖・葛粉を合わせて蒸す。
- **ビスマン**（中津市）　天正年間（1573〜91）、宣教師により当時の藩主黒田家へ献上されたビスカウト（ビスケット）に因み双葉堂が創製。黄味餡を油脂の入った小麦粉生地で包み、ビスマンの文字が彫られた型で抜き、焼き上げた洋風饅頭。
- **三笠野**（竹田市）　1804（文化元）年創業の但馬屋老舗初代が創製した銘菓。当店は竹田岡藩々主のお好みだった奈良の名菓「三笠焼」を模し、1枚の皮で漉し餡を包んだ三日月形の焼き菓子。
- **荒城の月**（竹田市）　三笠野と同じ但馬屋老舗の銘菓。竹田ゆかりの滝廉太郎作曲の歌に因んだ黄味餡入りの真っ白な泡雪羹製の品のよい菓子。もとは「夜越の月」という岡藩の献上菓子であった。同店は、江戸時代の『南蛮料理書』に記載の南蛮菓子・ハルテイスを復元し、菓銘を「豊後はるていす」としている。こちらはシナモン風味の菓子。

- **臼杵煎餅**（臼杵市）　後藤製菓などが作る小麦煎餅。生姜蜜で木目を表すように白い刷毛目模様をつけてある。臼杵藩稲葉家が入国した頃から米・麦・アワ・ヒエ等で作られていた保存食が始まりと伝わる。
- **宇佐飴**（宇佐市）　宇佐神宮祭神・神功皇后が皇子の応神天皇を育てる際に、母乳の代わりに与えたという御乳飴。もち米と麦芽で作る名物飴。かつては宇佐神宮の参道に、自家製飴を売る店があった。
- **甘露柚煉**（大分市）　儒学者・広瀬淡窓の門下生で茶人の古後精策（きつゆあんこごろうは）が、1868（明治元）年に創業した橘柚庵古後老舗の代表銘菓。柚子のやわらかい中皮だけを砂糖で煉り上げたもの。柚煉を薄種で挟んだのが銘菓「雪月花」である。
- **やせうま**（大分市）　田口菓子舗の郷土菓子。黄な粉と砂糖を合わせた餡を求肥で包んである。大分の郷土食、平打麺「やせうま」をもとにしている。また、乳母「やせ」と幼子の物語も伝わる。
- **一伯**（大分市）　葵本舗福寿堂の銘菓。求肥で包んだ餡を薄種で挟んだもの。徳川家康の孫で大分蟄居を命ぜられた松平忠直の雅号を菓名とした。
- **ザビエル**（大分市）　ざびえる本舗の南蛮風銘菓。豊後で藩主大友宗麟の庇護を受け、南蛮文化の種を蒔いたフランシスコ・ザビエルを讃えて創製された。

# 45 宮崎県

鯨ようかん

### 地域の特性

九州の南東部に位置し、三方を山に囲まれているが太平洋に面し、温暖な気候と豊かな自然に恵まれ、古代より「日向国」と称されてきた。だが、台風の通り道にあり「実りの豊かさ」に反し、毎年「災害」と立ち向かう二律背反性を持ち合わせている。

しかし、県民性は「てげてげ」という言葉で表されるように、大らかで「競争心に欠ける」といった気風がある。それはこの地が豊臣秀吉時代に所領が決まって以来、戦乱も少なく比較的平穏な時代を過ごしたからであろう。

一方、江戸時代において佐土原藩は薩摩藩の支藩であった。都城市一帯は薩摩藩領で、そのため方言や菓子なども薩摩文化を色濃く残していた。

また「天孫降臨」の神話の国。日向市美々津では、初代神武天皇の「東遷」を昨日のように語り継がれ、古風な団子が今も子供たちに食べられている。

### 地域の歴史・文化とお菓子

## 神話の国・宮崎に伝わる「ふる里菓子」

### ①美々津の神武天皇「お船出だご」

宮崎県の日向灘に面した美々津（日向市）は、耳川河口の港町で二千数百年前、日向国に宮を築いていた神武天皇が、大和国に遷都しようとお船出した所と伝えられる。

出発日は旧暦8月2日であったが、天気の具合で1日の払暁と早まった。里人たちは、お祝いの団子を献上しようと、小豆を煮て餡を作り、餡団子にしようと考えていた。だが、出発が早まり急遽、煮た小豆を米粉と一緒に蒸し、臼で搗き混ぜ団子にして献上したのであった。九州では団子を"だ

ご"というところから、この団子を「お船出だご」「搗き入れだご」とよび、町では今でも旧暦8月1日に作られている。

②地元に伝わる「起きよ祭り」

美々津の「耳川お船出の会」の代表で、土地の語り部でもある佐藤久恵さんの口を借りると「こりゃーでじ（大変）なこっちゃ、急がんと間にあわんど」と、米粉と小豆を「ひん、混ぜくって、臼で搗きしらかし、あやひっきって」と、大慌てで団子を作って差し上げたそうである。

美々津では毎年旧暦8月1日の早朝、まだ薄暗い中を笹竹持参の子供たちが眠い目をこすりながら数十人、いそいそと集まってくる。家々にポツリポツリと灯りがともると、1軒1軒叩いて「起きよ、起きよ」と声を掛けて歩きまわるのである。そして集まった大人や子供たちが協力して「お船出だご」を作り、神武天皇を祀る立磐神社や"神武天皇の腰かけ岩"にお供えして神事が行われる。その後一同は日向灘の海辺に行き、笹竹と一緒に神武天皇を見送り、直会は黄な粉をまぶした甘い"だご"を食べ合うのであった。

③刃物を使わず切り分ける「お船出だご」

小豆の風味と米粉の香りのする「お船出だご」は、地元の「耳川お船出の会」のお母さんたちが作る素朴な手作りだごである。だごは、前述の佐藤久恵さんの実家である「美々津軒」で作られる。この建物は国の重要文化財である美々津伝統的建物群の一角にあって、お土産などを売る美々津の中心的な大事な拠点でもある。

だごはまず、米粉ともち粉に塩を少々入れて小豆の煮汁を加えてよく捏ねる。さらに茹でた小豆を入れて捏ねると生地が赤紫色になり、それを明治頃の古い蒸籠で蒸す。湯気が立って15分もすると艶々のだご生地ができ、それを小さな石臼に移し細長い杵で搗く。仕上げは直径約4cmのソーセージのような棒状に延ばし、切り分けるときは口に糸を咥え3cmほどの厚みに切る。砂糖を加えた黄な粉で食べるが、神武天皇の頃のだごは塩味だった思われる。

④神武天皇にまつわる話

美々津軒のあるあたりは「立縫いの里」と昔からよばれている。それは出発が早まったため、神武天皇は衣のほつれに気づいたが直す暇がなく、立ったまま縫わせたので「立縫いの里」とよんだという。また、このだご

は、神武天皇のお通りになった道筋の上町、中町、下町の家々で作られ、他の道筋の人々が作ると「虫がせく」(腹痛をおこす)という伝説がある。そのため道筋の人たちは、"配りだご"をする習わしになっていて、いただいた人たちは必ずこのだごを大事に神棚へ供えたという。

⑤元気な子供にと「鯨ようかん」

JR日豊線で、美々津から5つ宮崎寄りに佐土原(宮崎市)がある。郷土人形「佐土原人形」のふる里である。穏やかな表情で語りかけてくるような愛らしい土人形は、子供たちの成長を祈る「節供人形」や「饅頭喰い」、彩色豊かな「歌舞伎人形」などとして土地の人たちに親しまれてきた。

その土人形の中に、鯨の背中に乗った元気な男の子の人形があって、その人形と「鯨ようかん」が関係していた。

佐土原は、かつて薩摩藩の支藩で2万7千石の城下町であった。1989(平成元)年佐土原城も復元され、資料館となっている。この佐土原の名物「鯨ようかん」は、6代藩主島津惟久(1675〜1738)が幼少の頃、政権を巡ってお家騒動があり、その成長が危ぶまれた折、生母松寿院が鯨のように大きく強く育ってとの願いを込めて作らせたのが始まりと伝えられている。

⑥鯨ようかんの製法

鯨ようかんは、背が黒く腹が白い鯨に見立てて作られている。食感は羊羹というより餅である。

「鯨もち」といえばすでに青森、山形、大阪、広島(尾道市)等の項に登場してきた。江戸期の最も古い菓子製法書『古今名物御前菓子製法書』(1718[享保3]年)にも紹介されている。佐土原の"鯨もち"は、その製法ととてもよく似ている。が、この地の"鯨もち"はなかなかユニークである。

うるち米粉に熱湯を加えて捏ね、約15分蒸して石臼に移して杵で搗く。できた生地を少量取って長さ40cm、幅7cmの棒状にする。次いで先の白い団子生地に、餡を中高にのせ、つや出しの水溶き片栗粉を刷毛で塗り、蒸籠で20分ほど蒸して冷ます。棒状の2本のだご生地を背中合わせにして1本にし、テグス糸で4cm幅に切り分ける。

⑦七浦潤う縁起のよい「勇魚(いさな)」

鯨は古来、魚群を寄せ連れる勇ましい魚の意で「勇魚」とよばれてきた。1頭捕れると七浦潤うといわれ、その縁起のよさにあやかろうと、日本列

島の各地に鯨の名の付くお菓子がある。佐土原で2歳だった万吉丸(惟久の幼名)は、鯨ようかんのおかげでスクスク育ち、名君とよばれる立派な6代藩主となったのである(5代目は、幼少の万吉丸にかわって父の従弟・久寿が藩主を務めた)。そしてこの町では、5月節供に鯉幟ではなく「鯨幟」を揚げ、鯨で町おこしをしている。

### 行事とお菓子

①太郎の朔日の「ぶちだご」

　高千穂では旧暦2月1日を「太郎の朔日」という。米粉の白餅と、九州でふつとよぶ蓬(重曹などで茹でる)を餅に搗き込んだふつ餅(緑)の2色を1つにして餡を入れて蒸す。これを「ぶちだご」とよび必ず食べた。

②3月節供の「ふつ餅」と「菱餅」

　菱餅は白餅、ふつ餅(緑)、食紅で染めた赤餅の3色で作る。端はあられにする。

③春彼岸の「ふつだご」

　延岡地方で「行事の餅は節供まで」といって、彼岸からはだご(団子)にかわる。「彼岸だご」は、ふつを小麦粉とやわみだご粉(もち粉と上新粉の混合)を混ぜた中に搗き込み、餡を包んだ丸い小ぶりのだご。重箱に12個ずつ詰め、親類を回って仏壇にお参りをする。

④5月節供の「かしわだご」

　延岡周辺の「かしわだご」は、さるかき(サルトリイバラ)の葉で包む。だごは、ふつを湯がいて擂り鉢でよく摺り、生地は彼岸だごと同様に作り餡を中に皮を折り曲げ、さるかきの葉で包んで蒸す。

⑤5月節供の「あっまっ」「はたっまっ」

　「あっまっ」は「あくまき」のことで、もち米を一晩樫の灰汁に浸け、唐竹の皮に包んで細く裂いた竹の皮で螺旋状に巻いて括り、再度灰汁で3～4時間煮る。「はたっまっ」は「だごまき」ともいい、白玉粉か米粉に漉し餡を加えて捏ね竹の皮で包み約2時間蒸す。食べるときは糸で切って黄な粉などをつける。両者暗号のような食べ物だが、都城地方のものである。

⑥田植の「ふくれ菓子」

　小麦粉に黒砂糖やソーダを入れ水で溶き、蒸籠で蒸す。ふっくらした蒸

し菓子で、田植のおやつとして作られ、郷土のおやつとしても知られる。

⑦お盆のお供え「もすこ菓子」「いりこ餅」「これ菓子」

都城地方のお盆のお供え菓子で、「もすこ菓子」は落雁のこと。米粉は炒って細かく挽いたものを使い、砂糖は水でねっとりと練り、木型に入れて成形する。「いりこ餅」は炒った米ともち米を粉にしたものを使った蒸し菓子で、「これ菓子」は高麗菓子と書き、豊臣秀吉の朝鮮の役の際、連れ帰った朝鮮の陶工たちが伝えた菓子といわれている。

## 知っておきたい郷土のお菓子

- **高麗菓子**（都城市）　土地の伝統菓子を作る祝古屋の代表菓子。都城一帯は薩摩藩領であったため鹿児島と類似の菓子が多い。高麗菓子は、高麗餅のことで、秀吉の朝鮮の役の後、伝えられたとされる。もち米粉、漉し餡、砂糖を混ぜふるいに掛けて枠に詰めて蒸籠で蒸す。これらの菓子は和菓子の分野で「村雨」「時雨」とよばれるものである。
- **いこもち**（都城市）　昔、祝いの時などに農家で作られていた郷土菓子。香ばしいもち米の炒り粉を砂糖と合わせ、熱湯で捏ねた棒状の蒸し菓子。菓子店では高麗菓子やかるかんなどと詰め合わせで贈答に用いられる。
- **かからん団子とけせん団子**（都城市）　「かからん」はサルトリイバラの葉で「けせん」はヤブニッケイの葉。もち粉と米粉を生地に練り餡と砂糖を加えて捏ね、それぞれの葉で挟んで蒸す。端午の節供の頃作られ、葉の香りがして保存もできる。市内の稲谷製菓などで作る。
- **白玉饅頭**（国冨町）　米を洗い天日で乾燥させて米粉を作り、熱湯で捏ねて蒸す。石臼に移して杵で搗き、漉し餡を包んで成形して再度蒸し上げた約4cmの小ぶりな饅頭。二度蒸すのが特徴。数軒の店舗で売られている。
- **搗き入れ餅**（宮崎市）　1880（明治13）年創業の金城堂が作る宮崎の土産菓子。八朔（8月1日）に美々津の浦から船出する神武天皇へ、村人が急ぎ餅に小豆を搗き混ぜて献上したという伝説に因んだ求肥餅。
- **青島ういろう**（宮崎市）　現在は数軒で作るが、1877（明治10）年頃作り始めた鈴木サトの名から「おサト羊羹」とよばれ観光地の青島名物となった。米粉と砂糖などを練って蒸し上げる。経木に包み、ヒモがけの昔ながらの包装。

- **おきよせんべい・飫肥(おび)せんべい**（日南市） 城下町・飫肥の素朴な名物菓子。明治以後職を失った武士たちが煎餅づくりを習得して創製。餅の小片を松形の金型に入れて焼いた餅種煎餅で、砂糖蜜を内側に塗って2枚に張り合わせる。菓名は創製者の小玉キヨによるとも。市内の松屋などが作る。
- **ふくれ菓子**（都城市など） 鹿児島県と同様、家庭でよく作られた郷土のおやつ。黒砂糖、薄力粉、鶏卵、重曹などをあわせて蒸籠で蒸し上げる。別名「ソーダだご」などともよばれ、親しまれてきた。
- **長饅頭**（宮崎市） 福岡食品が作る、やわらかな10cmほどの棒状の餅の中に漉し餡が入る高岡町の名物餅。子供からお年寄りにまで愛され、早々に売り切れる人気ぶり。長饅頭は5本、10本と本数で数える。

# 46 鹿児島県

かるかん

### 地域の特性

九州の南部に位置し、南には離島が点在している。県域は土地の肥沃なところが少なく、耕地の大部分は痩せた火山灰土でできあがっていた。毎年来る台風の常襲地帯で、自然災害も多く、過酷な自然との闘いでもあった。そのため明治以降、外国に移住する人が多かった。

また明治維新の際、長州と共に日本の新時代を切り拓いた薩摩の英傑たちは、多くが下級士族の出身で、生活は豊かとはいえなかった。その彼らが勉学に励み、難関を克服していったのである。

薩摩人を評して「ぼっけもん」とよぶが、その意味は前向きなチャレンジ精神に富んだ度量の大きな人、ということで、まさに西郷さん(隆盛)である。

この県の「薩摩芋」が果たした役割は大きかった。琉球王から種子島領主・種子島久基に贈られたのは1698(元禄11)年。久基は大瀬休左衛門に命じ試植させ、食べ方など工夫させた。彼は「酢・砂糖・焼酎・飴・菓子そして乾燥させて粉」にまでしてさまざまなものを作った。江戸時代の多くの日本人を救ったが芋種の藩外持ち出し禁止に泣いた人も多かった。同じく黒砂糖の製法も琉球から伝えられこの地で開化した。鹿児島には菓子製造の原点がある。

### 地域の歴史・文化とお菓子

## 殿様の菓子・庶民の菓子

①鹿児島名物・「かるかん」

山芋を使った純白で上品な甘さの「かるかん」。鹿児島を代表する菓子だが、地元では「殿様菓子」とよばれ、かつては庶民の口には入らなかった。

九州・沖縄 319

つまり、砂糖が貴重品だった時代、奄美諸島の砂糖を買い占めていた薩摩藩では、「かるかん」は藩主の御用菓子で、藩主家の祝いや献上用、接待用であった。庶民の口に入るようになるのは明治以降である。

　「かるかん」は漢字にすると軽羹。蒸籠で蒸すことから"軽い羹"すなわち「軽羹」となったという。材料は3年物の山芋の灰汁をぬいて摺りおろし、上質な米粉と砂糖を混ぜ合わせて捏ね、蒸籠で蒸す。材料こそ数種だが、山芋はシラス台地の当地産。米は県北の良質米が選ばれていた。

②「かるかん」と薩摩藩主・島津家

　「かるかん」が島津家の歴史に登場する最初は1699（元禄12）年で、鹿児島で行われた3代藩主・綱貴（島津家20代当主）の50歳の賀の祝いである。祝賀の席の飾り物・蓬莱山は畳1枚ほどの大きな足付きの台に、縁起物の亀や松竹をあしらい、菓子は羊羹、ういろう餅、かるかん、かすてら、有平糖、花ぼうろなど29種類。量も膨大で3つの扇形の桶に山ほど入れられていた。

　次いで1716（正徳6）年の、将軍家某の2歳にお成りの祝い、1729（享保14）年将軍家から島津家に嫁いでこられた竹姫の江戸での「三つ目の祝い」、1753（宝暦3）年琉球読谷王子が弓の稽古をご覧になったとき……と、「かるかん」は大きな儀式のときに用いられていた。

③現在につながる「かるかん」

　全国区並みに知られた「かるかん」は、今や県下至る所の菓子店で作られている。その元祖は1854（安政元）年創業の明石屋である。初代八島六兵衛は播州明石の人。江戸で菓子屋を営んでいた折、11代藩主・島津斉彬（1809～58）と知り合い鹿児島に連れ帰られた。六兵衛は藩主の手厚い待遇によって明石屋と名乗り、当地の良質な山芋に着眼して、今日の「かるかん」を創製した。

　もとより藩主・島津斉彬は、藩の富国強兵が目的事業の一環として、美味で栄養のある保存食の研究開発を明石屋六兵衛に命じていたのであった。

④薩摩の郷土菓子「あくまき」

　鹿児島では端午の節供頃に、各家庭で作られていた。だが家庭環境の変化で、現在は土産物店などで1年中売られている。

　「あくまき」は粽の一種で「灰汁粽」と書かれる。元々は、鰹節製造過程の"焙乾"でできた樫や楢の木灰の灰汁を利用した郷土食である。し

がってこの樫や楢の灰汁が必要で、松などの木灰ではだめなのである。
⑤「あくまき」は灰汁作りから

　灰汁作りはまず、井戸端に桶を置き、大きなザルにふきんを広げて灰をのせる。水を静かに掛けてゆくと飴色の澄んだ汁が桶に滴り落ちる。水はゆっくりと灰を漉してゆくので、誰かが井戸端を通るたびに水を掛ければよいのである。

　この灰汁に、もち米を一晩浸すと黄色く染まる。これを孟宗竹の竹皮に包み、かまどの平釜に灰汁入りの湯をたっぷり沸かし、4時間も強火で炊くとふわふわの弾力ある「あくまき」ができあがる。

⑥「あくまき」の底力

　ゆっくりと竹の皮を開くと、もち米が透き通った琥珀色に変わって、弾力ある餅になっている。これは米の色素フラボノイドと、灰汁のアルカリがもたらす技で、強い保存性がある。そのため昔は戦の兵糧だったとされる。かの豊臣秀吉の朝鮮出兵の際、島津軍が活躍した源はこの「あくまき」にあった。

　さらにこの「あくまき」が威力を発揮するのは、我が国を東西二分にし、天下を争った関ヶ原の戦い（1600［慶長5］年）。有名な"敵前突破"を遂げた薩摩の兵士たちは、この「あくまき」を食べていたそうである。

⑦スローフード・こだわりの逸品

　往時の人たちは、味噌で食べていたようだが、今は砂糖入りの黄な粉や、砕いた黒砂糖でいただく。そのときも、竹皮の端を裂いて紐にすれば上手に切り分けられた。

　鹿児島市内の「あくまき」を作るお店を訪ね、ビックリしたことがある。店先に灰汁を取る樫や楢の薪がびっしりと積まれていた。「あくまき」は、もち米と孟宗竹の竹皮があればでき、添加物を加える余地のない至ってシンプルな自然食品である。それだけにこだわりが強い。

　家庭においても昔の母親たちは、端午の節供が近づくと囲炉裏に、上等な堅木をくべて灰汁用の灰を用意していたのである。

### 行事とお菓子

①鹿児島市内の雛節供「いこ餅」「高麗餅」

　かつてはどこの家でも節供の菓子は手作りした。ふくれ菓子（小麦粉で

作る蒸し菓子)、蓬餅、かるかん、いこ餅、高麗餅などたくさん作った。

いこ餅は、白砂糖と黒砂糖と2種類ある。もち米粉を炒って粉にする。砂糖湯を作り、粉を入れてよく混ぜる。触れるようになったら手で捏ねる。よく捏ねて、四角い箱に入れて形を整えて切り分ける。

高麗餅は、米粉ともち米を合わせた粉を用意する。粒餡は砂糖を入れてよく練る。この小豆餡に米粉を入れて混ぜる。目の粗い裏漉しを通しそぼろ状になった種を、ふきんを敷いた四角い蒸籠に入れて蒸す。

②奄美・女の節供の「ふつだご」

3月3日のことで、サネン(げっとうの葉)で包んだ蓬餅で、九州奄美ではヨモギは「フツ」とよび、餅や団子に搗き込む。「こうしん」は、はったい粉(大麦の炒った粉)に煮芋を入れて固めたもの。これも必ず作る。ご馳走を持って、浜に出てこの日は潮干狩をする。「貝取りしない者は烏になる」といわれ、せっせと貝を取る。

③奄美・男の節供の「がやまき」

5月5日のことで、この日は「がやまき」を作って先祖の位牌や親戚に届ける。「がやまき」はご飯をカヤの葉で包み、ワラでくくったもの。この日も浜に出て潮干狩をする。

④5月節供の「かからん団子」と「あくまき」

鹿児島を含めた九州一般では、だんごとはいわず「だご」である。かからんはサルトリイバラの葉で包んで蒸しただごである。このだごは米粉に小豆餡と砂糖を混ぜ、水は入れずに捏ねて耳たぶの堅さにし、平たい形状にしてかからの葉で包み蒸す。「かからん団子」は「あくまき」と一緒に端午の節供に欠かせない御馳走。

⑤大隅地方の月遅れの5月節供「あっまっ」と「けせん巻き」

「あっまっ」はあくまきのこと。端午の節供には「けせん巻き」と一緒に作る。けせんはにっけいの葉のことで、もち粉と米粉を混ぜ、砂糖と塩少々入れてほどよい堅さにし、けせんの葉2枚で挟み湯気の上がった蒸籠に並べて蒸す。かからの葉で巻く時もある。

⑥種子島の「つの巻」と「もし菓子」

「つの巻」は灰汁につけたもち米をダチク(竹の一種)に包み薄めた灰汁で4、5時間煮る。「もし菓子」は黒砂糖を溶かして冷まし、麦粉と重曹を入れ、とろとろに混ぜて木枠に入れて強火で約40分蒸す。神仏に供え、

近所にも配る。

⑦奄美の年祝い(としいわい)の菓子

新年に13、25、37、49、61、73、85歳（数え年で年男、年女にあたる）を迎えた人のお祝いが「年祝い」である。生まれ年の干支(えと)の日（年日(としび)）に、人を招いて祝宴を行う。1月12日までに済ますことになる。この日は床の間に「高膳」といって盛り塩、コンブ、スルメをのせて供える。招待客には御馳走の他、必ず出す菓子があり、「かん菓子」「型菓子」「りゅうぶ」がそれである。

「かん菓子」はむちの粉（生のもち米を粉に挽いたもの）と黒砂糖を加え、とろとろに混ぜ合わせ、木綿の布を敷いた四角い蒸し器に流して蒸す。できあがったら切り分ける。お盆の行事にも作る。

「型菓子」は落雁のようなもの。もち米を炒って挽き臼で粉にし、黒砂糖の粉を同量に入れる。水も加えるが固めに練り合わせ、花形に彫った菓子型に強く押して詰め、型抜きをする。

「りゅうぶ」は搗いた白い餅を底の広い鍋に入れ、同量の水と黒砂糖を加えてとろとろ火で焦げ付かないように2～3時間煮詰めていく。粘り気が出てきたらもち箱にもち粉を振り、餅が熱いうちに取り上げて入れ、まんべんなく棒で延ばす。1日ぐらいで切りやすくなるので細長く切る。大人にも子供にも喜ばれる菓子。

## 知っておきたい郷土のお菓子

- **春駒**（鹿児島市） 米粉と黒砂糖の漉し餡を合わせ、棒状にして蒸したういろうのような郷土菓子。江戸時代後期に、島津藩士が作り始めた。当初は長さ30cm、太さ5cmの大きさで、薩摩兵児たちはその形から「馬んまら」とよんだが、大正天皇行幸の際に「春駒」となった。
- **両棒餅(ぢゃんぼもち)**（鹿児島市） 上新粉やもち米粉で作った楕円の団子に、昔の上級武士が刀を二本差しにしたように、串を2本刺してタレが掛かっている。「ぢゃんぼ」は「両棒」が訛ったとされ、仙巌園などで食べられる。
- **いこ餅**（県内） 祝い菓子として家庭で作られてきた蒸し菓子。炒った米粉・もち米粉を使うことから「炒(い)り粉餅」という。堅くなったら焼くなどして食べる。各地の菓子屋でも作る郷土菓子。
- **高麗餅(これもち)**（県内） 豊臣秀吉の朝鮮出兵後、先地より移された陶工が神社

を建て神饌に「甑餅(シルトック)」を供えたのが最初とされる。その神饌は米と小豆の層が別だったが、薩摩では2つの材料が混ぜ合わされ、枠に詰めて蒸すようになった。高麗菓子ともよばれる。

- **小豆羹(あずっかん)**（県内）　小豆、小麦粉、葛、砂糖で作る蒸羊羹。寒天で固めた練り羊羹とは食感が違い、お祝い事に作る郷土菓子。奄美地方ではサネン（月桃）の葉を敷いて蒸す。昔から慶事の時の代表的な菓子で、高麗餅、いこ餅などと重箱に入れ子供たちが1軒1軒配ってまわった。
- **げたんは**（県内）　鹿児島の郷土菓子。菓子の形が台形で下駄の歯に似ているところからの菓名。小麦粉、黒砂糖、卵を合わせて焼き、黒糖蜜にたっぷりと浸ける。佐賀地方の黒棒と同一のものがあり郷愁あふれる菓子。
- **から芋飴**（県内）　現在は、から芋を作る会社がたくさんある。薩摩では、さつま芋を"から芋"という。各家庭でも麦芽を加えて糖化させ、煮詰めて飴を作った。ねり飴と固形飴がある。
- **文旦漬け(ぼんたん)**（阿久根市など）　子供の頭ほどもある阿久根の名産。文旦の黄色い表皮を削り取り、スポンジ状の中皮を白砂糖でじっくり煮た郷土菓子。オレンジ色に仕上がり、ゼリーのような食感がある。文旦の名は、かつてこの柑橘をもたらした中国船の船長の名とも伝わる。
- **ボンタン飴・兵六餅**（県内）　セイカ食品が1926（大正15）年から作る。ボンタン味の求肥飴をオブラートで包み、キャラメルのように箱詰めしたことで人気を博した。兵六餅は求肥飴に海苔、抹茶、黄な粉などを練り込んである。箱には大蛇退治に立ち向かう薩摩兵児(へこ)が描かれている。
- **しんこ団子**（日置市）　日吉町の深固院の和尚が飢饉の時につくったのがはじまりともいわれ、4、5個のしんこの団子を串に刺し、焼いて醤油ダレがかけてある。寺は廃仏毀釈により存在しないが、1993（平成5）年から11月の深固院祭りに、地元自治会でこの団子を作る。

# 47 沖縄県

冬瓜漬　桔餅

### 地域の特性

日本の南西端に位置し、沖縄本島など48の有人島と112の無人島からなる離島県である。沖縄群島、宮古群島、八重山群島に大別されている。気象は亜熱帯性海洋気候に属し、夏は南東風、冬は北東風が強い。黒潮の関係で冬季も暖かいが、夏秋には集中して台風が襲来し、その被害は大きい。

かつて「琉球」とよばれた時代、東アジアとの交易が盛んで、万国津梁の王国であった。そして他にはみられない独特な文化が育まれ、食文化もしかりで、菓子文化においては大陸とのつながりが大きい。

菓子文化のことでいえば、本土と異なるのは「餅」のことである。県下の餅は、もち米を1晩水に浸し、石臼で水挽きする。それを木綿袋に入れて口をしばり、重石をして水分を取る。これを袋から取り出して手でよく練るのである。これは本土の「シトギ（粢）」と同じであった。沖縄の「搗き餅」の歴史は浅く、現在は多くが「粉餅」である。

また県下で忘れてならないのは、甘藷と製糖であろう。甘藷は中国より伝えられ1605（慶長10）年、沖縄に伝えられるや儀間真常により沖縄全域に普及した。また彼は1623（元和9）年に黒糖を製造していた。

### 地域の歴史・文化とお菓子

## 琉球王朝の菓子と庶民の菓子

### ①「桔餅（橘餅）」・「冬瓜漬」

沖縄のフルーツケーキのような「鶏卵糕」。そのカステラ生地の上に、紅で色付けした落花生や柑橘類の砂糖漬けが散りばめられている。

実はこの柑橘類の砂糖漬けが「桔餅」なのである。桔餅と餅の字がついているが、餅菓子ではない。「鶏卵糕」の歴史も古いが桔餅は約300年前、中国の福州から伝わった。尚家（琉球の王家）から九年母（沖縄でクニブ

といい柑橘類の総称）の王といわれる"羽地蜜柑"が届けられ、それを原料として謝花家が作り献上してきた。琉球王朝の高位の人だけが親しんだ菓子であった。

台湾や中国の風習では、先祖の供養に「桔餅」を山のように供えるのが豊かさの象徴だった。

② 9年で母になる九年母

「桔餅」は沖縄で「橘餅」とも書き、かつては数軒の店で作っていたが、今は「謝花きっぱん店」がただ1軒作って販売している。当店では「橘餅（ぱん）」としている。橘餅は沖縄産のクニブ（九年母）やカーブチー（在来種のみかんで皮が厚い。運動会蜜柑ともいう）が主原料である。クニブは夏みかんより小ぶりでこれも皮は厚いが香りがよい。このクニブは、種から育てると本当に9年で実がなり母になるそうだ。本土でも諺に「桃栗3年、柿8年、柚子は9年で成り下がる。または花盛り」といわれるが、柑橘類は9年が目安のようだ。

これらの果汁を搾り、種を除き皮も一緒に細かく刻み、砂糖を加えて火にかけてよく捏ね混ぜる。炊き上がった柑橘類の果肉の練り具合の判断は、熟練した職人のみが知る技であった。

③ 桐の箪笥で保存する沖縄の「桔餅（橘餅）」

煉り上がった果肉を丸く成形して乾燥させ、仕上げに砂糖の白い衣を着せる。橘餅は出来上がるまでに丸4日かかる。

姑から製法を受け継いできた店主の謝花澄子さんが、「これ生きものよ」と橘餅のことを語っていたが、毎日同じようにしていても、その日の天候によって味が変わってしまうという。店の奥に桐の箪笥があって、中を覗かせてもらったら真っ白なお餅のような橘餅が、たくさん布に包まれて大事に保存されていた。

橘餅を切り分けてご馳走になると、クニブの爽やかな香りが口中に広がり、高貴な気分にしてくれた。

④ もう1つの貴重菓子「冬瓜漬（とうがつけ）」

那覇高校近くの松尾消防署通りにある、「謝花きっぱん店」を訪ねると店先には大きな冬瓜が並んで出迎えてくれた。

沖縄で冬瓜は、シブイとよばれる。これを食用石灰でしばらく漬け込んで実を固め、砂糖でコトコトと煮込んだ手のかかるものである。飴色に変

身した冬瓜漬は、外側はカリッとしていて、中はサクサクとした歯触わりが何とも心地よい味わいであった。

この冬瓜漬も橘餅と同様に、300年前、中国の福州から沖縄に伝えられたとされる。そして冊封使（さくほうし）が来島した際の饗応料理、御冠船料理の献立の菓子の1つであった。

### ⑤冊封使（さくほうし）の饗応料理

冊封とは、各国の有力者が中国皇帝から国王として承認を受けることで、新国王の即位式などに、中国皇帝の命を受けた冊封使が、特定の国々に派遣された。冊封使が琉球に最初に訪れたのは1396年で、北山王・攀安知（ほくざんおう・はんあんち）の時とも、1404年の武寧王（ぶねい）の時ともいわれる。

御冠船というのは、中国皇帝から派遣された冊封使が乗って来る船のことで、王冠や王服などの下賜品を乗せてやって来た。それで「お冠の船」とよんだ。御冠船は2隻からなり一度に約500人もがやって来た。夏、南風に乗って来島し、秋から冬に北からの季節風を利用して帰国した。

この饗応料理の献立で、菓子・干物・果物など16種の菓子の中に橘餅と冬瓜漬が供されていた。

### ⑥現代の冬瓜漬

筆者が「謝花きっぱん店」を訪ねたのは数年前で、謝花澄子さんが店主であった。現在は婿さんのイギリス人・ジェームスさんが6代目を継いでいる。和菓子にとらわれないアイデア菓子が誕生し、ベルギーの上質チョコレートと合わせ「冬瓜漬チョコ」、ほろ苦い宇治抹茶を合わせ「抹茶冬瓜漬」ができている。さらに、丹波の里豆入り国産黄な粉、ココナッツ、生姜などをコーテングしたカラフルな詰め合わせもできている。

### ⑦沖縄の祝い菓子「サーターアンダギー」

「サーターアンダギー」は、沖縄菓子の代表である。サーターは砂糖で、アンダギーは油で揚げた物。沖縄風の丸いドーナツで、「砂糖てんぷら」ともいわれ、宮古列島では「サタ（砂糖）パンピン」という。パンピンは揚げ菓子のこと。砂糖をふんだんに使い、小麦粉、鶏卵、ベイキングパウダーを加えて水は使わず混ぜ合わせ、球形に丸めて低温でゆっくり揚げる。表面が固くなると、内部が膨張して球状の表面が割れる。その姿は花が咲いたような笑顔に見えるので、縁起のよい菓子とされ、中国菓子の「開口笑（かいこうしょう）」は、胡麻をまぶしてあるがとてもよく似ている。

この「サーターアンダギー」はおやつ菓子でもあるが、祝い事の際には直径12〜15cmの大きなものが作られる。なんといっても菓子が象徴しているのは表面に割れ目を生じる形状で、つまり「女性」を意味していたのである。結納や婚礼には「カタハランブー」と一緒に盛り合わされる。

### ⑧「カタハランブー」と縁起菓子3点セット

「カタハランブー」は「シル（白）アンダギー」ともいわれ、小麦粉を水に溶き、塩を加え少しねかせて油で揚げるのだが、てんぷらの衣を揚げたものと同じ。しかし揚げ方が難しく、生地を皿にとって鍋に沿って中へ流し入れるようにする。「カタハランブー」とは片側が重い、という意味で片側は厚めに、もう一方は薄くパリパリに揚げる。これはお腹に子供がいる状態で、妊娠を表しためでたいお菓子なのである。

久米島方面の結納には「縁起菓子3点揃い」があり、まず「サーターアンダギー」、ついで「カタハランブー」、そして「マチカジ（松風）」。久米島方面では「サーターアンダギー」を男性の象徴とし、「カタハランブー」が女性。「マチカジ」は、ピンク色に染めた小麦粉生地を帯状にして結んだもので、表面に白胡麻がかかっている。胡麻は子孫繁栄を意味していた。

油を使う沖縄の庶民の菓子も、中国の影響を深く受けていた。

## 行事とお菓子

### ①那覇の正月菓子

縁起菓子の「カタハランブー」や「サーターアンダギー」を昔は家ごとに作っていて、火にかけた油鍋から菓子を揚げる「ちゃらちゃら」と乾いた音がすると、正月の晴れの日の雰囲気がしてきたという。特別な菓子は「こう菓子（落雁）」と「なんとうー」（味噌と香辛料入りの餅）で、これは町で買って来る。子供たちにはお年玉と一緒に黒砂糖をあげた。

### ②子供の節供（3月3日）の「うじゅう菓子（三月菓子）」

この日は雛祭りというより、浜下りといって手足を海水に浸して身を清め、潮干狩りをする。三月御重に、山海の幸を詰めたお弁当を持って、浜辺に行き1日遊ぶ。菓子に欠かせないのが「ふつ餅」や「うじゅう菓子」で、うじゅう菓子は「サーターアンダー」と同じ生地で作る。まな板などに粉を敷いて生地薄く延ばし、幅3cm、長さ7cm弱くらいに切り分け、縦に3本の包丁目を入れて菜種油で揚げる。火が通ると包丁目が花の咲い

たように見えるので喜ばれる。ふつ餅はヨモギを混ぜた餅である。

初節供の家では男児でも女児で「初皿うじゅー」といって、皿に盛ったご馳走を近所に配る。

③清明祭（しーみー）の「ぽーぽー（炮炮）」と「ヤマモモ」

清明節は新暦の４月５日からで、中国から伝わった先祖供養の行事。親族が先祖の墓に集まり、持参した料理を食べ合う。「ぽーぽー」は、小麦粉を水溶きして薄く焼き、油味噌を入れてクルクル巻いたもの。

この頃はヤマモモが熟すので、かつては宜野湾（沖縄本島中部）あたりから若い娘さんたちがヤマモモの入った籠を頭にのせて「むむ、こーんそーりー」（ヤマモモ買ってください）と、売りに来たそうだ。ヤマモモは富農の家にしかないので、この娘たちは山で採ってきたヤマモモで、富農の娘を装い、町の富裕な家の嫁に成ろうと、試みていたという。

④ゆっかぬひー（旧５月４日）の「ぽーぽー」と「ちんぴん（巻餅）」

この日の前後にハーリー（爬龍船競漕）がある。４日は子供の成長を願う日で、玩具を買い与えるという風習があり、盛大な玩具市が立つ。家庭では「ぽーぽー」や「ちんぴ」を焼いて楽しむ。「ちんぴ」は黒砂糖入りの沖縄風クレープである。

翌日の５日（４日も）は「あまがし」を神仏に供えてからいただく。これは押し麦、緑豆、黒砂糖の入ったぜんざいのようなもので、緑豆が爽やかで初夏の風情。ショウブの葉を箸代わりに供える。ショウブは悪気を払った。

⑤豊作祈願（やんばる地方）の「麦ぴんぎん」と「うむくじ」

祈願日は集落単位で決める。朝から麦ぴんぎんを焼く。ぴんぎんは那覇地方の「ちんぴ」で、「うむくじ」は薩摩芋の澱粉。これで作った餅は「うむくじむっちー」という。八重山の「くずもち」は薩摩芋澱粉で作る。

⑥お盆の「さとぱんぴん」

宮古地方で「さとぱんぴん」は、サーターアンダギーのことで、13日の精霊迎えの日には、黒砂糖入りの「さとぱんぴん」を作る。まず神棚にお迎えして、お茶とお茶受けに「さとぱんぴん」を供える。

⑦旧暦８月15日の「十五夜のふちゃぎー」

沖縄でジュングヤーといい、この日は餅に茹でた小豆をまぶした餅を、豚肉の大根や冬瓜の汁と一緒に月に供え、仏壇や火の神に供える。

⑧旧暦12月8日の「ムーチー（鬼餅）」

　前日に「ムーチー」を包むサンニン（月桃の葉）やクバ（びろうの葉）を用意し、挽いたもち粉を捏ねる。このとき黒砂糖を入れたりする。平らな楕円形に作り、それをサンニンの葉で包んで蒸籠で蒸す。「ムーチー」を食べると子供が元気に育つといわれ、どこの家でも作った。とりわけ初めての「ムーチー」を迎える子は「初（はち）ムーチー」といってたくさん作り、隣近所へ5つずつ配った。「ムーチー」は悪霊を払うとされ、軒下に、「ムーチー」を紐で編み込んで下げる風習がある。

## 知っておきたい郷土のお菓子

- **琉球王朝菓子**（那覇市）　王家の包丁人新垣（あらかき）氏の子孫が3軒に分かれ、米軍占領下でも作り続けてきた歴史菓子。金楚糕（ちんすこう）・鶏卵糕（ちいるんこう）・大鶏餃（たいちいちゃう）などあり、金楚糕は菊型の他、長方形の「ちんすこう」も作る。
- **花ぼーる**（那覇市）　同上新垣家の3店舗で作る、琉球王朝の宮廷菓子の1つ。小麦粉・ラード・卵は卵黄のみを使った生地を延ばし、手細工で複雑な模様に切りだし、黄金色に焼き上げる。
- **ふちゃぎ**（県内各地）　米粉をこねて蒸した楕円形の餅に、塩ゆで小豆をまぶしつける。旧暦の8月15日の十五夜に家庭で作って供える行事菓子。対馬のだんつけ餅や加賀にもよく似た菓子がある。
- **なんとう餅**（那覇市）　昔は正月に那覇周辺の家庭で作られた。米粉と味噌や胡椒などを練り、月桃葉を敷いたところへ流し入れ、蒸し上げる。東北の「ゆべし」などにも通じ、お祝いに欠かせない蒸し菓子。
- **ちんぴん・ぽーぽー**（全域）　黒糖入りの甘い小麦生地を丸く焼き、細く巻いた「巻餅（ちんぴん）」。油味噌などを入れて細く巻いた「炮炮（ぽーぽー）」。どちらも元は沖縄の子供の日（ユッカヌヒー・旧暦5月4日）の行事食だった。
- **ぱなぱんびん・たまらんぼう**（多良間島）　地域の行事菓子。「ぱなぱんびん」は花てんぷらという。小麦生地の輪を3つ重ねた形が、那覇の花ぼうろに似ている。「たまらんぼう」は多良間棒で、黒糖と胡麻入りの棒状揚げ菓子。「うーやきがあす」は結納や結婚式などのお祝いに作る薄焼き菓子。
- **クンペン**（全域）　小麦粉と卵と砂糖の皮で、卵黄、胡麻、ピーナツ、桔餅を合わせ餡を包んで焼いた焼き菓子。もとは宮廷菓子で薫餅（くんぺん）・光餅（こんぺん）

とも書き、現在は県民の法事などの儀式に欠かせない。
- **タンナファクルー**（那覇市）　黒糖、小麦粉、卵を使った焼き菓子で、首里の玉那覇家がクンペンの庶民向けとして作り始めた餡なしの焼き菓子。佐賀などの黒棒にも通じる沖縄の郷土菓子。
- **サーターアンダギー**（全域）　郷土菓子。小麦粉、砂糖、卵、フードなどを捏ねて油で揚げた中国風揚げ菓子。祝い事や祭事には拳大の大きな「にいびち用アンダギー」があり、県民に親しまれている菓子。
- **三月菓子**（全域）　旧暦3月3日は雛祭りより沖縄では「浜降り」で、御馳走を持って浜辺で過ごす日。この日の菓子が三月菓子で、サーターアンダギーの生地を長方形に切り、表面に3本縦に筋目を入れ油で揚げる。

## 付録　各地の柏餅および夏の行事菓子にみられる違い

以下のデータは農山漁村文化協会の『日本の食生活全集　47巻』を参照にして作った物で、他にも多々あると思われる。一般的な柏餅は江戸で発生したとされることから、「サンキライ」や「サルトリイバラ」を使う西南日本の「かしわ餅」の方が古かったのではないか。これらの葉が最も身近なクッキングペーパーであったとして、何故たくさんの地方名が必要だったのか疑問が残るばかりである。

※表中の「　」は呼び名。

| 都道府県名 | 伝統的に柏餅・夏の行事菓子で使われる葉の名前・種類 |
|---|---|
| 北海道 | 5月節供・柏餅は作らないが、「べこ餅」を作る。7月2日頃の半夏生に「柏の葉」で柏餅を作る。 |
| 青森県 | 5月節供・柏餅は作らないが、「べこ餅」「笹餅」を作る。 |
| 岩手県 | 5月節供等行事ではなく、おやつに作る餅に「きゃば餅」がある。この「きゃば」は県北で「柏」のこと。 |
| 宮城県 | 5月節供は月遅れで6月に「笹巻き」などを作る。 |
| 秋田県 | 5月節供は月遅れで6月に「笹巻き」「ひし巻」で笹を使う。 |
| 山形県 | 5月節供は月遅れで6月に「笹餅」を作る。 |
| 福島県 | 5月節供・「柏餅」は「柏の葉」で包む。 |
| 茨城県 | 5月節供・「柏餅」は「柏の葉」を使うが、ないときは「朴の葉」「ミョウガの葉」。 |
| 栃木県 | 5月節供・「柏餅」は「柏の葉」で包む。 |
| 群馬県 | 5月節供・「柏餅」は「柏の葉」で包む。 |
| 埼玉県 | 5月節供・「柏餅」は「柏の葉」で包む。田植え時に作る蒸し物「つとっこ」は栃の葉を使う。 |
| 千葉県 | 5月節供・「柏餅」は「柏の葉」で包む。虫送り・七夕の「虫送りの饅頭」に使う「まんじゅっぱ」はサルトリイバラ。 |
| 東京都 | 5月節供・「柏餅」は「柏の葉」で包む。伊豆大島の柏餅は「かしゃんぱ」（サルトリイバラ）で包む。 |
| 神奈川県 | 5月節供・「柏餅」は「柏の葉」で包む。ないときは「葛の葉」「タナバラの葉」（とげのある木の葉） |

| | |
|---|---|
| 新潟県 | 5月節供・「柏餅」は「柏の葉」で包む。 |
| 富山県 | 5月節供・「柏餅」は「柏の葉」で包む。 |
| 石川県 | 5月節供・「柏餅」は「柏の葉」で包む。 |
| 福井県 | 5月節供・「柏餅」は「柏の葉」で包む。 |
| 山梨県 | 5月節供・「柏餅」は「柏の葉」で包む。 |
| 長野県 | 5月節供・「柏餅」は「柏の葉」「朴の葉」「楢の葉」で包む。 |
| 岐阜県 | 5月節供・「柏餅」は朴の葉で包んだ餅。 |
| 静岡県 | 5月節供・「柏餅」は朴の葉で包んだ餅。 |
| 愛知県 | 5月節供・「柏餅」は「がんたちいばら」（サルトリイバラ）の葉で包む。「あみがさ（餅）」ともよぶ。あるいは朴の葉で包んだ餅。 |
| 三重県 | 5月節供・「柏餅」は「おさすり」「がいたちいばら」「えびついばら」（いずれもサルトリイバラの呼称）で包んだ餅。 |
| 滋賀県 | 5月節供に作る餅は「いばら団子」「がらたて餅」でサルトリイバラで包む。 |
| 京都府 | 田植上がりには「いばら餅」（サルトリイバラで包む）。 |
| 大阪府 | 5月節供・「柏餅」は「ほそ」（楢の葉使用）で包む。 |
| 兵庫県 | 5月節供・「柏餅」は「柏の葉」（関東と同じ）を使う場合もある。「めめこ」「うまぐい」（いずれもサルトリイバラ）、「ばたこ」（サンキライ）で包む。 |
| 奈良県 | 5月節供・「柏餅」は「ふんぐり」（柏の葉か朴の葉使用）で包む。 |
| 和歌山県 | 5月節供・「柏餅」は「いびつ」（サンキライ）、おさすり（サルトリイバラ）、サルトリイバラで包む。<br>田植休みに作る餅は「さんきら」（サルトリイバラ）で包む。 |
| 島根県 | 5月節供・「柏餅」のことは「かたり饅頭」といい、サルトリイバラで包む。 |
| 鳥取県 | 5月節供・「柏餅」は「たたらぐい」（サルトリイバラ）で包む。「楢の葉」でも包む。 |
| 岡山県 | 5月節供・「柏餅」は「げいの葉」（サルトリイバラ）で包む。 |
| 広島県 | 5月節供・「柏餅」のことは「しば餅」といい「かたら」（サンキライ）あるいは「たたらごう」（サルトリイバラ）で包む。 |

| 山口県 | 5月節供・「柏餅」のことは「ほてんど餅」「いぎの葉餅」「ぶとん葉餅」といいサルトリイバラで包む。 |
|---|---|
| 徳島県 | 5月節供・「柏餅」は「樫の葉」やサンキライ・ニッキの葉を使用。 |
| 香川県 | 5月節供・「柏餅」は「からたち」（サルトリイバラ）の葉を使用。 |
| 愛媛県 | 5月節供・「柏餅」は「しっぱり餅」といいサンキライの葉を使用。 |
| 高知県 | 5月節供・「柏餅」は「さんきら」（サンキライ）の葉で包む。 |
| 福岡県 | 5月節供には「がめんっぱ饅頭」「いとらん葉饅頭」（いずれもサルトリイバラで包む）。 |
| 佐賀県 | 7月の祭りの「祇園饅頭」は「がんじゃー」（サルトリイバラ）で包む。 |
| 長崎県 | 5月節供あるいはお盆の供物「かからだご」は「かから」（サンキライ）の葉で包む。 |
| 熊本県 | 半夏生は「半夏生饅頭」（サルトリイバラ使用）あるいは「いげの葉饅頭」（いげはサルトリイバラ）。 |
| 大分県 | 5月節供「ごのしろ餅」は「さるかけの葉」（サンキライ）で包む。 |
| 宮崎県 | 5月節供「かしわだんご」は「さるかきの葉」（サンキライ）で包む。 |
| 鹿児島県 | 5月節供「かからんだご」はかからん（サルトリイバラ）で包む。 |
| 沖縄県 | 柏餅は作らないが、12月8日に「カーサームーチー」といって月桃やビロウの葉で包んだ餅をつくる。 |

● 参考文献等 ●

第1部
山下晃四郎『上古の倭菓子』日本菓糖新聞社（1958）
雄山閣編『資料食物史』雄山閣（1960）
正宗敦夫編纂校訂『倭名類聚鈔』風間書店（1962）
柳田國男『定本柳田國男集』全36巻別巻2 筑摩書房（1962-71）
德力彦之助『落雁』三彩社（1967）
竹内利美他編『日本庶民生活史料集成』第9巻 三一書房（1969）
瀬川清子『食生活の歴史』講談社（1971）
守安正『日本銘菓辞典』東京堂出版（1971）
神宮司廳編『古事類苑』吉川弘文館（1977）
喜多村信節『嬉遊笑覧』（上下）名著刊行会（1979）
喜田川季荘『近世風俗史・守貞漫稿』名著刊行会（1979）
平出鏗二郎『東京風俗志』原書房（1979）
金星文学書誌研究会編『男重宝記』勉誠社（1981）
本山荻舟『飲食辞典』平凡社（1981）
塙保己一編『群書類従第19輯』訂正第3版 続群書類従完成会（1983）
鈴木棠三『日本年中行事辞典』角川書店（1984）
内田ハチ編『菅江真澄民俗図絵』（上中下）岩崎美術社（1989）
松下幸子『祝の食文化』東京美術（1990）
『菅江真澄全集』全12巻別巻1 未来社（1971-81）
中村喬『中国の年中行事』平凡選書（1991）
寺島良安『和漢三才図会』（上下）東京美術（1992）
土井忠生他編訳『邦訳日辞書』岩波書店（1995）
『庭訓往来』東洋文庫（1995）
亀井千歩子『日本の菓子』東京書籍（1996）
亀井千歩子『縁起菓子・祝い菓子』淡交社（2000）
青木直己『図説和菓子の今昔』淡交社（2000）
三輪茂雄『臼』法政大学出版局（2001）
『近世菓子製法書集成』（全2巻）東洋文庫（2003）
赤井達郎『菓子の文化誌』河原書店（2005）
中山圭子『事典 和菓子の世界』岩波書店（2006）
中島久枝『和菓子』柴田ブックス（2001）
市田ひろみ『年中行事としきたり』東京書籍（2007）
牛嶋英俊『飴と飴売りの分化史』弦書房（2009）

第2部
大島花束編『良寛全集復刊』岩波書店（1929）
石橋幸作『駄菓子のふるさと』未来社（1961）
石橋幸作『みちのくの駄菓子』未来社（1962）

菅江真澄『菅江真澄遊覧記』全5巻 東洋文庫（1972-74）
『味のふるさと』第1期24巻 角川書店（1977）
農村漁村文化協会編『日本の食生活全集』全50巻 農村漁村文化協会（1993）
木村守克『みちのく食物史』路上社（1971）
柳田国男『分類食物習俗語彙』角川書店（1974）
鈴木宗康『カラー京都の菓子』淡交社（1975）
奥山益朗編『和菓子の辞典』東京堂出版（1989）
亀井千歩子他『日本のお菓子』山と渓谷社（1990）
『家庭画報特選和菓子350店』世界文化社（1991）
信濃教育会編『一茶全集』全8巻 別巻1 信濃毎日新聞社（1976-1980）
中村孝也『和菓子の系譜』国書刊行会（1990）
芳賀文子『ちまき』開文社出版（1992）
浅利尚介『秋田の駄菓子物語』秋田魁新報社（1995）
仲野欣子『和菓子彩彩―日本の銘菓1300選と伝統工芸の器』淡交社（1996）
上野昭夫『いわての銘菓』ツーワンライフ（1998）
ふるさと牛堀刊行委員会『ふるさと牛堀―人と水の歴史』（2001）
『和菓子』第10号 虎屋文庫（2003）
『図説 氷見の歴史・民俗』氷見市教育委員会（2003）
山本候充編『日本銘菓辞典』東京堂出版（2004）
金森敦子『伊勢詣と江戸の旅』文春新書（2004）
近藤榮昭・平出美穂子『ふくしま食の民俗』歴史春秋出版（2005）
鈴木晋一監修『和菓子風土記』（別冊太陽）平凡社（2005）
諸江吉太郎『加賀百万石ゆかりの菓子』落雁諸江屋（2002）
亀井千歩子『小松菜と江戸のお鷹狩り―江戸の野菜物語』彩流社（2008）
山梨県立博物館編『甲州食べもの紀行―山国の豊かな食文化』山梨県立博物館（2008）
溝口政子・中山圭子『福を招くお守り菓子―北海道から沖縄まで』講談社（2011）
江後迪子『長崎奉行のお献立』吉川弘文館（2011）
田村ひろじ『続お菓子俳句ろん―甘味歳時記』本阿弥書店（2010）
塚田敏信『ほっかいどうお菓子グラフティー』亜璃西社（2012）
鈴木裕範『紀州の和菓子』和歌山リビング新聞社（2012）
若菜晃子『地元菓子』新潮社（2013）
山本博文監修『江戸時代から続く 老舗の和菓子屋』双葉社（2014）
玉井恵『城下町に銘菓あり』玄光社（2014）
大竹敏之他『東海の和菓子名店』ぴあ（2015）
中町泰子『辻占の文化史』ミネルヴァ書房（2015）
※その他、各県市町村HP、各菓子店HP、各菓子関係のHPを参照した

# 索　引

## あ　行

会津駄菓子 …………………… 86
青貝 …………………………… 263
青島ういろう ………………… 317
青丹より ……………………… 219
明石もなか …………………… 213
明石焼き ……………………… 213
あかつけ団子 ………………… 257
あかまき ……………………… 307
上がり羊羹 …………………… 177
秋田諸越 ……………………… 76
あくまき ……………………… 320
明けがらす（秋田県）……… 76
明けがらす（岩手県）……… 65
旭川 …………………………… 246
旭豆 …………………………… 54
足軽まんじゅう ……………… 72
味付けおふかし ……………… 65
あじゃら餅 …………………… 60
阿闍梨餅 ……………………… 200
網代焼 ………………………… 129
小豆 …………………………… 45
小豆羹 ………………………… 324
小豆せんべい ………………… 283
小豆雑煮 ……………………… 237
小豆ぞろ ……………………… 133
小豆餅 ………………………… 171
愛宕下羊羹 …………………… 170
安土・桃山・江戸前期の菓子 … 16
あっまっ ……………………… 316
穴子煎餅 ……………………… 82
油菓子 ………………………… 211
あぶり餅（京都府）………… 202
あぶり餅（山梨県）………… 141

安倍川餅（静岡県）………… 170
安倍川餅（山梨県）………… 151
甘々棒 ………………………… 161
甘酒饅頭 ……………………… 134
飴 ……………………………… 12
飴市 …………………………… 156
飴細工 ………………………… 113
飴っこ市 ……………………… 74
飴ぶる舞い …………………… 70
飴餅 …………………………… 70
飴もなか ……………………… 128
あも …………………………… 192
阿波ういろう ………………… 264
粟おこし ……………………… 207
あわまんじゅう ……………… 87
泡雪 …………………………… 252
阿わ雪 ………………………… 257
餡 ……………………………… 45
あんこかし …………………… 306
あんころ餅 …………………… 142
あんのし ……………………… 227
餡パン ………………………… 118
餡麩三喜羅 …………………… 178
あんまき ……………………… 179
餡もち ………………………… 238

筏羊羹 ………………………… 283
いがまんじゅう ……………… 33
いがまんじゅう（愛知県）… 176
いがまんじゅう（埼玉県）… 105
稲花餅 ………………………… 82
いが餅（愛知県）…………… 186
いが餅（山口県）…………… 258
いきなり団子 ………………… 306
池の月 ………………………… 263

| | |
|---|---|
| いこもち（鹿児島県） | 321, 323 |
| いこもち（宮崎県） | 317 |
| 磯部饅頭 | 100 |
| 板飴 | 158 |
| いただき | 207 |
| 一里飴 | 105 |
| 一六タルト | 274 |
| 一口香（愛知県） | 178 |
| 一口香（長崎県） | 295 |
| 逸口香 | 293 |
| 一伯 | 312 |
| いつもじ | 287 |
| 絲印煎餅 | 187 |
| 糸切り餅 | 189 |
| 糸巻御所落雁 | 135 |
| 因幡の白うさぎ | 240 |
| いなば山 | 239 |
| 犬っこ祭り | 75 |
| 犬山厳骨 | 178 |
| 猪子ぼた | 185 |
| いばら餅 | 198 |
| 芋ケンピ | 283 |
| いらご餅 | 85 |
| いろうさん餅 | 292 |
| 祝い菓子 | 42 |
| 祝い笹巻き | 80 |
| 岩おこし | 207 |
| 岩戸餅 | 187 |
| 岩谷堂羊羹 | 65 |
| いんげん豆 | 45 |
| インノコ朔日 | 127 |
| 印譜らくがん | 163 |
| ういろう（愛知県） | 177 |
| ういろう（大分県） | 309 |
| ういろう（神奈川県） | 121 |
| 外郎（山口県） | 258 |
| 浮き粉 | 45 |
| 浮島 | 46 |
| 宇佐飴 | 312 |
| 牛の舌餅 | 115 |
| 牛の舌餅投げ | 225 |
| 薄皮饅頭（福島県） | 86 |
| 薄皮饅頭（和歌山県） | 227 |
| 臼杵煎餅 | 312 |
| 薄氷 | 135 |
| 薄墨羊羹 | 276 |
| うずまき餅 | 269 |
| うすらい | 177 |
| 宇陀五香 | 220 |
| 打栗 | 150 |
| 打ち物 | 46 |
| うちわ餅 | 65 |
| 打吹公園だんご | 239 |
| うに煎餅 | 54 |
| 姥が餅 | 192 |
| 烏羽玉 | 86 |
| 産餅 | 41 |
| 梅が枝 | 271 |
| 梅ヶ枝餅 | 285 |
| 梅月せんべい | 147 |
| 梅ふくさ | 91 |
| 埋れ木 | 192 |
| ウロコダンゴ | 54 |
| 雲平餅 | 76 |
| えがら饅頭 | 143 |
| 江出の月 | 132 |
| えびし | 105 |
| えびす餅 | 76 |
| 縁起菓子 | 43 |
| お出で祭り | 140 |
| 老い松 | 157 |
| おいり | 41 |
| おいり（香川県） | 268 |
| おいり（鳥取県） | 235 |
| おいわいしょ | 262 |
| お祝いパン | 152 |
| 追分羊羹 | 170 |

| 黄精飴 | 63 |
| 大垣せんべい | 164 |
| 大きんつば | 158 |
| 大つぶ | 282 |
| 大手饅頭 | 129 |
| 大手まんぢゅう | 245 |
| 大寺餅 | 208 |
| 大沼だんご（北海道） | 54 |
| 大みか饅頭 | 91 |
| 翁飴 | 129 |
| 小城羊羹 | 293 |
| おきよせんべい | 317 |
| おくりだご | 299 |
| おけし餅 | 226 |
| おこし | 300 |
| おこしもの | 33, 176 |
| お昆布まんじゅう | 146 |
| おさすり | 184 |
| おしぽちょ | 310 |
| 押し物 | 46 |
| おしもん | 186 |
| おしゃかこごり | 151 |
| おせったい | 213 |
| お嶽だんご | 305 |
| おたやん飴 | 205 |
| おちこち | 177 |
| おちつき団子 | 212 |
| お茶屋餅 | 283 |
| おてがけ | 298 |
| 鬼の舌 | 58 |
| 鬼饅頭 | 175 |
| おはぜ | 269 |
| 小原木 | 185 |
| 飫肥せんべい | 317 |
| お船出だご | 313 |
| おぼろ饅頭 | 263 |
| 御鯉 | 191 |
| おわら玉天 | 135 |

## か行

| 貝がらもなか | 239 |
| 塊炭飴 | 54 |
| 甲斐八珍果 | 149 |
| 加賀さま | 141 |
| かからだご | 298 |
| かからん団子（鹿児島県） | 322 |
| かからん団子（宮崎県） | 317 |
| 柿のり | 85 |
| 柿巻 | 306 |
| 柿餅 | 96 |
| 柿羊羹（岐阜県） | 164 |
| 柿羊羹（広島県） | 252 |
| 風花 | 199 |
| 風祭りだご | 305 |
| 菓子昆布 | 145 |
| 菓子祭 | 225 |
| 菓子屋横丁 | 106 |
| 嘉定喰い | 113 |
| かしわだご | 316 |
| 柏餅 | 37 |
| かすてあん | 84 |
| カステラ | 17, 299 |
| カステーラ | 164 |
| カスドース | 300 |
| かす巻 | 300 |
| 加勢以多 | 303 |
| 型菓子 | 323 |
| 型団子 | 127 |
| 片原饅頭 | 100 |
| カタハランブー | 328 |
| カタパン | 270 |
| 堅ボーロ | 192 |
| かたやき | 186 |
| かたりまんじ | 232 |
| 松魚つぶ | 282 |
| 郭公団子 | 65 |
| 家伝ゆべし | 86 |
| 字振松 | 96 |

| | | | |
|---|---|---|---|
| かなんばれ | 157 | ぎおん饅頭 | 292 |
| 釜おこし | 114 | 菊池松風 | 306 |
| 鎌倉・室町時代の菓子 | 15 | きさらぎ | 179 |
| かまど | 270 | 北前船 | 56 |
| がまままんじゅう | 91 | 桔餅 | 325 |
| かま餅 | 64 | 黄な粉雑煮 | 217 |
| かみしめ | 87 | きぬた | 213 |
| 雷おこし | 117 | 絹多ぐるみ | 152 |
| 亀の尾 | 185 | 吉備団子 | 246 |
| 亀の甲せんべい | 259 | きび餅 | 122 |
| がめん葉饅頭 | 286 | きみごろも | 220 |
| かや飴 | 151 | 求肥 | 46 |
| かやの餅 | 275 | 求肥昆布 | 145 |
| かや巻き | 232 | 灸まん | 270 |
| がやまき | 322 | 郷土菓子 | 20 |
| 唐板 | 200 | きりこぜんざい | 238 |
| から芋飴 | 324 | 切山椒 | 27 |
| 唐菓子 | 13 | 切山椒（東京都） | 116 |
| ガラガラ | 151 | 切山椒（山形県） | 81 |
| からすみ | 33, 162, 165 | 切山椒（山梨県） | 150 |
| からまき | 298 | きりせんしょう | 65 |
| 唐饅頭 | 277 | 金花糖 | 140, 142 |
| からめ餅 | 65 | きんか餅（青森県） | 59 |
| かりそ | 311 | きんか餅（岩手県） | 64 |
| かりん糖（青森県） | 58 | 金蝶園饅頭 | 164 |
| かりん糖（兵庫県） | 210 | きんつば（石川県） | 142 |
| かるかん | 319 | きんとん | 46 |
| 川通り餅 | 248 | ぎんなん餅 | 135 |
| 瓦煎餅 | 213 | | |
| 瓦せんべい | 270 | 草の花だんご | 121 |
| かん菓子 | 323 | 草餅 | 29, 113 |
| かんから餅 | 165 | 串柿 | 226 |
| 寒菊 | 299 | くし団子 | 192 |
| かんころ餅 | 300 | 九十九島せんべい | 300 |
| がんづき（岩手県） | 66 | 鯨羹 | 141 |
| がんづき（宮城県） | 72 | くじら餅（青森県） | 56 |
| 寒梅粉 | 45 | くじら餅（山形県） | 80 |
| カンバ餅 | 281 | 鯨羊羹（広島県） | 252 |
| 甘露梅 | 122 | 鯨ようかん（宮崎県） | 315 |
| 甘露柚煉 | 312 | 葛切り（京都府） | 200 |

| | | | |
|---|---|---|---|
| くずまんじゅう | 146 | けんけら | 146 |
| 久寿餅 | 123 | げんこつ | 161 |
| 葛餅（静岡県） | 171 | げんこつ飴 | 165 |
| 葛餅（東京都） | 117 | 源氏巻 | 233 |
| 口取り菓子 | 48 | 巻蒸 | 308, 311 |
| くまたぱん | 87 | ケンピ | 279 |
| 蔵の餅 | 239 | 源平餅 | 270 |
| 栗菓子（長野県） | 158 | | |
| 栗きんとん | 164 | 口沙香 | 299 |
| 栗団子 | 72 | 荒城の月 | 311 |
| 栗の王様 | 214 | こうせん | 169 |
| 栗羊羹（長野県） | 156 | 紅梅焼 | 185 |
| 栗羊羹（兵庫県） | 214 | こうれん | 53 |
| くるみ餅（大阪府） | 206 | 紅蓮せんべい | 67 |
| くるみ餅（奈良県） | 218 | 氷餅（青森県） | 60 |
| 久留美餅 | 208 | 氷餅（鳥取県） | 238 |
| 呉竹 | 82 | 氷餅のから揚げ（長野県） | 158 |
| 黒田節煎餅 | 287 | 五勝手屋羊羹 | 53 |
| くろ玉 | 152 | 五家宝 | 103 |
| 黒棒 | 290, 293 | 古鏡 | 82 |
| 黒大奴 | 170 | 九重 | 71 |
| くろ羊かん | 129 | 御座候 | 213 |
| クンペン | 330 | 古式菓子 | 162 |
| | | 五色生菓子 | 137 |
| 継続団子 | 129 | 越乃雪 | 128 |
| けいらん（愛知県） | 186 | 御前菓子 | 92 |
| けいらん（青森県） | 59 | 子育て飴 | 170 |
| けいらん（秋田県） | 73 | 古代飴 | 129 |
| けいらん（岩手県） | 64 | 越山餅 | 288 |
| ケイラン（長崎県） | 299 | 言問団子 | 117 |
| 鶏卵せんべい | 258 | 寿せんべい | 138 |
| 鶏卵素麺 | 287 | ごのしろ餅 | 310 |
| 鶏卵饅頭 | 276 | 五平餅（愛知県） | 176 |
| けえらん | 293 | 五平餅（岐阜県） | 164 |
| けし餅 | 208 | 小法師 | 85 |
| けせん団子 | 317 | 牛蒡餅 | 300 |
| けせん巻き | 322 | 駒饅頭 | 60 |
| げたんは（鹿児島県） | 324 | 五万石 | 179 |
| げたのは（島根県） | 234 | 小麦 | 44 |
| 月寒あんぱん | 54 | 小麦饅頭（茨城県） | 90 |

| | |
|---|---|
| 小麦饅頭（埼玉県） | 102 |
| 小麦餅（大阪府） | 206 |
| 小麦餅（奈良県） | 218 |
| 米 | 44 |
| 米せんぺい | 288 |
| 米百俵 | 129 |
| 高麗菓子 | 317 |
| 高麗もち | 321, 323 |
| 五郎米飴 | 86 |
| ころころ餅 | 41, 141 |
| 権五郎力餅 | 122 |
| 金平糖 | 17 |

### さ行

| | |
|---|---|
| サーターアンダギー | 327, 331 |
| 翠雲華 | 288 |
| 菜花糖 | 147 |
| 小男鹿 | 264 |
| 樟物 | 46 |
| 酒まんじゅう（大阪府） | 207 |
| 酒まんじゅう（栃木県） | 94 |
| 酒まんじゅう（福井県） | 147 |
| 酒まんじゅう（宮城県） | 72 |
| 酒まんじゅう（山梨県） | 152 |
| さげもん | 81 |
| ささげ餅 | 141 |
| 笹子餅 | 152 |
| 笹団子 | 128 |
| 笹粽 | 128 |
| 笹巻き（宮城県） | 70 |
| 笹巻き（山形県） | 80 |
| 笹ゆべし | 71 |
| 貞之丞だんご | 265 |
| さつま団子（埼玉県） | 105 |
| さつま焼き | 219 |
| さとぱんぴん | 329 |
| 真田まんじゅう | 224 |
| さなづら | 77 |
| 讃岐三白 | 266 |
| ザビエル | 312 |

| | |
|---|---|
| ざぼん漬け | 300 |
| さまざま桜 | 186 |
| 沙羅 | 213 |
| 晒しよし飴 | 70, 72 |
| さるまんじゅう | 310 |
| 澤鹿 | 264 |
| 澤根団子 | 130 |
| 澤の露 | 54 |
| さわ餅（愛知県） | 187 |
| さわ餅（三重県） | 184 |
| 三色だんご（北海道） | 53 |
| 山椒餅 | 281 |
| 三杯みそ | 77 |
| 三万五千石 | 226 |
| 塩味饅頭 | 214 |
| 塩飴びん | 105 |
| しおがま | 72 |
| 塩瀬饅頭 | 117 |
| 塩羊羹 | 157 |
| しがらき餅 | 206 |
| 志がらみ | 185 |
| 志ぐれ | 277 |
| 時雨の松 | 82 |
| 時雨餅 | 208 |
| ししこま | 245 |
| 舌鼓 | 258 |
| しだみ団子 | 65 |
| 七五三 | 24 |
| しっぱり餅 | 275 |
| シトギ | 8 |
| しとぎ餅 | 52 |
| 柴舟 | 142 |
| 志ほみ羹 | 258 |
| 島田飴 | 71 |
| 十三焼 | 207 |
| 重箱ぼた餅 | 109 |
| シュウマイ饅頭 | 122 |
| 十万石まんじゅう | 105 |
| 生姜煎餅 | 239 |

| | |
|---|---|
| 生姜糖（愛知県） | 187 |
| 生姜糖（島根県） | 233 |
| 上新粉 | 45 |
| 醬油まんじゅう | 226 |
| しょうゆ餅 | 274 |
| 上用粉 | 45 |
| 松露饅頭 | 293 |
| 白玉団子 | 306 |
| 白玉饅頭（佐賀県） | 292 |
| 白玉饅頭（宮崎県） | 317 |
| 白松が最中 | 71 |
| 四里餅 | 105 |
| じろ飴 | 142 |
| しろえびせんべい | 135 |
| 白羊羹 | 239 |
| 信玄餅 | 152 |
| 信玄桃 | 152 |
| しんこ | 218 |
| しんこ団子 | 324 |
| しんごろう | 85 |
| じんだん餅 | 81 |
| 吸坂飴 | 142 |
| 杉ようかん | 307 |
| 鈴最中 | 186 |
| すずり石 | 153 |
| 州浜 | 46, 201 |
| すまし飴 | 77 |
| するめっこ釣り | 63 |
| ずんだ餅 | 71 |
| 関の戸 | 185 |
| 赤飯煎餅 | 59 |
| 雪花糖 | 142 |
| 節供 | 25 |
| 背中あて | 59 |
| ぜんざい（高知県） | 282 |
| ぜんざい（島根県） | 230 |
| 仙田駄菓子 | 69 |
| 煎餅 | 46 |
| 千本桜 | 246 |
| 草加煎餅 | 103 |
| そば餅 | 158 |

**た行**

| | |
|---|---|
| 鯛せんべい | 109 |
| 太白飴 | 70, 71 |
| 駄菓子 | 19 |
| 高遠饅頭 | 158 |
| たがね | 185 |
| 滝のやき餅 | 260 |
| 竹のふし | 186 |
| 橘 | 2 |
| 七夕饅頭 | 157 |
| 七夕麦菓子 | 287 |
| 煙草煎餅 | 122 |
| 旅がらす | 100 |
| 玉だれ杏 | 158 |
| 玉椿 | 211 |
| 玉浦煎餅 | 252 |
| 玉水 | 214 |
| たまらんぼう | 330 |
| 田むらの梅 | 65 |
| だらだら祭り | 115 |
| タルト | 272 |
| 段蔓 | 122 |
| たんきり | 270 |
| たんきり飴 | 175 |
| 端午の節供の菓子 | 34 |
| 団子撒き | 139 |
| だんつけ餅 | 296 |
| タンナファクルー | 331 |
| 力餅 | 189 |
| ちご餅 | 201 |
| 乳団子 | 253 |
| 千歳 | 141 |
| 千歳飴 | 116 |
| 千鳥羹 | 234 |

| | | | |
|---|---|---|---|
| 千鳥饅頭 | 287 | 釣鐘饅頭 | 208 |
| 粽(石川県) | 140 | つりがね饅頭(和歌山県) | 223 |
| 粽(茨城県) | 89 | 釣り天井 | 96 |
| 粽(香川県) | 269 | 鶴岡駄菓子 | 82 |
| 粽(熊本県) | 305 | 鶴乃子 | 287 |
| 粽(静岡県) | 166 | | |
| 粽(奈良県) | 217 | 庭砂糕 | 130 |
| 粽(福岡県) | 286 | でっち羊羹 | 192 |
| 粽の歴史 | 35 | でんちょ | 81 |
| 茶の子 | 163 | 天ぷら饅頭 | 85 |
| 茶の湯菓子 | 178 | | |
| 両棒餅 | 323 | 唐灰汁粽 | 299 |
| 中華(中花)饅頭 | 51 | 冬夏 | 59 |
| 中華菓子 | 300 | 冬瓜漬 | 326 |
| 中将餅 | 219 | 豆子郎 | 258 |
| 中部地方の雛菓子 | 33 | 銅銭糖 | 307 |
| 長生殿 | 141 | 塔下煎餅 | 60 |
| 朝鮮飴 | 302 | 豆腐カステラ | 77 |
| 調布 | 246 | 東北駄菓子 | 20 |
| 長命寺桜餅 | 117 | 道明寺粉 | 45 |
| 千代の梅 | 135 | 十団子飴 | 169 |
| 千代結び | 186 | 徳永飴 | 292 |
| チンコロ市 | 127 | ところてん(青森県) | 59 |
| ちんぴん | 329 | 心太(高知県) | 282 |
| 鶏卵糕 | 325 | 土左日記 | 282 |
| | | 年取りもち | 305 |
| 朔日和菓子 | 168 | とち餅(鳥取県) | 239 |
| 津軽当物駄菓子 | 60 | 栃餅(富山県) | 135 |
| 搗き入れ餅 | 317 | 鳥坂まんじゅう | 271 |
| 月世界 | 134 | 友志良賀 | 96 |
| 月の雫 | 149, 152 | トラピストクッキー | 53 |
| 月よみ山路 | 142 | どら焼き(東京都) | 117 |
| 辻占 | 139 | とりつけ団子 | 275 |
| 辻占菓子 | 301 | トロンコ | 76 |
| つとっこ | 99 | とんど祭り | 249 |
| つの巻(福島県) | 85 | とんど饅頭 | 250 |
| つの巻き(鹿児島県) | 322 | | |
| つのまき(滋賀県) | 191 | **な行** | |
| 椿餅(秋田県) | 75 | 長饅頭 | 318 |
| 椿餅(福岡県) | 86 | 菜種の里 | 230 |

| 那智黒 | 227 |
| 納豆餅（京都府） | 198 |
| 夏みかん菓子 | 254 |
| 七色菓子 | 298 |
| 生菓子 | 46 |
| 生せんべい | 178 |
| 生まんじゅう | 257 |
| 納屋橋饅頭 | 178 |
| 奈良・平安時代の菓子 | 13 |
| 楢団子 | 84 |
| なると餅 | 76 |
| 南湖のそば団子 | 86 |
| なんとう餅 | 330 |
| 南蛮菓子 | 17 |
| 南部煎餅 | 64 |
| 南部双鶴 | 65 |
| 南部駄菓子 | 64 |
| 南部餅 | 65 |

| 二十世紀 | 239 |
| 肉桂餅 | 208 |
| 日本一きびだんご | 54 |
| 日本の菓子の歴史 | 2 |
| 二本松羊羹 | 86 |
| 二〇加煎餅 | 287 |
| 人形祭り | 64 |

| ぬた団子 | 85 |
| ぬれ煎餅 | 107 |

| ねじり飴 | 205 |
| ねじりおこし | 184 |
| ねばなみそ | 77 |
| 煉りきり | 46 |

| のし飴 | 224 |
| のし梅（茨城県） | 91 |
| 乃し梅（山形府） | 82 |
| 後瀬 | 147 |
| 野根まんじゅう | 278 |

| 登り鮎 | 164 |

## は行

| 歯固め | 25 |
| 萩の月 | 71 |
| 白鷺宝 | 105 |
| 半夏生饅頭 | 306 |
| 箱根湯もち | 122 |
| 芭蕉 | 122 |
| 走り井餅 | 191 |
| はすね餅 | 207 |
| 支倉焼き | 71 |
| バター煎餅 | 54 |
| ばたご | 212 |
| はたっまっ | 316 |
| 鉢の木 | 100 |
| 八戸煎餅 | 60 |
| はっか糖 | 129 |
| 初釜 | 26 |
| ハッカ羊羹 | 55 |
| 初霜 | 157 |
| はったい粉 | 45 |
| 初なすび | 82 |
| 初もみじ | 130 |
| 初雪 | 246 |
| 初夢 | 158 |
| 初夢漬け | 109 |
| 鳩パン | 70 |
| 花かつみ | 86 |
| はなくそまめ | 198 |
| 花坂やきもち | 226 |
| 花園だんご | 54 |
| 花だんご | 150 |
| バナナ饅頭 | 55 |
| ぱなぱんびん | 330 |
| 花びら餅 | 26 |
| 花ボール | 330 |
| 花饅頭 | 63 |
| 花もち | 231 |
| 花餅（岩手県） | 65 |

| | |
|---|---|
| 花餅（高知県）……………282 | ふきどり餅………………77 |
| ははき木……………………158 | 福梅…………………………139 |
| 羽二重団子…………………117 | 福茶…………………………28 |
| 羽二重餅（神奈川県）……122 | 福徳…………………………139 |
| 羽二重餅（福井県）………147 | 福引き煎餅（岐阜県）……162 |
| 蛤しるこ……………………185 | 福引き煎餅（三重県）……183 |
| 蛤饅頭………………………183 | ふくみ天平…………………192 |
| はまなし……………………153 | ふくれ菓子…………316, 318 |
| ばらっぱ餅…………………91 | ふくれまんじゅう…………311 |
| 春駒…………………………323 | 藤団子………………………178 |
| ハレと褻……………………24 | ぶちだご……………………316 |
| ぱんじゅう…………………54 | ふちゃぎ……………………330 |
| バンダイ餅…………………95 | ふつだご（鹿児島県）……322 |
| パンプキンパイ……………53 | ふつだご（宮崎県）………316 |
| パン豆………………………42 | ふつ餅………………………298 |
| | ぶどう饅頭…………………265 |
| 火打ち焼き…………………219 | ぶどう餅……………………271 |
| 彼岸団子……………………58 | ぶと饅頭……………………218 |
| ヒキゴ餅……………………281 | ふろしきまんじゅう………240 |
| 肥後ケシアド………………292 | 風呂敷餅……………………53 |
| 肥後しおがま………………307 | ふんぐり……………………217 |
| ひし巻き……………………85 | |
| ビスマン……………………311 | べこ餅………………………53 |
| 飛騨駄菓子……20, 160, 163 | へそ菓子……………………300 |
| 引千切………………………34 | へそ餅………………………170 |
| 雛あられ……………………194 | べっこ………………………133 |
| 雛菓子………………………79 | べろ煎餅……………………86 |
| 雛っこ餅……………………75 | 弁天まんじゅう……………238 |
| 氷室饅頭……………………140 | |
| 姫小袖………………………233 | ぽーぽー……………………329 |
| 姫路駄菓子……………20, 210 | ボーロ………………………18 |
| 紐解き………………………108 | ほしか団子…………………282 |
| 冷やし団子…………………258 | 干之梅………………………59 |
| 冷水売り……………………112 | ぼた餅（神奈川県）………119 |
| ひゅうじ……………………64 | ぼた餅（栃木県）…………95 |
| 兵六餅………………………324 | ぼた餅（鳥取県）…………239 |
| ひろ柿………………………252 | ほっちゃれ…………………55 |
| びわ羊羹……………………109 | 坊っちゃん団子……………276 |
| | ほてんど餅…………………257 |
| 富貴豆………………………82 | 誉の陣太鼓…………………306 |

| | |
|---|---|
| ぽり | 212 |
| ぽりぽり | 198 |
| ボンタン飴 | 324 |
| 文旦漬け | 324 |
| 梵天祭 | 95 |

**ま行**

| | |
|---|---|
| 巻柿 | 264 |
| 真盛豆 | 202 |
| まつかさもち | 186 |
| 松風 | 164 |
| 松島こうれん | 67 |
| 松乃露 | 247 |
| 松葉 | 290 |
| 松原おこし | 293 |
| 松焼き | 65 |
| 松焚祭 | 70 |
| 松山タルト | 273 |
| 大豆飴 | 143 |
| 豆銀糖 | 64 |
| 豆しとぎ | 60 |
| マメタク | 169 |
| 豆らくがん | 147 |
| まゆごもり | 100 |
| まりも羊羹 | 55 |
| マルセイバターサンド | 55 |
| 丸はうろ | 289, 292 |
| 丸柚餅子 | 143 |
| 饅頭 | 18 |
| 饅頭講 | 104 |
| 饅頭祭り | 217 |
| | |
| 三笠野 | 311 |
| 三笠山 | 219 |
| みかん | 301 |
| 三嶋豆 | 163 |
| ミズキ団子 | 63 |
| 水白玉 | 53 |
| みすず飴 | 158 |
| 水団子 | 135 |

| | |
|---|---|
| 水牡丹 | 199 |
| 水まんじゅう | 164 |
| 水羊羹（栃木県） | 94 |
| 水ようかん（福井県） | 147 |
| 味噌煎餅 | 163 |
| 味噌つけ饅頭 | 105 |
| 味噌松風 | 201 |
| 味噌まんじゅう（群馬県） | 100 |
| 味噌まんじゅう（静岡県） | 168 |
| みだらし団子（岐阜県） | 163 |
| みたらし団子（京都府） | 202 |
| 路芝 | 233 |
| みちのく煎餅 | 71 |
| 水戸の梅 | 91 |
| 水無月 | 199 |
| 箕のせんべい | 183 |
| 身延饅頭 | 152 |
| みむろ | 219 |
| 宮の餅 | 96 |
| みやびの梅 | 91 |
| みょうがぼち | 162 |
| みろく石 | 226 |
| | |
| ムーチー | 330 |
| 麦菓子 | 264 |
| 麦手餅 | 200 |
| 麦落雁 | 98 |
| 蒸しだんご | 184 |
| 村雨 | 46 |
| むらすずめ | 246 |
| むろの木 | 252 |
| | |
| 杢目羊羹 | 134 |
| もし菓子 | 322 |
| もしほ草 | 299 |
| もすこ菓子 | 317 |
| 餅街道 | 183 |
| 餅菓子 | 7 |
| 最中（愛媛県） | 276 |
| 最中（熊本県） | 307 |

もみじ饅頭・・・・・・・・・・・・・・・・・・・252

**や行**

焼き菓子・・・・・・・・・・・・・・・・・・・・・46
やきもち・・・・・・・・・・・・・・・・・・・・・201
八雲小倉・・・・・・・・・・・・・・・・・・・・233
やしょうま・・・・・・・・・・・・・・・・・・・・39
やせうま・・・・・・・・・・・・・・・310, 312
やせごま・・・・・・・・・・・・・・・・・・・・127
ヤッサ饅頭・・・・・・・・・・・・・・・・・・252
八ッ橋・・・・・・・・・・・・・・・・・・・・・・201
山親爺・・・・・・・・・・・・・・・・・・・・・・54
山川・・・・・・・・・・・・・・・・・・・・・・・229
山里柿・・・・・・・・・・・・・・・・・・・・・276
山科・・・・・・・・・・・・・・・・・・・・・・・・76
山の芋・・・・・・・・・・・・・・・・・・・・・・45

由加山あんころ・・・・・・・・・・・・・・246
雪がわら・・・・・・・・・・・・・・・・・・・146
雪間草・・・・・・・・・・・・・・・・・・・・・199
ゆずっ子ゆべし・・・・・・・・・・・・・158
柚もなか・・・・・・・・・・・・・・・・・・・226
茹でまんじゅう（茨城県）・・・・・・90
茹でまんじゅう（栃木県）・・・・・・96
湯波菓子・・・・・・・・・・・・・・・・・・・96
湯の花饅頭・・・・・・・・・・・・・・・・・99
ゆべし（愛媛県）・・・・・・・・・・・・276
ゆべし（熊本県）・・・・・・・・・・・・306
ゆべし（新潟県）・・・・・・・・・・・・129
ゆり菓子・・・・・・・・・・・・・・・・・・・293

ゆり最中・・・・・・・・・・・・・・・・・・・・54
よいとまけ・・・・・・・・・・・・・・・・・・54
羊羹・・・・・・・・・・・・・・・・・・・18, 264
よごみ団子・・・・・・・・・・・・・・・・190
よごみ餅・・・・・・・・・・・・・・・・・・・217
吉野懐古・・・・・・・・・・・・・・・・・・219
吉野拾遺・・・・・・・・・・・・・・・・・・219
吉原殿中・・・・・・・・・・・・・・・・・・・89
蓬餅・・・・・・・・・・・・・・・・・・・・・・・30

**ら行**

落雁・・・・・・・・・・・・・・・・・・・・・・・19
落雁（石川県）・・・・・・・・・・・・・141
落雁（滋賀県）・・・・・・・・・・・・・191
落花生煎餅・・・・・・・・・・・・・・・109
蘭奢待・・・・・・・・・・・・・・・・・・・・219
ランプ阿免・・・・・・・・・・・・・・・・213

りゅうぶ・・・・・・・・・・・・・・・・・・・323

**わ行**

若草・・・・・・・・・・・・・・・・・・・・・・229
わかさいも・・・・・・・・・・・・・・・・・54
若布羊羹・・・・・・・・・・・・・・・・・・264
和三盆・・・・・・・・・・・・・・・・・・・・268
和三盆霰糖・・・・・・・・・・・・・・・264
綿半羊羹・・・・・・・・・・・・・・・・・・94
わぬけ餅・・・・・・・・・・・・・・・・・・191

47都道府県・和菓子/郷土菓子百科

平成28年1月25日　発　　　行
令和5年3月10日　第5刷発行

著作者　亀　井　千　歩　子

発行者　池　田　和　博

発行所　丸善出版株式会社
〒101 0051 東京都千代田区神田神保町二丁目17番
編　集：電話(03)3512-3264／FAX(03)3512-3272
営　業：電話(03)3512-3256／FAX(03)3512-3270
https://www.maruzen-publishing.co.jp

© Chihoko Kamei, 2016
組版印刷・富士美術印刷株式会社／製本・株式会社 松岳社
ISBN 978-4-621-08975-0　C 0577　　　　Printed in Japan

**JCOPY** 〈(一社)出版者著作権管理機構 委託出版物〉
本書の無断複写は著作権法上での例外を除き禁じられています。複写される場合は、そのつど事前に、(一社)出版者著作権管理機構(電話03-5244-5088, FAX 03-5244-5089, e-mail：info@jcopy.or.jp)の許諾を得てください。

## 【好評関連書】

ISBN 978-4-621-08065-8
定価（本体3,800円＋税）

ISBN 978-4-621-08204-1
定価（本体3,800円＋税）

ISBN 978-4-621-08406-9
定価（本体3,800円＋税）

ISBN 978-4-621-08543-1
定価（本体3,800円＋税）

ISBN 978-4-621-08553-0
定価（本体3,800円＋税）

ISBN 978-4-621-08681-0
定価（本体3,800円＋税）

ISBN 978-4-621-08801-2
定価（本体3,800円＋税）

ISBN 978-4-621-08761-9
定価（本体3,800円＋税）

ISBN 978-4-621-08826-5
定価（本体3,800円＋税）

ISBN 978-4-621-08947-7
定価（本体3,800円＋税）

ISBN 978-4-621-08996-5
定価（本体3,800円＋税）

関連動画が300万再生超の人気楽曲の原点が、小説として講談社BOX
タイトルからは予測不可能、奇才オカハシヨウの紡ぐ青春SFは思いも

# クワガタにチョップしたらタイムスリップ

**CD収録内容**

1. 「クワガタにチョップしたらタイムスリップした (Novel Mix)」
   淡路なつみ (CV：斎藤千和)
2. 「故に本官の髪型は」
   家の裏でマンボウが死んでるP
3. ボイスドラマ「クワガタにチョップしたらクローゼットに収納」
   CAST　淡路なつみ…斎藤千和／賢…石田彰／花香…春名風花
4. キャストトーク

周防、草薙、十束。三人の出逢い。アニメ『K』オリジナル小説第6弾!

**来楽 零(GoRA)**　　Illustration 鈴木信吾(GoHands)

# K 赤の王国

高校三年生の春、草薙出雲は、周囲から「猛獣」と恐れられる新入生・周防 尊と出会う。二人の前に姿を現すようになった中学生の十束多々良を加え、三人は草薙の叔父が経営する鎮目町のバー「HOMRA」に集まるようになる。次第に「HOMRA」は、彼らと彼らを慕う若者たちの拠点となっていった。だが、《赤の王》に憧れる闇山光葉の登場によって、鎮目町の状況は一変する。仲間が次々と危害を加えられ、周防はついに闇山の挑戦を受ける――。「猛獣ミコト」が檻を突き破ったとき、頭上に大剣が出現する!